지식정보법전

법률·판례·상담사례를 같이보는

민사집행
지식정보법전

편저 : 대한법률편찬연구회

가압류 · 가처분 · 경매

법문북스

지식정보법전

법률·판례·상담사례를 같이보는

민사집행
지식정보법전

편저 : 대한법률편찬연구회

가압류 · 가처분 · 경매

법문북스

머리말

인간은 사회생활을 하면서 경제활동을 통해 삶의 질을 향상해 가고 있습니다. 그런데 경제가 어려워지면서 은행과 같은 금융기관이나 사채업자 또는 지인들끼리 금전 거래를 하면서 채권자가 되기도 하고 채무자가 되기도 하면서 이로 인한 분쟁이 발생합니다. 따라서 이를 민사집행제도인 가압류로 해결하는 사례가 해마다 많이 발생하고 있는 추세입니다.

그리고 채권자가 채무자에 대하여 가지는 권리를 현실적으로 실현하기 위해서는 민사소송이라는 절차를 거쳐 집행권원, 즉 판결서정본, 지급명령정본, 화해조서, 조정조서 등을 받은 뒤 다시 강제집행이라는 절차를 거쳐야 합니다.

그러나 민사소송절차는 많은 시간이 소요되고 그 사이 채무자가 다툼의 대상이 되는 물건의 멸실이나 처분 등으로 사실적인 변경 또는 법률적인 변경이 생기게 되면 채권자는 집행권원을 받더라도 실질적으로 그 권리는 실현할 수 없는 경우가 발생합니다.

가처분은 이와 같은 경우에 대비하여 다툼의 대상이 되는 물건이나 지위에 대하여 임시로 잠정적인 법률관계를 형성시켜 채권자가 입게 될 손해를 사전에 예방할 수 있습니다.

본서는 법전(민사집행법, 민사집행규칙, 집행관법)편과 민사집행 관련 법률용어편으로 구성되어있습니다. 법학의 기본은 법조문이라고 하겠습니다. 그래서 본서에서는 법전편에 민사집행법, 민사집행규칙, 집행관법의 전체 조문을 수록하였습니다. 법을 접하다 보면 익숙하지 않은 법률용어로 인하여 법률의 의미파악이 어렵습니다. 그래서 본서에서는 법전을 읽어나가는데 도움이 되도록 민사집행 관련 법률용어편에 민사집행법 및 그 관련법률 용어들을 수록하여 독자들이 민사집행법을 읽어나가다가 모르는 용어가 나오면 관련 법률용어편에서 그 의미를 찾아볼 수 있도록 하였습니다.

뿐만 아니라 최신판례와 상담사례들을 실어서 법조문이 실제 적용되는 모습도 파악할 수 있게 하였습니다. 또한 법조문에 대한 폭넓은 이해를 돕기 위해 재판예규를 수록하여 실제 재판에 대한 이해도를 높일 수 있게 하였습니다.

이 책이 법학을 공부하거나 민사집행법에 관심이 있는 일반인들에게 좀 더 민사집행법을 이해할 수 있도록 도움이 되었으면 합니다.

2019年 8月

편저자 드림

민사집행법

제1편 총칙 / 1~23조 ………………………………………… 3

제2편 강제집행

제1장 총칙 / 24~60조 ……………………………………… 11

제2장 금전채권에 기초한 강제집행 ……………………… 30

제1절 재산명시절차 등 / 61~77조 ……………………… 30

제2절 부동산에 대한 강제집행 / 78~171조 …………… 38

제3절 선박 등에 대한 강제집행 / 172~187조 ………… 110

제4절 동산에 대한 강제집행 / 188~256조 …………… 112

제3장 금전채권 외의 채권에 기초한 강제집행 / 257~263조 ………… 147

제3편 담보권 실행 등을 위한 경매 / 264~275조 …………… 149

제4편 보전처분 / 276~312조 ……………………………… 154

민사집행규칙 · 170

집행관법 · 220

민사집행 법률용어 · 227

민사집행법
[시행 2017.2.4]
[법률 제13952호, 2016.2.3, 타법개정]

제1편 총칙

제1조(목적)
이 법은 강제집행, 담보권 실행을 위한 경매, 민법·상법, 그 밖의 법률의 규정에 의한 경매(이하 "민사집행"이라 한다) 및 보전처분의 절차를 규정함을 목적으로 한다.

제2조(집행실시자)
민사집행은 이 법에 특별한 규정이 없으면 집행관이 실시한다.

제3조(집행법원)
① 이 법에서 규정한 집행행위에 관한 법원의 처분이나 그 행위에 관한 법원의 협력사항을 관할하는 집행법원은 법률에 특별히 지정되어 있지 아니하면 집행절차를 실시할 곳이나 실시한 곳을 관할하는 지방법원이 된다.
② 집행법원의 재판은 변론 없이 할 수 있다.

▣판례-배당이의▣
[대법원 2016.9.28., 선고, 2016다205915, 판결]
【판시사항】
[1] 집행법원이 집행장애사유에 대하여 취하여야 할 조치
[2] 집행채권자의 채권자가 집행채권에 대하여 한 압류 또는 가압류, 처분금지가처분이 집행장애사유에 해당하는지 여부(적극) / 집행채권에 대한 압류가 집행채권자가 채무자를 상대로 한 채권압류명령에 대하여 집행장애사유가 되는지 여부(소극)
[3] 집행채권에 대한 압류 등이 있은 후에 집행채권자가 채무자의 채권에 대하여 압류명령을 받아 제3채무자가 민사집행법에 따른 공탁을 한 경우, 공탁에 따른 사유신고가 적법한지 여부(소극) 및 이로 인하여 채권배당절차가 실시될 수 있는지 여부(소극) / 이때 채권배당절차가 개시되었으나 배당금이 지급되기 전인 경우, 집행법원이 취하여야 할 조치(=공탁사유신고 불수리결정)
[4] 채권자대위소송에서 제3채무자가 직접 대위채권자에게 금전을 지급하도록 명하는 판결이 확정된 경우, 채무자의 다른 채권자가 피대위채권에 대하여 압류 또는 가압류, 처분금지가처분을 할 수 있는지 여부(적극) 및 이 경우 집행채권자의 채권자가 집행권원에 표시된 집행채권을 압류 또는 가압류, 처분금지가처분을 한 경우에 관한 법리가 그대로 적용되는지 여부(적극)

【판결요지】
[1] 집행법원은 강제집행의 개시나 속행에 있어서 집행장애사유에 대하여 직권으로 존부를 조사하여야 하고, 집행개시 전부터 사유가 있는 경우에는 집행의 신청을 각하 또는 기각하여야 하며, 만일 집행장애사유가 존재함에도 간과하고 강제집행을 개시한 다음 이를 발견한 때에는 이미 한 집행절차를 직권으로 취소하여야 한다.
[2] 집행채권자의 채권자가 집행권원에 표시된 집행채권을 압류 또는 가압류, 처분금

지가처분을 한 경우에는 압류 등의 효력으로 집행채권자의 추심, 양도 등의 처분
행위와 채무자의 변제가 금지되고 이에 위반되는 행위는 집행채권자의 채권자에게
대항할 수 없게 되므로 집행기관은 압류 등이 해제되지 않는 한 집행할 수 없으니
이는 집행장애사유에 해당한다. 다만 채권압류명령은 비록 강제집행절차에 나아간
것이기는 하나 채권추심명령이나 채권전부명령과는 달리 집행채권의 현금화나 만
족적 단계에 이르지 아니하는 보전적 처분으로서 집행채권을 압류한 채권자를 해
하는 것이 아니기 때문에 집행채권에 대한 압류의 효력에 반하는 것은 아니므로,
집행채권에 대한 압류는 집행채권자가 채무자를 상대로 한 채권압류명령에는 집행
장애사유가 될 수 없다.
[3] 집행채권에 대한 압류 등이 있은 후에 집행채권자가 채무자의 채권에 대하여 압류
명령을 받은 경우에 채권압류명령의 제3채무자는 민사집행법에 따른 공탁을 함으
로써 채무를 면할 수 있으나, 위 채권압류명령은 보전적 처분으로서 유효한 것이
고 현금화나 만족적 단계로 나아가는 데에는 집행장애사유가 존재하므로, 이를 원
인으로 한 공탁에는 가압류를 원인으로 한 공탁과 마찬가지의 효력(민사집행법 제
297조 참조)만이 인정된다. 따라서 위와 같은 공탁에 따른 사유신고는 부적법하고,
이로 인하여 채권배당절차가 실시될 수는 없으며, 만약 채권배당절차가 개시되었
더라도 배당금이 지급되기 전이라면 집행법원은 공탁사유신고를 불수리하는 결정
을 하여야 한다.
[4] 채권자가 자기의 금전채권을 보전하기 위하여 채무자의 금전채권을 대위행사하는
경우 제3채무자로 하여금 채무자에게 지급의무를 이행하도록 청구할 수도 있지만,
직접 대위채권자 자신에게 이행하도록 청구할 수도 있는데, 채권자대위소송에서
제3채무자로 하여금 직접 대위채권자에게 금전의 지급을 명하는 판결이 확정되더
라도, 대위의 목적인 권리, 즉 채무자의 제3채무자에 대한 피대위채권이 판결의 집
행채권으로서 존재하는 것이고 대위채권자는 채무자를 대위하여 피대위채권에 대
한 변제를 수령하게 될 뿐 자신의 채권에 대한 변제로서 수령하게 되는 것이 아니
므로, 피대위채권이 변제 등으로 소멸하기 전이라면 채무자의 다른 채권자는 이에
대하여 압류 또는 가압류, 처분금지가처분을 할 수 있다.
그리고 이러한 경우에는 집행채권자의 채권자가 집행권원에 표시된 집행채권을 압
류 또는 가압류, 처분금지가처분을 한 경우에 관한 법리가 그대로 적용된다.

제4조(집행신청의 방식)
민사집행의 신청은 서면으로 하여야 한다.

제5조(집행관의 강제력 사용)
① 집행관은 집행을 하기 위하여 필요한 경우에는 채무자의 주거·창고 그 밖의
장소를 수색하고, 잠근 문과 기구를 여는 등 적절한 조치를 할 수 있다.
② 제1항의 경우에 저항을 받으면 집행관은 경찰 또는 국군의 원조를 요청할 수
있다.
③ 제2항의 국군의 원조는 법원에 신청하여야 하며, 법원이 국군의 원조를 요청
하는 절차는 대법원규칙으로 정한다.

제6조(참여자)
집행관은 집행하는 데 저항을 받거나 채무자의 주거에서 집행을 실시하려는데
채무자나 사리를 분별할 지능이 있는 그 친족·고용인을 만나지 못한 때에는 성
년 두 사람이나 특별시·광역시의 구 또는 동 직원, 시·읍·면 직원(도농복합형태
의 시의 경우 동지역에서는 시 직원, 읍·면지역에서는 읍·면 직원) 또는 경찰공
무원중 한 사람을 증인으로 참여하게 하여야 한다.

제7조(집행관에 대한 원조요구)
① 집행관 외의 사람으로서 법원의 명령에 의하여 민사집행에 관한 직무를 행하는 사람은 그 신분 또는 자격을 증명하는 문서를 지니고 있다가 관계인이 신청할 때에는 이를 내보여야 한다.
② 제1항의 사람이 그 직무를 집행하는 데 저항을 받으면 집행관에게 원조를 요구할 수 있다.
③ 제2항의 원조요구를 받은 집행관은 제5조 및 제6조에 규정된 권한을 행사할 수 있다.

제8조(공휴일·야간의 집행)
① 공휴일과 야간에는 법원의 허가가 있어야 집행행위를 할 수 있다.
② 제1항의 허가명령은 민사집행을 실시할 때에 내보여야 한다.

제9조(기록열람·등본부여)
집행관은 이해관계 있는 사람이 신청하면 집행기록을 볼 수 있도록 허가하고, 기록에 있는 서류의 등본을 교부하여야 한다.

제10조(집행조서)
① 집행관은 집행조서(執行調書)를 작성하여야 한다.
② 제1항의 조서(調書)에는 다음 각호의 사항을 밝혀야 한다.
   1. 집행한 날짜와 장소
   2. 집행의 목적물과 그 중요한 사정의 개요
   3. 집행참여자의 표시
   4. 집행참여자의 서명날인
   5. 집행참여자에게 조서를 읽어 주거나 보여 주고, 그가 이를 승인하고 서명날인한 사실
   6. 집행관의 기명날인 또는 서명
③ 제2항제4호 및 제5호의 규정에 따라 서명날인할 수 없는 경우에는 그 이유를 적어야 한다.

제11조(집행행위에 속한 최고, 그 밖의 통지)
① 집행행위에 속한 최고(催告) 그 밖의 통지는 집행관이 말로 하고 이를 조서에 적어야 한다.
② 말로 최고나 통지를 할 수 없는 경우에는 민사소송법 제181조·제182조 및 제187조의 규정을 준용하여 그 조서의 등본을 송달한다. 이 경우 송달증서를 작성하지 아니한 때에는 조서에 송달한 사유를 적어야 한다.
③ 집행하는 곳과 법원의 관할구역안에서 제2항의 송달을 할 수 없는 경우에는 최고나 통지를 받을 사람에게 대법원규칙이 정하는 방법으로 조서의 등본을 발송하고 그 사유를 조서에 적어야 한다.

제12조(송달·통지의 생략)
채무자가 외국에 있거나 있는 곳이 분명하지 아니한 때에는 집행행위에 속한 송달이나 통지를 하지 아니하여도 된다.

제13조(외국송달의 특례)
① 집행절차에서 외국으로 송달이나 통지를 하는 경우에는 송달이나 통지와 함께 대한민국안에 송달이나 통지를 받을 장소와 영수인을 정하여 상당한 기간 이내에 신고하도록 명할 수 있다.
② 제1항의 기간 이내에 신고가 없는 경우에는 그 이후의 송달이나 통지를 하지 아니할 수 있다.

제14조(주소 등이 바뀐 경우의 신고의무)
① 집행에 관하여 법원에 신청이나 신고를 한 사람 또는 법원으로부터 서류를 송달받은 사람이 송달받을 장소를 바꾼 때에는 그 취지를 법원에 바로 신고하여야 한다.
② 제1항의 신고를 하지 아니한 사람에 대한 송달은 달리 송달할 장소를 알 수 없는 경우에는 법원에 신고된 장소 또는 종전에 송달을 받던 장소에 대법원규칙이 정하는 방법으로 발송할 수 있다.
③ 제2항의 규정에 따라 서류를 발송한 경우에는 발송한 때에 송달된 것으로 본다.

제15조(즉시항고)
① 집행절차에 관한 집행법원의 재판에 대하여는 특별한 규정이 있어야만 즉시항고(即時抗告)를 할 수 있다.
② 항고인(抗告人)은 재판을 고지받은 날부터 1주의 불변기간 이내에 항고장(抗告狀)을 원심법원에 제출하여야 한다.
③ 항고장에 항고이유를 적지 아니한 때에는 항고인은 항고장을 제출한 날부터 10일 이내에 항고이유서를 원심법원에 제출하여야 한다.
④ 항고이유는 대법원규칙이 정하는 바에 따라 적어야 한다.
⑤ 항고인이 제3항의 규정에 따른 항고이유서를 제출하지 아니하거나 항고이유가 제4항의 규정에 위반한 때 또는 항고가 부적법하고 이를 보정(補正)할 수 없음이 분명한 때에는 원심법원은 결정으로 그 즉시항고를 각하하여야 한다.
⑥ 제1항의 즉시항고는 집행정지의 효력을 가지지 아니한다. 다만, 항고법원(재판기록이 원심법원에 남아 있는 때에는 원심법원)은 즉시항고에 대한 결정이 있을 때까지 담보를 제공하게 하거나 담보를 제공하게 하지 아니하고 원심재판의 집행을 정지하거나 집행절차의 전부 또는 일부를 정지하도록 명할 수 있고, 담보를 제공하게 하고 그 집행을 계속하도록 명할 수 있다.
⑦ 항고법원은 항고장 또는 항고이유서에 적힌 이유에 대하여서만 조사한다. 다만, 원심재판에 영향을 미칠 수 있는 법령위반 또는 사실오인이 있는지에 대하여 직권으로 조사할 수 있다.
⑧ 제5항의 결정에 대하여는 즉시항고를 할 수 있다.
⑨ 제6항 단서의 규정에 따른 결정에 대하여는 불복할 수 없다.
⑩ 제1항의 즉시항고에 대하여는 이 법에 특별한 규정이 있는 경우를 제외하고는 민사소송법 제3편 제3장중 즉시항고에 관한 규정을 준용한다.

■판례-강제집행정지■
[대법원 2016.9.30., 자, 2016그99, 결정]

【판시사항】
강제집행정지신청 기각결정에 대한 특별항고장을 각하한 원심재판장의 명령에 대한 즉시항고의 법적 성격(=민사소송법상 즉시항고) 및 위 즉시항고에 민사집행법 제15조가 적용될 수 있는지 여부(소극) / 즉시항고이유서를 제출하지 않았다는 이유로 즉시항고를 각하할 수 있는지 여부(소극)

【판결요지】
강제집행정지신청 기각결정에 대한 특별항고는 민사집행법 제15조가 규정한 집행법원의 재판에 대한 불복에 해당하지 아니하고, 특별항고장을 각하한 원심재판장의 명령에 대한 즉시항고는 민사소송법상 즉시항고에 불과하므로(민사소송법 제450조, 제425조, 제399조 제3항 참조) 거기에 민사집행법 제15조가 적용될 여지는 없다. 나아가 민사소송법상 항고법원의 소송절차에는 항소에 관한 규정이 준용되는데, 민사소송법은 항소이유서의 제출기한에 관한 규정을 두고 있지 아니하므로 즉시항고이유서를 제출하지 않았다는 이유로 즉시항고를 각하할 수는 없다.

제16조(집행에 관한 이의신청)
① 집행법원의 집행절차에 관한 재판으로서 즉시항고를 할 수 없는 것과, 집행관의 집행처분, 그 밖에 집행관이 지킬 집행절차에 대하여서는 법원에 이의를 신청할 수 있다.
② 법원은 제1항의 이의신청에 대한 재판에 앞서, 채무자에게 담보를 제공하게 하거나 제공하게 하지 아니하고 집행을 일시정지하도록 명하거나, 채권자에게 담보를 제공하게 하고 그 집행을 계속하도록 명하는 등 잠정처분(暫定處分)을 할수 있다.
③ 집행관이 집행을 위임받기를 거부하거나 집행행위를 지체하는 경우 또는 집행관이 계산한 수수료에 대하여 다툼이 있는 경우에는 법원에 이의를 신청할 수 있다.

■판례-집행처분(가처분집행해제신청불수리)에대한이의신청■
[대법원 2016.6.21., 자, 2016마5082, 결정]

【판시사항】
[1] 집행에 관한 이의신청에 대한 재판에 불복하는 방법
[2] 특별항고만 허용되는 재판의 불복에 대하여 당사자가 특별항고라는 표시와 항고법원을 대법원으로 표시하지 않은 경우, 항고장을 접수한 법원이 취하여야 할 조치 및 이때 항고법원이 항고심으로서 재판한 경우, 권한 없는 법원의 재판인지 여부(적극)
[3] 포괄적 금지명령에 따라 보전처분 등이 금지되는 회생채권인 '채무자에 대하여 회생절차개시 전의 원인으로 생긴 재산상의 청구권'이 금전채권에 한정되는지 여부(소극) 및 계약상의 급여청구권과 같은 비금전채권도 대상이 될 수 있는지 여부(적극)
[4] 포괄적 금지명령에 반하여 이루어진 회생채권에 기한 보전처분이나 강제집행의 효력(무효) 및 이때 사후적으로 회생절차폐지결정이 확정되더라도 무효인지 여부(적극)

【판결요지】
[1] 민사집행법 제15조 제1항은 집행절차에 관한 집행법원의 재판에 대하여는 특별한 규정이 있어야만 즉시항고를 할 수 있다고 규정하고 있는데, 같은 법 제17조 제1항은 집행절차를 취소하는 결정, 집행절차를 취소한 집행관의 처분에 대한 이의신청을 기각·각하하는 결정 또는 집행관에게 집행절차의 취소를 명하는 결정에 대하여

는 즉시항고를 할 수 있다고 규정하고 있으므로, 집행에 관한 이의신청에 대한 재판이 이에 해당하는 경우에는 즉시항고를 제기할 수 있지만, 그 밖의 경우에는 이 의신청에 대한 재판에 대하여 즉시항고를 제기할 수 없고, 민사집행법 제23조 제1항에 따라 준용되는 민사소송법 제449조의 특별항고로서만 불복할 수 있다.

[2] 특별항고만 허용되는 재판의 불복에 대하여는 당사자가 특히 특별항고라는 표시와 항고법원을 대법원으로 표시하지 아니하였더라도 항고장을 접수한 법원으로서는 이를 특별항고로 보아 소송기록을 대법원에 송부하여야 하고, 항고법원이 항고심으로서 재판하였더라도 이는 결국 권한 없는 법원의 재판에 귀착된다.

[3] 포괄적 금지명령에 따라 보전처분 등이 금지되는 회생채권은 '채무자에 대하여 회생절차개시 전의 원인으로 생긴 재산상의 청구권'을 의미하는데(채무자 회생 및 파산에 관한 법률 제118조 제1호), 회생채권은 이른바 금전화, 현재화의 원칙을 취하지 않고 있으므로 그러한 재산상의 청구권은 금전채권에 한정되지 아니하고 계약상의 급여청구권과 같은 비금전채권도 대상이 될 수 있다.

[4] 포괄적 금지명령에 반하여 이루어진 회생채권에 기한 보전처분이나 강제집행은 무효이고, 회생절차폐지결정에는 소급효가 없으므로, 이와 같이 무효인 보전처분이나 강제집행 등은 사후적으로 회생절차폐지결정이 확정되더라도 여전히 무효이다.

제17조(취소결정의 효력)
① 집행절차를 취소하는 결정, 집행절차를 취소한 집행관의 처분에 대한 이의신청을 기각·각하하는 결정 또는 집행관에게 집행절차의 취소를 명하는 결정에 대하여는 즉시항고를 할 수 있다.
② 제1항의 결정은 확정되어야 효력을 가진다.

제18조(집행비용의 예납 등)
① 민사집행의 신청을 하는 때에는 채권자는 민사집행에 필요한 비용으로서 법원이 정하는 금액을 미리 내야 한다. 법원이 부족한 비용을 미리 내라고 명하는 때에도 또한 같다.
② 채권자가 제1항의 비용을 미리 내지 아니한 때에는 법원은 결정으로 신청을 각하하거나 집행절차를 취소할 수 있다.
③ 제2항의 규정에 따른 결정에 대하여는 즉시항고를 할 수 있다.

제19조(담보제공·공탁 법원)
① 이 법의 규정에 의한 담보의 제공이나 공탁은 채권자나 채무자의 보통재판적(普通裁判籍)이 있는 곳의 지방법원 또는 집행법원에 할 수 있다.
② 당사자가 담보를 제공하거나 공탁을 한 때에는, 법원은 그의 신청에 따라 증명서를 주어야 한다.
③ 이 법에 규정된 담보에는 특별한 규정이 있는 경우를 제외하고는 민사소송법 제122조·제123조·제125조 및 제126조의 규정을 준용한다.

■판례-손해배상(기)■
[대법원 2017.4.28., 선고, 2016다277798, 판결]
【판시사항】
[1] 집행권원상 채무자가 집행권원에 대한 강제집행정지를 위하여 공탁한 담보가 강제집행정지의 대상인 집행권원에 기한 기본채권 자체를 담보하는지 여부(소극) / 피공탁자가 위 담보공탁금에 대한 출급청구를 한 경우, 공탁관은 피공탁자의 공탁금출급청구권에 기한 청구인지 공탁자의 공탁금회수청구권에 대한 압류 및 추심명령

등에 기한 청구인지 확인하여 각각의 경우에 요구되는 서면이 제출되었는지를 확인하여야 하는지 여부(적극) 및 서면이 확인되지 않은 경우, 공탁관은 보정을 명하거나 불수리결정을 하여야 하는지 여부(적극)

[2] 공탁물출급 또는 회수청구에 관하여 공탁관이 갖는 심사권의 내용과 범위

【판결요지】

[1] 집행권원상의 채무자가 집행권원에 대한 강제집행정지를 위하여 공탁(이하 '재판상 담보공탁'이라고 한다)한 담보는 강제집행정지로 인하여 채권자(피공탁자)에게 생길 손해를 담보하기 위한 것이므로, 강제집행정지의 대상인 집행권원에 기한 기본채권 자체를 담보하지 않는다.

따라서 피공탁자로부터 재판상 담보공탁금에 대하여 출급청구를 받은 공탁관은 피공탁자가 자신의 공탁금출급청구권에 기하여 청구한 것인지, 아니면 공탁자의 공탁금회수청구권에 대한 압류 및 추심명령이나 확정된 전부명령을 받아 청구한 것인지를 먼저 확인한 다음, 전자에 해당할 경우에는 공탁원인 사실에 기재된 피담보채권이 발생하였음을 증명하는 서면, 즉 피담보채권인 '강제집행정지로 인한 손해배상채권'에 관한 확정판결, 이에 준하는 서면(화해조서, 조정조서, 공정증서 등) 또는 공탁자의 동의서가 제출되었는지를 확인하여야 하고, 후자에 해당할 경우에는 재판상 담보공탁의 피공탁자가 피담보채권에 기초하여 공탁자의 공탁금회수청구권에 대하여 받은 압류명령 정본, 추심명령 또는 전부명령 정본, 위 명령의 송달증명, 전부명령의 경우에는 전부명령에 관한 확정증명이 제출되었는지를 확인하여야 하며, 각 위와 같은 서면이 확인된 경우에만 공탁금을 지급하여야 하고 확인되지 않은 경우에는 보정을 명하거나 불수리결정을 하여야 한다.

[2] 공탁관은 공탁물출급 또는 회수청구서와 그 첨부서류만으로 공탁당사자의 청구가 공탁관계 법령에서 규정하는 절차적, 실체적 요건을 갖추고 있는지를 심사하여야 하는 형식적 심사권만을 가지지만, 그러한 심사 결과 청구가 소정의 요건을 갖추지 못하였다고 볼만한 상당한 사정이 있는 경우에도 만연히 청구를 인가하여서는 안 된다.

제20조(공공기관의 원조)

법원은 집행을 하기 위하여 필요하면 공공기관에 원조를 요청할 수 있다.

제21조(재판적)

이 법에 정한 재판적(裁判籍)은 전속관할(專屬管轄)로 한다.

제22조(시·군법원의 관할에 대한 특례)

다음 사건은 시·군법원이 있는 곳을 관할하는 지방법원 또는 지방법원지원이 관할한다.

1. 시·군법원에서 성립된 화해·조정(민사조정법 제34조제4항의 규정에 따라 재판상의 화해와 동일한 효력이 있는 결정을 포함한다. 이하 같다) 또는 확정된 지급명령에 관한 집행문부여의 소, 청구에 관한 이의의 소 또는 집행문부여에 대한 이의의 소로서 그 집행권원에서 인정된 권리가 소액사건심판법의 적용대상이 아닌 사건
2. 시·군법원에서 한 보전처분의 집행에 대한 제3자이의의 소
3. 시·군법원에서 성립된 화해·조정에 기초한 대체집행 또는 간접강제
4. 소액사건심판법의 적용대상이 아닌 사건을 본안으로 하는 보전처분

제23조(민사소송법의 준용 등)

① 이 법에 특별한 규정이 있는 경우를 제외하고는 민사집행 및 보전처분의 절차에 관하여는 민사소송법의 규정을 준용한다.

② 이 법에 정한 것 외에 민사집행 및 보전처분의 절차에 관하여 필요한 사항은 대법원규칙으로 정한다.

Q. 경매개시결정에 대한 이의의 재판절차에서 당사자들의 일치된 진술의 효력은 어떠한지?

질문

甲이 乙에 대한 승소 확정판결에 기해 乙명의의 부동산에 대한 강제경매신청을 하여 경매개시결정이 선고되었습니다. 甲은 위 결정에 대한 이의신청을 하였고, 이의의 재판절차에서 甲과 乙은 부동산의 현황에 대하여 일치된 진술을 하였습니다. 실제 부동산의 현황이 위 진술과 다르다면 법원은 위 진술과 관계없이 실제 부동산의 현황대로 판단할 수 있는지요?

답변

민사집행법 제23조 제1항은 "이 법에 특별한 규정이 있는 경우를 제외하고는 민사집행 및 보전처분의 절차에 관하여는 민사소송법의 규정을 준용한다."고 규정하고 있고, 민사소송법 제288조는 "법원에서 당사자가 자백한 사실과 현저한 사실은 증명을 필요로 하지 아니한다. 다만, 진실에 어긋나는 자백은 그것이 착오로 말미암은 것임을 증명한 때에는 취소할 수 있다."고 규정하고 있습니다. 그러나 위 민사집행법 제23조 제1항은 민사집행절차에 관하여 민사집행법에 특별한 규정이 없으면 성질에 반하지 않는 범위 내에서 민사소송법의 규정을 준용한다는 취지라 할 것인데, 행정차상 즉시항고 재판에 관하여 변론주의의 적용이 제한됨을 규정한 민사집행법 제15조 제7항 단서 등과 같이 직권주의가 강화되어 있는 민사집행법하에서 민사집행법 제16조의 집행에 관한 이의의 성질을 가지는 강제경매 개시결정에 대한 이의의 재판절차에 있어서는 민사소송법상 재판상 자백이나 의제자백에 관한 규정은 준용되지 아니한다고 할 것이고, 이는 민사집행법 제268조에 의하여 담보권실행을 위한 경매절차에도 준용되므로 경매개시결정에 대한 형식적인 절차상의 하자를 이유로 한 임의경매 개시결정에 대한 이의의 재판절차에서도 민사소송법상 재판상 자백이나 의제자백에 관한 규정은 준용되지 아니한다고 할 것입니다(대법원 2015. 9. 14.자 2015마813 결정). 따라서 법원은 甲, 乙의 일치된 진술에 구애받지 아니하고 실제 부동산의 현황대로 판단할 수 있습니다.

제2편 강제집행
제1장 총칙

제24조(강제집행과 종국판결)
강제집행은 확정된 종국판결(終局判決)이나 가집행의 선고가 있는 종국판결에 기초하여 한다.

▣판례-청구이의▣
[대법원 2018.3.27., 선고, 2015다70822, 판결]

【판시사항】
[1] 부진정연대채무의 성립요건
[2] 금액이 다른 채무가 서로 부진정연대의 관계에 있을 때 금액이 많은 채무의 일부가 변제 등으로 소멸하는 경우, 변제로 먼저 소멸하는 부분(=단독으로 채무를 부담하는 부분)
[3] 배당표에 대한 이의가 있는 채권에 관하여 배당이의의 소가 제기되어 배당액이 공탁되었다가 배당표가 확정됨에 따라 공탁된 배당금이 지급된 경우, 배당액에 대한 이의가 있었던 채권이 공탁된 배당액으로 충당되는 범위에서 배당표의 확정 시에 소멸하는지 여부(원칙적 적극) 및 배당표의 확정 전에 채권자가 공탁된 배당금을 지급받아 수령하고 그 후 같은 내용으로 배당표가 확정된 경우, 변제의 효력이 발생하는 시점(=공탁금 수령 시) / 이는 근저당권자의 피담보채권에 대하여 다른 채권자가 이의함으로써 해당 배당액이 공탁되었다가 배당이의소송을 거쳐 배당표가 확정됨에 따라 공탁된 배당금이 지급되는 경우에도 마찬가지인지 여부(적극)
[4] 담보권의 실행을 위한 경매절차에서 경매신청채권자에 우선하는 근저당권자가 배당요구의 종기 전에 피담보채권액에 관한 채권계산서를 제출하거나 그 후 배당표가 작성될 때까지 이를 보정함으로써 그에 따라 배당표가 확정된 경우, 배당에 포함되는 이자나 지연손해금의 범위 및 이는 채권계산서를 제출한 근저당권자의 피담보채권에 대하여 다른 채권자가 이의를 하여 해당 배당액이 공탁되었다가 배당이의소송을 거쳐 배당표가 확정됨에 따라 공탁된 배당금이 지급되는 경우에도 마찬가지인지 여부(적극)
[5] 채권계산서를 제출한 근저당권자의 피담보채권에 대하여 다른 채권자가 이의함으로써 해당 배당액이 공탁되었다가 배당이의소송을 거쳐 배당표가 확정됨에 따라 공탁된 배당금이 지급되는 경우, 배당금은 민법 제479조 제1항에 따라 배당표의 확정 시까지(배당표 확정 시보다 앞서는 공탁금 수령 시에 변제의 효력이 발생한다고 볼 수 있는 경우에는 공탁금 수령 시까지) 발생한 이자나 지연손해금 채권에 먼저 충당된 다음 원금에 충당되는지 여부(원칙적 적극)
[6] 확정판결에 따른 강제집행이 권리남용에 해당하기 위한 요건

【판결요지】
[1] 부진정연대채무 관계는 서로 별개의 원인으로 발생한 독립된 채무라 하더라도 동일한 경제적 목적을 가지고 있고 서로 중첩되는 부분에 관하여 일방의 채무가 변제 등으로 소멸할 경우 타방의 채무도 소멸하는 관계에 있으면 성립할 수 있고, 반드시 양 채무의 발생원인, 채무의 액수 등이 서로 같을 것을 요건으로 하지 않는다.
[2] 금액이 다른 채무가 서로 부진정연대의 관계에 있을 때 금액이 많은 채무의 일부가 변제 등으로 소멸하는 경우에 그중 먼저 소멸하는 부분은, 채무 전액의 지급을 확실히 확보하려는 부진정연대채무제도의 취지에 비추어, 다른 채무자와 공동으로 채무를 부담하는 부분이 아니라 단독으로 채무를 부담하는 부분이라고 보아야 한다.
[3] 부동산 경매절차에서 배당기일에 출석한 채권자는 자기의 이해에 관계되는 범위 안

에서 다른 채권자를 상대로 그의 채권 또는 그 채권의 순위에 대하여 이의할 수 있고(민사집행법 제151조 제3항), 이 경우 이의한 채권자는 배당이의의 소를 제기하여야 한다(민사집행법 제154조 제1항). 배당표에 대한 이의가 있는 채권에 관하여 적법한 배당이의의 소가 제기된 때에는 그에 대한 배당액을 공탁하여야 하고(민사집행법 제160조 제1항 제5호), 이의된 부분에 대해서는 배당표가 확정되지 않는다(민사집행법 제152조 제3항).

위와 같이 배당액이 공탁된 뒤 배당이의의 소에서 이의된 채권에 관한 전부 또는 일부 승소의 판결이 확정되면 이의된 부분에 대한 배당표가 확정된다. 이때 공탁의 사유가 소멸하게 되므로, 그러한 승소 확정판결을 받은 채권자가 집행법원에 그 사실 등을 증명하여 배당금의 지급을 신청하면, 집행법원은 판결의 내용에 따라 종전의 배당표를 경정하고 공탁금에 관하여 다시 배당을 실시하여야 한다(민사집행법 제161조 제1항).

이 경우 집행법원의 법원사무관 등은 지급할 배당금액을 적은 지급위탁서를 공탁관에게 송부하고, 지급받을 자에게는 배당액 지급증을 교부하여야 한다(민사집행법 제159조 제2항, 제3항, 민사집행규칙 제82조 제1항, 공탁규칙 제43조 제1항). 이때 공탁관은 집행법원의 보조자로서 공탁금 출급사유 등을 심리함이 없이 집행법원의 공탁금 지급위탁서에 따라 채권자에게 공탁금을 출급하게 된다.

위와 같은 절차에 비추어 보면, 배당표가 확정되어야 비로소 채권자가 공탁된 배당금의 지급을 신청할 수 있으므로, 배당표 확정 이전에 채권자가 배당금을 수령하지 않았는데도 채권에 대해 변제의 효력이 발생한다고 볼 수는 없다. 한편 배당표가 일단 확정되면 채권자는 공탁금을 즉시 지급받아 수령할 수 있는 지위에 있는데, 배당표 확정 이후의 어느 시점(가령 배당액 지급증 교부 시 또는 공탁금 출급 시)을 기준으로 변제의 효력이 발생한다고 보게 되면, 채권자의 의사에 따라 채무의 소멸 시점이 늦추어질 수 있고, 그때까지 채무자는 지연손해금을 추가로 부담하게 되어 불합리하다.

따라서 채무자가 공탁금 출급을 곤란하게 하는 장애요인을 스스로 형성·유지하는 등의 특별한 사정이 없는 한 배당액에 대한 이의가 있었던 채권은 공탁된 배당액으로 충당되는 범위에서 배당표의 확정 시에 소멸한다고 보아야 한다. 다만 위와 같은 배당표의 확정 전에 어떤 경위로든 채권자가 공탁된 배당금을 지급받아 수령하고 그 후 같은 내용으로 배당표가 확정된 경우에는, 채권자가 현실적으로 채권의 만족을 얻은 시점인 공탁금 수령 시에 변제의 효력이 발생한다고 봄이 타당하다. 이러한 법리는 근저당권자의 피담보채권에 대하여 다른 채권자가 이의함으로써 해당 배당액이 공탁되었다가 배당이의소송을 거쳐 배당표가 확정됨에 따라 공탁된 배당금이 지급되는 경우에도 마찬가지로 적용된다.

[4] 담보권의 실행을 위한 경매절차에서 경매신청채권자에 우선하는 근저당권자는 배당요구를 하지 않더라도 당연히 등기부상 기재된 채권최고액의 범위 내에서 순위에 따른 배당을 받을 수 있으므로, 그러한 근저당권자가 채권계산서를 제출하지 않았더라도 배당에서 제외되지 않는다.

만일 그 근저당권자가 배당요구의 종기 전에 피담보채권액에 관한 채권계산서를 제출하거나 그 후 배당표가 작성될 때까지 이를 보정함으로써 그에 따라 배당표가 확정되었다면, 채권최고액 범위 내에서 제출되거나 보정된 채권계산서에 기재된 이자 또는 지연손해금으로서 배당기일까지 발생한 것은 배당에 포함될 수 있지만 배당기일 이후에 발생한 이자나 지연손해금은 배당에 포함될 여지가 없다.

이러한 법리는 채권계산서를 제출한 근저당권자의 피담보채권에 대하여 다른 채권자가 이의를 하여 해당 배당액이 공탁되었다가 배당이의소송을 거쳐 배당표가 확정됨에 따라 공탁된 배당금이 지급되는 경우에도 마찬가지로 적용된다. 따라서 위와 같은 경우에 배당기일 이후 배당금이 공탁되어 있는 동안 실체법상 이자나 지연손해금이 발생하더라도, 해당 근저당권자가 수령할 배당액을 정하는 단계에서는 채권최고액 범위 내에서 배당기일까지의 이자나 지연손해금만이 배당액에 포함될 수 있다.

[5] 채권계산서를 제출한 근저당권자의 피담보채권에 대하여 다른 채권자가 이의함으로써 해당 배당액이 공탁되었다가 배당이의소송을 거쳐 배당표가 확정됨에 따라 공탁된 배당금이 지급되는 경우에, 그 배당금은 특별한 사정이 없는 한 민법 제479조 제1항에 따라 배당표의 확정 시까지(배당표 확정 시보다 앞서는 공탁금 수령 시에 변제의 효력이 발생한다고 볼 수 있는 경우에는 공탁금 수령 시까지를 의미한다. 이하 같다) 발생한 이자나 지연손해금 채권에 먼저 충당된 다음 원금에 충당된다고 보아야 한다. 이유는 다음과 같다.

① 변제충당이란 채무자가 동일한 채권자에 대하여 동종의 목적을 갖는 수개의 채무를 부담하는 경우 또는 1개의 채무의 변제로 수개의 급부를 하여야 할 경우에 변제제공된 것이 채무 전부를 소멸시키기에 부족한 때에, 변제제공된 것으로 어느 채무의 변제에 충당할 것인지를 결정하는 것을 뜻한다. 배당기일 이후 배당표 확정 시까지 해당 채권의 이자 또는 지연손해금이 발생하였는데도 이를 배제하고 배당기일까지 발생한 이자 또는 지연손해금의 변제에만 충당한다면, 이는 변제의 효력이 발생하는 시점과 변제충당의 기준시점을 달리 보는 것이 되어 변제충당의 본질에 어긋난다.

② 공탁된 배당금을 배당이의소송의 결과에 따라 지급하는 것은 그 범위에서 잠정적으로 보류되었던 배당절차를 마무리하는 것이므로, 배당기일에 확정된 배당금을 지급받은 다른 채권자들과의 형평을 고려해야 한다(배당재원은 한정되어 있으므로 어느 한 채권자에 대한 배당액이 늘어나면 다른 채권자에 대한 배당액은 줄어들 수밖에 없기 때문이다). 그러나 배당금의 수령으로 채무 소멸(변제)의 효력이 발생하는 시점에 실체법상 존재하는 채권 중 어느 채권의 변제에 충당할 것인지는 채무자와 해당 채권자 사이에서만 문제 되는 것으로서, 다른 채권자들의 배당액에 영향을 주지 않는다.

③ 채권계산서에 기재된 원금 또는 배당기일까지의 이자·지연손해금만이 '배당액'에 포함될 수 있다고 하여 '변제충당'도 그 원금 또는 이자·지연손해금에 대해서만 할 수 있다고 본다면, 이는 채권계산서를 제출한 근저당권자가 언제나 이자·지연손해금 중 배당기일까지의 부분만을 지정하여 충당할 수 있다고 보는 것과 마찬가지가 된다.

[6] 확정판결의 기판력은, 법원이 당사자 간의 법적 분쟁에 관하여 판단하여 소송이 종료된 이상, 법적 안정성을 위해 당사자와 법원 모두 분쟁해결의 기준으로서 확정판결의 판단을 존중하여야 한다는 요청에 따라 인정된 것이다. 민사소송법은 확정판결을 그대로 유지할 수 없는 정도로 중대한 흠이 있는 예외적인 경우에만 확정판결을 취소하고 이미 종결된 사건을 다시 심판할 수 있도록 특별한 불복신청의 방법으로서 재심 제도를 두고 있다. 재심은 민사소송법이 열거하고 있는 사유가 있는 경우에 한하여(민사소송법 제451조, 제452조), 일정한 기간 내에(민사소송법 제456조, 다만 제457조의 예외가 있다) 별도로 소를 제기하는 방식으로만 허용된다. 따라서 확정판결에 따른 강제집행이 권리남용에 해당한다고 쉽게 인정하여서는 안 되고, 이를 인정하기 위해서는 확정판결의 내용이 실체적 권리관계에 배치되는 경우로서 그에 기초한 집행이 현저히 부당하고 상대방으로 하여금 집행을 받아들이도록 하는 것이 정의에 반함이 명백하여 사회생활상 용인할 수 없다고 인정되는 것과 같은 특별한 사정이 있어야 한다.

제25조(집행력의 주관적 범위)

① 판결이 그 판결에 표시된 당사자 외의 사람에게 효력이 미치는 때에는 그 사람에 대하여 집행하거나 그 사람을 위하여 집행할 수 있다. 다만, 민사소송법 제71조의 규정에 따른 참가인에 대하여는 그러하지 아니하다.

② 제1항의 집행을 위한 집행문(執行文)을 내어 주는데 대하여는 제31조 내지 제33조의 규정을 준용한다.

제26조(외국재판의 강제집행)
① 외국법원의 확정판결 또는 이와 동일한 효력이 인정되는 재판(이하 "확정재판 등"이라 한다)에 기초한 강제집행은 대한민국 법원에서 집행판결로 그 강제집행을 허가하여야 할 수 있다. <개정 2014.5.20.>
② 집행판결을 청구하는 소(訴)는 채무자의 보통재판적이 있는 곳의 지방법원이 관할하며, 보통재판적이 없는 때에는 민사소송법 제11조의 규정에 따라 채무자에 대한 소를 관할하는 법원이 관할한다.
[제목개정 2014.5.20.]

Q. 외국에서 받은 판결로 국내에서 집행하려면?

질문

외국에서 채무자를 상대로 판결을 받았는데 이를 국내에서 집행하려면 어떻게 해야 하나요.?

답변

민사집행법 제26조 제1항은 [외국법원의 확정판결 또는 이와 동일한 효력이 인정되는 재판(이하 "확정재판 등"이라 한다)에 기초한 강제집행은 대한민국 법원에서 집행판결로 그 강제집행을 허가하여야 할 수 있다.]고 규정하고 있습니다. 따라서 '외국법원의 확정판결 또는 이와 동일한 효력이 인정되는 재판'이 있어야하며 이를 '대한민국 법원에서 집행판결로 그 강제집행을 허가'하여야 집행할 수 있는 것입니다. 비록 민사집행법의 위 조항이 개정되기 이전 '외국법원의 판결에 기초한 강제집행은 대한민국 법원에서 집행판결로 그 적법함을 선고하여야 한다.'고 규정하고 있을 때의 판례이긴 하지만 대법원은 위 규정의 외국법원의 판결의 범위에 대하여 [집행판결의 제도는, 재판권이 있는 외국의 법원에서 행하여진 판결에서 확인된 당사자의 권리를 우리나라에서 강제적으로 실현하고자 하는 경우에 다시 소를 제기하는 등 이중의 절차를 강요할 필요 없이 그 외국의 판결을 기초로 하되 단지 우리나라에서 그 판결의 강제실현이 허용되는지 여부만을 심사하여 이를 승인하는 집행판결을 얻도록 함으로써 당사자의 원활한 권리실현의 요구를 국가의 독점적·배타적 강제집행권 행사와 조화시켜 그 사이에 적절한 균형을 도모하려는 취지에서 나온 것이다. 이러한 제도적 취지에 비추어 보면, 위 규정에서 정하는 '외국법원의 판결'이라고 함은 재판권을 가지는 외국의 사법기관이 그 권한에 기하여 사법상의 법률관계에 관하여 대립적 당사자에 대한 상호간의 심문이 보장된 절차에서 종국적으로 한 재판으로서 구체적 급부의 이행 등 그 강제적 실현에 적합한 내용을 가지는 것을 의미하고, 그 재판의 명칭이나 형식 등이 어떠한지는 문제되지 아니한다.]고 판시한바 있습니다. 위 판례의 취지는 현 민사집행법 제26조 제1항에도 동일하게 적용된다고 볼 수 있을 것으로 생각됩니다.

제27조(집행판결)
① 집행판결은 재판의 옳고 그름을 조사하지 아니하고 하여야한다.
② 집행판결을 청구하는 소는 다음 각호 가운데 어느 하나에 해당하면 각하하여야 한다. <개정 2014.5.20.>
  1. 외국법원의 확정재판등이 확정된 것을 증명하지 아니한 때
  2. 외국법원의 확정재판등이 민사소송법 제217조의 조건을 갖추지 아니한 때

■판례-외국판결의승인및집행판결■
[대법원 2017.5.30., 선고, 2012다23832, 판결]

【판시사항】

[1] 민사소송법 제217조 제1항 제4호에서 정한 상호보증의 요건을 갖추었는지 판단하는 기준

[2] 민사집행법 제26조 제1항이 규정한 집행판결제도의 취지 및 '외국법원의 확정재판 등'의 의미

[3] 외국법원의 확정재판 등에 표시된 특정이행 명령의 형식 및 기재 방식이 우리나라 판결의 주문 형식이나 기재 방식과 상이한 경우, 집행국인 우리나라 법원이 취할 조치 / 특정이행 명령의 대상이 되는 계약상 의무가 충분히 특정되지 못하여 판결 국인 미국에서도 곧바로 강제적으로 실현하기가 어려운 경우, 우리나라 법원이 강제집행을 허가할 수 있는지 여부(소극)

[4] 외국법원에서 특정한 의무의 이행에 대한 명령과 함께 소송에 소요된 변호사보수 및 비용의 지급을 명하는 판결이 있는 경우, 변호사보수 및 비용의 지급을 명하는 부분에 대한 집행판결이 허용되는지 판단하는 기준

【판결요지】

[1] 민사소송법 제217조 제1항 제4호는 외국법원의 확정재판 등의 승인요건으로 '상호 보증이 있거나 대한민국과 그 외국법원이 속하는 국가에 있어 확정재판 등의 승인 요건이 현저히 균형을 상실하지 아니하고 중요한 점에서 실질적으로 차이가 없을 것'을 규정하고 있다. 이에 의하면 우리나라와 외국 사이에 동종 판결의 승인요건 이 현저히 균형을 상실하지 아니하고 외국에서 정한 요건이 우리나라에서 정한 그 것보다 전체로서 과중하지 아니하며 중요한 점에서 실질적으로 거의 차이가 없는 정도라면 민사소송법 제217조 제1항 제4호에서 정하는 상호보증의 요건을 갖춘 것 으로 보아야 한다. 이러한 상호보증은 외국의 법령, 판례 및 관례 등에 의하여 승 인요건을 비교하여 인정되면 충분하고 반드시 당사국과 조약이 체결되어 있을 필 요는 없으며, 해당 외국에서 구체적으로 우리나라의 같은 종류의 판결을 승인한 사 례가 없다고 하더라도 실제로 승인할 것이라고 기대할 수 있을 정도이면 충분하다.

[2] 민사집행법 제26조 제1항은 "외국법원의 확정판결 또는 이와 동일한 효력이 인정되 는 재판(이하 '확정재판 등'이라고 한다)에 기초한 강제집행은 대한민국 법원에서 집행판결로 그 강제집행을 허가하여야 할 수 있다."라고 규정하고 있다. 여기서 정 하여진 집행판결제도는, 재판권이 있는 외국의 법원에서 행하여진 판결에서 확인된 당사자의 권리를 우리나라에서 강제적으로 실현하고자 하는 경우에 다시 소를 제 기하는 등 이중의 절차를 강요할 필요 없이 외국의 판결을 기초로 하되 단지 우리 나라에서 판결의 강제실현이 허용되는지만을 심사하여 이를 승인하는 집행판결을 얻도록 함으로써 권리가 원활하게 실현되기를 원하는 당사자의 요구를 국가의 독 점적·배타적 강제집행권 행사와 조화시켜 그 사이에 적절한 균형을 도모하려는 취 지에서 나온 것이다. 이러한 취지에 비추어 보면, 위 규정에서 정하는 '외국법원의 확정재판 등'이라고 함은 재판권을 가지는 외국의 사법기관이 그 권한에 기하여 사 법상의 법률관계에 관하여 대립적 당사자에 대한 상호 간의 심문이 보장된 절차에 서 종국적으로 한 재판으로서 구체적 급부의 이행 등 강제적 실현에 적합한 내용 을 가지는 것을 의미한다.

[3] 미국법원은 손해배상(Damages)이 채권자에게 적절한 구제수단이 될 수 없는 경우 에 형평법(equity)에 따라 법원의 재량에 의하여 계약에서 정한 의무 자체의 이행 을 명하는 특정이행 명령(decree of specific performance)을 할 수 있는데, 특정이 행 명령을 집행하기 위해서는 그 대상이 되는 계약상 의무가 충분히 구체적이고 명확하지 않으면 아니 된다(캘리포니아주 민법 제3390조 제5호 참조). 이러한 특정 이행 명령의 법적 성격과 우리나라의 민사소송법 및 민사집행법에 규정된 외국판 결의 승인과 집행에 관한 입법 취지를 함께 살펴보면, 확정판결 또는 이와 동일한

효력이 인정되는 재판(이하 '확정재판 등'이라고 한다) 등에 표시된 특정이행 명령의 형식 및 기재 방식이 우리나라 판결의 주문 형식이나 기재 방식과 상이하다 하더라도, 집행국인 우리나라 법원으로서는 민사집행법에 따라 외국법원의 확정재판 등에 의한 집행과 같거나 비슷한 정도의 법적구제를 제공하는 것이 원칙이라고 할 것이다.

그러나 특정이행 명령의 대상이 되는 계약상 의무가 충분히 특정되지 못하여 판결국인 미국에서도 곧바로 강제적으로 실현하기가 어렵다면, 우리나라 법원에서도 강제집행을 허가하여서는 아니 된다.

[4] 외국법원에서 특정한 의무의 이행에 대한 명령과 함께 소송에 소요된 변호사보수 및 비용의 지급을 명하는 판결이 있는 경우, 변호사보수 및 비용의 지급을 명하는 부분에 대한 집행판결이 허용되는지는 특정한 의무의 이행에 대한 명령과는 별도로 그 부분 자체로서 민사집행법 제27조 제2항이 정한 요건을 갖추었는지를 살펴 판단하여야 한다.

제28조(집행력 있는 정본)

① 강제집행은 집행문이 있는 판결정본(이하 "집행력 있는 정본"이라 한다)이 있어야 할 수 있다.

② 집행문은 신청에 따라 제1심 법원의 법원서기관·법원사무관·법원주사 또는 법원주사보(이하 "법원사무관등"이라 한다)가 내어 주며, 소송기록이 상급심에 있는 때에는 그 법원의 법원사무관등이 내어 준다.

③ 집행문을 내어 달라는 신청은 말로 할 수 있다.

제29조(집행문)

① 집행문은 판결정본의 끝에 덧붙여 적는다.

② 집행문에는 "이 정본은 피고 아무개 또는 원고 아무개에 대한 강제집행을 실시하기 위하여 원고 아무개 또는 피고 아무개에게 준다."라고 적고 법원사무관등이 기명날인하여야 한다.

제30조(집행문부여)

① 집행문은 판결이 확정되거나 가집행의 선고가 있는 때에만 내어 준다.

② 판결을 집행하는 데에 조건이 붙어 있어 그 조건이 성취되었음을 채권자가 증명하여야 하는 때에는 이를 증명하는 서류를 제출하여야만 집행문을 내어 준다. 다만, 판결의 집행이 담보의 제공을 조건으로 하는 때에는 그러하지 아니하다.

제31조(승계집행문)

① 집행문은 판결에 표시된 채권자의 승계인을 위하여 내어 주거나 판결에 표시된 채무자의 승계인에 대한 집행을 위하여 내어 줄 수 있다. 다만, 그 승계가 법원에 명백한 사실이거나, 증명서로 승계를 증명한 때에 한한다.

② 제1항의 승계가 법원에 명백한 사실인 때에는 이를 집행문에 적어야 한다.

Q. 중첩적 채무인수의 경우 민사집행법 제31조 제1항 의 승계집행문을 부여할 수
있는지 여부 및 면책적 채무인수인이 위 조항에서
말하는 승계인에 해당하는지 여부

질문

甲은 丙회사와 골프장 회원이 되기 위한 입회계약을 맺은 후, 丙 회사가 경영난으로 골프장을
개장하지 못하게 되자 입회금반환청구소송을 제기하여 승소판결을 받았습니다. 이후 乙회사가
골프장 부지를 공매를 통해 취득하고, 사업시행자 지위를 넘겨 받아 사업시행자변경승인을 받
았으며 이에 따라 체육시설의 설치·이용에 관한 법률에 따른 골프장 사업시행자 지위 역시 취
득한 경우, 乙에 대하여 승계집행문 부여 신청을 할 수 있나요?

답변

민사집행법 제31조 제1항 에서 "집행문은 판결에 표시된 채권자의 승계인을 위하여
내어 주거나 판결에 표시된 채무자의 승계인에 대한 집행을 위하여 내어 줄 수 있다."
라고 규정하고 있는바, 중첩적 채무인수는 당사자의 채무는 그대로 존속하며 이와 별
개의 채무를 부담하는 것에 불과하므로 새로 채무의 이행을 소구하는 것은 별론으로
하고 판결에 표시된 채무자에 대한 판결의 기판력 및 집행력의 범위를 채무자 이외의
자에게 확장하여 승계집행문을 부여할 수는 없으나, 채무자의 채무를 소멸시켜 당사자
인 채무자의 지위를 승계하는 이른바 면책적 채무인수는 위 조항에서 말하는 승계인
에 해당한다고 볼 수 있습니다. 체육시설의 설치·이용에 관한 법률(이하 '체육시설법'
이라고 한다)제27조는 '체육시설업 등의 승계'라는 제목하에 제1항에서 "체육시설업자
가 사망하거나 그 영업을 양도한 때 또는 법인인 체육시설업자가 합병한 때에는 그
상속인,영업을 양수한 자 또는 합병 후 존속하는 법인이나 합병에 따라 설립되는 법인
은 그 체육시설업의 등록 또는 신고에 따른 권리·의무(제17조에 따라 회원을 모집한
경우에는 그 체육시설업자와 회원 간에 약정한 사항을 포함한다)를 승계한다."라고 규
정하고,제2항과 제3항은 일정한 경우에 제1항을 준용한다고 규정하고 있다.
체육시설법 제27조 제1항이 '체육시설에 관한 영업의 양도가 있는 경우에는 양도인과
회원 간에 약정한 사항을 포함하여 그 체육시설의 등록 또는 신고에 따른 권리·의무
를 양수인이 승계하도록'규정하고 있는 것은, 사업의 인허가와 관련하여 형성된 양도
인에 대한 공법상의 관리체계를 영업주체의 변동에도 불구하고 유지시키려는 취지와
함께, 양도인과 이용관계를 맺은 다수 회원들의 이익을 보호하려는 취지에서 둔 특칙
이라고 할 것입니다(대법원 2015.12.23.선고 2013다85417판결 참조).
법조항의 문언,체계 및 위와 같은 취지를 고려하면, 체육시설법 제27조 제1항에 따라 양
수인이 사업의 인허가와 관련한 공법상의 관리체계와 함께 기존의 회원들에 대한 의무
를 승계함과 동시에 양도인은 기존의 회원들에 대한 의무를 면하게 된다고 볼 것이므로
(대법원 2009.2.12.선고 2007두8201판결 참조), 체육시설법 제27조 제1항에 따른 양수인
의 기존 회원에 대한 채무인수는 면책적 채무인수에 해당하고, 위 양수인은 민사집행법
제31조 제1항 의 승계인에 해당한다고 볼 수 있다고 판단됩니다. 즉, 丙회사의 입회금반
환채무는 乙회사가 면책적으로 인수하였다고 할 것이므로, 민사집행법 제31조 제1항에
따라 甲은 乙회사에 대하여 승계집행문 부여 신청을 할 수 있다고 판단됩니다.

제32조(재판장의 명령)
① 재판을 집행하는 데에 조건을 붙인 경우와 제31조의 경우에는 집행문은 재판
장(합의부의 재판장 또는 단독판사를 말한다. 이하 같다)의 명령이 있어야 내
어 준다.

② 재판장은 그 명령에 앞서 서면이나 말로 채무자를 심문(審問) 할 수 있다.
③ 제1항의 명령은 집행문에 적어야 한다.

제33조(집행문부여의 소)
제30조제2항 및 제31조의 규정에 따라 필요한 증명을 할 수 없는 때에는 채권자는 집행문을 내어 달라는 소를 제1심 법원에 제기할 수 있다.

제34조(집행문부여 등에 관한 이의신청)
① 집행문을 내어 달라는 신청에 관한 법원사무관등의 처분에 대하여 이의신청이 있는 경우에는 그 법원사무관등이 속한 법원이 결정으로 재판한다.
② 집행문부여에 대한 이의신청이 있는 경우에는 법원은 제16조제2항의 처분에 준하는 결정을 할 수 있다.

제35조(여러 통의 집행문의 부여)
① 채권자가 여러 통의 집행문을 신청하거나 전에 내어 준 집행문을 돌려주지 아니하고 다시 집행문을 신청한 때에는 재판장의 명령이 있어야만 이를 내어 준다.
② 재판장은 그 명령에 앞서 서면이나 말로 채무자를 심문할 수 있으며, 채무자를 심문하지 아니하고 여러 통의 집행문을 내어 주거나 다시 집행문을 내어 준 때에는 채무자에게 그 사유를 통지하여야 한다.
③ 여러 통의 집행문을 내어 주거나 다시 집행문을 내어 주는 때에는 그 사유를 원본과 집행문에 적어야 한다.

제36조(판결원본에의 기재)
집행문을 내어 주는 경우에는 판결원본 또는 상소심 판결정본에 원고 또는 피고에게 이를 내어 준다는 취지와 그 날짜를 적어야 한다.

제37조(집행력 있는 정본의 효력)
집행력 있는 정본의 효력은 전국 법원의 관할구역에 미친다.

제38조(여러 통의 집행력 있는 정본에 의한 동시집행)
채권자가 한 지역에서 또는 한 가지 방법으로 강제집행을 하여도 모두 변제를 받을 수 없는 때에는 여러 통의 집행력 있는 정본에 의하여 여러 지역에서 또는 여러 가지 방법으로 동시에 강제집행을 할 수 있다.

제39조(집행개시의 요건)
① 강제집행은 이를 신청한 사람과 집행을 받을 사람의 성명이 판결이나 이에 덧붙여 적은 집행문에 표시되어 있고 판결을 이미 송달하였거나 동시에 송달한 때에만 개시할 수 있다.
② 판결의 집행이 그 취지에 따라 채권자가 증명할 사실에 매인 때 또는 판결에 표시된 채권자의 승계인을 위하여 하는 것이거나 판결에 표시된 채무자의 승계인에 대하여 하는 것일 때에는 집행할 판결 외에, 이에 덧붙여 적은 집행문을 강제집행을 개시하기 전에 채무자의 승계인에게 송달하여야 한다.

③ 증명서에 의하여 집행문을 내어 준 때에는 그 증명서의 등본을 강제집행을 개시하기 전에 채무자에게 송달하거나 강제집행과 동시에 송달하여야 한다.

제40조(집행개시의 요건)
① 집행을 받을 사람이 일정한 시일에 이르러야 그 채무를 이행하게 되어 있는 때에는 그 시일이 지난 뒤에 강제집행을 개시할 수 있다.
② 집행이 채권자의 담보제공에 매인 때에는 채권자는 담보를 제공한 증명서류를 제출하여야 한다. 이 경우의 집행은 그 증명서류의 등본을 채무자에게 이미 송달하였거나 동시에 송달하는 때에만 개시할 수 있다.

제41조(집행개시의 요건)
① 반대의무의 이행과 동시에 집행할 수 있다는 것을 내용으로 하는 집행권원의 집행은 채권자가 반대의무의 이행 또는 이행의 제공을 하였다는 것을 증명하여야만 개시할 수 있다.
② 다른 의무의 집행이 불가능한 때에 그에 갈음하여 집행할 수 있다는 것을 내용으로 하는 집행권원의 집행은 채권자가 그 집행이 불가능하다는 것을 증명하여야만 개시할 수 있다.

제42조(집행관에 의한 영수증의 작성·교부)
① 채권자가 집행관에게 집행력 있는 정본을 교부하고 강제집행을 위임한 때에는 집행관은 특별한 권한을 받지 못하였더라도 지급이나 그 밖의 이행을 받고 그에 대한 영수증서를 작성하고 교부할 수 있다. 집행관은 채무자가 그 의무를 완전히 이행한 때에는 집행력 있는 정본을 채무자에게 교부하여야 한다.
② 채무자가 그 의무의 일부를 이행한 때에는 집행관은 집행력 있는 정본에 그 사유를 덧붙여 적고 영수증서를 채무자에게 교부하여야 한다.
③ 채무자의 채권자에 대한 영수증 청구는 제2항의 규정에 의하여 영향을 받지 아니한다.

제43조(집행관의 권한)
① 집행관은 집행력 있는 정본을 가지고 있으면 채무자와 제3자에 대하여 강제집행을 하고 제42조에 규정된 행위를 할 수 있는 권한을 가지며, 채권자는 그에 대하여 위임의 흠이나 제한을 주장하지 못한다.
② 집행관은 집행력 있는 정본을 가지고 있다가 관계인이 요청할 때에는 그 자격을 증명하기 위하여 이를 내보여야 한다.

제44조(청구에 관한 이의의 소)
① 채무자가 판결에 따라 확정된 청구에 관하여 이의하려면 제1심 판결법원에 청구에 관한 이의의 소를 제기하여야 한다.
② 제1항의 이의는 그 이유가 변론이 종결된 뒤(변론 없이 한 판결의 경우에는 판결이 선고된 뒤)에 생긴 것이어야 한다.
③ 이의이유가 여러 가지인 때에는 동시에 주장하여야 한다.

Q. 변론종결 전 상계적상채권을 변론종결 후 상계표시한 경우 청구이의 사유인지?

질문

甲은 乙이 제기한 물품대금청구소송에서 패소하여 확정되었는데, 乙에 대한 대여금채권의 변제기가 위 소송의 변론종결 전에 도래하여 상계주장이 가능하였음에도 상계주장을 하지 못하여 패소하였고, 변론종결 후에서야 상계 하겠다는 의사표시를 乙에게 내용증명우편으로 하였습니다. 그런데 乙은 甲의 상계주장을 무시하고 위 확정판결에 기하여 甲의 부동산에 강제경매를 신청하였습니다. 이 경우 甲이 청구이의의 소송을 제기할 수 있는지요?

답변

상계의 요건에 관하여 「민법」제492조 제1항은 "쌍방이 서로 같은 종류를 목적으로 한 채무를 부담한 경우에 그 쌍방의 채무의 이행기가 도래한 때에는 각 채무자는 대등액에 관하여 상계 할 수 있다. 그러나 채무의 성질이 상계를 허용하지 아니할 때에는 그러하지 아니하다."라고 규정하고 있고, 상계의 방법 및 효과에 관하여 같은 법 제493조는 "①상계는 상대방에 대한 의사표시로 한다. 이 의사표시에는 조건 또는 기한을 붙이지 못한다. ②상계의 의사표시는 각 채무가 상계 할 수 있는 때에 대등액에 관하여 소멸한 것으로 본다."라고 규정하고 있습니다.

그리고 청구에 관한 이의의 소에 관하여 「민사집행법」제44조는 "①채무자가 판결에 따라 확정된 청구에 관하여 이의하려면 제1심 판결법원에 청구에 관한 이의의 소를 제기하여야 한다. ②제1항의 이의는 그 이유가 변론이 종결된 뒤(변론 없이 한 판결의 경우에는 판결이 선고된 뒤)에 생긴 것이어야 한다. ③이의이유가 여러 가지인 때에는 동시에 주장하여야 한다."라고 규정하고 있습니다.

그런데 위 사안과 같이 채무자가 확정판결의 변론종결 전에 상대방에 대하여 상계적상에 있는 채권을 가지고 있었으나 상계의 의사표시는 그 변론종결 후에 한 경우, 적법한 청구이의 사유가 되는지에 관하여 판례는 "당사자 쌍방의 채무가 서로 상계적상에 있다 하더라도 그 자체만으로 상계로 인한 채무소멸의 효력이 생기는 것은 아니고, 상계의 의사표시를 기다려 비로소 상계로 인한 채무소멸의 효력이 생기는 것이므로, 채무자가 집행권원(채무명의)인 확정판결의 변론종결 전에 상대방에 대하여 상계적상에 있는 채권을 가지고 있었다 하더라도 집행권원(채무명의)인 확정판결의 변론종결 후에 이르러 비로소 상계의 의사표시를 한 때에는 민사소송법 제505조(현행 민사집행법 제44조) 제2항이 규정하는 '이의원인이 변론종결 후에 생긴 때'에 해당하는 것으로서, 당사자가 집행권원(채무명의)인 확정판결의 변론종결 전에 자동채권의 존재를 알았는가 몰랐는가에 관계없이 적법한 청구이의 사유로 된다."라고 하였습니다(대법원 1998. 11. 24. 선고 98다25344 판결, 2005. 11. 10. 선고 2005다41443 판결).

따라서 위 사안에 있어서도 甲은 강제집행정지를 신청하고 청구에 관한 이의의 소송에서 다투어 볼 수 있을 것으로 보입니다.

제45조(집행문부여에 대한 이의의 소)

제30조제2항과 제31조의 경우에 채무자가 집행문부여에 관하여 증명된 사실에 의한 판결의 집행력을 다투거나, 인정된 승계에 의한 판결의 집행력을 다투는 때에는 제44조의 규정을 준용한다. 다만, 이 경우에도 제34조의 규정에 따라 집행문부여에 대하여 이의를 신청할 수 있는 채무자의 권한은 영향을 받지 아니한다.

제46조(이의의 소와 잠정처분)

① 제44조 및 제45조의 이의의 소는 강제집행을 계속하여 진행하는 데에는 영향을 미치지 아니한다.

② 제1항의 이의를 주장한 사유가 법률상 정당한 이유가 있다고 인정되고, 사실에 대한 소명(疎明)이 있을 때에는 수소법원(受訴法院)은 당사자의 신청에 따라 판결이 있을 때까지 담보를 제공하게 하거나 담보를 제공하게 하지 아니하고 강제집행을 정지하도록 명할 수 있으며, 담보를 제공하게 하고 그 집행을 계속하도록 명하거나 실시한 집행처분을 취소하도록 명할 수 있다.

③ 제2항의 재판은 변론 없이 하며 급박한 경우에는 재판장이 할 수 있다.

④ 급박한 경우에는 집행법원이 제2항의 권한을 행사할 수 있다. 이 경우 집행법원은 상당한 기간 이내에 제2항에 따른 수소법원의 재판서를 제출하도록 명하여야 한다.

⑤ 제4항 후단의 기간을 넘긴 때에는 채권자의 신청에 따라 강제집행을 계속하여 진행한다.

Q. 채무부존재확인의 소를 제기한 것만으로 민사집행법 제46조 제2항에 따른 잠정처분을 할 요건이 갖추어졌다고 할 수 있는지 여부

질문

공정증서에 기한 채무에 대하여 채무부존재확인의소를 제기한 경우, 이로써 위 공정증서에 기한 강제집행의 정지를 신청할 수 있나요?

답변

민사집행법 제46조 제2항에는 "이의를 주장한 사유가 법률상 정당한 이유가 있다고 인정되고, 사실에 대한 소명(疎明)이 있을 때에는 수소법원(受訴法院)은 당사자의 신청에 따라 판결이 있을 때까지 담보를 제공하게 하거나 담보를 제공하게 하지 아니하고 강제집행을 정지하도록 명할 수 있으며, 담보를 제공하게 하고 그 집행을 계속하도록 명하거나 실시한 집행처분을 취소하도록 명할 수 있다."고 규정 되어 있습니다. 민사집행법 제46조 제2항 의 잠정처분은 확정판결 또는 이와 동일한 효력이 있는 집행권원의 실효를 구하거나 집행력 있는 정본의 효력을 다투거나 목적물의 소유권을 다투는 구제절차 등에서 수소법원이 종국판결을 선고할 때까지 잠정적인 처분을 하도록 하는 것으로서, 청구이의 판결 등의 종국재판이 해당 물건에 대한 강제집행을 최종적으로 불허할 수있음을 전제로 그 강제집행을 일시정지시키는 것이라고 할 것입니다(대법원 1981. 8. 21.자 81마292 결정 , 대법원 2003. 9. 8.자 2003그74 결정 등 참조). 채무부존재확인의 소에서 승소하더라도 해당 물건에 대한 강제집행을 최종적으로 불허할 수 있는 효력 등이 인정된다고 할 수 없으므로 채무부존재확인의 소를 제기한 것만으로는 위 조항에 의한 잠정처분을 할 요건이 갖추어졌다고 할 수 없다고 판단됩니다(대법원 2015. 1. 30. 자 2014그553 결정 참조).

제47조(이의의 재판과 잠정처분)

① 수소법원은 이의의 소의 판결에서 제46조의 명령을 내리고 이미 내린 명령을 취소·변경 또는 인가할 수 있다.

② 판결중 제1항에 규정된 사항에 대하여는 직권으로 가집행의 선고를 하여야 한다.

③ 제2항의 재판에 대하여는 불복할 수 없다.

제48조(제3자이의의 소)

① 제3자가 강제집행의 목적물에 대하여 소유권이 있다고 주장하거나 목적물의 양도나 인도를 막을 수 있는 권리가 있다고 주장하는 때에는 채권자를 상대로 그 강제집행에 대한 이의의 소를 제기할 수 있다. 다만, 채무자가 그 이의를 다투는 때에는 채무자를 공동피고로 할 수 있다.

② 제1항의 소는 집행법원이 관할한다. 다만, 소송물이 단독판사의 관할에 속하지 아니할 때에는 집행법원이 있는 곳을 관할하는 지방법원의 합의부가 이를 관할한다.

③ 강제집행의 정지와 이미 실시한 집행처분의 취소에 대하여는 제46조 및 제47조의 규정을 준용한다. 다만, 집행처분을 취소할 때에는 담보를 제공하게 하지 아니할 수 있다.

◼판례-제3자이의◼

[대법원 2016.8.18., 선고, 2014다225038, 판결]

【판시사항】

[1] 제3자이의의 소의 원고적격을 가지는 제3자의 의미 / 집행의 채무자가 누구인지 결정하는 기준 및 집행의 채무자적격을 가지지 아니한 사람에 대하여 집행문을 내어 준 경우, 집행문이 취소될 때까지는 그 사람이 집행문에 의한 집행의 채무자가 되는지 여부(적극)

[2] 집행문부여에 대한 이의의 소를 제기할 수 있는 경우

【판결요지】

[1] 제3자이의의 소의 원고적격은 강제집행의 목적물에 대하여 양도 또는 인도를 막을 권리가 있다고 주장하는 제3자에게 있고, 여기서 제3자는 집행권원 또는 집행문에 채권자, 채무자 또는 그 승계인으로 표시된 사람 이외의 사람을 말한다.
그리고 집행의 채무자가 누구인지는 집행문을 누구에 대하여 내어 주었는지에 의하여 정하여지고, 집행권원의 채무자와 동일성이 없는 사람 등 집행의 채무자적격을 가지지 아니한 사람이라도 그에 대하여 집행문을 내어 주었으면 집행문부여에 대한 이의신청 등에 의하여 취소될 때까지는 집행문에 의한 집행의 채무자가 된다.

[2] 집행문부여에 대한 이의의 소는 판결을 집행하는 데에 조건이 붙어 있어 그 조건이 성취되었음을 채권자가 증명하여야 하는 때에 이를 증명하는 서류를 제출하여 집행문을 내어 준 경우(민사집행법 제30조 제2항)와 판결에 표시된 채권자의 승계인을 위하여 내어 주거나 판결에 표시된 채무자의 승계인에 대한 집행을 위하여 집행문을 내어 준 경우(같은 법 제31조 제1항)에, 채무자가 집행문부여에 관하여 증명된 사실에 의한 판결의 집행력을 다투거나 인정된 승계에 의한 판결의 집행력을 다투는 때에 제기할 수 있다(같은 법 제45조).

Q. 종중이 명의신탁된 부동산에 관하여 제3자이의의 소를 제기할 수 있는지?

질문

甲 종중은 부동산을 종중원 乙에게 명의신탁하였는데 乙의 채권자 丙이 乙에 대한 집행권원에 근거하여 위 부동산에 대한 강제경매신청을 하여 강제경매개시결정 기입등기가 경료되었습니다. 甲 종중이 위 부동산의 소유권을 주장하면서 제3자이의의 소를 제기할 수 있는지요?

답변

민사집행법 제48조의 강제집행에 대한 제3자이의의 소는 이미 개시된 집행의 목적물에 대하여 소유권 기타 목적물의 양도나 인도를 막을 수 있는 권리가 있다고 주장함으로써 그에 대한 집행의 배제를 구하는 것이니만큼 그 소의 원인이 되는 권리는 집행채권자에 대항할 수 있는 것이어야 합니다. 그런데 부동산 실권리자명의 등기에 관한 법률 제8조 제1호에 의하면 종중이 보유한 부동산에 관한 물권을 종중 이외의 자의 명의로 등기하는 명의신탁의 경우 조세포탈, 강제집행의 면탈 또는 법령상 제한의 회피를 목적으로 하지 아니하는 경우에는 같은 법 제4조 내지 제7조 및 제12조 제1항·제2항의 규정의 적용이 배제되어 종중이 같은 법 시행 전에 명의신탁한 부동산에 관하여 같은 법 제11조의 유예기간 이내에 실명등기 또는 매각처분을 하지 아니한 경우에도 그 명의신탁약정은 여전히 그 효력을 유지하는 것이지만, 부동산을 명의신탁한 경우에는 소유권이 대외적으로 수탁자에게 귀속하므로 명의신탁자는 신탁을 이유로 제3자에 대하여 그 소유권을 주장할 수 없고 (대법원 1974. 6. 25. 선고 74다423 판결 참조), 특별한 사정이 없는 한 신탁자가 수탁자에 대해 가지는 명의신탁해지를 원인으로 한 소유권이전등기청구권은 집행채권자에게 대항할 수 있는 권리가 될 수 없으므로(대법원 1980. 1. 29. 선고 79다1223 판결 참조), 결국 명의신탁자인 종중은 명의신탁된 부동산에 관하여 제3자 이의의 소의 원인이 되는 권리를 가지고 있지 않다고 할 것입니다(대법원 2007. 5. 10. 선고 2007다7409 판결). 따라서 甲 종중이 제3자이의의 소를 제기한다 하여도 기각될 것으로 판단됩니다.

제49조(집행의 필수적 정지·제한)
강제집행은 다음 각호 가운데 어느 하나에 해당하는 서류를 제출한 경우에 정지하거나 제한하여야 한다.
1. 집행할 판결 또는 그 가집행을 취소하는 취지나, 강제집행을 허가하지 아니하거나 그 정지를 명하는 취지 또는 집행처분의 취소를 명한 취지를 적은 집행력 있는 재판의 정본
2. 강제집행의 일시정지를 명한 취지를 적은 재판의 정본
3. 집행을 면하기 위하여 담보를 제공한 증명서류
4. 집행할 판결이 있은 뒤에 채권자가 변제를 받았거나, 의무이행을 미루도록 승낙한 취지를 적은 증서
5. 집행할 판결, 그 밖의 재판이 소의 취하 등의 사유로 효력을 잃었다는 것을 증명하는 조서등본 또는 법원사무관등이 작성한 증서
6. 강제집행을 하지 아니한다거나 강제집행의 신청이나 위임을 취하한다는 취지를 적은 화해조서(和解調書)의 정본 또는 공정증서(公正證書)의 정본

▣판례-손해배상 및 추심금▣
[대법원 2012.10.25., 선고, 2010다47117, 판결]

【판시사항】
[1] 압류될 채권에 장래 채무자의 계좌에 입금될 예금채권도 포함되는지에 관한 결정 기준 및 압류명령의 '압류할 채권의 표시'에 기재된 문언의 해석 방법
[2] 출금계좌의 예금주가 수취인 앞으로 계좌이체를 지시하거나 수취인의 추심이체에 관하여 출금 동의 등을 한 바가 없는데도 은행이 그러한 지시나 동의 등이 있는 것으로 착오를 일으켜 계좌이체 등을 한 경우, 수취인이 입금액 상당 예금채권을 취득하는지 여부(원칙적 적극) 및 이 경우 수취인의 예금계좌가 은행에 개설되어 있다면 은행이 오류정정의 방법으로 자금이체 등을 취소시킬 수 있는지 여부(원칙적 적극)
[3] 압류·추심명령에 대한 집행정지결정의 효력 발생 시기(=채무자가 집행기관에 강제집행정지결정 정본을 제출한 때) 및 압류채권자에 대한 강제집행정지결정 정본의 송달 여부나 제3채무자에 대한 집행정지 통보의 송달 여부가 집행정지의 효력 발생에 영향을 미치는지 여부(소극)
[4] 압류·추심명령에 따라 압류된 채권액 상당에 관하여 제3채무자가 압류채권자에게 지체책임을 지는 시기(=추심명령 발령 후 압류채권자로부터 추심금 청구를 받은 다음날부터)

【판결요지】
[1] 채권압류에서 압류될 채권에 장래 채무자의 계좌에 입금될 예금채권이 포함되는지는 압류명령에서 정한 압류할 채권에 그 예금채권이 포함되었는지에 의해 결정되는 것이고 이는 곧 압류명령의 '압류할 채권의 표시'에 기재된 문언의 해석에 따라 결정되는 것이 원칙이다. 그런데 제3채무자는 순전히 타의에 의하여 다른 사람들 사이의 법률분쟁에 편입되어 압류명령에서 정한 의무를 부담하는 것이므로 이러한 제3채무자는 압류된 채권이나 그 범위를 파악할 때 과도한 부담을 가지지 않도록 보호할 필요가 있다. 따라서 '압류할 채권의 표시'에 기재된 문언은 그 문언 자체의 내용에 따라 객관적으로 해석하여야 하고, 문언의 의미가 불명확한 경우 그로 인한 불이익은 압류 신청채권자에게 부담시키는 것이 타당하므로, 제3채무자가 통상의 주의력을 가진 사회평균인을 기준으로 그 문언을 이해할 때 포함 여부에 의문을 가질 수 있는 채권은 특별한 사정이 없는 한 압류의 대상에 포함되었다고 보아서는 아니 된다.
[2] 자금이체는 은행 간 및 은행점포 간의 송금절차를 통하여 저렴한 비용으로 안전하고 신속하게 자금을 이동시키는 수단이고, 다수인 사이에 다액의 자금이동을 원활하게 처리하기 위하여 그 중개역할을 하는 은행이 각 자금이동의 원인인 법률관계의 존부, 내용 등에 관여함이 없이 이를 수행하는 체제로 되어 있다. 따라서 예금거래기본약관에 따라 송금의뢰인이 수취인의 예금계좌에 자금이체를 하여 예금원장에 입금의 기록이 된 때에는 특별한 사정이 없는 한 송금의뢰인과 수취인 사이에 자금이체의 원인인 법률관계가 존재하는지에 관계없이 수취인과 수취은행 사이에는 입금액 상당의 예금계약이 성립하고, 수취인은 수취은행에 대하여 입금액 상당의 예금채권을 취득한다. 이와 같은 법리는 출금계좌의 예금주가 수취인 앞으로의 계좌이체에 대하여 지급지시를 하거나 수취인의 추심이체에 관하여 출금 동의 등을 한 바가 없는데도, 은행이 그와 같은 지급지시나 출금 동의가 있는 것으로 착오를 일으켜 출금계좌에서 예금을 인출한 다음 이를 수취인의 예금계좌에 입금하여 그 기록이 완료된 때에도 동일하게 적용된다고 봄이 타당하므로, 수취인은 이러한 은행의 착오에 의한 자금이체의 경우에도 입금액 상당의 예금채권을 취득한다. 이 경우 은행은 입금기록이 완료됨과 동시에 수취인에 대하여 입금액 상당의 부당이득반환청구권을 취득하게 되는데,
전자금융거래법 제8조 제3항이 "금융기관 또는 전자금융업자는 스스로 전자금융거

래에 오류가 있음을 안 때에는 이를 즉시 조사하여 처리한 후 오류가 있음을 안 날부터 2주 이내에 오류의 원인과 처리 결과를 대통령령으로 정하는 방법에 따라 이용자에게 알려야 한다."고 하여 오류정정이 허용될 경우의 처리절차에 관하여 규정하고 있는 점, 착오로 입금이 이루어진 수취인의 예금계좌가 그 은행에 개설되어 있는 경우 은행으로서는 수취인에 대한 부당이득반환청구권을 자동채권으로 하여 수취인의 예금채권과 상계할 수 있는 점 등에 비추어 보면, 은행은 위와 같은 상계로써 수취인의 예금채권에 관하여 이미 이해관계를 가지게 된 제3자 등에 대항할 수 없다는 등 특별한 사정이 없는 한, 착오로 인한 자금이체에 의하여 발생한 채권채무관계를 정리하기 위하여 수취인의 예금계좌에 대한 입금기록을 정정하여 자금이체를 취소시키는 방법으로 은행의 수취인에 대한 부당이득반환청구권과 수취인의 은행에 대한 예금채권을 모두 소멸시킬 수 있다.

[3] 집행력이 있는 판결 정본에 기하여 압류·추심명령이 발령된 경우 채무자가 강제집행정지결정의 정본을 집행기관에 제출하면 이로써 집행정지의 효력이 발생하고 그 집행정지가 효력을 잃기 전까지 압류채권자에 의한 채권의 추심이 금지된다(민사집행법 제49조 제2호). 여기서 강제집행정지결정의 정본이 압류채권자에게 송달되었는지 여부나 민사집행규칙 제161조가 규정하는 집행정지 통보가 제3채무자에게 송달되었는지 여부는 집행정지의 효력 발생과 무관하다.

[4] 추심명령은 압류채권자에게 채무자의 제3채무자에 대한 채권을 추심할 권능을 수여함에 그치고, 제3채무자로 하여금 압류채권자에게 압류된 채권액 상당을 지급할 것을 명하거나 그 지급 기한을 정하는 것이 아니므로, 제3채무자가 압류채권자에게 압류된 채권액 상당에 관하여 지체책임을 지는 것은 집행법원으로부터 추심명령을 송달받은 때부터가 아니라 추심명령이 발령된 후 압류채권자로부터 추심금 청구를 받은 다음날부터라고 하여야 한다.

제50조(집행처분의 취소·일시유지)
① 제49조제1호·제3호·제5호 및 제6호의 경우에는 이미 실시한 집행처분을 취소하여야 하며, 같은 조 제2호 및 제4호의 경우에는 이미 실시한 집행처분을 일시적으로 유지하게 하여야 한다.
② 제1항에 따라 집행처분을 취소하는 경우에는 제17조의 규정을 적용하지 아니한다.

제51조(변제증서 등의 제출에 의한 집행정지의 제한)
① 제49조제4호의 증서 가운데 변제를 받았다는 취지를 적은 증서를 제출하여 강제집행이 정지되는 경우 그 정지기간은 2월로 한다.
② 제49조제4호의 증서 가운데 의무이행을 미루도록 승낙하였다는 취지를 적은 증서를 제출하여 강제집행이 정지되는 경우 그 정지는 2회에 한하며 통산하여 6월을 넘길 수 없다.

제52조(집행을 개시한 뒤 채무자가 죽은 경우)
① 강제집행을 개시한 뒤에 채무자가 죽은 때에는 상속재산에 대하여 강제집행을 계속하여 진행한다.
② 채무자에게 알려야 할 집행행위를 실시할 경우에 상속인이 없거나 상속인이 있는 곳이 분명하지 아니하면 집행법원은 채권자의 신청에 따라 상속재산 또는 상속인을 위하여 특별대리인을 선임하여야 한다.
③ 제2항의 특별대리인에 관하여는 「민사소송법」 제62조제2항부터 제5항까지의 규정을 준용한다. <개정 2016.2.3.>

제53조(집행비용의 부담)
① 강제집행에 필요한 비용은 채무자가 부담하고 그 집행에 의하여 우선적으로 변상을 받는다.
② 강제집행의 기초가 된 판결이 파기된 때에는 채권자는 제1항의 비용을 채무자에게 변상하여야 한다.

▣판례-집행비용액확정▣
[대법원 2011.4.28., 자, 2011마197, 결정]

【판시사항】
단체 임원 등의 직무대행자를 선임하는 가처분의 경우, 채권자가 예납한 금전에서 지급된 직무대행자의 보수가 민사집행법 제53조 제1항에서 정한 집행비용에 해당하는지 여부(적극)

【판결요지】
민사집행법 제53조 제1항은 강제집행에 필요한 비용은 채무자가 부담하고 그 집행에 의하여 우선적으로 변상을 받도록 규정하고 있고, 민사집행규칙 제24조 제1항은 민사집행법 제53조 제1항의 규정에 따라 채무자가 부담하여야 할 집행비용으로서 그 집행절차에서 변상받지 못한 비용은 당사자의 신청을 받아 집행법원이 결정으로 정하도록 규정하고 있다. 그리고 가압류·가처분의 집행에 관하여는 강제집행에 관한 규정이 준용되므로(민사집행법 제291조, 제301조) 가압류·가처분의 집행에 소요되는 비용은 집행비용에 해당하고, 단체 임원 등의 직무대행자를 선임하는 가처분의 경우, 채권자가 예납한 금전에서 지급된 직무대행자의 보수는 가처분의 집행에 소요되는 비용에 해당하므로 민사집행법 제53조 제1항에 정해진 집행비용으로 보아야 한다.

Q. 집행절차에서 변상받지 못한 집행비용을 소송으로 청구할 수 있는지?

질문
甲은 乙에 대한 대여금채권에 기하여 乙소유의 유체동산에 가압류하였다가 승소확정판결을 받아 강제집행을 실시하였습니다. 그런데 위 유체동산을 경매한 결과 경락가격이 집행비용에도 미치지 못하는 결과기 되었습니다. 이 경우 위 유체동산의 강제집행과정에서 소요된 집행비용을 乙에 대한 소액심판으로 청구할 수 있는지요?

답변
집행비용의 부담에 관하여 「민사집행법」 제53조는 "①강제집행에 필요한 비용은 채무자가 부담하고 그 집행에 의하여 우선적으로 변상을 받는다. ②강제집행의 기초가 된 판결이 파기된 때에는 채권자는 제1항의 비용을 채무자에게 변상하여야 한다."라고 규정하고 있고, 「민사집행규칙」 제24조 제1항은 "①법 제53조제1항의 규정에 따라 채무자가 부담하여야 할 집행비용으로서 그 집행절차에서 변상 받지 못한 비용과 법 제53조 제2항의 규정에 따라 채권자가 변상하여야 할 금액은 당사자의 신청을 받아 집행법원이 결정으로 정한다."라고 규정하고 있습니다.
그리고 집행절차에서 변상 받지 못한 집행비용을 별도의 소(訴)로 청구할 수 있는지에 관하여 판례는 "유체동산에 대한 집행을 위하여 집행관에게 지급한 수수료는 민사소송법 제513조(현행 민사집행법 제53조) 제1항, 민사소송규칙 제107조(현행 민사집행규칙 제24조) 제1항 소정의 집행비용에 해당하므로, 그 집행절차에서 변상을 받지 못하였을 경우에는 별도로 집행법원에 '집행비용액확정결정의 신청'을 하여 그 결정을 채무명의로 삼아 집행하여야 하고, 집행관에게 지급한 수수료 상당의 금원을 채무자에게 지급명령신청의 방법으로 지급을 구하는 것은 허용되지 않는다."라고 하였습니다(대법원 1996. 8. 21.자 96그8 결정).
즉 위 집행비용확정결정을 기초로 하여 바로 금전 채권집행을 할 수 있습니다. 따라서 강제집행비용만을 소송으로 청구하거나 지급명령의 방법으로 별로도 지급을 구하는 것은 소의 이익이 없어 허용되지 아니한다는 것이 대법원의 입장입니다(1989. 9. 26. 선고 89다2356 판결).
또한, 선박의 가압류 및 감수보존집행비용에 관하여 본안소송에서 별도로 손해배상을 소구(訴求)할 이익이 있는지에 관하여 판례는 "선박의 가압류 및 감수보존 집행비용은 민사소송법 제707조(현행 민사집행법 제291조), 제513조(현행 민사집행법 제53조) 제1항에 의하여 집행채무자의 부담이 되고 채권자의 본안승소 확정판결집행시 별도의 집행권원(채권명의) 없이 회수할 수 있는 것이므로 본안소송에서 이를 불법행위로 인한 손해라 하여 별도로 소구할 이익이 없다."라고 한 바 있습니다(대법원 1979. 2. 27. 선고 78다1820 판결).
따라서 위 사안에서도 甲은 乙소유의 유체동산의 강제집행에 소요되었지만 매각대금에서 배당 받지 못한 부분에 대하여는 소송에 의하여 청구할 것이 아니라, 집행비용액확정결정신청을 하여 그 결정에 기하여 집행문을 부여받아 乙의 재산에 강제집행 할 수 있을 것입니다.

제54조(군인·군무원에 대한 강제집행)
① 군인·군무원에 대하여 병영·군사용 청사 또는 군용 선박에서 강제집행을 할 경우 법원은 채권자의 신청에 따라 군판사 또는 부대장(部隊長)이나 선장에게 촉탁하여 이를 행한다.
② 촉탁에 따라 압류한 물건은 채권자가 위임한 집행관에게 교부하여야 한다.

제55조(외국에서 할 집행)
① 외국에서 강제집행을 할 경우에 그 외국 공공기관의 법률상 공조를 받을 수 있는 때에는 제1심 법원이 채권자의 신청에 따라 외국 공공기관에 이를 촉탁하여야 한다.
② 외국에 머물고 있는 대한민국 영사(領事)에 의하여 강제집행을 할 수 있는 때에는 제1심 법원은 그 영사에게 이를 촉탁하여야 한다.

제56조(그 밖의 집행권원)
강제집행은 다음 가운데 어느 하나에 기초하여서도 실시할 수 있다.
1. 항고로만 불복할 수 있는 재판
2. 가집행의 선고가 내려진 재판
3. 확정된 지급명령
4. 공증인이 일정한 금액의 지급이나 대체물 또는 유가증권의 일정한 수량의 급여를 목적으로 하는 청구에 관하여 작성한 공정증서로서 채무자가 강제집행을 승낙한 취지가 적혀 있는 것
5. 소송상 화해, 청구의 인낙(認諾) 등 그 밖에 확정판결과 같은 효력을 가지는 것

▣판례-손해배상(기)▣

[대법원 2017.4.28., 선고, 2016다277798, 판결]

【판시사항】
[1] 집행권원상 채무자가 집행권원에 대한 강제집행정지를 위하여 공탁한 담보가 강제집행정지의 대상인 집행권원에 기한 기본채권 자체를 담보하는지 여부(소극) / 피공탁자가 위 담보공탁금에 대한 출급청구를 한 경우, 공탁관은 피공탁자의 공탁금출급청구권에 기한 청구인지 공탁자의 공탁금회수청구권에 대한 압류 및 추심명령 등에 기한 청구인지 확인하여 각각의 경우에 요구되는 서면이 제출되었는지를 확인하여야 하는지 여부(적극) 및 서면이 확인되지 않은 경우, 공탁관은 보정을 명하거나 불수리결정을 하여야 하는지 여부(적극)
[2] 공탁물출급 또는 회수청구에 관하여 공탁관이 갖는 심사권의 내용과 범위

【판결요지】
[1] 집행권원상의 채무자가 집행권원에 대한 강제집행정지를 위하여 공탁(이하 '재판상 담보공탁'이라고 한다)한 담보는 강제집행정지로 인하여 채권자(피공탁자)에게 생길 손해를 담보하기 위한 것이므로, 강제집행정지의 대상인 집행권원에 기한 기본채권 자체를 담보하지 않는다.
따라서 피공탁자로부터 재판상 담보공탁금에 대하여 출급청구를 받은 공탁관은 피공탁자가 자신의 공탁금출급청구권에 기하여 청구한 것인지, 아니면 공탁자의 공탁금회수청구권에 대한 압류 및 추심명령이나 확정된 전부명령을 받아 청구한 것인지를 먼저 확인한 다음, 전자에 해당할 경우에는 공탁원인 사실에 기재된 피담보채권이 발생하였음을 증명하는 서면, 즉 피담보채권인 '강제집행정지로 인한 손해배상채권'에 관한 확정판결, 이에 준하는 서면(화해조서, 조정조서, 공정증서 등) 또는 공탁자의 동의서가 제출되었는지를 확인하여야 하고, 후자에 해당할 경우에는 재판상 담보공탁의 피공탁자가 피담보채권에 기초하여 공탁자의 공탁금회수청구권에 대하여 받은 압류명령 정본, 추심명령 또는 전부명령 정본, 위 명령의 송달증명, 전부명령의 경우에는 전부명령에 관한 확정증명이 제출되었는지를 확인하여야 하며, 각 위와 같은 서면이 확인된 경우에만 공탁금을 지급하여야 하고 확인되지 않은 경우에는 보정을 명하거나 불수리결정을 하여야 한다.
[2] 공탁관은 공탁물출급 또는 회수청구서와 그 첨부서류만으로 공탁당사자의 청구가 공탁관계 법령에서 규정하는 절차적, 실체적 요건을 갖추고 있는지를 심사하여야 하는 형식적 심사권만을 가지지만, 그러한 심사 결과 청구가 소정의 요건을 갖추지 **못하**였다고 볼만한 상당한 사정이 있는 경우에도 만연히 청구를 인가하여서는 안 된다.

제57조(준용규정)
제56조의 집행권원에 기초한 강제집행에 대하여는 제58조 및 제59조에서 규정하는 바를 제외하고는 제28조 내지 제55조의 규정을 준용한다.

제58조(지급명령과 집행)
① 확정된 지급명령에 기한 강제집행은 집행문을 부여받을 필요없이 지급명령 정본에 의하여 행한다. 다만, 다음 각호 가운데 어느 하나에 해당하는 경우에는 그러하지 아니하다.
  1. 지급명령의 집행에 조건을 붙인 경우
  2. 당사자의 승계인을 위하여 강제집행을 하는 경우
  3. 당사자의 승계인에 대하여 강제집행을 하는 경우
② 채권자가 여러 통의 지급명령 정본을 신청하거나, 전에 내어준 지급명령 정본을 돌려주지 아니하고 다시 지급명령 정본을 신청한 때에는 법원사무관등이

이를 부여한다. 이 경우 그 사유를 원본과 정본에 적어야 한다.
③ 청구에 관한 이의의 주장에 대하여는 제44조제2항의 규정을 적용하지 아니한다.
④ 집행문부여의 소, 청구에 관한 이의의 소 또는 집행문부여에 대한 이의의 소는 지급명령을 내린 지방법원이 관할한다.
⑤ 제4항의 경우에 그 청구가 합의사건인 때에는 그 법원이 있는 곳을 관할하는 지방법원의 합의부에서 재판한다.

Q. 지급명령신청 증명원으로 배당요구가 가능한지 여부

질문

배당요구 종기까지 집행권원을 받을 수 있을지 불분명하여 우선 지급명령신청 증명원만으로 배당요구를 하려 하는데 지급명령신청 증명원만으로 배당요구가 적법한가요?

답변

민사집행법 제58조 제1항 본문, 제88조 제1항 , 민사집행규칙 제48조 제2항 에 따르면, 확정된 지급명령의 채권자가 집행력 있는 정본을 가진 채권자로서 배당요구를 하기 위해서는 배당요구서에 지급명령 정본(다만, 민사집행법 제58조 제1항 단서 각 호의 사유가 있는 경우에는 집행문을 부여받아야 한다) 등을 첨부하여 제출하여야 합니다. 그러므로 지급명령이 확정되어 지급명령 정본 등을 가지기 전에 지급명령 신청 접수 증명원만을 제출하여 미리 배당요구를 하였다면 그 배당요구는 부적법하고, 다만 판례의 태도에 따를 때 그 후에 지급명령 정본 등을 제출하면 그 하자가 치유될 수 있습니다. 그런데 이 경우에도 다른 특별한 사정이 없는 한 배당요구의 종기까지는 지급명령 정본 등이 제출되어야 한다고 할 것입니다(대법원 2014. 4. 30. 선고 2012다96045 판결 참조). 따라서 지급명령신청 증명원만을 제출하여 미리 배당요구하는 것은 가능하다고 할 것이나, 적어도 배당요구 종기까지는 지급명령 정본을 제출하여야 할 것입니다.

제59조(공정증서와 집행)
① 공증인이 작성한 증서의 집행문은 그 증서를 보존하는 공증인이 내어 준다.
② 집행문을 내어 달라는 신청에 관한 공증인의 처분에 대하여 이의신청이 있는 때에는 그 공증인의 사무소가 있는 곳을 관할하는 지방법원 단독판사가 결정으로 재판한다.
③ 청구에 관한 이의의 주장에 대하여는 제44조제2항의 규정을 적용하지 아니한다.
④ 집행문부여의 소, 청구에 관한 이의의 소 또는 집행문부여에 대한 이의의 소는 채무자의 보통재판적이 있는 곳의 법원이 관할한다. 다만, 그러한 법원이 없는 때에는 민사소송법 제11조의 규정에 따라 채무자에 대하여 소를 제기할 수 있는 법원이 관할한다.

제60조(과태료의 집행)
① 과태료의 재판은 검사의 명령으로 집행한다.
② 제1항의 명령은 집행력 있는 집행권원과 같은 효력을 가진다.

제2장 금전채권에 기초한 강제집행
제1절 재산명시절차 등

제61조(재산명시신청)
① 금전의 지급을 목적으로 하는 집행권원에 기초하여 강제집행을 개시할 수 있는 채권자는 채무자의 보통재판적이 있는 곳의 법원에 채무자의 재산명시를 요구하는 신청을 할 수 있다. 다만, 민사소송법 제213조에 따른 가집행의 선고가 붙은 판결 또는 같은 조의 준용에 따른 가집행의 선고가 붙어 집행력을 가지는 집행권원의 경우에는 그러하지 아니하다.
② 제1항의 신청에는 집행력 있는 정본과 강제집행을 개시하는데 필요한 문서를 붙여야 한다.

▣판례-청구이의▣
[대법원 2012.1.12., 선고, 2011다78606, 판결]

【판시사항】
[1] 권리자가 피고로서 응소하여 적극적으로 권리를 주장하고 그것이 받아들여진 경우, 시효중단사유인 '재판상의 청구'에 해당하는지 여부(적극)와 시효중단의 효력발생시점 및 권리자가 응소하여 적극적으로 권리를 주장하였으나 소가 각하되거나 취하되는 등의 사유로 본안 판단 없이 소송이 종료된 경우, 민법 제170조 제2항이 유추적용되는지 여부(적극)
[2] 재산명시결정에 의한 소멸시효 중단의 효력
[3] 주채무가 소멸시효 완성으로 소멸된 경우, 연대보증채무도 부종성에 따라 당연히 소멸하는지 여부(적극)
[4] 甲의 채무를 대위변제한 乙이 甲의 乙에 대한 구상금채무를 연대보증한 丙을 상대로 소송을 제기하였다가 강제조정결정이 내려져 확정된 날로부터 9년 4개월이 지난 후 그 결정을 집행권원으로 하여 丙 소유 부동산에 관한 경매개시결정을 받았고, 그 후 乙이 甲과 丙을 상대로 재산명시신청을 하여 재산명시결정이 甲과 丙에게 송달되었는데, 甲과 丙이 그 결정을 송달받은 때부터 6월 내에 구상금채무가 변제 등으로 모두 소멸하였다고 주장하면서 소를 제기하자 乙이 응소하여 적극적으로 구상금채무의 존재를 주장하였지만, 甲의 소취하서 제출로 소가 종료되었음에도 乙은 그때부터 6월 내에 甲의 乙에 대한 구상금채무에 대하여 재판상 청구 등 다른 시효중단조치를 취하지 않은 사안에서, 주채무인 甲의 구상금채무는 소멸시효가 완성되었고, 丙의 연대보증채무도 부종성에 따라 당연히 소멸한다고 한 사례

【판결요지】
[1] 민법 제168조 제1호, 제170조 제1항에서 시효중단사유의 하나로 규정하고 있는 재판상의 청구란, 통상적으로는 권리자가 원고로서 시효를 주장하는 자를 피고로 하여 소송물인 권리를 소의 형식으로 주장하는 경우를 가리키나, 이와 반대로 시효를 주장하는 자가 원고가 되어 소를 제기한 데 대하여 피고로서 응소하여 소송에서 적극적으로 권리를 주장하고 그것이 받아들여진 경우도 이에 포함되고, 위와 같은 응소행위로 인한 시효중단의 효력은 피고가 현실적으로 권리를 행사하여 응소한 때에 발생하지만, 권리자인 피고가 응소하여 권리를 주장하였으나 소가 각하되거나 취하되는 등의 사유로 본안에서 권리주장에 관한 판단 없이 소송이 종료된 경우에는 민법 제170조 제2항을 유추적용하여 그때부터 6월 이내에 재판상의 청구 등 다른 시효중단조치를 취한 경우에 한하여 응소 시에 소급하여 시효중단의 효력이 있다고 보아야 한다.

[2] 채권자가 확정판결에 기한 채권의 실현을 위하여 채무자에 대하여 민사집행법상 재산명시신청을 하고 그 결정이 채무자에게 송달되었다면 거기에 소멸시효 중단사유인 '최고'로서의 효력만이 인정되므로, 재산명시결정에 의한 소멸시효 중단의 효력은, 그로부터 6월 내에 다시 소를 제기하거나 압류 또는 가압류, 가처분을 하는 등 민법 제174조에 규정된 절차를 속행하지 아니하는 한, 상실된다.

[3] 연대보증채무에 대한 소멸시효가 중단되었다고 하더라도 이로써 주채무에 대한 소멸시효가 중단되는 것은 아니고, 주채무가 소멸시효 완성으로 소멸된 경우에는 연대보증채무도 그 채무 자체의 시효중단에 불구하고 부종성에 따라 당연히 소멸한다.

[4] 甲의 채무를 대위변제한 乙이 甲의 乙에 대한 구상금채무를 연대보증한 丙을 상대로 소송을 제기하였다가 강제조정결정이 내려져 확정된 날로부터 9년 4개월이 지난 후 그 결정을 집행권원으로 하여 丙 소유 부동산에 관한 경매개시결정을 받았고, 그 후 乙이 甲과 丙을 상대로 재산명시신청을 하여 재산명시결정이 甲과 丙에게 송달되었는데, 甲과 丙이 재산명시결정을 송달받은 때부터 6월 내에 구상금채무가 변제 등으로 모두 소멸하였다고 주장하면서 소를 제기하자 乙이 응소하여 적극적으로 구상금채무의 존재를 주장하였지만, 甲이 제1심판결에 항소한 후 소취하서를 제출하여 甲의 乙에 대한 소가 소취하로 종료되었음에도 乙은 그때부터 6월 내에 甲의 乙에 대한 구상금채무에 대하여 재판상 청구 등 다른 시효중단조치를 취하지 않은 사안에서, 甲의 乙에 대한 소가 소취하로 종료된 때부터 6월 내에 주채무인 구상금채무에 대하여 재산상 청구 등 다른 시효중단조치를 취하지 않아 乙의 응소행위로 인한 시효중단의 효력이 소멸됨으로써 주채무인 甲의 乙에 대한 구상금채무는 이미 강제조정결정이 확정된 때로부터 10년이 경과하여 소멸시효가 완성되었고, 나아가 乙의 신청에 의한 경매개시결정으로 丙 소유 부동산이 압류됨으로써 또는 丙이 제기한 소에 대한 乙의 응소행위로 丙의 乙에 대한 연대보증채무의 소멸시효가 중단되었다 하더라도 주채무인 甲의 乙에 대한 구상금 채무가 소멸시효 완성으로 소멸된 이상 丙의 乙에 대한 연대보증채무도 그 채무 자체의 시효중단에 불구하고 부종성에 따라 당연히 소멸한다고 한 사례.

제62조(재산명시신청에 대한 재판)

① 재산명시신청에 정당한 이유가 있는 때에는 법원은 채무자에게 재산상태를 명시한 재산목록을 제출하도록 명할 수 있다.

② 재산명시신청에 정당한 이유가 없거나, 채무자의 재산을 쉽게 찾을 수 있다고 인정한 때에는 법원은 결정으로 이를 기각하여야 한다.

③ 제1항 및 제2항의 재판은 채무자를 심문하지 아니하고 한다.

④ 제1항의 결정은 신청한 채권자 및 채무자에게 송달하여야 하고, 채무자에 대한 송달에서는 결정에 따르지 아니할 경우 제68조에 규정된 제재를 받을 수 있음을 함께 고지하여야 한다.

⑤ 제4항의 규정에 따라 채무자에게 하는 송달은 민사소송법 제187조 및 제194조에 의한 방법으로는 할 수 없다.

⑥ 제1항의 결정이 채무자에게 송달되지 아니한 때에는 법원은 채권자에게 상당한 기간을 정하여 그 기간 이내에 채무자의 주소를 보정하도록 명하여야 한다.

⑦ 채권자가 제6항의 명령을 받고도 이를 이행하지 아니한 때에는 법원은 제1항의 결정을 취소하고 재산명시신청을 각하하여야 한다.

⑧ 제2항 및 제7항의 결정에 대하여는 즉시항고를 할 수 있다.

⑨ 채무자는 제1항의 결정을 송달받은 뒤 송달장소를 바꾼 때에는 그 취지를 법원에 바로 신고하여야 하며, 그러한 신고를 하지 아니한 경우에는 민사소송법 제185조제2항 및 제189조의 규정을 준용한다.

제63조(재산명시명령에 대한 이의신청)

① 채무자는 재산명시명령을 송달받은 날부터 1주 이내에 이의신청을 할 수 있 다.

② 채무자가 제1항에 따라 이의신청을 한 때에는 법원은 이의신청사유를 조사할 기일을 정하고 채권자와 채무자에게 이를 통지하여야 한다.

③ 이의신청에 정당한 이유가 있는 때에는 법원은 결정으로 재산명시명령을 취소 하여야 한다.

④ 이의신청에 정당한 이유가 없거나 채무자가 정당한 사유 없이 기일에 출석하 지 아니한 때에는 법원은 결정으로 이의신청을 기각하여야 한다.

⑤ 제3항 및 제4항의 결정에 대하여는 즉시항고를 할 수 있다.

제64조(재산명시기일의 실시)

① 재산명시명령에 대하여 채무자의 이의신청이 없거나 이를 기각한 때에는 법원 은 재산명시를 위한 기일을 정하여 채무자에게 출석하도록 요구하여야 한다. 이 기일은 채권자에게도 통지하여야 한다.

② 채무자는 제1항의 기일에 강제집행의 대상이 되는 재산과 다음 각호의 사항을 명시한 재산목록을 제출하여야 한다.

  1. 재산명시명령이 송달되기 전 1년 이내에 채무자가 한 부동산의 유상양도(有 償讓渡)

  2. 재산명시명령이 송달되기 전 1년 이내에 채무자가 배우자, 직계혈족 및 4촌 이내의 방계혈족과 그 배우자, 배우자의 직계혈족과 형제자매에게 한 부동 산 외의 재산의 유상양도

  3. 재산명시명령이 송달되기 전 2년 이내에 채무자가 한 재산상 무상처분(無償 處分). 다만, 의례적인 선물은 제외한다.

③ 재산목록에 적을 사항과 범위는 대법원규칙으로 정한다.

④ 제1항의 기일에 출석한 채무자가 3월 이내에 변제할 수 있음을 소명한 때에는 법원은 그 기일을 3월의 범위내에서 연기할 수 있으며, 채무자가 새 기일에 채무액의 3분의 2 이상을 변제하였음을 증명하는 서류를 제출한 때에는 다시 1월의 범위내에서 연기할 수 있다.

Q. 채무자재산명시제도

질문

저는 甲에 대한 대여금 1,000만원 청구소송에서 승소확정판결을 받았는데, 상대방의 재산관계 를 파악할 수 없어 강제집행을 하지 못하고 있습니다. 주위에서는 채무자의 재산을 파악하는 방법이 있다고 하는데 어떠한 것이 있는지요?

답변

'채무자 재산명시제도' 란 채무자의 책임재산을 공개시켜 채권자의 강제집행을 용이하 게 하도록 한 제도인바, 이것은 채무자가 확정판결 등 집행권원에 대한 금전채무를 이 행하지 않고 또한 그 채무자의 재산발견마저 용이하지 아니할 때 집행을 개시할 수 있는 채권자가 제1심 법원 또는 지급명령이나 조정을 한 법원에 채무자로 하여금 자 기의 재산관계를 명시해서 법원에 제출케 하는 명령을 하도록 신청하는 것입니다.

이 신청을 받은 법원은 서면으로 신청의 이유를 심사한 후 이유 있다고 인정되면 재산명시기일을 정해서 채무자로 하여금 법원에 출석하게 하고 선서 후 진실된 채무자의 재산목록을 제출하게 하는데(민사집행법 제64조 제1항, 제65조), 명시기일에 출석한 채무자가 3월 이내에 변제할 수 있음을 소명한 때에는 법원은 그 기일을 3월의 범위 내에서 연기할 수 있으며, 채무자가 새 기일에 채무액의 3분의 2 이상을 변제하였음을 증명하는 서류를 제출한 때에는 다시 1월의 범위 내에서 연기할 수 있습니다(민사집행법 제64조 제4항).

그리고 채무자에 대하여 강제집행을 개시할 수 있는 채권자는 재산목록을 보거나 복사할 것을 신청할 수 있습니다(민사집행법 제67조).

채무자가 정당한 사유 없이 ①명시기일 불출석, ②재산목록 제출 거부, ③선서 거부 가운데 어느 하나에 해당하는 행위를 한 경우에는 법원은 결정으로 20일 이내의 감치(監置)에 처하게 되며, 채무자가 법인 또는 민사소송법 제52조의 사단이나 재단인 때에는 그 대표자 또는 관리인을 감치에 처하게 됩니다(민사집행법 제68조 제1항, 제2항).

그런데 감치재판절차는 법원의 감치재판개시결정에 따라 개시되고, 감치사유가 발생한 날부터 20일이 지난 때에는 감치재판개시결정을 할 수 없으며(민사집행규칙 제30조 제2항), 감치재판절차를 개시한 후 감치결정 전에 채무자가 재산목록을 제출하거나 그 밖에 감치에 처하는 것이 상당하지 아니하다고 인정되는 때에는 법원은 불처벌결정을 하여야 하고(민사집행규칙 제30조 제3항), 채무자가 감치의 집행 중에 재산명시명령을 이행하겠다고 신청한 때에는 법원은 바로 명시기일을 열어야 하며, 채무자가 그 명시기일에 출석하여 재산목록을 내고 선서하거나 신청채권자에 대한 채무를 변제하고 이를 증명하는 서면을 낸 때에는 법원은 바로 감치결정을 취소하고 그 채무자를 석방하도록 명하여야 합니다(민사집행법 제68조 제5항, 제6항).

또한, 채무자가 거짓의 재산목록을 낸 때에는 3년 이하의 징역 또는 500만원 이하의 벌금에 처하게 되고, 이 경우 채무자가 법인 또는 「민사소송법」제52조의 사단이나 재단인 때에는 그 대표자 또는 관리인을 위에 따라 처벌하고 채무자는 위 벌금에 처하게 됩니다(민사집행법 제68조 제9항, 제10항).

한편, 재산조회에 관한 「민사집행법」 제74조 제1항은 "재산명시절차의 관할 법원은 다음 각호의 어느 하나에 해당하는 경우에는 그 재산명시를 신청한 채권자의 신청에 따라 개인의 재산 및 신용에 관한 전산망을 관리하는 공공기관·금융기관·단체 등에 채무자명의의 재산에 관하여 조회할 수 있다.

1. 재산명시절차에서 채권자가 제62조 제6항의 규정에 의한 주소보정명령을 받고도 민사소송법 제194조 제1항의 규정에 의한 사유로 인하여 채권자가 이를 이행할 수 없었던 것으로 인정되는 경우
2. 재산명시절차에서 채무자가 제출한 재산목록의 재산만으로는 집행채권의 만족을 얻기에 부족한 경우
3. 재산명시절차에서 제68조 제1항 각호의 사유 또는 동조 제9항의 사유가 있는 경우"라고 규정하고 있고, 재산조회의 결과에 관하여 「민사집행법」제75조 제1항은 "법원은 제74조 제1항 및 제3항의 규정에 따라 조회한 결과를 채무자의 재산목록에 준하여 관리하여야 한다."라고 규정하고 있으며, 벌칙에 관하여 같은 법 제76조는 "①누구든지 재산조회의 결과를 강제집행 외의 목적으로 사용하여서는 아니 된다. ②제1항의 규정에 위반한 사람은 2년 이하의 징역 또는 500만원 이하의 벌금에 처한다."라고 규정하고 있습니다. 따라서 재산명시신청제도를 통해 제출된 재산목록의 열람·복사를 통해 집행가능한 재산을 파악할 수 있으며, 甲에게 변제이행을 간접적으로 강제함으로써 채권자의 채권실현을 위한 제도라 할 것입니다.

참고로 구 「민사소송법」(2002. 1. 26. 법률 제6626호로 개정되기 전의 것) 하에서는 공정증서에 기초하여서는 재산명시신청을 할 수 없었으나, 현행 「민사집행법」이 시행된 뒤에는 공정증서에 기초하여서도 재산명시신청이 가능하게 되었습니다(같은 법 제61조).

제65조(선서)
① 채무자는 재산명시기일에 재산목록이 진실하다는 것을 선서하여야한다.
② 제1항의 선서에 관하여는 민사소송법 제320조 및 제321조의 규정을 준용한다. 이경우 선서서(宣誓書)에는 다음과 같이 적어야 한다.
"양심에 따라 사실대로 재산목록을 작성하여 제출하였으며, 만일 숨긴 것이나 거짓 작성한 것이 있으면 처벌을 받기로 맹세합니다."

제66조(재산목록의 정정)
① 채무자는 명시기일에 제출한 재산목록에 형식적인 흠이 있거나 불명확한 점이 있는 때에는 제65조의 규정에 의한 선서를 한 뒤라도 법원의 허가를 얻어 이미 제출한 재산목록을 정정할 수 있다.
② 제1항의 허가에 관한 결정에 대하여는 즉시항고를 할 수 있다.

제67조(재산목록의 열람·복사)
채무자에 대하여 강제집행을 개시할 수 있는 채권자는 재산목록을 보거나 복사할 것을 신청할 수 있다.

제68조(채무자의 감치 및 벌칙)
① 채무자가 정당한 사유 없이 다음 각호 가운데 어느 하나에 해당하는 행위를 한 경우에는 법원은 결정으로 20일 이내의 감치(監置)에 처한다.
  1. 명시기일 불출석
  2. 재산목록 제출 거부
  3. 선서 거부
② 채무자가 법인 또는 민사소송법 제52조의 사단이나 재단인 때에는 그 대표자 또는 관리인을 감치에 처한다.
③ 법원은 감치재판기일에 채무자를 소환하여 제1항 각호의 위반행위에 대하여 정당한 사유가 있는지 여부를 심리하여야 한다.
④ 제1항의 결정에 대하여는 즉시항고를 할 수 있다.
⑤ 채무자가 감치의 집행중에 재산명시명령을 이행하겠다고 신청한 때에는 법원은 바로 명시기일을 열어야 한다.
⑥ 채무자가 제5항의 명시기일에 출석하여 재산목록을 내고 선서하거나 신청채권자에 대한 채무를 변제하고 이를 증명하는 서면을 낸 때에는 법원은 바로 감치결정을 취소하고 그 채무자를 석방하도록 명하여야 한다.
⑦ 제5항의 명시기일은 신청채권자에게 통지하지 아니하고도 실시할 수 있다. 이경우 제6항의 사실을 채권자에게 통지하여야 한다.
⑧ 제1항 내지 제7항의 규정에 따른 재판절차 및 그 집행 그 밖에 필요한 사항은 대법원규칙으로 정한다.
⑨ 채무자가 거짓의 재산목록을 낸 때에는 3년 이하의 징역 또는 500만원 이하의 벌금에 처한다.
⑩ 채무자가 법인 또는 민사소송법 제52조의 사단이나 재단인 때에는 그 대표자 또는 관리인을 제9항의 규정에 따라 처벌하고, 채무자는 제9항의 벌금에 처한다.

【판시사항】
[1] 민사집행법상 재산명시절차에서 채무자가 법원에 제출할 재산목록에 기재해야 하는 재산의 범위
[2] 재산명시절차에서 채무자가 특정 채권을 실질적 재산가치가 없다고 보아 재산목록에 기재하지 않은 채 제출한 행위가 민사집행법상 거짓의 재산목록 제출죄에 해당한다고 한 사례

【판결요지】
[1] 민사집행법의 재산명시절차에 따라 채무자가 법원에 제출할 재산목록에는 실질적인 가치가 있는지 여부와 상관없이 강제집행의 대상이 되는 재산을 모두 기재하여야 한다.
[2] 재산명시절차에서 채무자가 특정 채권을 실질적 재산가치가 없다고 보아 재산목록에 기재하지 않은 채 제출한 행위가 민사집행법상 거짓의 재산목록 제출죄에 해당한다고 한 사례.

제69조(명시신청의 재신청)
재산명시신청이 기각·각하된 경우에는 그 명시신청을 한 채권자는 기각·각하사유를 보완하지 아니하고서는 같은 집행권원으로 다시 재산명시신청을 할 수 없다.

제70조(채무불이행자명부 등재신청)
① 채무자가 다음 각호 가운데 어느 하나에 해당하면 채권자는 그 채무자를 채무불이행자명부(債務不履行者名簿)에 올리도록 신청할 수 있다.
 1. 금전의 지급을 명한 집행권원이 확정된 후 또는 집행권원을 작성한 후 6월 이내에 채무를 이행하지 아니하는 때. 다만, 제61조제1항 단서에 규정된 집행권원의 경우를 제외한다.
 2. 제68조제1항 각호의 사유 또는 같은 조제9항의 사유 가운데 어느 하나에 해당하는 때
② 제1항의 신청을 할 때에는 그 사유를 소명하여야 한다.
③ 제1항의 신청에 대한 재판은 제1항제1호의 경우에는 채무자의 보통재판적이 있는 곳의 법원이 관할하고, 제1항제2호의 경우에는 재산명시절차를 실시한 법원이 관할한다.

【판시사항】
민사집행법 제71조 제2항에서 말하는 '쉽게 강제집행할 수 있다고 인정할 만한 명백한 사유'의 의미 및 그 증명책임의 소재(=채무자)

【판결요지】
채무불이행자명부 등재제도는 채무를 이행하지 아니하는 불성실한 채무자의 인적 사항을 공개함으로써 명예와 신용의 훼손과 같은 불이익을 가하고 이를 통하여 채무의 이행에 노력하게 하는 간접강제의 효과를 거둠과 아울러 일반인으로 하여금 거래상대방에 대한 신용조사를 용이하게 하여 거래의 안전을 도모하게 함을 목적으로 하는 제도로서, 그 소극적 요건인 '쉽게 강제집행할 수 있다고 인정할 만한 명백한 사유'라 함은

채무자가 보유하고 있는 재산에 대하여 많은 시간과 비용을 투입하지 아니하고서도 강제집행을 통하여 채권의 만족을 얻을 수 있다는 점이 특별한 노력이나 조사 없이 확인 가능하다는 것을 의미하고, 그 사유의 존재에 관하여는 채무자가 이를 증명한다.

제71조(등재신청에 대한 재판)
① 제70조의 신청에 정당한 이유가 있는 때에는 법원은 채무자를 채무불이행자명부에 올리는 결정을 하여야 한다.
② 등재신청에 정당한 이유가 없거나 쉽게 강제집행할 수 있다고 인정할 만한 명백한 사유가 있는 때에는 법원은 결정으로 이를 기각하여야 한다.
③ 제1항 및 제2항의 재판에 대하여는 즉시항고를 할 수 있다. 이 경우 민사소송법 제447조의 규정은 준용하지 아니한다.

Q. 민사집행법 제71조 제2항에서 말하는 '쉽게 강제집행할 수 있다고 인정할 만한 명백한 사유'의 의미

질문

甲은 乙을 상대로 임대차보증금반환청구의 소를 제기하여 전부 승소판결을 받고, 위 판결이 확정된 후 6개월 내에 乙이 채무를 이행하지 아니하자 법원에 乙에 대한 채무불이행자명부등재신청을 하였습니다. 그런데 乙은 甲이 이미 乙소유의 부동산에 가압류를 하였기 때문에 이는 쉽게 강제집행할 수 있다고 인정할 만한 명백한 사유가 있는 때에 해당하므로 이의신청을 하고자 합니다. 甲이 이미 乙소유의 부동산에 가압류를 한 것이 민사집행법 제71조 제2항에서 말하는 '쉽게 강제집행할 수 있다고 인정할 만한 명백한 사유'에 해당하는지요?

답변

관련 대법원 판례는 "채무자가 금전의 지급을 명한 집행권원이 확정된 후 6월 이내에 채무를 이행하지 아니하는 때 등에는 채권자는 그 채무자를 채무불이행자명부에 올리도록 신청할 수 있고(민사집행법 제70조 제1항), 법원은 위 신청에 정당한 이유가 있는 때에는 채무자를 채무불이행자 명부에 올리는 결정을 하여야 하나, 등재신청에 정당한 이유가 없거나 쉽게 강제집행할 수 있다고 인정할 만한 명백한 사유가 있는 때에는 결정으로 이를 기각하여야 한다(민사집행법 제71조 제1항, 제2항).
이러한 채무불이행자명부 등재제도는 채무를 이행하지 아니하는 불성실한 채무자의 인적사항을 공개함으로써 명예와 신용의 훼손과 같은 불이익을 가하고 이를 통하여 채무의 이행에 노력하게 하는 간접강제의 효과를 거둠과 아울러 일반인으로 하여금 거래상대방에 대한 신용조사를 용이하게 하여 거래의 안전을 도모하게 함을 목적으로 하는 제도로서, 그 소극적 요건인 '쉽게 강제집행할 수 있다고 인정할 만한 명백한 사유'라 함은 채무자가 보유하고 있는 재산에 대하여 많은 시간과 비용을 투입하지 아니하고서도 강제집행을 통하여 채권의 만족을 얻을 수 있다는 점이 특별한 노력이나 조사 없이 확인 가능하다는 것을 의미하고, 그 사유의 존재에 관하여는 채무자가 이를 증명하여야 할 것이다.
원심결정 이유에 의하면 원심은, 신청인이 피신청인을 상대로 임대차보증금의 지급을 구하는 소를 제기하여 2007.7.11.22,980,279원 및 그에 대한 지연손해금의 지급을 명하는 일부승소 판결을 받고 그 무렵 확정되었으나 그 확정일로부터 6개월이 지나도록 위 판결에 따른 채무이행이 이루어지지 않은 사실, 신청인은 피신청인 ○○아파트에 관하여 부동산가압류 신청을 하여 2006.11.17.가압류 등기가 경료되기도 하였으나, 위

아파트에는 이미 채권최고액이 5,850만 원인 다른 채권자의 근저당권설정등기가 경료
되어 있었고, 위 가압류 이후에도 또 다른 채권자의 신청에 의하여 청구금액이
10,133,810원인 가압류 등기와 국민 건강보험공단 강원동부지사에 의한 압류등기가 각
경료된 사실 등을 각 인정한 후 강제집행할 만한 피신청인 소유의 다른 재산도 없는
사정도 고려하면 신청인이 피신청인에 대하여 쉽게 강제집행할 수 있다고 인정할 만
한 명백한 사유가 있는 때에 해당한다고 볼 수 없다는 취지로 판단하였는바, 원심이
들고 있는 사정을 위 법리에 비추어 보면 원심의 위와 같은 판단은 정당한 것으로서
수긍할 수 있고, 거기에 채무불이행자명부 등재의 요건에 관한 법리를 오해한 위법 등
이 없다."라고 판시하였습니다(대법원 2010. 9. 9. 자 2010마779 결정 참조).
위 판례에 따르면 민사집행법 제71조 제2항의 사유의 존재에 관하여는 채무자인 乙에
게 증명책임이 있으므로 乙이 가압류된 해당 부동산에 다른 압류, 가압류, 근저당권
등의 설정되지 않았고, 乙에게 강제집행될 다른 재산도 있어 甲의 입장에서 乙이 보유
하고 있는 재산에 대하여 많은 시간과 비용을 투입하지 아니하고서도 강제집행을 통
하여 채권의 만족을 얻을 수 있다는 점이 특별한 노력이나 조사 없이 확인 가능하다
는 것을 증명한다면 이의신청이 받아들여질 것이지만, 乙이 위와 같은 사실을 증명하
지 못한다면 이의신청은 받아들여지지 않을 것입니다.

제72조(명부의 비치)
① 채무불이행자명부는 등재결정을 한 법원에 비치한다.
② 법원은 채무불이행자명부의 부본을 채무자의 주소지(채무자가 법인인 경우에
   는 주된 사무소가 있는 곳) 시·(구가 설치되지 아니한 시를 말한다. 이하 같
   다)·구·읍·면의 장(도농복합형태의 시의 경우 동지역은 시·구의 장, 읍·면지역
   은 읍·면의 장으로 한다. 이하 같다)에게 보내야 한다.
③ 법원은 채무불이행자명부의 부본을 대법원규칙이 정하는 바에 따라 일정한 금융
   기관의 장이나 금융기관 관련단체의 장에게 보내어 채무자에 대한 신용정보로
   활용하게 할 수 있다.
④ 채무불이행자명부나 그 부본은 누구든지 보거나 복사할 것을 신청할 수 있다.
⑤ 채무불이행자명부는 인쇄물 등으로 공표되어서는 아니된다.

제73조(명부등재의 말소)
① 변제, 그 밖의 사유로 채무가 소멸되었다는 것이 증명된 때에는 법원은 채무자
   의 신청에 따라 채무불이행자명부에서 그 이름을 말소하는 결정을 하여야 한다.
② 채권자는 제1항의 결정에 대하여 즉시항고를 할 수 있다. 이 경우 민사소송법
   제447조의 규정은 준용하지 아니한다.
③ 채무불이행자명부에 오른 다음 해부터 10년이 지난 때에는 법원은 직권으로 그
   명부에 오른 이름을 말소하는 결정을 하여야 한다.
④ 제1항과 제3항의 결정을 한 때에는 그 취지를 채무자의 주소지(채무자가 법인인
   경우에는 주된 사무소가 있는 곳) 시·구·읍·면의 장 및 제72조제3항의 규정에 따
   라 채무불이행자명부의 부본을 보낸 금융기관 등의 장에게 통지하여야 한다.
⑤ 제4항의 통지를 받은 시·구·읍·면의 장 및 금융기관 등의 장은 그 명부의 부본
   에 오른 이름을 말소하여야 한다.

제74조(재산조회)
① 재산명시절차의 관할 법원은 다음 각호의 어느 하나에 해당하는 경우에는 그

재산명시를 신청한 채권자의 신청에 따라 개인의 재산 및 신용에 관한 전산
망을 관리하는 공공기관·금융기관·단체 등에 채무자명의의 재산에 관하여 조
회할 수 있다. <개정 2005.1.27.>
1. 재산명시절차에서 채권자가 제62조제6항의 규정에 의한 주소보정명령을 받고
   도 민사소송법 제194조제1항의 규정에 의한 사유로 인하여 채권자가 이를
   이행할 수 없었던 것으로 인정되는 경우
2. 재산명시절차에서 채무자가 제출한 재산목록의 재산만으로는 집행채권의 만
   족을 얻기에 부족한 경우
3. 재산명시절차에서 제68조제1항 각호의 사유 또는 동조제9항의 사유가 있는
   경우
② 채권자가 제1항의 신청을 할 경우에는 조회할 기관·단체를 특정하여야 하며
   조회에 드는 비용을 미리 내야 한다.
③ 법원이 제1항의 규정에 따라 조회할 경우에는 채무자의 인적 사항을 적은 문
   서에 의하여 해당 기관·단체의 장에게 채무자의 재산 및 신용에 관하여 그 기
   관·단체가 보유하고 있는 자료를 한꺼번에 모아 제출하도록 요구할 수 있다.
④ 공공기관·금융기관·단체 등은 정당한 사유 없이 제1항 및 제3항의 조회를 거
   부하지 못한다.

제75조(재산조회의 결과 등)
① 법원은 제74조제1항 및 제3항의 규정에 따라 조회한 결과를 채무자의 재산목
   록에 준하여 관리하여야 한다.
② 제74조제1항 및 제3항의 조회를 받은 기관·단체의 장이 정당한 사유 없이 거
   짓 자료를 제출하거나 자료를 제출할 것을 거부한 때에는 결정으로 500만원
   이하의 과태료에 처한다.
③ 제2항의 결정에 대하여는 즉시항고를 할 수 있다.

제76조(벌칙)
① 누구든지 재산조회의 결과를 강제집행 외의 목적으로 사용하여서는 아니된다.
② 제1항의 규정에 위반한 사람은 2년 이하의 징역 또는 500만원 이하의 벌금에 처
   한다.

제77조(대법원규칙)
제74조제1항 및 제3항의 규정에 따라 조회를 할 공공기관·금융기관·단체 등의
범위 및 조회절차, 제74조제2항의 규정에 따라 채권자가 내야 할 비용, 제75조제
1항의 규정에 따른 조회결과의 관리에 관한 사항, 제75조제2항의 규정에 의한
과태료의 부과절차 등은 대법원규칙으로 정한다.

제2절 부동산에 대한 강제집행
제1관 통칙

제78조(집행방법)
① 부동산에 대한 강제집행은 채권자의 신청에 따라 법원이 한다.
② 강제집행은 다음 각호의 방법으로 한다.

1. 강제경매
2. 강제관리
③ 채권자는 자기의 선택에 의하여 제2항 각호 가운데 어느 한 가지 방법으로 집행하게 하거나 두 가지 방법을 함께 사용하여 집행하게 할 수 있다.
④ 강제관리는 가압류를 집행할 때에도 할 수 있다.

Q. 미등기 부동산에 대한 강제집행절차

질문

저는 甲에게 800만원을 빌려주면서 1년 뒤에 받기로 하였으나, 甲은 차일피일 미루며 변제기가 지나서도 갚지 않으므로 소액심판을 청구하여 승소판결을 받았습니다. 그러나 甲에게는 미등기인 주택이 1채 있을 뿐 다른 재산이 전혀 없으므로, 이 주택에 대하여 강제집행을 하여 저의 채권을 변제 받을 수 있는지요?

답변

부동산에 대한 강제집행방법에 관하여 「민사집행법」제78조 제1항은 "부동산에 대한 강제집행은 채권자의 신청에 따라 법원이 한다."라고 규정하고 있고, 같은 법 제78조 제2항, 제3항은 강제집행은 ①강제경매, ②강제관리의 방법으로 하고, 채권자는 자기의 선택에 의하여 ①강제경매, ②강제관리 가운데 어느 한 가지 방법으로 집행하게 하거나 두 가지 방법을 함께 사용하여 집행하게 할 수 있다고 규정하고 있습니다.
먼저, 강제경매는 채무자 소유의 부동산을 집행법원이 강제로 매각하여 그 대금을 채권자에게 지급하여 채권을 변제 받도록 하는 것인데, 미등기건물에 대한 강제경매를 신청할 수 있는지 살펴보면, 미등기 건물 중 건축법에 의한 건축신고 또는 건축허가를 마쳤으나, 사용승인을 받지 아니하여 보존등기를 마치지 못한 건물에 대하여 부동산집행방법에 의한 강제집행을 하려면, 강제경매신청서에 집행력 있는 정본 외에 '채무자의 소유로 등기되지 아니한 부동산에 대하여는 즉시 채무자명의로 등기할 수 있다는 것을 증명할 서류 다만, 그 부동산이 등기되지 아니한 건물인 경우에는 그 건물이 채무자의 소유임을 증명할 서류, 그 건물의 지번·구조·면적을 증명할 서류 및 그 건물에 관한 건축허가 또는 건축신고를 증명할 서류'를 붙여야 하며(민사집행법 제81조 제1항 제2호), 채권자는 공적 장부를 주관하는 공공기관에 그 미등기건물이 채무자의 소유임을 증명할 서류, 미등기건물의 지번·구조·면적을 증명할 서류 및 미등기건물에 관한 건축허가 또는 건축신고를 증명할 서류에 관한 사항들을 증명하여 줄 것을 청구할 수 있고(같은 조 제2항), 건물의 지번·구조·면적을 증명하지 못한 때에는 경매신청과 동시에 그 조사를 집행법원에 신청할 수 있으며(같은 조 제3항), 이 경우 법원은 집행관에게 그 조사를 명하게 됩니다(같은 조 제4항).
그리고 위와 같은 법원의 명령에 따라 미등기건물을 조사한 집행관은 사건의 표시, 조사의 일시·장소와 방법, 건물의 지번·구조·면적, 조사한 건물의 지번·구조·면적이 건축허가 또는 건축신고를 증명하는 서류의 내용과 다른 때에는 그 취지와 구체적인 내역을 적은 서면에 건물의 도면과 사진을 붙여 정하여진 날까지 법원에 제출하여야 하는데(민사집행규칙 제42조 제1항), 채권자가 제출한 서류 또는 위와 같이 집행관이 제출한 서면에 의하여 강제경매신청을 한 건물의 지번·구조·면적이 건축허가 또는 건축신고 된 것과 동일하다고 인정되지 아니하는 때에는 법원은 강제경매신청을 각하 하여야 합니다(같은 조 제2항).
따라서 위 사안의 미등기주택을 부동산집행방법에 의한 강제집행을 할 수 있을 것인지는 위 규칙 제42조 제2항에 따라 위 건물의 지번·구조·면적이 건축허가 또는 건축신고 된 것과 동일하다고 인정될 수 있어야 할 것이고, 미등기 무허가건물의 경우에는 강제경매를 신청할 수 없을 것으로 보입니다.

참고로 건물의 보존등기에 관하여 「부동산등기법」제65조는 "미등기건물의 소유권보존등기는 ①건축물대장에 최초의 소유자로 등록되어 있는 자 또는 그 상속인, 그 밖의 포괄승계인, ②확정판결에 의하여 자기의 소유권을 증명하는 자, ③수용(收用)으로 인하여 소유권을 취득하였음을 증명하는 자, ④특별자치도지사, 시장, 군수 또는 구청장(자치구의 구청장을 말한다)의 확인에 의하여 자기의 소유권을 증명하는 자가 이를 신청할 수 있다."고 규정하고 있고, 미등기부동산의 처분제한의 등기에 관하여 「부동산등기법」제66조 제1항은 "등기관이 미등기부동산에 대하여 법원의 촉탁에 따라 소유권의 처분제한의 등기를 할 때에는 직권으로 소유권보존등기를 하고, 처분제한의 등기를 명하는 법원의 재판에 따라 소유권의 등기를 한다는 뜻을 기록하여야 한다."라고 규정하고 있습니다. 또한, 같은 법 제66조 제2항은 "등기관이 제1항에 따라 건물에 대한 소유권보존등기를 하는 경우에는 제65조를 적용하지 아니한다. 다만, 그 건물이 「건축법」상 사용승인을 받아야 할 건물임에도 사용승인을 받지 아니하였다면 그 사실을 표제부에 기록하여야 한다."라고 규정하고 있고, 같은 법 제66조 제3항은 "제2항 단서에 따라 등기된 건물에 대하여 「건축법」상 사용승인이 이루어진 경우에는 그 건물 소유권의 등기명의인은 1개월 이내에 제2항 단서의 기록에 대한 말소등기를 신청하여야 한다."라고 규정하고 있습니다.

그리고 위 집행법원의 처분제한의 등기에는 경매개시결정의 등기, 가압류등기, 처분금지가처분등기 뿐만 아니라 회생절차개시결정·파산선고(보전 처분 포함)의 기입등기 및 주택임차권등기 및 상가건물임차권등기를 포함하게 됩니다(2006. 3. 31. 등기예규 제1128호).

다음으로 강제관리는 채무자 소유의 부동산을 매각하지는 않으면서 그 수익관리의 권능만을 박탈하여 그 수익금 중에서 채권을 변제하고 변제가 완료되면 강제관리를 해제하여 채무자에게 부동산을 돌려주는 것인데, 강제관리에 관하여도 미등기건물의 강제경매에 관한 위 규정들이 준용(민사집행법 제163조)되므로, 위와 같은 이유로 미등기 무허가건물인 경우 강제관리 또한 신청할 수 없을 것으로 보입니다.

제79조(집행법원)
① 부동산에 대한 강제집행은 그 부동산이 있는 곳의 지방법원이 관할한다.
② 부동산이 여러 지방법원의 관할구역에 있는 때에는 각 지방법원에 관할권이 있다. 이 경우 법원이 필요하다고 인정한 때에는 사건을 다른 관할 지방법원으로 이송할 수 있다.

제2관 강제경매

제80조(강제경매신청서)
강제경매신청서에는 다음 각호의 사항을 적어야 한다.
1. 채권자·채무자와 법원의 표시
2. 부동산의 표시
3. 경매의 이유가 된 일정한 채권과 집행할 수 있는 일정한 집행권원

Q. 선순위 근저당권자는 배당요구의 종기 이후에도 피담보채권액의 확장이 가능한지?

질문

乙소유 부동산의 최선순위 근저당권자인 甲은, 乙의 채권자인 丙이 乙소유 부동산에 대하여 담보권 실행을 위한 경매를 신청했다는 것을 알게 되어 피담보채권액을 기재한 채권계산서를 제출했습니다. 그런데 배당요구의 종기 이후 배당표가 작성될 때쯤 피담보채권액을 확장할 필요가 있음을 알게 되었습니다. 이 경우 甲은 피담보채권액의 보정이 가능한가요?

답변

「민사집행법」 제80조 제3호에서는 강제경매를 신청하는 채권자는 경매의 이유가 된 일정한 채권을 기재하여 강제경매신청서를 제출하여야 한다고 규정하고 있습니다. 이에 관하여 우리 대법원은 경매신청채권자는 경매신청서에 피담보채권 중 일부만을 청구금액으로 기재하여 경매를 신청한 경우에 다른 특단의 사정이 없는 한 신청채권자가 당해 경매절차에서 배당받을 금액은 그 기재된 채권액을 한도로 확정되고, 그 후 신청채권자가 채권계산서를 제출하는 방법에 의하여 그 청구금액을 확장할 수 없다고 하였지만(대법원 1997. 1. 21. 선고 96다457 판결 등), 경매신청채권자에 우선하는 근저당권자는 배당요구의 종기까지 일응 피담보채권액을 기재한 채권계산서를 제출하였다고 하더라도 그 후 배당표가 작성될 때까지 피담보채권액을 보정하는 채권계산서를 다시 제출할 수 있다고 하였습니다(대법원 1999. 1. 26. 선고 98다21946판결 등)

제81조(첨부서류)
① 강제경매신청서에는 집행력 있는 정본 외에 다음 각호 가운데 어느 하나에 해당하는 서류를 붙여야 한다. <개정 2011.4.12.>
  1. 채무자의 소유로 등기된 부동산에 대하여는 등기사항증명서
  2. 채무자의 소유로 등기되지 아니한 부동산에 대하여는 즉시 채무자명의로 등기할 수 있다는 것을 증명할 서류. 다만, 그 부동산이 등기되지 아니한 건물인 경우에는 그 건물이 채무자의 소유임을 증명할 서류, 그 건물의 지번·구조·면적을 증명할 서류 및 그 건물에 관한 건축허가 또는 건축신고를 증명할 서류
② 채권자는 공적 장부를 주관하는 공공기관에 제1항제2호 단서의 사항들을 증명하여 줄 것을 청구할 수 있다.
③ 제1항제2호 단서의 경우에 건물의 지번·구조·면적을 증명하지 못한 때에는, 채권자는 경매신청과 동시에 그 조사를 집행법원에 신청할 수 있다.
④ 제3항의 경우에 법원은 집행관에게 그 조사를 하게 하여야 한다.
⑤ 강제관리를 하기 위하여 이미 부동산을 압류한 경우에 그 집행기록에 제1항 각호 가운데 어느 하나에 해당하는 서류가 붙어 있으면 다시 그 서류를 붙이지 아니할 수 있다.

Q. 신축중인 미등기건물에 대하여 강제집행이 가능한지?

질문

저는 甲을 피고로 대여금 3,000만원을 청구하는 소송에서 승소하였으나, 甲에게는 집행가능한 재산이 전혀 없고 거의 완성단계에 이른 신축중인 미등기건물이 있습니다. 제가 위 신축중인 미등기건물에 강제집행을 할 수 있는지요?

답변

미등기 부동산을 부동산집행방법에 의한 강제집행을 하려면, 강제경매신청시에 집행력 있는 정본 외에 '채무자의 소유로 등기되지 아니한 부동산에 대하여는 즉시 채무자명 의로 등기할 수 있다는 것을 증명할 서류. 다만, 그 부동산이 등기되지 아니한 건물인 경우에는 그 건물이 채무자의 소유임을 증명할 서류, 그 건물의 지번·구조·면적을 증 명할 서류 및 그 건물에 관한 건축허가 또는 건축신고를 증명할 서류'를 붙여야 하며 (민사집행법 제81조 제1항 제2호), 채권자는 공적 장부를 주관하는 공공기관에 위와 같은 서류의 사항들을 증명하여 줄 것을 청구할 수 있고(같은 조 제2항), 건물의 지 번·구조·면적을 증명하지 못한 때에는 경매신청과 동시에 그 조사를 집행법원에 신청 할 수 있으며(같은 조 제3항), 이 경우 법원은 집행관에게 그 조사를 명하게 됩니다 (같은 조 제4항).

그리고 위와 같은 법원의 명령에 따라 미등기건물을 조사한 집행관은 사건의 표시, 조 사의 일시·장소와 방법, 건물의 지번·구조·면적, 조사한 건물의 지번·구조·면적이 건축 허가 또는 건축신고를 증명하는 서류의 내용과 다른 때에는 그 취지와 구체적인 내역 을 적은 서면에 건물의 도면과 사진을 붙여 정하여진 날까지 법원에 제출하여야 하는 데(민사집행규칙 제42조 제1항), 채권자가 제출한 서류 또는 위와 같이 집행관이 제출 한 서면에 의하여 강제경매신청을 한 건물의 지번·구조·면적이 건축허가 또는 건축신 고 된 것과 동일하다고 인정되지 아니하는 때에는 법원은 강제경매신청을 각하하여야 합니다(같은 조 제2항).

따라서 위 사안의 거의 완성단계에 이른 신축중인 건물을 부동산집행방법에 의한 강 제집행을 할 수 있을 것인지는 위 「민사집행규칙」 제42조 제2항에 따라 위 신축중인 건물의 지번·구조·면적이 건축허가 또는 건축신고 된 것과 동일하다고 인정될 수 있 을 것인지의 여하에 따라 결정될 것으로 보입니다.

요약한다면, 「민사집행법」 제81조의 규정에 의하여 미등기 건물이 채무자의 소유임을 증명한다면 강제경매를 신청할 수 있습니다.

참고로 건물의 보존등기에 관하여 「부동산등기법」 제65조에 따르면 미등기의 건물에 관한 소유권보존등기는 다음 각 호의 어느 하나에 해당하는 자가 신청할 수 있습니다. 1. 토지대장, 임야대장 또는 건축물대장에 최초의 소유자로 등록되어 있는 자 또는 그 상속인, 그 밖의 포괄승계인 2. 확정판결에 의하여 자기의 소유권을 증명하는 자 3. 수 용(收用)으로 인하여 소유권을 취득하였음을 증명하는 자 4. 특별자치도지사, 시장, 군 수 또는 구청장(자치구의 구청장을 말한다)의 확인에 의하여 자기의 소유권을 증명하 는 자(건물의 경우로 한정한다).

또한 미등기부동산의 처분제한의 등기에 관하여 「부동산등기법」 제66조는 제1항에서 등기관이 미등기부동산에 대하여 법원의 촉탁에 따라 소유권의 처분제한의 등기를 할 때에는 직권으로 소유권보존등기를 하고, 처분제한의 등기를 명하는 법원의 재판에 따 라 소유권의 등기를 한다는 뜻을 기록하여야 한다고 규정하며, 제2항에서는 등기관이 제1항에 따라 건물에 대한 소유권보존등기를 하는 경우에는 제65조를 적용하지 아니 한다. 다만, 그 건물이 「건축법」 상 사용승인을 받아야 할 건물임에도 사용승인을 받 지 아니하였다면 그 사실을 표제부에 기록하여야 한다고 규정합니다. 끝으로 제3항에서는 제2항 단서에 따라 등기된 건물에 대하여 「건축법」 상 사용승인이 이루어진 경우에는 그 건물 소유권의 등기명의인은 1개월 이내에 제2항 단서의 기록에 대한 말소등기를 신청하여야 한다고 규정하고 있습니다.

그리고 위 집행법원의 처분제한의 등기에는 경매개시결정의 등기, 가압류등기, 처분금지가처분등기 뿐만 아니라 회생절차개시결정·파산선고(보전 처분 포함)의 기입등기 및 주택임차권등기 및 상가건물임차권등기를 포함하게 됩니다.(미등기 건물의 처분제한등기에 관한 업무처리지침 [등기예규 제1469호, 시행 2012.06.29.])

제82조(집행관의 권한)

① 집행관은 제81조제4항의 조사를 위하여 건물에 출입할 수 있고, 채무자 또는 건물을 점유하는 제3자에게 질문하거나 문서를 제시하도록 요구할 수 있다.

② 집행관은 제1항의 규정에 따라 건물에 출입하기 위하여 필요한 때에는 잠긴 문을 여는 등 적절한 처분을 할 수 있다.

제83조(경매개시결정 등)

① 경매절차를 개시하는 결정에는 동시에 그 부동산의 압류를 명하여야 한다.

② 압류는 부동산에 대한 채무자의 관리·이용에 영향을 미치지 아니한다.

③ 경매절차를 개시하는 결정을 한 뒤에는 법원은 직권으로 또는 이해관계인의 신청에 따라 부동산에 대한 침해행위를 방지하기 위하여 필요한 조치를 할 수 있다.

④ 압류는 채무자에게 그 결정이 송달된 때 또는 제94조의 규정에 따른 등기가 된 때에 효력이 생긴다.

⑤ 강제경매신청을 기각하거나 각하하는 재판에 대하여는 즉시항고를 할 수 있다.

Q. 사망한 자를 채무자로 한 담보권실행 경매 시 시효중단 효력 있는지?

질문

甲은 乙에 대한 물품대금채권에 대한 담보로 乙명의의 부동산에 설정된 근저당권을 실행하는 경매를 신청하였는데, 乙은 이미 사망하였고 경매는 계속 진행되어 甲은 물품대금의 일부를 배당 받는데 그쳤습니다. 그런데 甲은 乙의 상속인들에 대하여 집행이 가능한 재산이 파악되지 않아서 방치하고 있던 중 변제기로부터 4년(경매종료 후 2년)이 된 시점에서 乙의 상속인들이 재산을 소유하고 있는 것이 파악되어 그들을 상대로 상속된 채무의 지급을 청구하려고 하는바, 이 경우 소멸시효기간은 어떻게 되는지요?

답변

소멸시효의 중단사유에 관하여 「민법」 제168조는 "소멸시효는 ①청구, ②압류 또는 가압류, 가처분, ③승인의 사유로 인하여 중단된다."라고 규정하고 있고, 「민사집행법」 제83조 제1항은 "경매절차를 개시하는 결정에는 동시에 그 부동산의 압류를 명하여야 한다."라고 규정하고 있으며, 이 규정은 「민사집행법」제268조에 의하여 담보권실행을 위한 경매에도 준용되고 있으므로, 담보권실행을 위한 경매의 개시결정은 소멸시효의 중단사유가 되는 것입니다.

그러나 「민법」 제176조는 "압류, 가압류 및 가처분은 시효의 이익을 받은 자에 대하여

하지 아니한 때에는 이를 그에게 통지한 후가 아니면 시효중단의 효력이 없다."라고 규정하고 있으므로, 사망한 사람을 채무자로 한 담보권실행을 위한 경매절차가 진행된 경우, 상속인들에 대하여 그 담보권실행을 위한 경매에 시효중단의 효력이 인정될 수 있을 것인지 문제됩니다.

이에 관하여 판례는 "금융기관의연체대출금에관한특별조치법 제3조에 의하면 금융기관의 신청에 의하여 진행되는 경매절차(현행 금융기관부실자산등의효율적처리및한국자산관리공사의설립에관한법률 제45조의2 제1항에서는 담보권실행을 위한 경매절차에 한하도록 규정함)에 있어서 통지 또는 송달은 경매신청 당시 당해 부동산등기부상에 기재되어 있는 주소 등으로 송달하여 일방적으로 절차를 진행할 수 있도록 되어 있으나, 사망한 자를 채무자로 하여 진행한 임의경매에 시효중단의 효력을 인정할 수 없는 점, 민법 제176조는 압류, 가압류 및 가처분은 시효의 이익을 받은 자에 대하여 하지 아니한 때에는 이를 그에게 통지한 후가 아니면 시효중단의 효력이 없다고 규정하고 있어서 시효이익을 받을 자가 아닌 자에 대한 압류 등에 대하여 채무자에게 통지되는 것을 조건으로만 예외적으로 시효중단의 효력을 인정하고 있는 점 등에 비추어 위 특별조치법에 의하여 사망한 사람을 채무자로 한 임의경매의 진행이 적법하다고 하여도 그 점만으로는 곧바로 채무자 겸 담보설정자가 사망한 상태에서 그 망인을 채무자로 하여 진행한 임의경매에 대하여 통상의 집행절차에 따라 이루어진 임의경매와 마찬가지로 시효중단의 효력을 인정할 수 없다."라고 하였습니다(대법원 1996. 4. 12. 선고 95다15537 판결).

그러므로 판례가 "부동산에 대한 근저당권의 실행을 위한 경매는 그 근저당권설정등기에 표시된 채무자 및 저당부동산의 소유자와의 관계에서 그 절차가 진행되는 것이므로, 그 절차의 개시 전 또는 진행 중에 채무자나 소유자가 사망하였다고 하더라도 그 재산상속인들이 경매법원에 대하여 그 사망사실을 밝히고 자신을 이해관계인으로 취급하여 줄 것을 신청하지 아니한 이상, 그 절차를 속행하여 저당부동산의 낙찰을 허가하였다고 하더라도 그 허가결정에 위법이 있다고 할 수 없다."라고 하였지만(대법원 1998. 10. 27. 선고 97다39131 판결, 1998. 12. 23.자 98마2509 결정), 사망자를 채무자로 진행된 담보권실행을 위한 경매에 상속인들에 대하여 소멸시효중단의 효력이 인정된다고 볼 수는 없을 것으로 보입니다.

따라서 甲이 별도로 상속인들에 대하여 소멸시효중단조치를 취한 바가 없다면, 甲의 잔여채권은 「민법」제163조 제6호의 3년의 단기소멸시효기간이 도과하여 소멸시효가 완성되었다고 할 것입니다.

제84조(배당요구의 종기결정 및 공고)

① 경매개시결정에 따른 압류의 효력이 생긴 때(그 경매개시결정전에 다른 경매개시결정이 있은 경우를 제외한다)에는 집행법원은 절차에 필요한 기간을 감안하여 배당요구를 할 수 있는 종기(終期)를 첫 매각기일 이전으로 정한다.

② 배당요구의 종기가 정하여진 때에는 법원은 경매개시결정을 한 취지 및 배당요구의 종기를 공고하고, 제91조제4항 단서의 전세권자 및 법원에 알려진 제88조제1항의 채권자에게 이를 고지하여야 한다.

③ 제1항의 배당요구의 종기결정 및 제2항의 공고는 경매개시결정에 따른 압류의 효력이 생긴 때부터 1주 이내에 하여야 한다.

④ 법원사무관등은 제148조제3호 및 제4호의 채권자 및 조세, 그 밖의 공과금을 주관하는 공공기관에 대하여 채권의 유무, 그 원인 및 액수(원금·이자·비용, 그 밖의 부대채권(附帶債權)을 포함한다)를 배당요구의 종기까지 법원에 신고하도록 최고하여야 한다.

⑤ 제148조제3호 및 제4호의 채권자가 제4항의 최고에 대한 신고를 하지 아니한

때에는 그 채권자의 채권액은 등기사항증명서 등 집행기록에 있는 서류와 증
빙(證憑)에 따라 계산한다. 이 경우 다시 채권액을 추가하지 못한다. <개정
2011.4.12.>
⑥ 법원은 특별히 필요하다고 인정하는 경우에는 배당요구의 종기를 연기할 수
있다.
⑦ 제6항의 경우에는 제2항 및 제4항의 규정을 준용한다. 다만, 이미 배당요구
또는 채권신고를 한 사람에 대하여는 같은 항의 고지 또는 최고를 하지 아
니한다.

▣판례-청구이의▣
[대법원 2018.3.27., 선고, 2015다70822, 판결]
【판시사항】
[1] 부진정연대채무의 성립요건
[2] 금액이 다른 채무가 서로 부진정연대의 관계에 있을 때 금액이 많은 채무의 일부
가 변제 등으로 소멸하는 경우, 변제로 먼저 소멸하는 부분(=단독으로 채무를 부
담하는 부분)
[3] 배당표에 대한 이의가 있는 채권에 관하여 배당이의의 소가 제기되어 배당액이 공
탁되었다가 배당표가 확정됨에 따라 공탁된 배당금이 지급된 경우, 배당액에 대한
이의가 있었던 채권이 공탁된 배당액으로 충당되는 범위에서 배당표의 확정 시에
소멸하는지 여부(원칙적 적극) 및 배당표의 확정 전에 채권자가 공탁된 배당금을
지급받아 수령하고 그 후 같은 내용으로 배당표가 확정된 경우, 변제의 효력이 발
생하는 시점(=공탁금 수령 시) / 이는 근저당권자의 피담보채권에 대하여 다른 채
권자가 이의함으로써 해당 배당액이 공탁되었다가 배당이의소송을 거쳐 배당표가
확정됨에 따라 공탁된 배당금이 지급되는 경우에도 마찬가지인지 여부(적극)
[4] 담보권의 실행을 위한 경매절차에서 경매신청채권자에 우선하는 근저당권자가 배
당요구의 종기 전에 피담보채권액에 관한 채권계산서를 제출하거나 그 후 배당표
가 작성될 때까지 이를 보정함으로써 그에 따라 배당표가 확정된 경우, 배당에 포
함되는 이자나 지연손해금의 범위 및 이는 채권계산서를 제출한 근저당권자의 피
담보채권에 대하여 다른 채권자가 이의를 하여 해당 배당액이 공탁되었다가 배당
이의소송을 거쳐 배당표가 확정됨에 따라 공탁된 배당금이 지급되는 경우에도 마
찬가지인지 여부(적극)
[5] 채권계산서를 제출한 근저당권자의 피담보채권에 대하여 다른 채권자가 이의함으
로써 해당 배당액이 공탁되었다가 배당이의소송을 거쳐 배당표가 확정됨에 따라
공탁된 배당금이 지급되는 경우, 배당금은 민법 제479조 제1항에 따라 배당표의 확
정 시까지(배당표 확정 시보다 앞서는 공탁금 수령 시에 변제의 효력이 발생한다
고 볼 수 있는 경우에는 공탁금 수령 시까지) 발생한 이자나 지연손해금 채권에
먼저 충당된 다음 원금에 충당되는지 여부(원칙적 적극)
[6] 확정판결에 따른 강제집행이 권리남용에 해당하기 위한 요건

【판결요지】
[1] 부진정연대채무 관계는 서로 별개의 원인으로 발생한 독립된 채무라 하더라도 동일
한 경제적 목적을 가지고 있고 서로 중첩되는 부분에 관하여 일방의 채무가 변제
등으로 소멸할 경우 타방의 채무도 소멸하는 관계에 있으면 성립할 수 있고, 반드
시 양 채무의 발생원인, 채무의 액수 등이 서로 같을 것을 요건으로 하지 않는다.
[2] 금액이 다른 채무가 서로 부진정연대의 관계에 있을 때 금액이 많은 채무의 일부가
변제 등으로 소멸하는 경우에 그중 먼저 소멸하는 부분은, 채무 전액의 지급을 확
실히 확보하려는 부진정연대채무제도의 취지에 비추어, 다른 채무자와 공동으로 채
무를 부담하는 부분이 아니라 단독으로 채무를 부담하는 부분이라고 보아야 한다.

[3] 부동산 경매절차에서 배당기일에 출석한 채권자는 자기의 이해에 관계되는 범위 안
에서 다른 채권자를 상대로 그의 채권 또는 그 채권의 순위에 대하여 이의할 수
있고(민사집행법 제151조 제3항), 이 경우 이의한 채권자는 배당이의의 소를 제기
하여야 한다(민사집행법 제154조 제1항). 배당표에 대한 이의가 있는 채권에 관하
여 적법한 배당이의의 소가 제기된 때에는 그에 대한 배당액을 공탁하여야 하고
(민사집행법 제160조 제1항 제5호), 이의된 부분에 대해서는 배당표가 확정되지 않
는다(민사집행법 제152조 제3항).
위와 같이 배당액이 공탁된 뒤 배당이의의 소에서 이의된 채권에 관한 전부 또는
일부 승소의 판결이 확정되면 이의된 부분에 대한 배당표가 확정된다. 이때 공탁의
사유가 소멸하게 되므로, 그러한 승소 확정판결을 받은 채권자가 집행법원에 그 사
실 등을 증명하여 배당금의 지급을 신청하면, 집행법원은 판결의 내용에 따라 종전
의 배당표를 경정하고 공탁금에 관하여 다시 배당을 실시하여야 한다(민사집행법
제161조 제1항).
이 경우 집행법원의 법원사무관 등은 지급할 배당금액을 적은 지급위탁서를 공탁
관에게 송부하고, 지급받을 자에게는 배당액 지급증을 교부하여야 한다(민사집행법
제159조 제2항, 제3항, 민사집행규칙 제82조 제1항, 공탁규칙 제43조 제1항). 이때
공탁관은 집행법원의 보조자로서 공탁금 출급사유 등을 심리함이 없이 집행법원의
공탁금 지급위탁서에 따라 채권자에게 공탁금을 출급하게 된다.
위와 같은 절차에 비추어 보면, 배당표가 확정되어야 비로소 채권자가 공탁된 배당
금의 지급을 신청할 수 있으므로, 배당표 확정 이전에 채권자가 배당금을 수령하지
않았는데 채권에 대해 변제의 효력이 발생한다고 볼 수는 없다. 한편 배당표가
일단 확정되면 채권자는 공탁금을 즉시 지급받아 수령할 수 있는 지위에 있는데,
배당표 확정 이후의 어느 시점(가령 배당액 지급증 교부 시 또는 공탁금 출급 시)
을 기준으로 변제의 효력이 발생한다고 보게 되면, 채권자의 의사에 따라 채무의
소멸 시점이 늦추어질 수 있고, 그때까지 채무자는 지연손해금을 추가로 부담하게
되어 불합리하다.
따라서 채무자가 공탁금 출급을 곤란하게 하는 장애요인을 스스로 형성·유지하는
등의 특별한 사정이 없는 한 배당액에 대한 이의가 있었던 채권은 공탁된 배당액
으로 충당되는 범위에서 배당표의 확정 시에 소멸한다고 보아야 한다. 다만 위와
같은 배당액의 확정 전에 어떤 경위로든 채권자가 공탁된 배당금을 지급받아 수령
하고 그 후 같은 내용으로 배당표가 확정된 경우에는, 채권자가 현실적으로 채권의
만족을 얻은 시점인 공탁금 수령 시에 변제의 효력이 발생한다고 봄이 타당하다.
이러한 법리는 근저당권자의 피담보채권에 대하여 다른 채권자가 이의함으로써 해
당 배당액이 공탁되었다가 배당이의소송을 거쳐 배당표가 확정됨에 따라 공탁된
배당금이 지급되는 경우에도 마찬가지로 적용된다.
[4] 담보권의 실행을 위한 경매절차에서 경매신청채권자에 우선하는 근저당권자는 배당
요구를 하지 않더라도 당연히 등기부상 기재된 채권최고액의 범위 내에서 순위에
따른 배당을 받을 수 있으므로, 그러한 근저당권자가 채권계산서를 제출하지 않았
더라도 배당에서 제외되지 않는다.
만일 그 근저당권자가 배당요구의 종기 전에 피담보채권액에 관한 채권계산서를
제출하거나 그 후 배당표가 작성될 때까지 이를 보정함으로써 그에 따라 배당표가
확정되었다면, 채권최고액 범위 내에서 제출되거나 보정된 채권계산서에 기재된 이
자 또는 지연손해금으로서 배당기일까지 발생한 것은 배당에 포함될 수 있지만 배
당기일 이후에 발생한 이자나 지연손해금은 배당에 포함될 여지가 없다.
이러한 법리는 채권계산서를 제출한 근저당권자의 피담보채권에 대하여 다른 채권
자가 이의를 하여 해당 배당액이 공탁되었다가 배당이의소송을 거쳐 배당표가 확
정됨에 따라 공탁된 배당금이 지급되는 경우에도 마찬가지로 적용된다. 따라서 위
와 같은 경우에 배당기일 이후 배당금이 공탁되어 있는 동안 실체법상 이자나 지
연손해금이 발생하더라도, 해당 근저당권자가 수령할 배당액을 정하는 단계에서는

채권최고액 범위 내에서 배당기일까지의 이자나 지연손해금만이 배당액에 포함될 수 있다.
[5] 채권계산서를 제출한 근저당권자의 피담보채권에 대하여 다른 채권자가 이의함으로써 해당 배당액이 공탁되었다가 배당이의소송을 거쳐 배당표가 확정됨에 따라 공탁된 배당금이 지급되는 경우에, 그 배당금은 특별한 사정이 없는 한 민법 제479조 제1항에 따라 배당표의 확정 시까지(배당표 확정 시보다 앞서는 공탁금 수령 시에 변제의 효력이 발생한다고 볼 수 있는 경우에는 공탁금 수령 시까지를 의미한다. 이하 같다) 발생한 이자나 지연손해금 채권에 먼저 충당된 다음 원금에 충당된다고 보아야 한다. 이유는 다음과 같다.

① 변제충당이란 채무자가 동일한 채권자에 대하여 동종의 목적을 갖는 수개의 채무를 부담하는 경우 또는 1개의 채무의 변제로 수개의 급부를 하여야 할 경우에 변제제공된 것이 채무 전부를 소멸시키기에 부족한 때에, 변제제공된 것으로 어느 채무의 변제에 충당할 것인지를 결정하는 것을 뜻한다. 배당기일 이후 배당표 확정 시까지 해당 채권의 이자 또는 지연손해금이 발생하였는데도 이를 배제하고 배당기일까지 발생한 이자 또는 지연손해금의 변제에만 충당한다면, 이는 변제의 효력이 발생하는 시점과 변제충당의 기준시점을 달리 보는 것이 되어 변제충당의 본질에 어긋난다.

② 공탁된 배당금을 배당이의소송의 결과에 따라 지급하는 것은 그 범위에서 잠정적으로 보류되었던 배당절차를 마무리하는 것이므로, 배당기일에 확정된 배당금을 지급받은 다른 채권자들과의 형평을 고려해야 한다(배당재원은 한정되어 있으므로 어느 한 채권자에 대한 배당액이 늘어나면 다른 채권자에 대한 배당액은 줄어들 수밖에 없기 때문이다). 그러나 배당금의 수령으로 채무 소멸(변제)의 효력이 발생하는 시점에 실체법상 존재하는 채권 중 어느 채권의 변제에 충당할 것인지는 채무자와 해당 채권자 사이에서만 문제 되는 것으로서, 다른 채권자들의 배당액에 영향을 주지 않는다.

③ 채권계산서에 기재된 원금 또는 배당기일까지의 이자·지연손해금만이 '배당액'에 포함될 수 있다고 하여 '변제충당'도 그 원금 또는 이자·지연손해금에 대해서만 할 수 있다고 본다면, 이는 채권계산서를 제출한 근저당권자가 언제나 이자·지연손해금 중 배당기일까지의 부분만을 지정하여 충당할 수 있다고 보는 것과 마찬가지가 된다.

[6] 확정판결의 기판력은, 법원이 당사자 간의 법적 분쟁에 관하여 판단하여 소송이 종료된 이상, 법적 안정성을 위해 당사자와 법원 모두 분쟁해결의 기준으로서 확정판결의 판단을 존중하여야 한다는 요청에 따라 인정된 것이다. 민사소송법은 확정판결을 그대로 유지할 수 없는 정도로 중대한 흠이 있는 예외적인 경우에만 확정판결을 취소하고 이미 종결된 사건을 다시 심판할 수 있도록 특별한 불복신청의 방법으로서 재심 제도를 두고 있다. 재심은 민사소송법이 열거하고 있는 사유가 있는 경우에 한하여(민사소송법 제451조, 제452조), 일정한 기간 내에(민사소송법 제456조, 다만 제457조의 예외가 있다) 별도로 소를 제기하는 방식으로만 허용된다.
따라서 확정판결에 따른 강제집행이 권리남용에 해당한다고 쉽게 인정하여서는 안 되고, 이를 인정하기 위해서는 확정판결의 내용이 실체적 권리관계에 배치되는 경우로서 그에 기초한 집행이 현저히 부당하고 상대방으로 하여금 집행을 받아들이도록 하는 것이 정의에 반함이 명백하여 사회생활상 용인할 수 없다고 인정되는 것과 같은 특별한 사정이 있어야 한다.

제85조(현황조사)

① 법원은 경매개시결정을 한 뒤에 바로 집행관에게 부동산의 현상, 점유관계, 차임(借賃) 또는 보증금의 액수, 그 밖의 현황에 관하여 조사하도록 명하여야 한다.

② 집행관이 제1항의 규정에 따라 부동산을 조사할 때에는 그 부동산에 대하여 제82조에 규정된 조치를 할 수 있다.

Q. 선순위 임차인의 주민등록이 누락된 매각물건명세서의 효과

질문

저는 甲소유의 주택을 경매절차에서 매수하고자 매각물건명세서를 열람하였는데, 임차인 乙의 주민등록전입에 관하여 '미상'으로 기재되어 있습니다. 이 경우 위 주택을 그 경매절차에서 매수한다면 문제가 없는지요?

답변

「민사집행법」제85조 제1항은 "법원은 경매개시결정을 한 뒤에 바로 집행관에게 부동산의 현상, 점유관계, 차임(借賃) 또는 보증금의 액수, 그 밖의 현황에 관하여 조사하도록 명하여야 한다."라고 규정하고 있고, 같은 법 제105조는 "법원은 ①부동산의 표시, ②부동산의 점유자와 점유의 권원, 점유할 수 있는 기간, 차임 또는 보증금에 관한 관계인의 진술, ③등기된 부동산에 관한 권리 또는 가처분으로서 매각으로 효력을 잃지 아니하는 것, ④매각에 따라 설정된 것으로 보게 되는 지상권의 개요를 적은 매각물건명세서를 작성하여야 하고, 매각물건명세서·현황조사보고서 및 평가서의 사본을 법원에 비치하여 누구든지 볼 수 있도록 하여야 한다."라고 규정하고 있습니다.

그리고 같은 법 제121조 제5호는 매각허가에 대한 이의신청사유로서 '최저매각가격의 결정, 일괄매각의 결정 또는 매각물건명세서의 작성에 중대한 흠이 있는 때'를 규정하고 있습니다.

그런데 판례는 "민사소송법 제603조의2(현행 민사집행법 제85조) 및 제617조의2(현행 민사집행법 제105조)의 규정취지는 입찰대상 부동산의 현황을 되도록 정확히 파악하여 일반인에게 그 현황과 권리관계를 공시함으로써, 매수 희망자가 입찰대상물건에 필요한 정보를 쉽게 얻을 수 있게 하여 예측하지 못한 손해를 입는 것을 방지하고자 함에 있고, 선순위 임차인의 주민등록에 대한 기재가 누락된 집달관(현행 집행관)의 임대차조사보고서 및 입찰물건명세서의 하자는 낙찰(매각)불허가사유가 된다."라고 하였습니다(대법원 1995. 11. 22.자 95마1197 결정).

따라서 귀하가 乙의 주택임차권이 대항력이 없다는 판단 아래 위 주택을 경매절차에서 매수하였는데, 그 뒤에 대항력이 있는 주택임차권임이 밝혀진다면 귀하는 매수가격의 신고 후 매각허가결정이 있기 전에는 매각불허가신청을 하여 구제 받아야 할 것이고, 매각허가결정이 있은 후 대금납부이전까지는 매각허가결정의 취소신청을 할 수 있을 것입니다(민사집행법 제127조 제1항, 대법원 1998. 8. 24.자 98마1031 결정).

그러나 매각대금이 납부된 뒤에는 매수인은 매각대금의 납부로 소유권을 취득하게 되므로(민사집행법 제135조), 구체적 사정에 따른 채무자의 손해배상책임은 별론으로 하고(2003. 4. 25. 선고 2002다70075 판결), 매각불허가신청 또는 매각허가결정의 취소를 구할 수는 없다고 보아야 할 것입니다.

제86조(경매개시결정에 대한 이의신청)
① 이해관계인은 매각대금이 모두 지급될 때까지 법원에 경매개시결정에 대한 이의신청을 할 수 있다.
② 제1항의 신청을 받은 법원은 제16조제2항에 준하는 결정을 할 수 있다.
③ 제1항의 신청에 관한 재판에 대하여 이해관계인은 즉시항고를 할 수 있다.

■판례-경매개시결정금■
[대법원 2015.9.14., 자, 2015마813, 결정]

【판시사항】
경매개시결정에 대한 이의의 재판절차에서 민사소송법상 재판상 자백이나 의제자백에 관한 규정이 준용되는지 여부(소극)

【판결요지】
민사집행법 제23조 제1항은 민사집행절차에 관하여 민사집행법에 특별한 규정이 없으면 성질에 반하지 않는 범위 내에서 민사소송법의 규정을 준용한다는 취지인데, 집행절차상 즉시항고 재판에 관하여 변론주의의 적용이 제한됨을 규정한 민사집행법 제15조 제7항 단서 등과 같이 직권주의가 강화되어 있는 민사집행법하에서 민사집행법 제16조의 집행에 관한 이의의 성질을 가지는 강제경매 개시결정에 대한 이의의 재판절차에서는 민사소송법상 재판상 자백이나 의제자백에 관한 규정은 준용되지 아니하고, 이는 민사집행법 제268조에 의하여 담보권실행을 위한 경매절차에도 준용되므로 경매개시결정에 대한 형식적인 절차상의 하자를 이유로 한 임의경매 개시결정에 대한 이의의 재판절차에서도 민사소송법상 재판상 자백이나 의제자백에 관한 규정은 준용되지 아니한다.

제87조(압류의 경합)
① 강제경매절차 또는 담보권 실행을 위한 경매절차를 개시하는 결정을 한 부동산에 대하여 다른 강제경매의 신청이 있는 때에는 법원은 다시 경매개시결정을 하고, 먼저 경매개시결정을 한 집행절차에 따라 경매한다.
② 먼저 경매개시결정을 한 경매신청이 취하되거나 그 절차가 취소된 때에는 법원은 제91조제1항의 규정에 어긋나지 아니하는 한도 안에서 뒤의 경매개시결정에 따라 절차를 계속 진행하여야 한다.
③ 제2항의 경우에 뒤의 경매개시결정이 배당요구의 종기 이후의 신청에 의한 것인 때에는 집행법원은 새로이 배당요구를 할 수 있는 종기를 정하여야 한다. 이 경우 이미 제84조제2항 또는 제4항의 규정에 따라 배당요구 또는 채권신고를 한 사람에 대하여는 같은 항의 고지 또는 최고를 하지 아니한다.
④ 먼저 경매개시결정을 한 경매절차가 정지된 때에는 법원은 신청에 따라 결정으로 뒤의 경매개시결정(배당요구의 종기까지 행하여진 신청에 의한 것에 한한다)에 기초하여 절차를 계속하여 진행할 수 있다. 다만, 먼저 경매개시결정을 한 경매절차가 취소되는 경우 제105조제1항제3호의 기재사항이 바뀔 때에는 그러하지 아니하다.
⑤ 제4항의 신청에 대한 재판에 대하여는 즉시항고를 할 수 있다.

Q. 담보권실행경매 신청 후 신청채권자가 청구금액을 확장할 수 있는지?

질문

甲은 乙의 부동산에 채권최고액 8,000만원인 제1순위 근저당권을 설정하였는데, 위 부동산에는 丙의 제2순위 근저당권, 丁의 제3순위 근저당권이 설정되어 있었습니다. 그런데 甲은 위 채권 중 4,000만원에 대하여는 지급기한을 연장해 주었으므로 4,000만원에 대해서만 경매신청을 하였다가, 그 경매가 진행되던 중 잔액 4,000만원에 대한 변제기한도 도래하여 채권계산서를 제출할 때 위 잔액까지 추가하여 제출하였습니다. 이 경우 甲이 추가된 금액까지 배당받을 수 있는지요?

답변

담보권실행을 위한 경매신청 시 신청서에 기재할 사항 중 담보권과 피담보채권의 표시, 피담보채권의 일부에 대하여 담보권 실행 또는 권리행사를 하는 때에는 그 취지 및 범위를 기재하도록 정하고 있는데(민사집행규칙 제192조 제2호 및 제4호), 이는 경매신청단계에서 경매신청인에게 경매신청원인이 되는 피담보채권을 특정시키기 위한 것일 뿐만 아니라, 경매채권자의 청구채권액을 그 신청서에 표시된 금액을 한도로 하여 확정시키기 위한 것이므로, 경매채권자가 피담보채권 일부에 대하여만 담보권을 실행하겠다는 취지로 경매신청서에 피담보채권의 원금 중 일부만을 청구금액으로 하여 경매신청을 하였을 경우에는 경매채권자의 청구금액은 그 기재된 채권액을 한도로 확정되고, 경매채권자는 배당단계에서 채권계산서에 청구금액을 확장하여 제출하는 방법에 의하여 청구금액을 확장할 수 없다고 할 것입니다(대법원 1999. 3. 23. 선고 98다46938 판결, 2001. 3. 23. 선고 99다11526 판결). 그리고 이것은 피담보채권 중 일부채권의 변제기가 도래하지 아니한 경우에도 마찬가지라 할 것입니다(대법원 1995. 6. 9. 선고 95다15261 판결).

또한, 배당요구의 종기까지 「민사집행법」 제87조에 의한 이중경매를 신청하는 등의 필요한 조치를 취하지 않았다면, 경매신청서에 기재된 청구금액을 기초로 배당표가 작성·확정되고 그에 따라 배당이 실시될 것이며, 신청채권자가 청구하지 아니한 부분의 해당 금원이 후순위채권자들에게 배당되었다 하여 이를 법률상 원인이 없는 것이라고 볼 수도 없을 것입니다(대법원 1997. 2. 28. 선고 96다495 판결, 1998. 7. 10. 선고 96다39479 판결).

따라서 위 사안에 있어서 귀하도 나중에 변제기에 도래한 4,000만원에 대하여 배당요구의 종기까지 이중경매신청을 하여야 할 것으로 보이고, 이 경우 현금화 절차는 먼저 개시결정을 한 경매절차에 따라 실시하게 되고, 제2의 경매신청 된 채권은 배당요구의 효력이 인정될 것으로 보입니다(민사집행법 제87조, 제148조 제1호).

그러나 이처럼 나중에 변제기에 도래한 4,000만원에 대하여 배당요구의 종기까지 이중경매신청을 하지 아니한 경우에는 위 경매절차에서는 배당을 받기 어려울 것으로 보입니다.

제88조(배당요구)

① 집행력 있는 정본을 가진 채권자, 경매개시결정이 등기된 뒤에 가압류를 한 채권자, 민법·상법, 그 밖의 법률에 의하여 우선변제청구권이 있는 채권자는 배당요구를 할 수 있다.

② 배당요구에 따라 매수인이 인수하여야 할 부담이 바뀌는 경우 배당요구를 한 채권자는 배당요구의 종기가 지난 뒤에 이를 철회하지 못한다.

■판례-건물명도■
[대법원 2017.4.7., 선고, 2016다248431, 판결]

【판시사항】
주택 경매절차의 매수인이 매각물건명세서에 기재되어 공시된 내용을 기초로 권리신고 및 배당요구를 한 주택임차인의 배당순위가 1순위 근저당권자보다 우선한다고 신뢰하여 임차보증금반환채무를 인수하지 않는다는 전제 아래 매수가격을 정하여 낙찰을 받아 주택에 관한 소유권을 취득한 경우, 주택임차인이 1순위 근저당권자에게 무상거주확인서를 작성해 준 사실이 있어 임차보증금을 배당받지 못하게 되었다는 사정을 들어 매수인에게 주택임대차보호법상 대항력을 주장할 수 있는지 여부(소극)

【판결요지】
주택임대차보호법에 따른 주택임차인의 대항력 발생일과 임대차계약서상 확정일자가 모두 당해 주택에 관한 1순위 근저당권 설정일보다 앞서는 경우, 주택임차인은 특별한 사정이 없는 한 대항력뿐 아니라 1순위 근저당권자보다 선순위의 우선변제권도 가지므로, 그 주택에 관하여 개시된 경매절차에서 배당요구종기 이전에 배당요구를 하였다면 1순위 근저당권자보다 우선하는 배당순위를 가진다.
한편 집행법원은 부동산에 관한 경매절차에서 부동산의 표시, 부동산의 점유자와 점유의 권원, 점유할 수 있는 기간, 차임 또는 보증금에 관한 관계인의 진술 등의 사항을 적은 매각물건명세서를 작성한 다음 그 사본을 비치하여 누구든지 볼 수 있도록 하여야 한다(민사집행법 제105조). 이는 경매대상부동산의 현황과 권리관계를 되도록 정확히 파악하여 일반인에게 공시함으로써 매수희망자가 필요한 정보를 쉽게 얻을 수 있게 하여 예측하지 못한 손해를 입는 것을 방지하기 위한 것이다.
주택임차인이 주택에 관하여 개시된 경매절차에서 임차보증금 액수, 주택인도일, 주민등록일(전입신고일), 임대차계약서상 확정일자 등 대항력 및 우선변제권 관련 사항을 밝히고 권리신고 및 배당요구를 한 경우 그 내용은 매각물건명세서에 기재되어 공시되므로, 매수희망자는 보통 이를 기초로 매각기일에서 신고할 매수가격을 정하게 된다. 따라서 주택 경매절차의 매수인이 권리신고 및 배당요구를 한 주택임차인의 배당순위가 1순위 근저당권자보다 우선한다고 신뢰하여 임차보증금 전액이 매각대금에서 배당되어 임차보증금반환채무를 인수하지 않는다는 전제 아래 매수가격을 정하여 낙찰을 받아 주택에 관한 소유권을 취득하였다면, 설령 주택임차인이 1순위 근저당권자에게 무상거주확인서를 작성해 준 사실이 있어 임차보증금을 배당받지 못하게 되었다고 하더라도, 그러한 사정을 들어 주택의 인도를 구하는 매수인에게 주택임대차보호법상 대항력을 주장하는 것은 신의칙에 위반되어 허용될 수 없다.

제89조(이중경매신청 등의 통지)
법원은 제87조제1항 및 제88조제1항의 신청이 있는 때에는 그 사유를 이해관계인에게 통지하여야 한다.

제90조(경매절차의 이해관계인)
경매절차의 이해관계인은 다음 각호의 사람으로 한다.
1. 압류채권자와 집행력 있는 정본에 의하여 배당을 요구한 채권자
2. 채무자 및 소유자
3. 등기부에 기입된 부동산 위의 권리자
4. 부동산 위의 권리자로서 그 권리를 증명한 사람

■판례-배당이의■
[대법원 2015.4.23., 선고, 2014다53790, 판결]

【판시사항】
[1] 담보권 실행을 위한 경매에서 경매목적물의 진정한 소유자와 경매개시결정기입등기 당시 소유자로 등기된 사람이 다른 경우, 배당이의의 소를 제기할 원고적격
[2] 채권자가 제기한 배당이의의 소에서 승소하기 위하여는 피고의 채권이 존재하지 않는다는 점 외에 자신이 피고에게 배당된 금원을 배당받을 권리가 있다는 점까지 주장·증명하여야 하는지 여부(적극) / 채무자나 소유자가 제기한 배당이의의 소에서의 심리대상(=피고로 된 채권자에 대한 배당액 자체) 및 채무자나 소유자는 피고의 채권이 존재하지 아니함을 주장·증명하는 것으로 충분한지 여부(적극)

【판결요지】
[1] 배당이의의 소의 원고적격이 있는 사람은 배당기일에 출석하여 배당표에 대하여 이의를 진술한 채권자 또는 채무자에 한하고, 다만 담보권 실행을 위한 경매에서 경매목적물의 소유자는 여기의 채무자에 포함된다. 그런데 진정한 소유자이더라도 경매개시결정기입등기 당시 소유자로 등기되어 있지 아니하였다면 민사집행법 제90조 제2호의 '소유자'가 아니고, 그 후 등기를 갖추고 집행법원에 권리신고를 하지 아니하였다면 같은 조 제4호의 '부동산 위의 권리자로서 그 권리를 증명한 사람'도 아니므로, 경매절차의 이해관계인에 해당하지 아니한다. 따라서 이러한 사람에게는 배당표에 대하여 이의를 진술할 권한이 없고, 이의를 진술하였더라도 이는 부적법한 것에 불과하여 배당이의의 소를 제기할 원고적격이 없다. 반면에, 경매개시결정기입등기 당시 소유자로 등기되어 있는 사람은 설령 진정한 소유자가 따로 있는 경우일지라도 그 명의의 등기가 말소되거나 이전되지 아니한 이상 경매절차의 이해관계인에 해당하므로, 배당표에 대하여 이의를 진술할 권한이 있고, 나아가 그 후 배당이의의 소를 제기할 원고적격도 있다.
[2] 채권자는 자기의 이해에 관계되는 범위 안에서만 다른 채권자를 상대로 그의 채권 또는 그 채권의 순위에 대하여 이의할 수 있으므로(민사집행법 제151조 제3항), 채권자가 제기한 배당이의의 소에서 승소하기 위하여는 피고의 채권이 존재하지 아니함을 주장·증명하는 것만으로 충분하지 아니하고 원고 자신이 피고에게 배당된 금원을 배당받을 권리가 있다는 점까지 주장·증명하여야 한다. 그러나 채무자나 소유자에게는 위와 같은 제한이 없을 뿐만 아니라(민사집행법 제151조 제1항), 채무자나 소유자가 배당이의의 소에서 승소하면 집행법원은 그 부분에 대하여 배당이의를 하지 아니한 채권자를 위하여서도 배당표를 바꾸어야 하므로(민사집행법 제161조 제2항 제2호), 채무자나 소유자가 제기한 배당이의의 소에서는 피고로 된 채권자에 대한 배당액 자체만 심리대상이고, 원고인 채무자나 소유자로서도 피고의 채권이 존재하지 아니함을 주장·증명하는 것으로 충분하다.

제91조(인수주의와 잉여주의의 선택 등)
① 압류채권자의 채권에 우선하는 채권에 관한 부동산의 부담을 매수인에게 인수하게 하거나, 매각대금으로 그 부담을 변제하는 데 부족하지 아니하다는 것이 인정된 경우가 아니면 그 부동산을 매각하지 못한다.
② 매각부동산 위의 모든 저당권은 매각으로 소멸된다.
③ 지상권·지역권·전세권 및 등기된 임차권은 저당권·압류채권·가압류채권에 대항할 수 없는 경우에는 매각으로 소멸된다.
④ 제3항의 경우 외의 지상권·지역권·전세권 및 등기된 임차권은 매수인이 인수한다. 다만, 그중 전세권의 경우에는 전세권자가 제88조에 따라 배당요구를 하면 매각으로 소멸된다.
⑤ 매수인은 유치권자(留置權者)에게 그 유치권(留置權)으로 담보하는 채권을 변제할 책임이 있다.

Q. 부동산이 경매로 매각될 경우 근저당권보다 후순위인 전세권도 소멸하는지?

질문

저는 경매를 통하여 주택을 마련하고자 제1순위로 채권최고액 5,200만원의 근저당권이 설정되어 있고, 제2순위로 전세금 5,000만원이고 전세기간이 1년 이상 남아 있는 전세권이 설정되어 있는 주택과 대지를 일반채권자가 확정판결에 기초하여 강제경매 신청하여 개시된 경매절차에서 매수신고를 하여 매각허가결정을 받았습니다. 이 경우 제가 위 전세권의 부담을 안고 소유권을 취득해야 하는지요?

답변

전세권의 내용에 관하여 「민법」 제303조는 "전세권자는 전세금을 지급하고 타인의 부동산을 점유하여 그 부동산의 용도에 좇아 사용·수익하며, 그 부동산 전부에 대하여 후순위권리자 기타 채권자보다 전세금의 우선변제를 받을 권리가 있다."라고 규정하고 있으므로 전세권은 용익물권적(用益物權的) 성질과 담보물권적(擔保物權的) 성질을 함께 가지고 있습니다.

그러므로 전세권자는 전세권의 목적인 부동산이 경매절차에서 매각될 경우 후순위 근저당권이나 일반채권자보다 그 매각대금에서 우선변제를 받을 수 있을 것이지만, 그러한 전세권의 우선변제권은 전세권이 소멸될 것을 전제로 하여 인정되는 것입니다.

그런데 전세권의 목적인 부동산이 경매절차에서 매각될 경우 후순위 전세권자는 그 매각대금에서 선순위 근저당권자보다 우선하여 변제받을 수 없을 것은 당연하지만, 전세권의 존속기간이 남아 있는 경우에도 근저당권보다 후순위인 전세권이 소멸되는지 문제됩니다.

「민사집행법」 제91조 제2항은 "매각부동산 위의 모든 저당권은 매각으로 소멸된다."라고 규정하고 있는바, 저당권은 전형적인 담보물권이고 담보물권이란 물권의 경제적인 교환가치를 파악하여 피담보채권의 우선변제를 확보하는 것을 목적으로 하는 권리이므로, 일반채권자에 의한 경매이든 후순위 저당권 등에 의한 경매이든 모든 저당권은 경매절차에서 부동산이 매각되면 소멸하게 되고 그 매각대금에서 순위에 따라 우선변제를 받게 되면 담보물권의 목적은 달성되는 것이기 때문입니다. 그리고 경매신청채권자와 선순위 저당권 사이에 설정된 전세권이 부동산이 경매절차에서 매각되어 선순위 저당권이 소멸된 경우에도 소멸되지 않고 매수인에게 인수되어 매수인에게 대항할 수 있다고 한다면 매수인은 전세권의 부담을 지게 되어 부동산의 매각가격은 그만큼 떨어질 수밖에 없고 이것은 전세권보다 선순위 저당권을 해치는 결과가 되어 설정 당시의 교환가치를 담보하는 담보권의 취지에 맞지 않게 됩니다.

그러므로 「민사집행법」 제91조 제3항은 "지상권·지역권·전세권 및 등기된 임차권은 저당권·압류채권·가압류채권에 대항할 수 없는 경우에는 매각으로 소멸된다."라고 규정하고 있고, 판례는 대항력을 갖춘 임차권이 문제된 사안에서 "후순위저당권의 실행으로 목적부동산이 경락되어 그 선순위저당권이 함께 소멸한 경우라면 비록 후순위저당권자에게는 대항할 수 있는 임차권이더라도 소멸된 선순위저당권보다 뒤에 등기되었거나 대항력을 갖춘 임차권은 함께 소멸하고, 따라서 이와 같은 경우의 경락인은 주택임대차보호법 제3조에서 말하는 임차주택의 양수인중에 포함되지 않는다 할 것이므로, 경락인에 대하여 그 임차권의 효력을 주장할 수 없다"하고 하였습니다(대법원 1987.02.24. 선고 86다카1936 판결).

따라서 위 사안에서 귀하의 경우에는 전세권보다 선순위의 근저당권이 있었기 때문에 귀하는 아무런 부담이 없는 소유권을 취득할 수 있을 것입니다.

제92조(제3자와 압류의 효력)
① 제3자는 권리를 취득할 때에 경매신청 또는 압류가 있다는 것을 알았을 경우에는 압류에 대항하지 못한다.
② 부동산이 압류채권을 위하여 의무를 진 경우에는 압류한 뒤 소유권을 취득한 제3자가 소유권을 취득할 때에 경매신청 또는 압류가 있다는 것을 알지 못하였더라도 경매절차를 계속하여 진행하여야 한다.

제93조(경매신청의 취하)
① 경매신청이 취하되면 압류의 효력은 소멸된다.
② 매수신고가 있은 뒤 경매신청을 취하하는 경우에는 최고가매수신고인 또는 매수인과 제114조의 차순위매수신고인의 동의를 받아야 그 효력이 생긴다.
③ 제49조제3호 또는 제6호의 서류를 제출하는 경우에는 제1항 및 제2항의 규정을, 제49조제4호의 서류를 제출하는 경우에는 제2항의 규정을 준용한다.

제94조(경매개시결정의 등기)
① 법원이 경매개시결정을 하면 법원사무관등은 즉시 그 사유를 등기부에 기입하도록 등기관(登記官)에게 촉탁하여야 한다.
② 등기관은 제1항의 촉탁에 따라 경매개시결정사유를 기입하여야 한다.

▣판례-소유권말소등기▣
[대법원 2019.5.16., 선고, 2015다253573, 판결]

【판시사항】
[1] 강제경매개시결정 기입등기가 법원의 촉탁에 의하여 말소된 경우, 강제경매 신청채권자가 말소된 기입등기의 회복등기절차 이행을 소구할 이익이 있는지 여부(소극) 및 이 경우 강제경매 신청채권자가 기입등기 말소 당시 소유권이전등기를 경료하고 있던 사람을 상대로 기입등기의 회복절차에 대한 승낙청구의 소를 제기할 수 있는지 여부(적극)
[2] 甲 명의로 소유권보존등기가 되어 있던 부동산 지분에 관하여 위조된 甲과 乙 명의의 매매예약계약서로 매매예약을 원인으로 하는 乙 명의의 지분전부이전청구권 가등기가 마쳐진 상태에서 丙이 甲의 채권자로서 강제경매개시신청을 하여 위 지분에 관한 강제경매개시결정 기입등기가 마쳐졌는데, 그 후 乙이 甲으로부터 위 지분을 매수하면서 무효인 위 가등기를 유용하기로 합의하여 위 지분에 관하여 가등기에 기한 본등기로서 매매를 원인으로 한 乙 명의의 지분전부이전등기가 마쳐지고 강제경매개시결정 기입등기가 가등기에 의하여 보전되는 권리를 침해하는 등기로서 직권 말소되자, 丙이 乙을 상대로 강제경매개시결정 기입등기의 말소회복등기에 대한 승낙의 의사표시를 구한 사안에서, 乙은 강제경매개시결정 기입등기의 말소회복등기에 관하여 등기상 이해관계 있는 제3자로서 승낙의 의사표시를 할 의무가 있는데도, 丙의 승낙청구를 당사자적격이 없는 사람에 대한 청구로서 부적법하다고 판단한 원심판결에는 법리오해의 잘못이 있다고 한 사례

【판결요지】
[1] 부동산 강제경매개시결정 기입등기는 채권자나 채무자가 직접 등기공무원에게 이를 신청하여 행할 수는 없고 반드시 법원의 촉탁에 의하여 행하여지는데, 이와 같이 당사자가 신청할 수 없는 강제경매개시결정 기입등기가 법원의 촉탁에 의하여 말소된 경우에는 그 회복등기도 법원의 촉탁에 의하여 행하여져야 하므로, 이 경우 강제경매 신청채권자가 말소된 강제경매개시결정 기입등기의 회복등기절차의

이행을 소구할 이익은 없고, 다만 강제경매개시결정 기입등기가 말소될 당시 그 부동산에 관하여 소유권이전등기를 경료하고 있는 사람은 법원이 강제경매개시결정 기입등기의 회복을 촉탁함에 있어서 등기상 이해관계가 있는 제3자에 해당하므로, 강제경매 신청채권자로서는 그 사람을 상대로 하여 법원의 촉탁에 의한 강제경매개시결정 기입등기의 회복절차에 대한 승낙청구의 소를 제기할 수는 있다.

[2] 甲 명의로 소유권보존등기가 되어 있던 부동산 지분에 관하여 위조된 甲과 乙 명의의 매매예약계약서로 매매예약을 원인으로 하는 乙 명의의 지분전부이전청구권 가등기가 마쳐진 상태에서 丙이 甲의 채권자로서 강제경매개시신청을 하여 위 지분에 관한 강제경매개시결정 기입등기가 마쳐졌는데, 그 후 乙이 甲으로부터 위 지분을 매수하면서 무효인 위 가등기를 유용하기로 합의하여 위 지분에 관하여 가등기에 기한 본등기로서 매매를 원인으로 한 乙 명의의 지분전부이전등기가 마쳐지고 강제경매개시결정 기입등기가 가등기에 의하여 보전되는 권리를 침해하는 등기로서 직권 말소되자, 丙이 乙을 상대로 강제경매개시결정 기입등기의 말소회복등기에 대한 승낙의 의사표시를 구한 사안에서, 丙이 무효인 가등기의 유용합의가 있기 전에 강제경매개시결정을 통해 위 지분을 압류하여 등기부상 이해관계를 가지게 되었으므로 乙은 丙에게 가등기의 유용합의로써 대항할 수 없고, 이에 따라 강제경매개시결정 기입등기는 가등기의 순위보전의 효력에 반하지 아니하여 직권으로 말소될 것이 아닌데도 원인 없이 말소되었으므로 강제경매개시결정 기입등기의 말소등기는 무효이며, 말소회복이 될 강제경매개시결정 기입등기와 본등기는 양립 가능하여 乙은 강제경매개시결정 기입등기의 말소회복등기에 관하여 등기상 이해관계 있는 제3자로서 승낙의 의사표시를 할 의무가 있는데도, 말소회복이 될 강제경매개시결정 기입등기와 본등기는 양립할 수 없어 본등기를 먼저 말소하지 않는 한 강제경매개시결정 기입등기의 말소회복등기를 할 수 없으므로 丙이 가등기 및 본등기 명의자인 乙을 상대로 한 승낙청구는 당사자적격이 없는 사람에 대한 청구로서 부적법하다고 판단한 원심판결에는 말소회복등기에서 등기상 이해관계 있는 제3자의 승낙의무에 관한 법리오해의 잘못이 있다고 한 사례.

제95조(등기사항증명서의 송부)
등기관은 제94조에 따라 경매개시결정사유를 등기부에 기입한 뒤 그 등기사항증명서를 법원에 보내야 한다. <개정 2011.4.12.>
[제목개정 2011.4.12.]

제96조(부동산의 멸실 등으로 말미암은 경매취소)
① 부동산이 없어지거나 매각 등으로 말미암아 권리를 이전할 수 없는 사정이 명백하게 된 때에는 법원은 강제경매의 절차를 취소하여야 한다.
② 제1항의 취소결정에 대하여는 즉시항고를 할 수 있다.

제97조(부동산의 평가와 최저매각가격의 결정)
① 법원은 감정인(鑑定人)에게 부동산을 평가하게 하고 그 평가액을 참작하여 최저매각가격을 정하여야 한다.
② 감정인은 제1항의 평가를 위하여 필요하면 제82조제1항에 규정된 조치를 할 수 있다.
③ 감정인은 제7조의 규정에 따라 집행관의 원조를 요구하는 때에는 법원의 허가를 얻어야 한다.

◙판례-손해배상(기)◙

[수원지법 2010.11.9., 선고, 2010나21044, 판결 : 확정]

【판시사항】

[1] 사법보좌관의 사법적 판단의 잘못에 대하여 따로 불복절차가 마련되어 있는 경우, 그 직무행위에 대하여 국가배상책임이 인정되는지 여부(원칙적 소극)

[2] 부동산임의경매절차에서 집행법원이 매각대상 부동산 지상에 건립된 미등기 상태의 소유자 미상의 건물에 대한 감정평가액을 포함하여 최저매각가격을 결정하였으나 집행법원의 사법보좌관이 위 건물을 제외한 부동산에 대하여만 매각허가결정을 한 사안에서, 국가배상책임을 인정할 수 없다고 한 사례

【판결요지】

[1] 사법보좌관은 법원조직법 제54조 제2항 및 사법보좌관규칙 제2조에 의하여 과거 법관이 행하던 업무 중 일부 업무를 위임받아 처리하고 있는바, 사법보좌관이 위 규정에 근거하여 업무를 행하는 경우에도 그 사법적 판단의 잘못에 대하여 따로 불복절차가 마련되어 있는 경우에는 사법보좌관이 위법 또는 부당한 목적을 가지고 그 업무를 처리하는 등 그에게 부여된 권한의 취지에 명백하게 어긋나게 이를 행사하였다고 인정할 만한 특별한 사정이 없는 한 그 직무행위가 국가배상법 제2조 제1항에서 말하는 위법한 행위에 해당된다고 단정할 수 없다.

[2] 부동산임의경매절차에서 집행법원이 매각대상 부동산 지상에 건립된 미등기 상태의 소유자 미상의 건물에 대한 감정평가액을 포함하여 최저매각가격을 결정하였으나 집행법원의 사법보좌관이 위 건물을 제외한 부동산에 대하여만 매각허가결정을 한 사안에서, 사법보좌관이 부동산임의경매절차에서 최저매각가격을 결정하고 매각허가결정을 하는 업무에 대하여 민사집행법상 제도적 시정장치가 충분히 마련되어 있고, 달리 위 경매절차에서 사법보좌관이 위법 또는 부당한 목적을 가지고 최저매각가격을 결정하거나 매각허가결정을 하는 등 그에게 부여된 권한의 취지에 명백히 어긋나게 이를 행사하였다고 볼만한 사정이 없으므로 사법보좌관이 집행법원으로부터 위임받아 행한 위와 같은 행위를 국가배상법 제2조 제1항에서 말하는 위법한 행위에 해당한다고 볼 수 없고, 매각물건명세서에 위 건물을 매각대상에서 제외한다는 취지를 명시적으로 기재하지 아니하였으나 매수신청인으로서는 현황조사보고서의 열람 등 다른 수단에 의하여 그 불충분한 사항을 최종적으로 확인할 수 있었고, 다소 불완전한 형태로 매각물건명세서가 작성되었다는 사정만으로는 집행법원이나 경매담당공무원이 그 직무상의 의무를 위반하여 매각대상 부동산의 현황과 권리관계에 관한 사항을 제출된 자료와 다르게 작성한 것이라거나 불분명한 사항에 관하여 잘못된 정보를 제공한 행위와 같다고 평가할 수는 없으므로, 국가배상책임을 인정할 수 없다고 한 사례.

제98조(일괄매각결정)

① 법원은 여러 개의 부동산의 위치·형태·이용관계 등을 고려하여 이를 일괄매수하게 하는 것이 알맞다고 인정하는 경우에는 직권으로 또는 이해관계인의 신청에 따라 일괄매각하도록 결정할 수 있다.

② 법원은 부동산을 매각할 경우에 그 위치·형태·이용관계 등을 고려하여 다른 종류의 재산(금전채권을 제외한다)을 그 부동산과 함께 일괄매수하게 하는 것이 알맞다고 인정하는 때에는 직권으로 또는 이해관계인의 신청에 따라 일괄매각하도록 결정할 수 있다.

③ 제1항 및 제2항의 결정은 그 목적물에 대한 매각기일 이전까지 할 수 있다.

제99조(일괄매각사건의 병합)
① 법원은 각각 경매신청된 여러 개의 재산 또는 다른 법원이나 집행관에 계속된 경매사건의 목적물에 대하여 제98조제1항 또는 제2항의 결정을 할 수 있다.
② 다른 법원이나 집행관에 계속된 경매사건의 목적물의 경우에 그 다른 법원 또는 집행관은 그 목적물에 대한 경매사건을 제1항의 결정을 한 법원에 이송한다.
③ 제1항 및 제2항의 경우에 법원은 그 경매사건들을 병합한다.

제100조(일괄매각사건의 관할)
제98조 및 제99조의 경우에는 민사소송법 제31조에 불구하고 같은 법 제25조의 규정을 준용한다. 다만, 등기할 수 있는 선박에 관한 경매사건에 대하여서는 그러하지 아니하다.

제101조(일괄매각절차)
① 제98조 및 제99조의 일괄매각결정에 따른 매각절차는 이 관의 규정에 따라 행한다. 다만, 부동산 외의 재산의 압류는 그 재산의 종류에 따라 해당되는 규정에서 정하는 방법으로 행하고, 그 중에서 집행관의 압류에 따르는 재산의 압류는 집행법원이 집행관에게 이를 압류하도록 명하는 방법으로 행한다.
② 제1항의 매각절차에서 각 재산의 대금액을 특정할 필요가 있는 경우에는 각 재산에 대한 최저매각가격의 비율을 정하여야 하며, 각 재산의 대금액은 총대금액을 각 재산의 최저매각가격비율에 따라 나눈 금액으로 한다. 각 재산이 부담할 집행비용액을 특정할 필요가 있는 경우에도 또한 같다.
③ 여러 개의 재산을 일괄매각하는 경우에 그 가운데 일부의 매각대금으로 모든 채권자의 채권액과 강제집행비용을 변제하기에 충분하면 다른 재산의 매각을 허가하지 아니한다. 다만, 토지와 그 위의 건물을 일괄매각하는 경우나 재산을 분리하여 매각하면 그 경제적 효용이 현저하게 떨어지는 경우 또는 채무자의 동의가 있는 경우에는 그러하지 아니하다.
④ 제3항 본문의 경우에 채무자는 그 재산 가운데 매각할 것을 지정할 수 있다.
⑤ 일괄매각절차에 관하여 이 법에서 정한 사항을 제외하고는 대법원규칙으로 정한다.

제102조(남을 가망이 없을 경우의 경매취소)
① 법원은 최저매각가격으로 압류채권자의 채권에 우선하는 부동산의 모든 부담과 절차비용을 변제하면 남을 것이 없겠다고 인정한 때에는 압류채권자에게 이를 통지하여야 한다.
② 압류채권자가 제1항의 통지를 받은 날부터 1주 이내에 제1항의 부담과 비용을 변제하고 남을 만한 가격을 정하여 그 가격에 맞는 매수신고가 없을 때에는 자기가 그 가격으로 매수하겠다고 신청하면서 충분한 보증을 제공하지 아니하면, 법원은 경매절차를 취소하여야 한다.
③ 제2항의 취소 결정에 대하여는 즉시항고를 할 수 있다.

▣판례-사해행위취소▣
[대법원 2015.2.26., 선고, 2014다228778, 판결]

【판시사항】
민사집행법 제102조 제2항에 따라 경매절차가 취소된 경우, 압류로 인한 소멸시효 중단의 효력이 소멸하는지 여부(소극) 및 첫 경매개시결정등기 전에 등기되었고 매각으로 소멸하는 저당권을 가진 채권자의 채권신고로 소멸시효가 중단된 경우에도 마찬가지인지 여부(적극)

【판결요지】
경매신청이 취하된 경우에는 특별한 사정이 없는 한 압류로 인한 소멸시효 중단의 효력은 물론, 첫 경매개시결정등기 전에 등기되었고 매각으로 소멸하는 저당권을 가진 채권자의 채권신고로 인한 소멸시효 중단의 효력도 소멸하지만, 이와 달리 민사집행법 제102조 제2항에 따라 경매절차가 취소된 경우에는 압류로 인한 소멸시효 중단의 효력이 소멸하지 않고, 마찬가지로 첫 경매개시결정등기 전에 등기되었고 매각으로 소멸하는 저당권을 가진 채권자의 채권신고로 인한 소멸시효 중단의 효력도 소멸하지 않는다.

제103조(강제경매의 매각방법)
① 부동산의 매각은 집행법원이 정한 매각방법에 따른다.
② 부동산의 매각은 매각기일에 하는 호가경매(呼價競賣), 매각기일에 입찰 및 개찰하게 하는 기일입찰 또는 입찰기간 이내에 입찰하게 하여 매각기일에 개찰하는 기간입찰의 세가지 방법으로 한다.
③ 부동산의 매각절차에 관하여 필요한 사항은 대법원규칙으로 정한다.

Q. 부동산의 기일입찰절차 및 주의사항

질문

저는 일반적으로 시가보다 저렴하다고 알고 있는 법원의 경매절차에서 부동산을 구입하고자 합니다. 경매절차에서 부동산의 입찰절차 및 주의사항은 어떠한 것이 있는지요?

답변

강제경매의 방법에 관하여 「민사집행법」제103조는 "①부동산의 매각은 집행법원이 정한 매각방법에 따른다. ②부동산의 매각은 매각기일에 하는 호가경매(呼價競賣), 매각기일에 입찰 및 개찰하게 하는 기일입찰 또는 입찰기간 이내에 입찰하게 하여 매각기일에 개찰하는 기간입찰의 세 가지 방법으로 한다. ③부동산의 매각절차에 관하여 필요한 사항은 대법원규칙으로 정한다."라고 규정하고 있으며, 이 규정은 부동산을 목적으로 하는 담보권 실행을 위한 경매절차에도 준용되게 됩니다(같은 법 제268조).
위와 같은 세 가지 부동산 경매방법 중 통상 행하여지고 있는 기일입찰에 관하여 살펴보면 다음과 같습니다.

첫째, 기일입찰에서의 입찰은 매각기일에 입찰표를 집행관에게 제출하는 방법으로 하게 되고(민사집행규칙 제62조 제1항), 기일입찰의 입찰장소에는 입찰자가 다른 사람이 알지 못하게 입찰표를 적을 수 있도록 설비가 갖추어져 있습니다(같은 규칙 제61조 제1항).
입찰자는 입찰표에 ①사건번호와 부동산의 표시, ②입찰자의 이름과 주소, ③대리인을 통하여 입찰을 하는 때에는 대리인의 이름과 주소, ④입찰가격(입찰가격은 일정한 금액으로 표시하여야 하며, 다른 입찰가격에 대한 비례로 표시하지 못함)을 적어야 하고, 법인인 입찰자는 대표자의 자격을 증명하는 문서를 집행관에게 제출하여야 하며, 입찰자의 대리인은 대리권을 증명하는 문서를 집행관에게 제출하여야 하고, 공동으로 입찰하는 때에는 입찰표에 각자의 지분을 분명하게 표시하여야 하며, 입찰은 취소·변경 또는 교환할 수 없습니다(같은 규칙 제62조 제2항 내지 제6항).

입찰자는 특별매각조건으로 달리 정한 경우가 아닌 한 최저매각가격의 10분의 1의 매수신청의 보증금액을 입찰표와 함께 집행관에게 체출하여야 하는데, 매수신청의 보증은 ①금전, ②은행법의 규정에 따른 금융기관이 발행한 자기앞수표로서 지급제시기간이 끝나는 날까지 5일 이상의 기간이 남아 있는 것, ③은행 등이 매수신청을 하려는 사람을 위하여 일정액의 금전을 법원의 최고에 따라 지급한다는 취지의 기한의 정함이 없는 지급보증위탁계약이 매수신청을 하려는 사람과 은행 등 사이에 맺어진 사실을 증명하는 문서의 제출로서 하여야 합니다(민사집행법 제113조, 민사집행규칙 제63조, 제64조).

집행관이 입찰을 최고 하는 때에는 입찰마감시간과 개찰시각을 고지하는바, 입찰표는 입찰마감시간 이내에 제출하여야 합니다(같은 규칙 제65조 제1항).

최고가매수신고인 등의 결정에 있어서 최고가매수신고를 한 사람이 둘 이상인 때에는 집행관은 그 사람들에게 다시 입찰하게 하여 최고가매수신고인을 정하게 되는데, 이 경우 그 입찰자들은 전의 입찰가격에 못미치는 가격으로는 입찰할 수 없으며, 그들 모두가 입찰에 응하지 아니하거나(전의 입찰가격에 못미치는 가격으로 입찰할 경우에는 입찰에 응하지 아니한 것으로 본다.) 두 사람 이상이 다시 최고의 가격으로 입찰한 때에는 추첨으로 최고가매수신고인을 정하게 됩니다(같은 규칙 제66조).

최고가매수신고인 외의 매수신고인은 매각기일을 마칠 때까지 집행관에게 최고가매수신고인이 대금지급기한까지 그 의무를 이행하지 아니하면 자기의 매수신고에 대하여 매각을 허가하여 달라는 취지의 신고(차순위매수신고)를 할 수 있고, 차순위매수신고는 그 신고액이 최고가매수신고액에서 그 보증액을 뺀 금액을 넘는 때에만 할 수 있으며(민사집행법 제114조), 차순위매수신고를 한 사람이 둘 이상인 때에는 신고한 매수가격이 높은 사람을 차순위매수신고인으로 정하고, 신고한 매수가격이 같은 때에는 추첨으로 차순위매수신고인을 정하게 됩니다(같은 법 제115조 제2항).

최고가매수신고인과 차순위매수신고인을 제외한 다른 매수신고인은 매각기일종결의 고지에 따라 매수의 책임을 벗게 되고, 즉시 매수신청의 보증을 돌려 줄 것을 신청할 수 있습니다(같은 법 제115조 제3항).

둘째, 매각결정기일은 매각기일로부터 1주 이내로 정해지게 되는데(같은 법 제109조 제1항), 매각결정기일에 매각허가결정을 선고하게 되고(같은 법 제126조), 매각허가결정이 확정되면 법원은 대금의 지급기한을 정하고, 이를 매수인과 차순위매수신고인에게 통지하여야 하며, 매수인은 대금지급기한까지 매각대금을 지급하여야 하고(같은 법 제142조 제1항, 제2항), 대금지급기한은 매각허가결정이 확정된 날부터 1월 안으로 정해지게 됩니다(같은 규칙 제78조).

매수신청의 보증으로 금전이 제공된 경우에는 그 금전은 매각대금에 넣게 되고, 금전 외의 것이 제공된 경우로서 매수인이 매각대금 중 보증액을 뺀 나머지 금액만을 낸 때에는, 법원은 보증을 현금화하여 그 비용을 뺀 금액을 보증액에 해당하는 매각대금 및 이에 대한 지연이자에 충당하고, 모자라는 금액이 있으면 다시 대금지급기한을 정하여 매수인으로 하여금 내게 합니다(같은 법 제142조 제3항, 제4항). 차순위매수신고인은 매수인이 대금을 모두 지급한 때 매수의 책임을 벗게 되고 즉시 매수신청의 보증을 돌려 줄 것을 요구할 수 있습니다(같은 법 제142조 제6항). 차순위매수신고인이 있는 경우에 매수인(최고가매수신고인)이 대금지급기한까지 그 의무를 이행하지 하지 아니한 때에는 차순위매수신고인에게 매각을 허가할 것인지를 결정하여야 하고(다만, 민사집행법 제142조 제4항의 경우는 제외), 차순위매수신고인에 대한 매각허가결정이 있는 때에는 매수인은 매수신청의 보증을 돌려 줄 것을 요구하지 못합니다(같은 법 제137조).

매수인이 대금지급기한 또는 「민사집행법」제142조 제4항의 다시 정한 기한까지 그 의무를 완전히 이행하지 아니하였고, 차순위매수신고인이 없을 경우에는 법원은 직권으로 재매각을 명하게 되는데 다만, 매수인이 재매각기일의 3일 이전까지 대금, 그 지급기한이 지난 뒤부터 지급일까지의 대금에 대한 대법원규칙이 정하는 이율(연 1할5푼)에 따른 지연이자와 절차비용을 지급한 때에는 재매각절차를 취소하여야 하고, 차순위매수신고인이 매각허가결정을 받았던 때에는 위 금액을 먼저 지급한 매수인이 매매목적물의 권리를 취득하며, 재매각절차에서 전의 매수인은 매수신청을 할 수 없으며 매수신청의 보증을 돌려 줄 것을 요구하지 못합니다(같은 법 제138조, 같은 규칙 제75조).

셋째, 매수인은 매각대금을 다 낸 때에 매각의 목적인 권리를 취득하며(같은 법 제135조), 매각대금이 지급되면 법원사무관 등은 매각허가결정의 등본을 붙여 ①매수인 앞으로 소유권을 이전하는 등기, ②매수인이 인수하지 아니한 부동산의 부담에 관한 기입을 말소하는 등기, ③제94조 및 제139조 제1항의 규정에 따른 경매개시결정등기를 말소하는 등기를 촉탁하게 되는바, 이 등기에 드는 비용은 매수인이 부담하게 됩니다(같은 법 제144조).

또한, 법원은 매수인이 대금을 낸 뒤 6월 이내에 신청하면 채무자·소유자 또는 부동산점유자에 대하여 부동산을 매수인에게 인도하도록 명할 수 있으며 다만, 점유자가 매수인에게 대항할 수 있는 권원에 의하여 점유하고 있는 것으로 인정되는 경우에는 인도명령을 할 수 없습니다(같은 법 제136조 제1항).

넷째, 주의사항으로는 매각된 부동산에 주택이 포함되어 있을 경우에는 그 주택에서 최선순위의 저당권이 설정된 날짜보다 먼저 주민등록 전입신고를 마치고 거주하고 있는 주택임차인이 있을 때에는 그 주택임차보증금을 매수인이 인수하여야 하는 경우가 생길 수 있습니다(주택임대차보호법 제3조 제3항).

또한, 소유권이전에 농지취득자격증명이 요구되는 농지는 최고가매수인으로 결정되더라도 농지취득자격증명원을 제출하여야 낙찰이 허가됩니다(농지법 제8조, 민사집행법 제121조 제2호).

제104조(매각기일과 매각결정기일 등의 지정)

① 법원은 최저매각가격으로 제102조제1항의 부담과 비용을 변제하고도 남을 것이 있다고 인정하거나 압류채권자가 제102조제2항의 신청을 하고 충분한 보증을 제공한 때에는 직권으로 매각기일과 매각결정기일을 정하여 대법원규칙이 정하는 방법으로 공고한다.
② 법원은 매각기일과 매각결정기일을 이해관계인에게 통지하여야 한다.
③ 제2항의 통지는 집행기록에 표시된 이해관계인의 주소에 대법원규칙이 정하는 방법으로 발송할 수 있다.
④ 기간입찰의 방법으로 매각할 경우에는 입찰기간에 관하여도 제1항 내지 제3항의 규정을 적용한다.

제105조(매각물건명세서 등)

① 법원은 다음 각호의 사항을 적은 매각물건명세서를 작성하여야 한다.
1. 부동산의 표시
2. 부동산의 점유자와 점유의 권원, 점유할 수 있는 기간, 차임 또는 보증금에 관한 관계인의 진술

3. 등기된 부동산에 대한 권리 또는 가처분으로서 매각으로 효력을 잃지 아
니하는 것
4. 매각에 따라 설정된 것으로 보게 되는 지상권의 개요
② 법원은 매각물건명세서·현황조사보고서 및 평가서의 사본을 법원에 비치하여
누구든지 볼 수 있도록 하여야 한다.

▣판례-손해배상(기)금▣
[대법원 2010.6.24., 선고, 2009다40790, 판결]

【판시사항】
[1] 주택임대차보호법상 임차인으로서의 지위와 전세권자로서의 지위를 함께 가지고
있는 자가 임차인으로서의 지위에 기하여 경매법원에 배당요구를 한 경우, 전세권
에 관하여도 배당요구가 있는 것으로 볼 수 있는지 여부(소극)
[2] 집행법원이 매각물건명세서의 작성에 관하여 부담하는 의무의 내용 및 집행법원이
나 경매담당 공무원이 매각물건명세서 작성에 관한 직무상의 의무를 위반한 경우,
국가배상책임이 성립하는지 여부(적극)
[3] 매각물건명세서를 작성하면서 매각으로 소멸되지 않는 최선순위 전세권이 매수인
에게 인수된다는 취지의 기재를 하지 아니한 경매담당 공무원 등의 직무집행상의
과실로 인하여 매수인이 입은 손해에 대하여 국가배상책임을 인정한 사례

【판결요지】
[1] 민사집행법 제91조 제3항은 "전세권은 저당권·압류채권·가압류채권에 대항할 수 없
는 경우에는 매각으로 소멸된다"라고 규정하고, 같은 조 제4항은 "제3항의 경우 외
의 전세권은 매수인이 인수한다. 다만, 전세권자가 배당요구를 하면 매각으로 소멸
된다"라고 규정하고 있고, 이는 저당권 등에 대항할 수 없는 전세권과 달리 최선순
위의 전세권은 오로지 전세권자의 배당요구에 의하여만 소멸되고, 전세권자가 배당
요구를 하지 않는 한 매수인에게 인수되며, 반대로 배당요구를 하면 존속기간에 상
관없이 소멸한다는 취지라고 할 것인 점, 주택임차인이 그 지위를 강화하고자 별도
로 전세권설정등기를 마치더라도 주택임대차보호법상 임차인으로서 우선변제를 받
을 수 있는 권리와 전세권자로서 우선변제를 받을 수 있는 권리는 근거규정 및 성
립요건을 달리하는 별개의 권리라고 할 것인 점 등에 비추어 보면, 주택임대차보호
법상 임차인으로서의 지위와 전세권자로서의 지위를 함께 가지고 있는 자가 그 중
임차인으로서의 지위에 기하여 경매법원에 배당요구를 하였다면 배당요구를 하지
아니한 전세권에 관하여는 배당요구가 있는 것으로 볼 수 없다.
[2] 집행법원은 매각대상 부동산에 관한 이해관계인이나 그 현황조사를 실시한 집행관
등으로부터 제출된 자료를 기초로 매각대상 부동산의 현황과 권리관계를 되도록 정
확히 파악하여 이를 매각물건명세서에 기재하여야 하고, 만일 경매절차의 특성이나
집행법원이 가지는 기능의 한계 등으로 인하여 매각대상 부동산의 현황이나 권리관
계를 정확히 파악하는 것이 곤란한 경우에는 그 부동산의 현황이나 권리관계가 불
분명하다는 취지를 매각물건명세서에 그대로 기재함으로써 매수신청인 스스로의 판
단과 책임하에 매각대상 부동산의 매수신고가격이 결정될 수 있도록 하여야 한다.
그럼에도 집행법원이나 경매담당 공무원이 위와 같은 직무상의 의무를 위반하여 매
각물건명세서에 매각대상 부동산의 현황과 권리관계에 관한 사항을 제출된 자료와
다르게 작성하거나 불분명한 사항에 관하여 잘못된 정보를 제공함으로써 매수인의
매수신고가격 결정에 영향을 미쳐 매수인으로 하여금 불측의 손해를 입게 하였다면,
국가는 이로 인하여 매수인에게 발생한 손해에 대한 배상책임을 진다.
[3] 주택임대차보호법상 임차인으로서의 지위와 최선순위 전세권자로서의 지위를 함께
가지고 있는 자가 임차인으로서의 지위에 기하여 배당요구를 하였으나 집행법원이
매각물건명세서를 작성하면서 '등기된 부동산에 관한 권리 또는 가처분으로 매각으

가에 의하여 그 효력이 소멸하지 아니하는 것'란에 아무런 기재를 하지 않고 경매를 진행한 사안에서, 위 최선순위 전세권은 경매절차에서의 매각으로 소멸되지 않고 매수인에게 인수되는 것이므로 매각물건명세서를 작성함에 있어서 위 전세권이 인수된다는 취지의 기재를 하였어야 할 것임에도 위와 같은 매각물건명세서의 잘못된 기재로 인하여 위 전세권이 매수인에게 인수되지 않은 것으로 오인한 상태에서 매수신고가격을 결정하고 매각대상 부동산을 매수하였다가 위 전세권을 인수하여 그 전세금을 반환하여야 하는 손해를 입은 매수인에 대하여 경매담당 공무원 등의 직무집행상의 과실로 인한 국가배상책임을 인정한 사례.

제106조(매각기일의 공고내용)
매각기일의 공고내용에는 다음 각호의 사항을 적어야 한다.
1. 부동산의 표시
2. 강제집행으로 매각한다는 취지와 그 매각방법
3. 부동산의 점유자, 점유의 권원, 점유하여 사용할 수 있는 기간, 차임 또는 보증금약정 및 그 액수
4. 매각기일의 일시·장소, 매각기일을 진행할 집행관의 성명 및 기간입찰의 방법으로 매각할 경우에는 입찰기간·장소
5. 최저매각가격
6. 매각결정기일의 일시·장소
7. 매각물건명세서·현황조사보고서 및 평가서의 사본을 매각기일 전에 법원에 비치하여 누구든지 볼 수 있도록 제공한다는 취지
8. 등기부에 기입할 필요가 없는 부동산에 대한 권리를 가진 사람은 채권을 신고하여야 한다는 취지
9. 이해관계인은 매각기일에 출석할 수 있다는 취지

제107조(매각장소)
매각기일은 법원안에서 진행하여야 한다. 다만, 집행관은 법원의 허가를 얻어 다른 장소에서 매각기일을 진행할 수 있다.

제108조(매각장소의 질서유지)
집행관은 다음 각호 가운데 어느 하나에 해당한다고 인정되는 사람에 대하여 매각장소에 들어오지 못하도록 하거나 매각장소에서 내보내거나 매수의 신청을 하지 못하도록 할 수 있다.
1. 다른 사람의 매수신청을 방해한 사람
2. 부당하게 다른 사람과 담합하거나 그 밖에 매각의 적정한 실시를 방해한 사람
3. 제1호 또는 제2호의 행위를 교사(敎唆)한 사람
4. 민사집행절차에서의 매각에 관하여 형법 제136조·제137조·제140조·제140조의2·제142조·제315조 및 제323조 내지 제327조에 규정된 죄로 유죄판결을 받고 그 판결확정일부터 2년이 지나지 아니한 사람

제109조(매각결정기일)
① 매각결정기일은 매각기일부터 1주 이내로 정하여야 한다.
② 매각결정절차는 법원안에서 진행하여야 한다.

제110조(합의에 의한 매각조건의 변경)
① 최저매각가격 외의 매각조건은 법원이 이해관계인의 합의에 따라 바꿀 수 있다.
② 이해관계인은 배당요구의 종기까지 제1항의 합의를 할 수 있다.

제111조(직권에 의한 매각조건의 변경)
① 거래의 실상을 반영하거나 경매절차를 효율적으로 진행하기 위하여 필요한 경우에 법원은 배당요구의 종기까지 매각조건을 바꾸거나 새로운 매각조건을 설정할 수 있다.
② 이해관계인은 제1항의 재판에 대하여 즉시항고를 할 수 있다.
③ 제1항의 경우에 법원은 집행관에게 부동산에 대하여 필요한 조사를 하게 할 수 있다.

제112조(매각기일의 진행)
집행관은 기일입찰 또는 호가경매의 방법에 의한 매각기일에는 매각물건명세서·현황조사보고서 및 평가서의 사본을 볼 수 있게 하고, 특별한 매각조건이 있는 때에는 이를 고지하며, 법원이 정한 매각방법에 따라 매수가격을 신고하도록 최고하여야 한다.

제113조(매수신청의 보증)
매수신청인은 대법원규칙이 정하는 바에 따라 집행법원이 정하는 금액과 방법에 맞는 보증을 집행관에게 제공하여야 한다.

Q. 기일입찰 시 보증금액이 부족한 경우

질문

甲은 기일입찰에서 매수신청의 보증금액을 141,143,700원으로 안내받았습니다. 그런데 甲이 매각기일에서 최고가액을 매수가격으로 제시하였음에도 불구하고. 착오로 인하여 매수신청의 보증금액에서 100원이 모자란 141,143,600원을 매수신청의 보증액으로 제공하였다는 이유로 법원의 집행관은 해당 매수신고를 무효로 하고 다른 사람을 최고가매수인으로 신고하였습니다. 甲은 집행관의 결정에 대하여 이의할 수 있는지요?

답변

「민사집행법」 제113조는 매수신청의 보증은 대법원규칙이 정하는 바에 따라 집행법원이 정하는 금액과 방법에 맞는 것이어야 한다고 규정하여, 집행법원이 정하는 금액을 매수신청의 보증금액으로 제공하도록 규정하고 있습니다.

제114조(차순위매수신고)
① 최고가매수신고인 외의 매수신고인은 매각기일을 마칠 때까지 집행관에게 최고가매수신고인이 대금지급기한까지 그 의무를 이행하지 아니하면 자기의 매수신고에 대하여 매각을 허가하여 달라는 취지의 신고(이하 "차순위매수신고"라 한다)를 할 수 있다.
② 차순위매수신고는 그 신고액이 최고가매수신고액에서 그 보증액을 뺀 금액을 넘는 때에만 할 수 있다.

제115조(매각기일의 종결)
① 집행관은 최고가매수신고인의 성명과 그 가격을 부르고 차순위매수신고를 최고한 뒤, 적법한 차순위매수신고가 있으면 차순위매수신고인을 정하여 그 성명과 가격을 부른 다음 매각기일을 종결한다고 고지하여야 한다.
② 차순위매수신고를 한 사람이 둘 이상인 때에는 신고한 매수가격이 높은 사람을 차순위매수신고인으로 정한다. 신고한 매수가격이 같은 때에는 추첨으로 차순위매수신고인을 정한다.
③ 최고가매수신고인과 차순위매수신고인을 제외한 다른 매수신고인은 제1항의 고지에 따라 매수의 책임을 벗게 되고, 즉시 매수신청의 보증을 돌려 줄 것을 신청할 수 있다.
④ 기일입찰 또는 호가경매의 방법에 의한 매각기일에서 매각기일을 마감할 때까지 허가할 매수가격의 신고가 없는 때에는 집행관은 즉시 매각기일의 마감을 취소하고 같은 방법으로 매수가격을 신고하도록 최고할 수 있다.
⑤ 제4항의 최고에 대하여 매수가격의 신고가 없어 매각기일을 마감하는 때에는 매각기일의 마감을 다시 취소하지 못한다.

제116조(매각기일조서)
① 매각기일조서에는 다음 각호의 사항을 적어야 한다.
　1. 부동산의 표시
　2. 압류채권자의 표시
　3. 매각물건명세서·현황조사보고서 및 평가서의 사본을 볼 수 있게 한 일
　4. 특별한 매각조건이 있는 때에는 이를 고지한 일
　5. 매수가격의 신고를 최고한 일
　6. 모든 매수신고가격과 그 신고인의 성명·주소 또는 허가할 매수가격의 신고가 없는 일
　7. 매각기일을 마감할 때까지 허가할 매수가격의 신고가 없어 매각기일의 마감을 취소하고 다시 매수가격의 신고를 최고한 일
　8. 최종적으로 매각기일의 종결을 고지한 일시
　9. 매수하기 위하여 보증을 제공한 일 또는 보증을 제공하지 아니하므로 그 매수를 허가하지 아니한 일
　10. 최고가매수신고인과 차순위매수신고인의 성명과 그 가격을 부른 일
② 최고가매수신고인 및 차순위매수신고인과 출석한 이해관계인은 조서에 서명날인하여야 한다. 그들이 서명날인할 수 없을 때에는 집행관이 그 사유를 적어야 한다.
③ 집행관이 매수신청의 보증을 돌려 준 때에는 영수증을 받아 조서에 붙여야 한다.

Q. 강제경매신청 전 자동차를 미리 확보해 둘 수 있는지?

저는 甲에게 500만원을 빌려주었으나 갚지 않아 대여금청구소송을 제기하여 승소판결을 받았습니다. 그래서 강제집행을 하려고 보니 甲의 유일한 재산으로 고급승용차가 있어 이를 경매하려고 합니다. 만일, 甲이 강제집행신청 사실을 알게 되면 자동차를 숨겨둘 가능성이 많은데 이를 방지할 수 있는 방법이 있는지요?

흔히 채무자의 자동차에 대한 집행으로 집행법원의 자동차강제경매개시결정을 받은 후 자동차의 인도집행을 하게 되는데, 이렇게 되면 채무자에게 자동차를 빼돌릴 기회를 주게 되는 바람에 강제경매개시결정 후 2월이 지나기까지 집행관이 자동차를 인도받지 못하는 경우가 많아 애써 진행시킨 집행절차가 중도에 취소되는 경우도 많습니다(민사집행규칙 제116조).

따라서 자동차를 강제경매신청 할 경우에는 우선 강제경매신청 전의 자동차인도명령 절차를 통하여 자동차를 집행관에게 인도하도록 해두는 것이 좋습니다.

강제경매신청 전의 자동차인도명령은 강제경매신청 전에 자동차를 집행관에게 인도하지 아니하면 강제집행이 매우 곤란할 염려가 있는 경우, 그 자동차가 있는 곳을 관할하는 지방법원에 신청할 수 있으며, 이러한 인도명령신청시에는 집행력 있는 정본을 제시하고 신청사유(특히 강제경매신청 전에 자동차를 집행관에게 인도하지 아니하면 강제집행이 매우 곤란하게 될 염려가 있다는 사유)를 소명하여야 합니다(민사집행규칙 제113조).

이러한 인도명령은 사전에 채무자에게 통보되지 않으므로 기습적으로 채무자로부터 자동차를 강제인도 받을 수 있으므로 추후 자동차경매를 확실히 진행시킬 수 있을 것입니다.

그런데 집행관의 인도집행이 있은 후 10일 안에 채권자가 집행법원에 강제경매신청을 하였음을 증명하는 문서를 제출하여야 하고, 이것을 제출하지 않은 때에는 집행관은 자동차를 채무자에게 돌려주어야 합니다(민사집행규칙 제113조 제3항).

따라서 귀하는 자동차에 대한 경매신청 전에 자동차를 집행관에게 인도하지 아니하면 강제집행이 매우 곤란하게 될 염려가 있다는 것을 사유로 자동차가 있는 곳을 관할하는 지방법원에 '자동차경매신청 전 인도명령신청'을 하여 甲의 자동차를 집행관에게 인도시키고 인도된 날로부터 10일 안에 강제경매를 신청하여 진행하면 될 것입니다.

제117조(조서와 금전의 인도)
집행관은 매각기일조서와 매수신청의 보증으로 받아 돌려주지 아니한 것을 매각기일부터 3일 이내에 법원사무관등에게 인도하여야 한다.

제118조(최고가매수신고인 등의 송달영수인신고)
① 최고가매수신고인과 차순위매수신고인은 대한민국안에 주소·거소와 사무소가 없는 때에는 대한민국안에 송달이나 통지를 받을 장소와 영수인을 정하여 법원에 신고하여야 한다.
② 최고가매수신고인이나 차순위매수신고인이 제1항의 신고를 하지 아니한 때에는 법원은 그에 대한 송달이나 통지를 하지 아니할 수 있다.
③ 제1항의 신고는 집행관에게 말로 할 수 있다. 이 경우 집행관은 조서에 이를 적어야 한다.

제119조(새 매각기일)
허가할 매수가격의 신고가 없이 매각기일이 최종적으로 마감된 때에는 제91조제
1항의 규정에 어긋나지 아니하는 한도에서 법원은 최저매각가격을 상당히 낮추
고 새 매각기일을 정하여야 한다. 그 기일에 허가할 매수가격의 신고가 없는 때
에도 또한 같다.

Q. 경매법원이 새 매각기일마다 최저매각가격을 낮추는 것이 위법이 아닌지?

질문

甲은 그의 소유 부동산이 강제경매 개시되었으나 수차의 매각기일에 최고가매수신고인이 정해
지지 못하고 새 매각기일이 정해졌습니다. 이 경우 경매법원이 새 매각기일이 정해질 때마다
매번 최저매각가격을 10%씩 낮추는 것이 위법한 것이 아닌지요?

답변

새 매각기일에 관하여 「민사집행법」 제119조는 "허가할 매수가격의 신고가 없이 매각
기일이 최종적으로 마감된 때에는 제91조 제1항의 규정에 어긋나지 아니하는 한도에
서 법원은 최저매각가격을 상당히 낮추고 새 매각기일을 정하여야 한다. 그 기일에 허
가할 매수가격의 신고가 없는 때에도 또한 같다."라고 규정하고 있고, 같은 법 제91조
제1항은 "압류채권자의 채권에 우선하는 채권에 관한 부동산의 부담을 매수인에게 인
수하게 하거나, 매각대금으로 그 부담을 변제하는데 부족하지 아니하다는 것이 인정된
경우가 아니면 그 부동산을 매각하지 못한다."라고 규정하고 있습니다.
그리고 과도하게 가격을 낮춘 최저매각가격을 낮추는 절차의 효력에 관하여 판례는
"신경매로 인한 경매목적물의 최저경매가액을 저감함에 있어서 합리적이고 객관적인
타당성을 구비하지 못할 정도로 과도하게 가격을 낮춘 최저경매가격 저감절차는 위법
하여 무효이다."라고 하였으나(대법원 1994. 8. 27.자 94마1171 결정), "경매법원은 경
매절차의 진행과 각 이해관계인의 이해를 비교·교량하여 자유재량에 의하여 최저경매
가격 저감의 정도를 정할 수 있는 것인바, 경매목적물의 규모와 그 감정평가액, 이해
관계인의 이해 등 여러 사정에 비추어, 경매법원이 매 입찰불능시 마다 최저경매가격
을 10%씩 저감한 것에 위법이 있다고 볼 수 없다."라고 한 사례가 있습니다(대법원
1997. 4. 24.자 96마1929 결정).
그러므로 단순히 경매법원이 새 매각기일이 정해질 때마다 매번 최저매각가격을 10%
씩 낮추었다는 이유만으로 그 경매절차에 위법이 있다고 볼 수는 없을 것입니다. 다
만, 제반 사정에 비추어 과도하게 가격을 낮춘 최저매각가격을 낮추는 절차는 위법하
여 무효일 것이지만, 과도하게 가격을 낮춘 최저매각가격을 낮추는 절차인지의 여부는
구체적 사안에 따라 개별적으로 판단하여야 할 것으로 보입니다.

제120조(매각결정기일에서의 진술)
① 법원은 매각결정기일에 출석한 이해관계인에게 매각허가에 관한 의견을 진술
하게 하여야 한다.
② 매각허가에 관한 이의는 매각허가가 있을 때까지 신청하여야 한다. 이미 신
청한 이의에 대한 진술도 또한 같다.

제121조(매각허가에 대한 이의신청사유)

매각허가에 관한 이의는 다음 각호 가운데 어느 하나에 해당하는 이유가 있어야 신청할 수 있다.

1. 강제집행을 허가할 수 없거나 집행을 계속 진행할 수 없을 때
2. 최고가매수신고인이 부동산을 매수할 능력이나 자격이 없는 때
3. 부동산을 매수할 자격이 없는 사람이 최고가매수신고인을 내세워 매수신고를 한 때
4. 최고가매수신고인, 그 대리인 또는 최고가매수신고인을 내세워 매수신고를 한 사람이 제108조 각호 가운데 어느 하나에 해당되는 때
5. 최저매각가격의 결정, 일괄매각의 결정 또는 매각물건명세서의 작성에 중대한 흠이 있는 때
6. 천재지변, 그 밖에 자기가 책임을 질 수 없는 사유로 부동산이 현저하게 훼손된 사실 또는 부동산에 관한 중대한 권리관계가 변동된 사실이 경매절차의 진행중에 밝혀진 때
7. 경매절차에 그 밖의 중대한 잘못이 있는 때

■판례-부동산강제경매(매각불허가결정에대한즉시항고)■

[대구지법 2016.11.16., 자, 2016라463, 결정 : 확정]

【판시사항】
부동산강제경매 사건에서 공유자인 甲이 집행법원에 기일 전 공유자 우선매수신고서를 제출하였는데, 집행관이 제1회 매각기일에서 응찰자가 없자 사건번호 및 공유자 이름을 부르지 않고 매각기일을 종결한 후 제2회 매각기일에서 乙과 丙을 최고가매수신고인으로 결정하자 甲이 절차상 하자를 이유로 매각불허가결정 신청을 한 사안에서, 위 경매절차는 제1회 매각기일의 진행에 중대한 절차 위반이 있어 민사집행법 제121조 제7호에서 정한 '경매절차에 그 밖의 중대한 잘못이 있는 때'에 해당한다고 한 사례

【판결요지】
부동산강제경매 사건에서 공유자인 甲이 집행법원에 기일 전 공유자 우선매수신고서를 제출하였는데, 집행관이 제1회 매각기일에서 응찰자가 없자 사건번호 및 공유자 이름을 부르지 않고 매각기일을 종결한 후 제2회 매각기일에서 乙과 丙을 최고가매수신고인으로 결정하자 甲이 절차상 하자를 이유로 매각불허가결정 신청을 한 사안에서, 공유자가 매각기일 전에 미리 공유자 우선매수신고를 서면으로 한 경우에는 매각기일에 최고가매수신고인이 있을 경우에는 그와 같은 가격으로, 매수신고가 없는 경우에는 최저매각가격으로 각 우선매수권을 행사하겠다는 의사를 표시한 것이므로, 매각기일에서의 지위는 최고가매수신고인과 크게 다르지 않고, 따라서 매각절차를 진행하는 집행관으로서는 최고가매수신고인의 지위에 준하여 사전 매수신고를 한 공유자의 성명과 가격을 부른 다음 매수신고에 따른 민사집행법 제113조의 보증을 제공할 것인지를 확인하여 보증 제공 여부에 따른 후속절차를 진행하고 이를 기일입찰조서에 적절한 방법으로 기재하여야 하는데, 집행관이 매각기일에서 사전 매수신고를 한 공유자를 호명하는 등의 방법으로 출석 여부를 확인하고 그에게 보증의 제공 등 후속 절차를 이행할 수 있는 기회를 부여하지 않았으므로, 위 경매절차는 제1회 매각기일의 진행에 중대한 절차 위반이 있어 민사집행법 제121조 제7호에서 정한 '경매절차에 그 밖의 중대한 잘못이 있는 때'에 해당한다고 한 사례.

제122조(이의신청의 제한)
이의는 다른 이해관계인의 권리에 관한 이유로 신청하지못한다.

제123조(매각의 불허)
① 법원은 이의신청이 정당하다고 인정한 때에는 매각을 허가하지 아니한다.
② 제121조에 규정한 사유가 있는 때에는 직권으로 매각을 허가하지 아니한다. 다만, 같은 조 제2호 또는 제3호의 경우에는 능력 또는 자격의 흠이 제거되지 아니한 때에 한한다.

제124조(과잉매각되는 경우의 매각불허가)
① 여러 개의 부동산을 매각하는 경우에 한 개의 부동산의 매각대금으로 모든 채권자의 채권액과 강제집행비용을 변제하기에 충분하면 다른 부동산의 매각을 허가하지 아니한다. 다만, 제101조제3항 단서에 따른 일괄매각의 경우에는 그러하지 아니하다.
② 제1항 본문의 경우에 채무자는 그 부동산 가운데 매각할 것을 지정할 수 있다.

Q. 공동담보부동산에 대한 경매 신청 시 과잉매각 여부

질문

저는 甲은행으로부터 사업자금 1억 5,000만원을 대출 받으면서 제 소유의 주택(시가 약 9,000만원) 및 부지(시가 약 9,000만원)를 공동담보로 제공하여 근저당권을 설정하였습니다. 대출원리금 중 1억 1,000만원은 변제하였으나 그 후부터 대출원리금의 상환을 수회 지체하자 甲은행은 위 각 부동산을 경매신청하여 현재 진행 중에 있습니다. 주택의 시가가 남은 피담보채무를 크게 상회하여 위 부동산 전부에 대한 경매는 과잉경매에 해당될 것 같은데, 이 경우 주택부지에 대한 경매절차를 계속 진행하는 것은 잘못된 것이 아닌지요?

답변

과잉매각은 여러 개의 부동산을 매각하는 경우에 한 개의 부동산의 매각대금으로 모든 채권자의 채권액과 집행비용을 변제하기에 충분한 경우를 말하며, 과잉매각의 경우에는 다른 부동산에 대한 매각을 허가하여서는 아니 되고, 채무자는 그 부동산 중 매각할 것을 지정할 수 있습니다(민사집행법 제124조 제1항 본문, 제2항).
그런데 일괄매각절차에 관하여 같은 법 제101조 제3항은 "여러 개의 재산을 일괄매각하는 경우에 그 가운데 일부의 매각대금으로 모든 채권자의 채권액과 강제집행비용을 변제하기에 충분하면 다른 재산의 매각을 허가하지 아니한다. 다만, 토지와 그 위의 건물을 일괄매각 하는 경우나 재산을 분리하여 매각하면 그 경제적 효용이 현저하게 떨어지는 경우 또는 채무자의 동의가 있는 경우에는 그러하지 아니하다."라고 규정하고 있고, 같은 법 제124조 제1항 단서에서는 "다만, 제101조 제3항 단서에 따른 일괄매각의 경우에는 과잉매각으로 인한 매각불허가를 하지 아니한다."고 규정하고 있습니다.
「민사집행법」 제101조 제3항 단서와 같은 규정이 없었던 구 「민사소송법」(2002. 1. 26. 밥률 제6626호로 개정되기 전의 것) 하의 판례도 "특별한 사정이 없는 한 일반거래의 실정에 비추어 대지와 지상건물을 따로 매각함보다는 일괄하여 매각하는 것이 높은 가격으로 경매될 수 있어 채무자에게 유리한 결과를 가져올 것이 경험칙상 분명한 바이므로, 경매법원이 대지와 건물을 일괄하여 경락하였다고 하여 과잉경매라고는 할 수 없는 것이다."라고 하였습니다(대법원 1969. 6. 27.자 69마322 결정, 1975. 1. 21.자 74

마561 결정, 1978. 11. 3.자 78마302 결정).
따라서 귀하의 경우 법원이 주택과 그 부지에 대하여 경매절차를 계속 진행한다고 하여도 매각허가단계에서는 이를 저지할 수 없을 것으로 보이고, 법원이 주택과 그 부지에 대하여 매각허가결정을 한 경우라면 즉시항고를 한다 하여도 위와 같은 이유로 귀하의 주장은 인정되지 않을 가능성이 높아 보입니다.

제125조(매각을 허가하지 아니할 경우의 새 매각기일)
① 제121조와 제123조의 규정에 따라 매각을 허가하지 아니하고 다시 매각을 명하는 때에는 직권으로 새 매각기일을 정하여야 한다.
② 제121조제6호의 사유로 제1항의 새 매각기일을 열게 된 때에는 제97조 내지 제105조의 규정을 준용한다.

제126조(매각허가여부의 결정선고)
① 매각을 허가하거나 허가하지 아니하는 결정은 선고하여야 한다.
② 매각결정기일조서에는 민사소송법 제152조 내지 제154조와 제156조 내지 제158조 및 제164조의 규정을 준용한다.
③ 제1항의 결정은 확정되어야 효력을 가진다.

▣판례-손해배상(기)▣
[수원지법 2010.11.9., 선고, 2010나21044, 판결 : 확정]
【판시사항】
[1] 사법보좌관의 사법적 판단의 잘못에 대하여 따로 불복절차가 마련되어 있는 경우, 그 직무행위에 대하여 국가배상책임이 인정되는지 여부(원칙적 소극)
[2] 부동산임의경매절차에서 집행법원이 매각대상 부동산 지상에 건립된 미등기 상태의 소유자 미상의 건물에 대한 감정평가액을 포함하여 최저매각가격을 결정하였으나 집행법원의 사법보좌관이 위 건물을 제외한 부동산에 대하여만 매각허가결정을 한 사안에서, 국가배상책임을 인정할 수 없다고 한 사례

【판결요지】
[1] 사법보좌관은 법원조직법 제54조 제2항 및 사법보좌관규칙 제2조에 의하여 과거 법관이 행하던 업무 중 일부 업무를 위임받아 처리하고 있는바, 사법보좌관이 위 규정에 근거하여 업무를 행하는 경우에도 그 사법적 판단의 잘못에 대하여 따로 불복절차가 마련되어 있는 경우에는 사법보좌관이 위법 또는 부당한 목적을 가지고 그 업무를 처리하는 등 그에게 부여된 권한의 취지에 명백하게 어긋나게 이를 행사하였다고 인정할 만한 특별한 사정이 없는 한 그 직무행위가 국가배상법 제2조 제1항에서 말하는 위법한 행위에 해당된다고 단정할 수 없다.

[2] 부동산임의경매절차에서 집행법원이 매각대상 부동산 지상에 건립된 미등기 상태의 소유자 미상의 건물에 대한 감정평가액을 포함하여 최저매각가격을 결정하였으나 집행법원의 사법보좌관이 위 건물을 제외한 부동산에 대하여만 매각허가결정을 한 사안에서, 사법보좌관이 부동산임의경매절차에서 최저매각가격을 결정하고 매각허가결정을 하는 업무에 대하여 민사집행법상 제도적 시정장치가 충분히 마련되어 있고, 달리 위 경매절차에서 사법보좌관이 위법 또는 부당한 목적을 가지고 최저매각가격을 결정하거나 매각허가결정을 하는 등 그에게 부여된 권한의 취지에 명백히 어긋나게 이를 행사하였다고 볼만한 사정이 없으므로 사법보좌관이 집행법원으로부터 위임받아 행한 위와 같은 행위를 국가배상법 제2조 제1항에서 말하는 위법

한 행위에 해당한다고 볼 수 없고, 매각물건명세서에 위 건물을 매각대상에서 제외한다는 취지를 명시적으로 기재하지 아니하였으나 매수신청인으로서는 현황조사보고서의 열람 등 다른 수단에 의하여 그 불충분한 사항을 최종적으로 확인할 수 있었고, 다소 불완전한 형태로 매각물건명세서가 작성되었다는 사정만으로는 집행법원이나 경매담당공무원이 그 직무상의 의무를 위반하여 매각대상 부동산의 현황과 권리관계에 관한 사항을 제출된 자료와 다르게 작성한 것이라거나 불분명한 사항에 관하여 잘못된 정보를 제공한 행위와 같다고 평가할 수는 없으므로, 국가배상책임을 인정할 수 없다고 한 사례.

제127조(매각허가결정의 취소신청)

① 제121조제6호에서 규정한 사실이 매각허가결정의 확정 뒤에 밝혀진 경우에는 매수인은 대금을 낼 때까지 매각허가결정의 취소신청을 할 수 있다.
② 제1항의 신청에 관한 결정에 대하여는 즉시항고를 할 수 있다.

제128조(매각허가결정)

① 매각허가결정에는 매각한 부동산, 매수인과 매각가격을 적고 특별한 매각조건으로 매각한 때에는 그 조건을 적어야 한다.
② 제1항의 결정은 선고하는 외에 대법원규칙이 정하는 바에 따라 공고하여야 한다.

제129조(이해관계인 등의 즉시항고)

① 이해관계인은 매각허가여부의 결정에 따라 손해를 볼 경우에만 그 결정에 대하여 즉시항고를 할 수 있다.
② 매각허가에 정당한 이유가 없거나 결정에 적은 것 외의 조건으로 허가하여야 한다고 주장하는 매수인 또는 매각허가를 주장하는 매수신고인도 즉시항고를 할 수 있다.
③ 제1항 및 제2항의 경우에 매각허가를 주장하는 매수신고인은 그 신청한 가격에 대하여 구속을 받는다.

Q. 부동산매각허가결정에 대한 즉시항고를 제기할 수 있는 이해관계인의 범위

질문

X부동산에 대하여 甲의 경매신청으로 경매개시결정이 되었고, 이 때 배당요구의 종기까지 권리신고를 한 바 없고 이후 설정된 후순위근저당권자 乙이 X에 대해 중복하여 경매를 신청하여 경매개시결정이 되었습니다. 乙이 선행사건의 낙찰허가결정에 대하여 즉시항고를 제기할 수 있나요?

답변

선행사건의 배당요구의 종기 이후에 설정된 후순위 근저당권자로서 위 배당요구의 종기까지 아무런 권리신고를 하지 아니한 위 배당요구의 종기 이후의 이중경매신청인은 선행사건에서 이루어진 낙찰허가결정에 대하여 즉시항고를 제기할 수 있는지 여부에 관하여 판례는, "민사집행법 제129조 제1항, 제2항에 의한 부동산매각허가결정에 대한 즉시항고는 이해관계인, 매수인 및 매수신고인만이 제기할 수 있고, 여기서 이해관계인이란 민사집행법 제90조 각 호에서 규정하는 압류채권자와 집행력 있는 정본에 의하여 배당을 요구한 채권자, 채무자 및 소유자, 등기부에 기입된 부동산 위의 권리자, 부동산 위의 권리자로서 그 권리를 증명한 자를 말하고, 경매절차에 관하여 사실상의 이해관계를 가진 자라 하더라도 위에서 열거한 자에 해당하지 아니한 경우에는 경매절차에 있어서의 이해관계인이라고 할 수 없으며(대법원 2004. 7. 22. 선고 2002다52312 판결 참조), 이에 해당하지 아니한 자가 한 매각허가결정에 대한 즉시항고는 부적법하고 또한 보정할 수 없음이 분명하므로 민사집행법 제15조 제5항에 의하여 집행법원이 결정으로 즉시항고를 각하하여야 하고, 집행법원이 항고각하결정을 하지 않은 채 항고심으로 기록을 송부한 경우에는 항고심에서 항고를 각하하여야 한다(대법원 2004. 9. 13.자 2004마505 결정 참조).

또한, 민사집행법 제87조 제1항은 강제경매절차 또는 담보권 실행을 위한 경매절차를 개시하는 결정을 한 부동산에 대하여 다른 강제경매의 신청이 있는 때에는 법원은 다시 경매개시결정을 하고, 먼저 경매개시결정을 한 집행절차에 따라 경매한다고 규정하고 있으므로, 이러한 경우 이해관계인의 범위도 선행의 경매사건을 기준으로 정하여야 한다(대법원 2005.5.19. 자 2005마59 결정)."고 하고 있습니다.

이와 같은 판례의 태도에 따를 때, 귀하가 질의한 사안의 경우 乙은 선행의 경매사건에서의 이해관계인에 해당하지 않으므로 낙찰허가결정에 대하여 즉시항고를 제기할 수 없으리라고 보입니다.

제130조(매각허가여부에 대한 항고)
① 매각허가결정에 대한 항고는 이 법에 규정한 매각허가에 대한 이의신청사유가 있다거나, 그 결정절차에 중대한 잘못이 있다는 것을 이유로 드는 때에만 할 수 있다.
② 민사소송법 제451조제1항 각호의 사유는 제1항의 규정에 불구하고 매각허가 또는 불허가결정에 대한 항고의 이유로 삼을 수 있다.
③ 매각허가결정에 대하여 항고를 하고자 하는 사람은 보증으로 매각대금의 10분의 1에 해당하는 금전 또는 법원이 인정한 유가증권을 공탁하여야 한다.
④ 항고를 제기하면서 항고장에 제3항의 보증을 제공하였음을 증명하는 서류를 붙이지 아니한 때에는 원심법원은 항고장을 받은 날부터 1주 이내에 결정으로 이를 각하하여야 한다.
⑤ 제4항의 결정에 대하여는 즉시항고를 할 수 있다.
⑥ 채무자 및 소유자가 한 제3항의 항고가 기각된 때에는 항고인은 보증으로 제공한 금전이나 유가증권을 돌려 줄 것을 요구하지 못한다.
⑦ 채무자 및 소유자 외의 사람이 한 제3항의 항고가 기각된 때에는 항고인은 보증으로 제공한 금전이나, 유가증권을 현금화한 금액 가운데 항고를 한 날부터 항고기각결정이 확정된 날까지의 매각대금에 대한 대법원규칙이 정하는 이율에 의한 금액(보증으로 제공한 금전이나, 유가증권을 현금화한 금액을 한도로 한다)에 대하여는 돌려 줄 것을 요구할 수 없다. 다만, 보증으로 제공한 유가증권을 현금화하기 전에 위의 금액을 항고인이 지급한 때에는 그 유가증권을 돌려 줄 것을 요구할 수 있다.
⑧ 항고인이 항고를 취하한 경우에는 제6항 또는 제7항의 규정을 준용한다.

Q. 매각허가결정에 대하여 즉시항고를 제기하는 항고인이 2인 이상인 경우, 항고인별로 금전 또는 유가증권을 공탁하여야 하는지?

질문

저는 X부동산에 관한 매각기일에서 甲이 최고가매수인으로 매각허가결정을 받은 데 대해 불복하여 항고하고자 하는데, 다른 이해관계인인 乙이 마찬가지로 항고하고 민사집행법 제130조 제3항에서 정한 매매대금의 10분의 1에 해당하는 금전을 공탁한 것을 확인했습니다. 제가 항고를 하려면 乙과 별도로 공탁을 하여야 하나요?

답변

매각허가결정에 대하여 즉시항고를 제기하는 항고인이 2인 이상인 경우, 항고인별로 민사집행법 제130조 제3항에 정한 '매매대금의 10분의 1에 해당하는 금전 또는 유가증권'을 공탁하여야 하는지 여부에 관하여 판례는 '민사집행법 제130조 제3항은 "매각허가결정에 대하여 항고를 하고자 하는 사람은 보증으로 매각대금의 10분의 1에 해당하는 금전 또는 법원이 인정한 유가증권을 공탁하여야 한다."고 규정하고 있는바, 위 규정의 입법 취지는 매각허가결정에 불복하는 모든 항고인에 대하여 보증금을 공탁할 의무를 지움으로써 무익한 항고를 제기하여 절차를 지연시키는 것을 방지하고자 하는 데에 있는 점, 매각허가결정에 대한 항고는 이해관계인이 매각허가에 대한 이의신청사유가 있는 경우 등에만 할 수 있는데, 그 이의에 대하여 민사집행법 제122조는 다른 이해관계인의 권리에 관한 이유로 이의를 신청하지 못한다고 규정하고 있는 점, 민사집행법 제90조에서 경매절차의 이해관계인이 될 수 있는 사람을 제한적으로 열거하고 있는 점, 복수의 항고인이 매각허가결정에 대하여 항고를 제기하는 경우 항고장을 함께 제출하는지 별도로 제출하는지라는 우연한 사정에 따라 제공할 보증의 액이 달라지는 것은 불합리한 점 등을 종합하여 보면, 매각허가결정에 대하여 즉시항고를 제기하는 항고인이 2인 이상인 경우에는, 그들이 경매절차에서의 이해관계의 기초가 되는 권리관계를 공유하는 등의 특별한 사정이 없는 한, 항고인별로 각각 매각대금의 10분의 1에 해당하는 금전 또는 유가증권을 공탁하여야 한다고 봄이 상당하다.(대법원 2006.11.23.자 2006마513 결정)'고 하고 있습니다.
이와 같은 판례의 태도에 따를 때, 귀하가 乙과 경매절차에서 이해관계의 기초가 되는 권리관계를 공유하는 등의 특별한 사정이 없는 한, 귀하는 乙과 별도로 매각대금의 10분의 1에 해당하는 금전 또는 유가증권을 공탁하여야 할 것이라 보입니다.

제131조(항고심의 절차)
① 항고법원은 필요한 경우에 반대진술을 하게 하기 위하여 항고인의 상대방을 정할 수 있다.
② 한 개의 결정에 대한 여러 개의 항고는 병합한다.
③ 항고심에는 제122조의 규정을 준용한다.

제132조(항고법원의 재판과 매각허가여부결정)
항고법원이 집행법원의 결정을 취소하는 경우에 그 매각허가여부의 결정은 집행법원이 한다.

제133조(매각을 허가하지 아니하는 결정의 효력)
매각을 허가하지 아니한 결정이 확정된 때에는 매수인과 매각허가를 주장한 매수신고인은 매수에 관한 책임이 면제된다.

제134조(최저매각가격의 결정부터 새로할 경우)

제127조의 규정에 따라 매각허가결정을 취소한 경우에는 제97조 내지 제105조의 규정을 준용한다.

제135조(소유권의 취득시기)

매수인은 매각대금을 다 낸 때에 매각의 목적인 권리를 취득한다.

제136조(부동산의 인도명령 등)

① 법원은 매수인이 대금을 낸 뒤 6월 이내에 신청하면 채무자·소유자 또는 부동산 점유자에 대하여 부동산을 매수인에게 인도하도록 명할 수 있다. 다만, 점유자가 매수인에게 대항할 수 있는 권원에 의하여 점유하고 있는 것으로 인정되는 경우에는 그러하지 아니하다.
② 법원은 매수인 또는 채권자가 신청하면 매각허가가 결정된 뒤 인도할 때까지 관리인에게 부동산을 관리하게 할 것을 명할 수 있다.
③ 제2항의 경우 부동산의 관리를 위하여 필요하면 법원은 매수인 또는 채권자의 신청에 따라 담보를 제공하게 하거나 제공하게 하지 아니하고 제1항의 규정에 준하는 명령을 할 수 있다.
④ 법원이 채무자 및 소유자 외의 점유자에 대하여 제1항 또는 제3항의 규정에 따른 인도명령을 하려면 그 점유자를 심문하여야 한다. 다만, 그 점유자가 매수인에게 대항할 수 있는 권원에 의하여 점유하고 있지 아니함이 명백한 때 또는 이미 그 점유자를 심문한 때에는 그러하지 아니하다.
⑤ 제1항 내지 제3항의 신청에 관한 결정에 대하여는 즉시항고를 할 수 있다.
⑥ 채무자·소유자 또는 점유자가 제1항과 제3항의 인도명령에 따르지 아니할 때에는 매수인 또는 채권자는 집행관에게 그 집행을 위임할 수 있다.

Q. 부동산경매절차의 매수인이 매각부동산의 인도를 받을 수 있는 방법

질문

저는 법원의 경매절차에서 주택을 매수하였으나 소유자 甲이 시가에 비해 값싼 가격에 매각되었다면서 인도를 거부하고 있습니다. 매각대금을 완납한 경우 매각부동산의 인도를 받으려면 어떤 절차를 거쳐야 하는지요?

답변

경매절차에서 부동산을 매수한 귀하와 귀하의 상속인 등 일반승계인은 매각대금을 낸 뒤 6월 이내에 그 부동산에 대한 경매사건이 현재 계속되어 있거나 또는 과거에 계속되어 있었던 집행법원에 채무자·소유자 또는 부동산 점유자에 대하여 부동산을 매수인인 귀하 등에게 인도할 것을 신청할 수 있고, 이 경우 법원은 부동산인도명령을 할 수 있습니다(민사집행법 제136조 제1항 본문).
다만, 점유자가 매수인에게 대항할 수 있는 권원에 의하여 점유하고 있는 것으로 인정되는 경우에는 그러하지 아니합니다(같은 조 제1항 단서).
또한, 채무자·소유자 또는 매수인에게 대항할 수 없는 점유자에 대하여도 매각대금을 내고 6월이 경과된 뒤에는 소유권에 기한 인도 또는 명도소송을 제기할 수밖에 없고, 인도명령을 신청할 수 없음을 유의해야 할 것입니다.

인도명령의 신청은 채무자·소유자 또는 현황조사보고서 등 기록상 명백한 점유자를 상대방으로 하여 신청하는 경우에는 특별한 증빙서류의 제출을 요하지 아니하나, 가령 채무자의 일반승계인을 상대방으로 하는 경우에는 가족관계증명서 또는 상업등기사항 증명서를 제출하여야 하며, 기록상 드러나지 않는 점유자를 상대방으로 하는 경우에는 채무자에 대한 인도명령에 기하여 인도의 집행을 실시하였으나 제3자의 점유로 집행불능이 되었다는 집행관이 작성한 집행조서(집행불능조서)등본 또는 주민등록표등본 등 그 점유시설 및 점유개시일시를 증명할 수 있는 서면을 제출하여야 하고, 신청서에는 2,000원의 인지를 붙여야 합니다(민사소송등인지법 제9조 제4항 제4호).

인도명령신청이 있는 경우 법원은 서면심리만에 의하여 인도명령을 허락할 것인지 여부를 결정할 수도 있고, 또 필요하다고 인정되면 상대방을 심문하거나 변론을 열 수도 있습니다(민사소송법 제134조, 민사집행법 제23조 제1항).

그러나 채무자 및 소유자 외의 점유자에 대하여 인도명령을 하려면 그 점유자를 심문하여야 하고 다만, 그 점유자가 매수인에게 대항할 수 있는 권원에 의하여 점유하고 있지 아니함이 명백한 때 또는 이미 그 점유자를 심문한 때에는 그러하지 아니합니다(민사집행법 제136조 제4항).

법원은 신청인이 제출한 주민등록표 등·초본, 전에 발부한 인도명령의 집행조서, 가족관계증명서, 등기사항증명서 등의 자료와 집행기록(현황조사보고서, 평가서 등) 및 상대방심문의 결과 등에 의하여 인도명령의 사유가 소명되면 인도명령을 하게 됩니다.

인도명령신청이 부적법하면 신청을 각하할 것이고, 신청이 이유 없다고 인정되는 때에는 신청은 기각됩니다. 그러나 법원의 적법한 인도명령에 점유자가 응하지 아니하는 때에는 신청인은 집행관에게 집행을 위임하여 집행관으로 하여금 인도집행을 하게 할 수 있습니다(민사집행법 제136조 제6항).

제137조(차순위매수신고인에 대한 매각허가여부결정)

① 차순위매수신고인이 있는 경우에 매수인이 대금지급기한까지 그 의무를 이행하지 아니한 때에는 차순위매수신고인에게 매각을 허가할 것인지를 결정하여야 한다. 다만, 제142조제4항의 경우에는 그러하지 아니하다.

② 차순위매수신고인에 대한 매각허가결정이 있는 때에는 매수인은 매수신청의 보증을 돌려 줄 것을 요구하지 못한다.

제138조(재매각)

① 매수인이 대금지급기한 또는 제142조제4항의 다시 정한 기한까지 그 의무를 완전히 이행하지 아니하였고, 차순위매수신고인이 없는 때에는 법원은 직권으로 부동산의 재매각을 명하여야 한다.

② 재매각절차에도 종전에 정한 최저매각가격, 그 밖의 매각조건을 적용한다.

③ 매수인이 재매각기일의 3일 이전까지 대금, 그 지급기한이 지난 뒤부터 지급일까지의 대금에 대한 대법원규칙이 정하는 이율에 따른 지연이자와 절차비용을 지급한 때에는 재매각절차를 취소하여야 한다. 이 경우 차순위매수신고인이 매각허가결정을 받았던 때에는 위 금액을 먼저 지급한 매수인이 매매목적물의 권리를 취득한다.

④ 재매각절차에서는 전의 매수인은 매수신청을 할 수 없으며 매수신청의 보증을 돌려 줄 것을 요구하지 못한다.

▣판례-결정취소▣
[대법원 2009.5.6., 자, 2008마1270, 결정]
【판시사항】
재매각명령 이후에도 매수인이 매각허가결정의 취소신청을 할 수 있는지 여부(소극)

【판결요지】
민사집행법 제127조 제1항, 제121조 제6호의 취지는 매수인에게 매각허가결정의 취소
신청을 할 수 있도록 허용함으로써 매수인의 불이익을 구제하려는 데 있는 점,
민사집행법 제138조 제1항에 의하면 재매각명령이 나면 확정된 매각허가결정의 효력
이 상실되는 점, 민사집행법 제138조 제3항의 취지는 재매각절차가 전 매수인의 대금
지급의무 불이행에 기인하는 것이어서 전 매수인이 법정의 대금 등을 완전히 지급하
려고 하는 이상 구태여 번잡하고 시일을 요하는 재매각절차를 반복하는 것보다는 최
초의 매각절차를 되살려서 그 대금 등을 수령하는 것이 경매의 목적에 합당하다는 데
에 있는 점 등을 종합하여 보면, 매수인은 재매각명령이 난 이후에는 매각허가결정의
취소신청을 할 수 없다고 봄이 상당하다.

제139조(공유물지분에 대한 경매)
① 공유물지분을 경매하는 경우에는 채권자의 채권을 위하여 채무자의 지분에
   대한 경매개시결정이 있음을 등기부에 기입하고 다른 공유자에게 그 경매개
   시결정이 있다는 것을 통지하여야 한다. 다만, 상당한 이유가 있는 때에는
   통지하지 아니할 수 있다.
② 최저매각가격은 공유물 전부의 평가액을 기본으로 채무자의 지분에 관하여
   정하여야 한다. 다만, 그와 같은 방법으로 정확한 가치를 평가하기 어렵거나
   그 평가에 부당하게 많은 비용이 드는 등 특별한 사정이 있는 경우에는 그
   러하지 아니하다.

제140조(공유자의 우선매수권)
① 공유자는 매각기일까지 제113조에 따른 보증을 제공하고 최고매수신고가격과
   같은 가격으로 채무자의 지분을 우선매수하겠다는 신고를 할 수 있다.
② 제1항의 경우에 법원은 최고가매수신고가 있더라도 그 공유자에게 매각을 허
   가하여야 한다.
③ 여러 사람의 공유자가 우선매수하겠다는 신고를 하고 제2항의 절차를 마친
   때에는 특별한 협의가 없으면 공유지분의 비율에 따라 채무자의 지분을 매
   수하게 한다.
④ 제1항의 규정에 따라 공유자가 우선매수신고를 한 경우에는 최고가매수신고인
   을 제114조의 차순위매수신고인으로 본다.

▣판례-부동산강제경매(매각불허가결정에대한즉시항고)▣
[대구지법 2016.11.16., 자, 2016라463, 결정 : 확정]
【판시사항】
부동산강제경매 사건에서 공유자인 甲이 집행법원에 기일 전 공유자 우선매수신고서를
제출하였는데, 집행관이 제1회 매각기일에서 응찰자가 없자 사건번호 및 공유자 이름
을 부르지 않고 매각기일을 종결한 후 제2회 매각기일에서 乙과 丙을 최고가매수신고
인으로 결정하자 甲이 절차상 하자를 이유로 매각불허가결정 신청을 한 사안에서, 위
경매절차는 제1회 매각기일의 진행에 중대한 절차 위반이 있어 민사집행법 제121조 제
7호에서 정한 '경매절차에 그 밖의 중대한 잘못이 있는 때'에 해당한다고 한 사례

【판결요지】
부동산강제경매 사건에서 공유자인 甲이 집행법원에 기일 전 공유자 우선매수신고서를 제출하였는데, 집행관이 제1회 매각기일에서 응찰자가 없자 사건번호 및 공유자 이름을 부르지 않고 매각기일을 종결한 후 제2회 매각기일에서 乙과 丙을 최고가매수신고인으로 결정하자 甲이 절차상 하자를 이유로 매각불허가결정 신청을 한 사안에서, 공유자가 매각기일 전에 미리 공유자 우선매수신고를 서면으로 한 경우에는 매각기일에 최고가매수신고인이 있을 경우에는 그와 같은 가격으로, 매수신고가 없는 경우에는 최저매각가격으로 각 우선매수권을 행사하겠다는 의사를 표시한 것이므로, 매각기일에서의 지위는 최고가매수신고인과 크게 다르지 않고, 따라서 매각절차를 진행하는 집행관으로서는 최고가매수신고인의 지위에 준하여 사전 매수신고를 한 공유자의 성명과 가격을 부른 다음 매수신고에 따른 민사집행법 제113조의 보증을 제공할 것인지를 확인하여 보증 제공 여부에 따른 후속절차를 진행하고 이를 기일입찰조서에 적절한 방법으로 기재하여야 하는데, 집행관이 매각기일에서 사전 매수신고를 한 공유자를 호명하는 등의 방법으로 출석 여부를 확인하고 그에게 보증의 제공 등 후속 절차를 이행할 수 있는 기회를 부여하지 않았으므로, 위 경매절차는 제1회 매각기일의 진행에 중대한 절차 위반이 있어 민사집행법 제121조 제7호에서 정한 '경매절차에 그 밖의 중대한 잘못이 있는 때'에 해당한다고 한 사례.

제141조(경매개시결정등기의 말소)
경매신청이 매각허가 없이 마쳐진 때에는 법원사무관등은 제94조와 제139조제1항의 규정에 따른 기입을 말소하도록 등기관에게 촉탁하여야 한다.

제142조(대금의 지급)
① 매각허가결정이 확정되면 법원은 대금의 지급기한을 정하고, 이를 매수인과 차순위매수신고인에게 통지하여야 한다.
② 매수인은 제1항의 대금지급기한까지 매각대금을 지급하여야 한다.
③ 매수신청의 보증으로 금전이 제공된 경우에 그 금전은 매각대금에 넣는다.
④ 매수신청의 보증으로 금전 외의 것이 제공된 경우로서 매수인이 매각대금중 보증액을 뺀 나머지 금액만을 낸 때에는, 법원은 보증을 현금화하여 그 비용을 뺀 금액을 보증액에 해당하는 매각대금 및 이에 대한 지연이자에 충당하고, 모자라는 금액이 있으면 다시 대금지급기한을 정하여 매수인으로 하여금 내게 한다.
⑤ 제4항의 지연이자에 대하여는 제138조제3항의 규정을 준용한다.
⑥ 차순위매수신고인은 매수인이 대금을 모두 지급한 때 매수의 책임을 벗게 되고 즉시 매수신청의 보증을 돌려 줄 것을 요구할 수 있다.

제143조(특별한 지급방법)
① 매수인은 매각조건에 따라 부동산의 부담을 인수하는 외에 배당표(配當表)의 실시에 관하여 매각대금의 한도에서 관계채권자의 승낙이 있으면 대금의 지급에 갈음하여 채무를 인수할 수 있다.
② 채권자가 매수인인 경우에는 매각결정기일이 끝날 때까지 법원에 신고하고 배당받아야 할 금액을 제외한 대금을 배당기일에 낼 수 있다.
③ 제1항 및 제2항의 경우에 매수인이 인수한 채무나 배당받아야 할 금액에 대하여 이의가 제기된 때에는 매수인은 배당기일이 끝날 때까지 이에 해당하는 대금을 내야 한다.

▣판례-양수금▣
[대법원 2018.5.30., 선고, 2017다241901, 판결]

【판시사항】
민사집행법 제143조 제1항에서 매각대금을 지급하는 특별한 방법으로 정한 채무인수의 법적 성격(=면책적 채무인수)

【판결요지】
부동산 경매에서 매각허가결정이 확정되면, 법원은 대금의 지급기한을 정하고 매수인은 기한까지 매각대금을 지급하여야 한다(민사집행법 제142조 제1항, 제2항, 제268조). 민사집행법 제143조는 매각대금을 지급하는 특별한 방법의 하나로 채무인수를 정하고 있는데, 매수인은 매각조건에 따라 부동산의 부담을 인수하는 외에 배당표의 실시에 관하여 매각대금의 한도에서 관계채권자의 승낙이 있으면 대금의 지급을 갈음하여 채무를 인수할 수 있다(제1항). 이때 인수되는 채무의 액수는 배당기일에 채권자가 매각대금에서 배당받을 채권액을 한도로 하므로 배당기일에서야 비로소 인수액이 확정된다. 매수인이 인수한 채무에 대하여 이의가 제기된 때에는 매수인은 배당기일이 끝날 때까지 이에 해당하는 대금을 내야 한다(같은 조 제3항).

제144조(매각대금 지급 뒤의 조치)
① 매각대금이 지급되면 법원사무관등은 매각허가결정의 등본을 붙여 다음 각호의 등기를 촉탁하여야 한다.
1. 매수인 앞으로 소유권을 이전하는 등기
2. 매수인이 인수하지 아니한 부동산의 부담에 관한 기입을 말소하는 등기
3. 제94조 및 제139조제1항의 규정에 따른 경매개시결정등기를 말소하는 등기
② 매각대금을 지급할 때까지 매수인과 부동산을 담보로 제공받으려고 하는 사람이 대법원규칙으로 정하는 바에 따라 공동으로 신청한 경우, 제1항의 촉탁은 등기신청의 대리를 업으로 할 수 있는 사람으로서 신청인이 지정하는 사람에게 촉탁서를 교부하여 등기소에 제출하도록 하는 방법으로 하여야 한다. 이 경우 신청인이 지정하는 사람은 지체 없이 그 촉탁서를 등기소에 제출하여야 한다. <신설 2010.7.23.>
③ 제1항의 등기에 드는 비용은 매수인이 부담한다. <개정 2010.7.23.>

▣판례-법원사무관등의처분에대한이의▣
[대법원 2018.1.25., 자, 2017마1093, 결정]

【판시사항】
[1] 민사집행법 제144조 제1항 제2호에 따라 법원사무관등이 말소등기를 촉탁하기 위하여 등기된 사항이 '매수인이 인수하지 않은 부동산의 부담에 관한 기입'인지 판단하는 기준 및 등기된 사항에 무효 또는 취소의 원인이 있는 경우, 매수인이 민사집행법 제144조 제1항 또는 '법원사무관등의 처분에 대한 이의'의 방법으로 말소촉탁을 구할 수 있는지 여부(소극)
[2] 전세권 존속기간이 시작되기 전에 마친 전세권설정등기가 유효한 것으로 추정되는지 여부(원칙적 적극) 및 전세권의 순위를 결정하는 기준(=등기된 순서)

【판결요지】
[1] 부동산 경매절차에서 매수인이 매각대금을 지급하면 법원사무관등은 민사집행법 제144조 제1항 제2호에 따라 매수인이 인수하지 않은 부동산의 부담에 관한 기입을 말소하는 등기를 촉탁하여야 한다. 이때 매수인이 인수하지 않은 부동산의 부담에 관한 기입인지는 법원사무관등이 등기기록과 경매기록에 따라 판단한다. 등기된 사항

에 무효 또는 취소의 원인이 있다고 하더라도 매수인은 소송으로 그 등기의 효력을 다툴 수 있을 뿐이고, 민사집행법 제144조 제1항에 따른 말소촉탁을 구할 수도 없고 '법원사무관등의 처분에 대한 이의'의 방법으로 그 말소의 촉탁을 구할 수도 없다.
[2] 전세권자는 전세금을 지급하고 타인의 부동산을 점유하여 그 부동산의 용도에 좇아 사용·수익하며, 그 부동산 전부에 대하여 후순위권리자 기타 채권자보다 전세금의 우선변제를 받을 권리가 있다(민법 제303조 제1항). 이처럼 전세권이 용익물권적인 성격과 담보물권적인 성격을 모두 갖추고 있는 점에 비추어 전세권 존속기간이 시작되기 전에 마친 전세권설정등기도 특별한 사정이 없는 한 유효한 것으로 추정된다. 한편 부동산등기법 제4조 제1항은 "같은 부동산에 관하여 등기한 권리의 순위는 법률에 다른 규정이 없으면 등기한 순서에 따른다."라고 정하고 있으므로, 전세권은 등기부상 기록된 전세권설정등기의 존속기간과 상관없이 등기된 순서에 따라 순위가 정해진다.

제145조(매각대금의 배당)
① 매각대금이 지급되면 법원은 배당절차를 밟아야 한다.
② 매각대금으로 배당에 참가한 모든 채권자를 만족하게 할 수 없는 때에는 법원은 민법·상법, 그 밖의 법률에 의한 우선순위에 따라 배당하여야 한다.

제146조(배당기일)
매수인이 매각대금을 지급하면 법원은 배당에 관한 진술 및 배당을 실시할 기일을 정하고 이해관계인과 배당을 요구한 채권자에게 이를 통지하여야 한다. 다만, 채무자가 외국에 있거나 있는 곳이 분명하지 아니한 때에는 통지하지 아니한다.

제147조(배당할 금액 등)
① 배당할 금액은 다음 각호에 규정한 금액으로 한다.
  1. 대금
  2. 제138조제3항 및 제142조제4항의 경우에는 대금지급기한이 지난 뒤부터 대금의 지급·충당까지의 지연이자
  3. 제130조제6항의 보증(제130조제8항에 따라 준용되는 경우를 포함한다.)
  4. 제130조제7항 본문이 보증 가운데 항고인이 돌려 줄 것을 요구하지 못하는 금액 또는 제130조제7항 단서의 규정에 따라 항고인이 낸 금액(각각 제130조제8항에 따라 준용되는 경우를 포함한다.)
  5. 제138조제4항의 규정에 의하여 매수인이 돌려줄 것을 요구할 수 없는 보증(보증이 금전 외의 방법으로 제공되어 있는 때에는 보증을 현금화하여 그 대금에서 비용을 뺀 금액)
② 제1항의 금액 가운데 채권자에게 배당하고 남은 금액이 있으면, 제1항제4호의 금액의 범위안에서 제1항제4호의 보증 등을 제공한 사람에게 돌려준다.
③ 제1항의 금액 가운데 채권자에게 배당하고 남은 금액으로 제1항제4호의 보증 등을 돌려주기 부족한 경우로서 그 보증 등을 제공한 사람이 여럿인 때에는 제1항제4호의 보증 등의 비율에 따라 나누어 준다.

■판례-청구이의■
[대법원 2018.3.27., 선고, 2015다70822, 판결]

【판시사항】
[1] 부진정연대채무의 성립요건
[2] 금액이 다른 채무가 서로 부진정연대의 관계에 있을 때 금액이 많은 채무의 일부가 변제 등으로 소멸하는 경우, 변제로 먼저 소멸하는 부분(=단독으로 채무를 부담하는 부분)
[3] 배당표에 대한 이의가 있는 채권에 관하여 배당이의의 소가 제기되어 배당액이 공탁되었다가 배당표가 확정됨에 따라 공탁된 배당금이 지급된 경우, 배당액에 대한 이의가 있었던 채권이 공탁된 배당액으로 충당되는 범위에서 배당표의 확정 시에 소멸하는지 여부(원칙적 적극) 및 배당표의 확정 전에 채권자가 공탁된 배당금을 지급받아 수령하고 그 후 같은 내용으로 배당표가 확정된 경우, 변제의 효력이 발생하는 시점(=공탁금 수령 시) / 이는 근저당권자의 피담보채권에 대하여 다른 채권자가 이의함으로써 해당 배당액이 공탁되었다가 배당이의소송을 거쳐 배당표가 확정됨에 따라 공탁된 배당금이 지급되는 경우에도 마찬가지인지 여부(적극)
[4] 담보권의 실행을 위한 경매절차에서 경매신청채권자에 우선하는 근저당권자가 배당요구의 종기 전에 피담보채권액에 관한 채권계산서를 제출하거나 그 후 배당표가 작성될 때까지 이를 보정함으로써 그에 따라 배당표가 확정된 경우, 배당에 포함되는 이자나 지연손해금의 범위 및 이는 채권계산서를 제출한 근저당권자의 피담보채권에 대하여 다른 채권자가 이의를 하여 해당 배당액이 공탁되었다가 배당이의소송을 거쳐 배당표가 확정됨에 따라 공탁된 배당금이 지급되는 경우에도 마찬가지인지 여부(적극)
[5] 채권계산서를 제출한 근저당권자의 피담보채권에 대하여 다른 채권자가 이의함으로써 해당 배당액이 공탁되었다가 배당이의소송을 거쳐 배당표가 확정됨에 따라 공탁된 배당금이 지급되는 경우, 배당금은 민법 제479조 제1항에 따라 배당표의 확정 시까지(배당표 확정 시보다 앞서는 공탁금 수령 시에 변제의 효력이 발생한다고 볼 수 있는 경우에는 공탁금 수령 시까지) 발생한 이자나 지연손해금 채권에 먼저 충당된 다음 원금에 충당되는지 여부(원칙적 적극)
[6] 확정판결에 따른 강제집행이 권리남용에 해당하기 위한 요건

【판결요지】
[1] 부진정연대채무 관계는 서로 별개의 원인으로 발생한 독립된 채무라 하더라도 동일한 경제적 목적을 가지고 있고 서로 중첩되는 부분에 관하여 일방의 채무가 변제 등으로 소멸할 경우 타방의 채무도 소멸하는 관계에 있으면 성립할 수 있고, 반드시 양 채무의 발생원인, 채무의 액수 등이 서로 같을 것을 요건으로 하지 않는다.
[2] 금액이 다른 채무가 서로 부진정연대의 관계에 있을 때 금액이 많은 채무의 일부가 변제 등으로 소멸하는 경우에 그중 먼저 소멸하는 부분은, 채무 전액의 지급을 확실히 확보하려는 부진정연대채무제도의 취지에 비추어, 다른 채무자와 공동으로 채무를 부담하는 부분이 아니라 단독으로 채무를 부담하는 부분이라고 보아야 한다.
[3] 부동산 경매절차에서 배당기일에 출석한 채권자는 자기의 이해에 관계되는 범위 안에서 다른 채권자를 상대로 그의 채권 또는 그 채권의 순위에 대하여 이의할 수 있고(민사집행법 제151조 제3항), 이 경우 이의한 채권자는 배당이의의 소를 제기하여야 한다(민사집행법 제154조 제1항). 배당표에 대한 이의가 있는 채권에 관하여 적법한 배당이의의 소가 제기된 때에는 그에 대한 배당액을 공탁하여야 하고(민사집행법 제160조 제1항 제5호), 이의된 부분에 대해서는 배당표가 확정되지 않는다(민사집행법 제152조 제3항).
위와 같이 배당액이 공탁된 뒤 배당이의의 소에서 이의된 채권에 관한 전부 또는 일부 승소의 판결이 확정되면 이의된 부분에 대한 배당표가 확정된다. 이때 공탁의 사유가 소멸하게 되므로, 그러한 승소 확정판결을 받은 채권자가 집행법원에 그 사

실 등을 증명하여 배당금의 지급을 신청하면, 집행법원은 판결의 내용에 따라 종전의 배당표를 경정하고 공탁금에 관하여 다시 배당을 실시하여야 한다(민사집행법 제161조 제1항).

이 경우 집행법원의 법원사무관 등은 지급할 배당금액을 적은 지급위탁서를 공탁관에게 송부하고, 지급받을 자에게는 배당액 지급증을 교부하여야 한다(민사집행법 제159조 제2항, 제3항, 민사집행규칙 제82조 제1항, 공탁규칙 제43조 제1항). 이때 공탁관은 집행법원의 보조자로서 공탁금 출급사유 등을 심리함이 없이 집행법원의 공탁금 지급위탁서에 따라 채권자에게 공탁금을 출급하게 된다.

위와 같은 절차에 비추어 보면, 배당표가 확정되어야 비로소 채권자가 공탁된 배당금의 지급을 신청할 수 있으므로, 배당표 확정 이전에 채권자가 배당금을 수령하지 않았는데도 채권에 대해 변제의 효력이 발생한다고 볼 수는 없다. 한편 배당표가 일단 확정되면 채권자는 공탁금을 즉시 지급받아 수령할 수 있는 지위에 있는데, 배당표 확정 이후의 어느 시점(가령 배당액 지급증 교부 시 또는 공탁금 출급 시)을 기준으로 변제의 효력이 발생한다고 보게 되면, 채권자의 의사에 따라 채무의 소멸 시점이 늦추어질 수 있고, 그때까지 채무자는 지연손해금을 추가로 부담하게 되어 불합리하다.

따라서 채무자가 공탁금 출급을 곤란하게 하는 장애요인을 스스로 형성·유지하는 등의 특별한 사정이 없는 한 배당액에 대한 이의가 있었던 채권은 공탁된 배당액으로 충당되는 범위에서 배당표의 확정 시에 소멸한다고 보아야 한다. 다만 위와 같은 배당표의 확정 전에 어떤 경위로든 채권자가 공탁된 배당금을 지급받아 수령하고 그 후 같은 내용으로 배당표가 확정된 경우에는, 채권자가 현실적으로 채권의 만족을 얻은 시점인 공탁금 수령 시에 변제의 효력이 발생한다고 봄이 타당하다.

이러한 법리는 근저당권자의 피담보채권에 대하여 다른 채권자가 이의함으로써 해당 배당액이 공탁되었다가 배당이의소송을 거쳐 배당표가 확정됨에 따라 공탁된 배당금이 지급되는 경우에도 마찬가지로 적용된다.

[4] 담보권의 실행을 위한 경매절차에서 경매신청채권자에 우선하는 근저당권자는 배당요구를 하지 않더라도 당연히 등기부상 기재된 채권최고액의 범위 내에서 순위에 따른 배당을 받을 수 있으므로, 그러한 근저당권자가 채권계산서를 제출하지 않았더라도 배당에서 제외되지 않는다.

만일 그 근저당권자가 배당요구의 종기 전에 피담보채권액에 관한 채권계산서를 제출하거나 그 후 배당표가 작성될 때까지 이를 보정함으로써 그에 따라 배당표가 확정되었다면, 채권최고액 범위 내에서 제출되거나 보정된 채권계산서에 기재된 이자 또는 지연손해금으로서 배당기일까지 발생한 것은 배당에 포함될 수 있지만 배당기일 이후에 발생한 이자나 지연손해금은 배당에 포함될 여지가 없다.

이러한 법리는 채권계산서를 제출한 근저당권자의 피담보채권에 대하여 다른 채권자가 이의를 하여 해당 배당액이 공탁되었다가 배당이의소송을 거쳐 배당표가 확정됨에 따라 공탁된 배당금이 지급되는 경우에도 마찬가지로 적용된다. 따라서 위와 같은 경우에 배당기일 이후 배당금이 공탁되어 있는 동안 실체법상 이자나 지연손해금이 발생하더라도, 해당 근저당권자가 수령할 배당액을 정하는 단계에서는 채권최고액 범위 내에서 배당기일까지의 이자나 지연손해금만이 배당액에 포함될 수 있다.

[5] 채권계산서를 제출한 근저당권자의 피담보채권에 대하여 다른 채권자가 이의함으로써 해당 배당액이 공탁되었다가 배당이의소송을 거쳐 배당표가 확정됨에 따라 공탁된 배당금이 지급되는 경우에, 그 배당금은 특별한 사정이 없는 한 민법 제479조 제1항에 따라 배당표의 확정 시까지(배당표 확정 시보다 앞서는 공탁금 수령 시에 변제의 효력이 발생한다고 볼 수 있는 경우에는 공탁금 수령 시까지를 의미한다. 이하 같다) 발생한 이자나 지연손해금 채권에 먼저 충당된 다음 원금에 충당된다고 보아야 한다. 이유는 다음과 같다.

① 변제충당이란 채무자가 동일한 채권자에 대하여 동종의 목적을 갖는 수개의 채무를 부담하는 경우 또는 1개의 채무의 변제로 수개의 급부를 하여야 할 경우에 변

제제공된 것이 채무 전부를 소멸시키기에 부족한 때에, 변제제공된 것으로 어느 채무의 변제에 충당할 것인지를 결정하는 것을 뜻한다. 배당기일 이후 배당표 확정 시까지 해당 채권의 이자 또는 지연손해금이 발생하였는데도 이를 배제하고 배당기일까지 발생한 이자 또는 지연손해금의 변제에만 충당한다면, 이는 변제의 효력이 발생하는 시점과 변제충당의 기준시점을 달리 보는 것이 되어 변제충당의 본질에 어긋난다.

② 공탁된 배당금을 배당이의소송의 결과에 따라 지급하는 것은 그 범위에서 잠정적으로 보류되었던 배당절차를 마무리하는 것이므로, 배당기일에 확정된 배당금을 지급받은 다른 채권자들과의 형평을 고려해야 한다(배당재원은 한정되어 있으므로 어느 한 채권자에 대한 배당액이 늘어나면 다른 채권자에 대한 배당액은 줄어들 수밖에 없기 때문이다). 그러나 배당금의 수령으로 채무 소멸(변제)의 효력이 발생하는 시점에 실체법상 존재하는 채권 중 어느 채권의 변제에 충당할 것인지는 채무자와 해당 채권자 사이에서만 문제 되는 것으로서, 다른 채권자들의 배당액에 영향을 주지 않는다.

③ 채권계산서에 기재된 원금 또는 배당기일까지의 이자·지연손해금만이 '배당액'에 포함될 수 있다고 하여 '변제충당'도 그 원금 또는 이자·지연손해금에 대해서만 할 수 있다고 본다면, 이는 채권계산서를 제출한 근저당권자가 언제나 이자·지연손해금 중 배당기일까지의 부분만을 지정하여 충당할 수 있다고 보는 것과 마찬가지가 된다.

[6] 확정판결의 기판력은, 법원이 당사자 간의 법적 분쟁에 관하여 판단하여 소송이 종료된 이상, 법적 안정성을 위해 당사자와 법원 모두 분쟁해결의 기준으로서 확정판결의 판단을 존중하여야 한다는 요청에 따라 인정된 것이다. 민사소송법은 확정판결을 그대로 유지할 수 없는 정도로 중대한 흠이 있는 예외적인 경우에만 확정판결을 취소하고 이미 종결된 사건을 다시 심판할 수 있도록 특별한 불복신청의 방법으로서 재심 제도를 두고 있다. 재심은 민사소송법이 열거하고 있는 사유가 있는 경우에 한하여(민사소송법 제451조, 제452조), 일정한 기간 내에(민사소송법 제456조, 다만 제457조의 예외가 있다) 별도로 소를 제기하는 방식으로만 허용된다. 따라서 확정판결에 따른 강제집행이 권리남용에 해당한다고 쉽게 인정하여서는 안 되고, 이를 인정하기 위해서는 확정판결의 내용이 실체적 권리관계에 배치되는 경우로서 그에 기초한 집행이 현저히 부당하고 상대방으로 하여금 집행을 받아들이도록 하는 것이 정의에 반함이 명백하여 사회생활상 용인할 수 없다고 인정되는 것과 같은 특별한 사정이 있어야 한다.

제148조(배당받을 채권자의 범위)
제147조제1항에 규정한 금액을 배당받을 채권자는 다음 각호에 규정된 사람으로 한다.
1. 배당요구의 종기까지 경매신청을 한 압류채권자
2. 배당요구의 종기까지 배당요구를 한 채권자
3. 첫 경매개시결정등기전에 등기된 가압류채권자
4. 저당권·전세권, 그 밖의 우선변제청구권으로서 첫 경매개시결정등기전에 등기되었고 매각으로 소멸하는 것을 가진 채권자

Q. 임차권등기명령을 신청하여 집행한 임차인도 배당요구가 필요한지

질문

甲은 2016.1.1. 임차권등기명령을 신청하였고 다음날 집행되어 임차권등기가 경료되었습니다. 그 후, 임대차의 목적물이 된 부동산이 2016.2.1에 경매개시결정등기가 되었습니다. 甲은 별도의 배당요구를 하지 않더라도 배당을 받을 수 있나요?

답변

「민사집행법」 제148조 제4호는 저당권·전세권, 그 밖의 우선변제청구권으로서 첫 경매개시결정등기전에 등기되었고 매각으로 소멸하는 것을 가진 채권자는 배당요구를 하지 않아도 당연히 배당에 참가한다고 규정하고 있습니다.

제149조(배당표의 확정)
① 법원은 채권자와 채무자에게 보여 주기 위하여 배당기일의 3일전에 배당표원안(配當表原案)을 작성하여 법원에 비치하여야 한다.
② 법원은 출석한 이해관계인과 배당을 요구한 채권자를 심문하여 배당표를 확정하여야 한다.

제150조(배당표의 기재 등)
① 배당표에는 매각대금, 채권자의 채권의 원금, 이자, 비용, 배당의 순위와 배당의 비율을 적어야 한다.
② 출석한 이해관계인과 배당을 요구한 채권자가 합의한 때에는 이에 따라 배당표를 작성하여야 한다.

제151조(배당표에 대한 이의)
① 기일에 출석한 채무자는 채권자의 채권 또는 그 채권의 순위에 대하여 이의할 수 있다.
② 제1항의 규정에 불구하고 채무자는 제149조제1항에 따라 법원에 배당표원안이 비치된 이후 배당기일이 끝날 때까지 채권자의 채권 또는 그 채권의 순위에 대하여 서면으로 이의할 수 있다.
③ 기일에 출석한 채권자는 자기의 이해에 관계되는 범위 안에서는 다른 채권자를 상대로 그의 채권 또는 그 채권의 순위에 대하여 이의할 수 있다.

제152조(이의의 완결)
① 제151조의 이의에 관계된 채권자는 이에 대하여 진술하여야 한다.
② 관계인이 제151조의 이의를 정당하다고 인정하거나 다른 방법으로 합의한 때에는 이에 따라 배당표를 경정(更正)하여 배당을 실시하여야 한다.
③ 제151조의 이의가 완결되지 아니한 때에는 이의가 없는 부분에 한하여 배당을 실시하여야 한다.

제153조(불출석한 채권자)

① 기일에 출석하지 아니한 채권자는 배당표와 같이 배당을 실시하는 데에 동의한 것으로 본다.
② 기일에 출석하지 아니한 채권자가 다른 채권자가 제기한 이의에 관계된 때에는 그 채권자는 이의를 정당하다고 인정하지 아니한 것으로 본다.

제154조(배당이의의 소 등)

① 집행력 있는 집행권원의 정본을 가지지 아니한 채권자(가압류채권자를 제외한다)에 대하여 이의한 채무자와 다른 채권자에 대하여 이의한 채권자는 배당이의의 소를 제기하여야 한다.
② 집행력 있는 집행권원의 정본을 가진 채권자에 대하여 이의한 채무자는 청구이의의 소를 제기하여야 한다.
③ 이의한 채권자나 채무자가 배당기일부터 1주 이내에 집행법원에 대하여 제1항의 소를 제기한 사실을 증명하는 서류를 제출하지 아니한 때 또는 제2항의 소를 제기한 사실을 증명하는 서류와 그 소에 관한 집행정지재판의 정본을 제출하지 아니한 때에는 이의가 취하된 것으로 본다.

제155조(이의한 사람 등의 우선권 주장)

이의한 채권자가 제154조제3항의 기간을 지키지 아니한 경우에도 배당표에 따른 배당을 받은 채권자에 대하여 소로 우선권 및 그 밖의 권리를 행사하는 데 영향을 미치지 아니한다.

제156조(배당이의의 소의 관할)

① 제154조제1항의 배당이의의 소는 배당을 실시한 집행법원이 속한 지방법원의 관할로 한다. 다만, 소송물이 단독판사의 관할에 속하지 아니할 경우에는 지방법원의 합의부가 이를 관할한다.
② 여러 개의 배당이의의 소가 제기된 경우에 한 개의 소를 합의부가 관할하는 때에는 그 밖의 소도 함께 관할한다.
③ 이의한 사람과 상대방이 이의에 관하여 단독판사의 재판을 받을 것을 합의한 경우에는 제1항 단서와 제2항의 규정을 적용하지 아니한다.

제157조(배당이의의 소의 판결)

배당이의의 소에 대한 판결에서는 배당액에 대한 다툼이 있는 부분에 관하여 배당을 받을 채권자와 그 액수를 정하여야 한다. 이를 정하는 것이 적당하지 아니하다고 인정한 때에는 판결에서 배당표를 다시 만들고 다른 배당절차를 밟도록 명하여야 한다.

Q. 배당이의에서 피고 패소 시 원고배당액에 추가하고 남은 잉여금 처리방법

질문

乙은 부동산의 근저당권실행으로 인한 경매절차에서 임금채권의 우선변제권에 기하여 배당요구를 하여 배당을 받았으나, 경매를 신청한 근저당권자인 甲이 乙의 배당액에 관하여 배당이의의 소를 제기하였습니다. 그런데 乙의 임금채권은 허위채권임이 확실하므로 乙의 임금채권의 부존재가 인정될 경우 또 다른 근저당권자도 있는바, 甲의 근저당권부채권에 충당하고 남는 잉여금은 누구에게 귀속되는지요?

답변

배당이의의 소의 판결에 관하여「민사집행법」제157조는 "배당이의의 소에 대한 판결에서는 배당액에 대한 다툼이 있는 부분에 관하여 배당을 받을 채권자와 그 액수를 정하여야 한다. 이를 정하는 것이 적당하지 아니하다고 인정한 때에는 판결에서 배당표를 다시 만들고 다른 배당절차를 밟도록 명하여야 한다."라고 규정하고 있으며, 이 규정은 같은 법 제268조에 의하여 담보권실행을 위한 경매에 준용됩니다.

그런데 관련 판례는 "채권자가 제기하는 배당이의의 소는 대립하는 당사자인 채권자들 사이의 배당액을 둘러싼 분쟁을 해결하는 것이므로, 그 소송의 판결은 원·피고로 되어 있는 채권자들 사이에서 상대적으로 계쟁 배당부분의 귀속을 변경하는 것이어야 하고, 따라서 피고의 채권이 존재하지 않는 것으로 인정되는 경우 계쟁 배당부분 가운데 원고에게 귀속시키는 배당액을 계산함에 있어서 이의신청을 하지 아니한 다른 채권자의 채권을 참작할 필요가 없으며, 이는 이의신청을 하지 아니한 다른 채권자 가운데 원고보다 선순위의 채권자가 있다 하더라도 마찬가지이다."라고 하면서, 채권자가 제기한 배당이의의 소에서 피고의 채권이 존재하지 않아 그 배당액 전액이 이의신청을 하지 아니한 원고의 선순위 채권자에게 배당되어야 한다는 이유를 들어 원고의 당사자적격을 부인한 원심판결을 파기한 사례가 있습니다(대법원 2001. 2. 9. 선고 2000 다41844 판결).

또한, "채권자가 제기한 배당이의소송은 대립하는 당사자인 채권자들 사이의 배당액을 둘러싼 분쟁을 상대적으로 해결하는 것에 지나지 아니하고 그 판결의 효력은 오직 소송당사자인 채권자들 사이에만 미칠 뿐이므로, 배당이의소송의 판결에서 계쟁 배당부분에 관하여 배당을 받을 채권자와 그 수액을 정함에 있어서는 피고의 채권이 존재하지 않는 것으로 인정되는 경우에도, 이의신청을 하지 아니한 다른 채권자의 채권을 참작함이 없이 그 계쟁 배당부분을 원고가 가지는 채권액의 한도 내에서 구하는 바에 따라 원고의 배당액으로 하고, 그 나머지는 피고의 배당액으로 유지함이 상당하다."라고 하였습니다(대법원 1998. 5. 22. 선고 98다3818 판결).

따라서 위 사안에서 乙의 임금채권의 부존재가 인정될 경우 또 다른 근저당권자가 있는 경우에도 甲의 근저당권부채권에 충당하고 남는 금액은 일단 乙에게 귀속될 것으로 보입니다.

그러나 판례는 "확정된 배당표에 의하여 배당을 실시하는 것은 실체법상의 권리를 확정하는 것이 아니므로, 배당을 받아야 할 채권자가 배당을 받지 못하고 배당을 받지 못할 자가 배당을 받은 경우에는 배당을 받지 못한 채권자로서는 배당에 관하여 이의를 한 여부에 관계없이 배당을 받지 못한 자이면서도 배당을 받았던 자를 상대로 부당이득반환청구권을 갖는다 할 것이고, 배당을 받지 못한 그 채권자가 일반채권자라고 하여 달리 볼 것은 아니다."라고 하였으므로(대법원 2001. 3. 13. 선고 99다26948 판결, 2007. 2. 9. 선고 2006다39546 판결), 乙에게 배당되지 않았다면 배당을 받을 수 있었던 다른 채권자들은 乙을 상대로 부당이득금반환청구를 할 수 있을 것으로 보입니다.

그러나 배당이의의 소가 제기되어 배당이의 공탁된 경우 그 공탁에 관련된 채권자가 채무자로부터 제기당한 배당이의의 소에서 패소한 때에는 법원은 배당에 대하여 이의하지 아니한 채권자를 위하여서도 배당표를 바꾸어야 합니다(민사집행법 제160조 제1항 제5호, 제161조 제2항 제2호).

제158조(배당이의의 소의 취하간주)
이의한 사람이 배당이의의 소의 첫 변론기일에 출석하지 아니한 때에는 소를 취하한 것으로 본다.

▣판례-손해배상(기)▣
[대구지법 2012.9.5., 선고, 2011가합9260, 판결 : 확정]

【판시사항】
甲 새마을금고가 변호사 乙과 배당이의소송에 관한 위임계약을 체결하였는데, 乙이 1회 변론기일에 출석하지 않음으로써 소송이 취하간주로 종결되자 甲 금고가 乙을 상대로 손해배상을 구한 사안에서, 乙은 甲 금고가 입은 비재산상 손해를 배상할 의무가 있다고 한 사례

【판결요지】
甲 새마을금고가 변호사 乙과 배당이의소송에 관한 위임계약을 체결하였는데, 乙이 1회 변론기일에 출석하지 않음으로써 소송이 취하간주로 종결되자 甲 금고가 乙을 상대로 손해배상을 구한 사안에서, 乙은 소송수행의 사무처리를 위임받은 대리인으로서 변론기일에 출석하여 소송을 유리하게 하기 위한 일체의 소송행위를 하여야 할 의무가 있고, 소송의뢰인의 의사에 의하지 아니하고 재판을 받을 기회를 상실하는 일이 없도록 세심한 주의를 하여야 할 의무가 있음에도, 이를 게을리한 채 제1회 변론기일에 불출석하여 소송이 취하간주로 종결되게 함으로써 甲 금고로부터 위임받은 사무를 위임 본지에 따라 선량한 관리자의 주의로써 처리할 의무를 위반하였으므로 乙은 이러한 채무불이행 또는 불법행위 때문에 甲 금고가 입은 손해를 배상할 의무가 있는데, 乙이 변론기일에 출석하여 변론을 진행하였더라도 甲 금고가 소송에서 승소할 수 있었다고 볼 수 없으므로 재산상 손해를 인정할 수는 없으나, 乙의 위와 같은 주의의무 위반으로 甲 금고로서는 법원의 종국적 판단을 받을 권리를 침해당하고 분쟁의 종결이 지연되는 등 비재산상 손해를 입었으므로, 乙은 甲 금고에 이러한 비재산상 손해를 배상할 의무가 있다고 한 사례.

제159조(배당실시절차·배당조서)
① 법원은 배당표에 따라 제2항 및 제3항에 규정된 절차에 의하여 배당을 실시하여야 한다.
② 채권 전부의 배당을 받을 채권자에게는 배당액지급증을 교부하는 동시에 그가 가진 집행력 있는 정본 또는 채권증서를 받아 채무자에게 교부하여야 한다.
③ 채권 일부의 배당을 받을 채권자에게는 집행력 있는 정본 또는 채권증서를 제출하게 한 뒤 배당액을 적어서 돌려주고 배당액지급증을 교부하는 동시에 영수증을 받아 채무자에게 교부하여야 한다.
④ 제1항 내지 제3항의 배당실시절차는 조서에 명확히 적어야 한다.

제160조(배당금액의 공탁)
① 배당을 받아야 할 채권자의 채권에 대하여 다음 각호 가운데 어느 하나의 사유가 있으면 그에 대한 배당액을 공탁하여야 한다.

1. 채권에 정지조건 또는 불확정기한이 붙어 있는 때
2. 가압류채권자의 채권인 때
3. 제49조제2호 및 제266조제1항제5호에 규정된 문서가 제출되어 있는 때
4. 저당권설정의 가등기가 마쳐져 있는 때
5. 제154조제1항에 의한 배당이의의 소가 제기된 때
6. 민법 제340조제2항 및 같은 법 제370조에 따른 배당금액의 공탁청구가 있는 때

② 채권자가 배당기일에 출석하지 아니한 때에는 그에 대한 배당액을 공탁하여야 한다.

▣판례-부당이득금반환▣
[대법원 2018.7.24., 선고, 2016다227014, 판결]

【판시사항】
부동산 경매절차에서 가압류채권자의 채권에 대하여 배당액이 공탁된 후 그 채권에 관하여 채권자 승소의 본안판결이 확정된 경우, 본안의 확정판결에서 지급을 명한 가압류채권자의 채권이 공탁된 배당액으로 충당되는 범위에서 본안판결의 확정 시에 소멸하는지 여부(원칙적 적극) / 이러한 법리는 본안판결 확정 이후 채무자에 대하여 파산이 선고된 경우에도 마찬가지로 적용되는지 여부(적극) 및 이때 가압류채권자가 공탁된 배당금을 채무자의 파산선고 후 수령한 경우, 파산관재인과의 관계에서 민법상 부당이득에 해당하는지 여부(소극)

【판결요지】
채무자가 파산선고 당시에 가진 모든 재산은 파산재단에 속하고[채무자 회생 및 파산에 관한 법률(이하 '채무자회생법'이라고 한다) 제382조 제1항], 채무자에 대하여 파산선고 전의 원인으로 생긴 재산상의 청구권인 파산채권에 기하여 파산재단에 속하는 재산에 대하여 행하여진 강제집행·가압류 또는 가처분은 파산재단에 대하여는 그 효력을 잃는다(채무자회생법 제423조, 제348조 제1항).
한편 부동산에 대한 경매절차에서 배당법원은 배당을 실시할 때에 가압류채권자의 채권에 대하여는 그에 대한 배당액을 공탁하여야 하고, 그 후 그 채권에 관하여 채권자 승소의 본안판결이 확정됨에 따라 공탁의 사유가 소멸한 때에는 가압류채권자에게 공탁금을 지급하여야 한다(민사집행법 제160조 제1항 제2호, 제161조 제1항). 따라서 특별한 사정이 없는 한 본안의 확정판결에서 지급을 명한 가압류채권자의 채권은 위와 같이 공탁된 배당액으로 충당되는 범위에서 본안판결의 확정 시에 소멸한다. 이러한 법리는 위와 같은 본안판결 확정 이후에 채무자에 대하여 파산이 선고되었다 하더라도 마찬가지로 적용되므로, 본안판결 확정 시에 이미 발생한 채권 소멸의 효력은 채무자회생법 제348조 제1항에도 불구하고 그대로 유지된다고 보아야 한다.
이러한 경우에 가압류채권자가 공탁된 배당금을 채무자의 파산선고 후에 수령하더라도 이는 본안판결 확정 시에 이미 가압류채권의 소멸에 충당된 공탁금에 관하여 단지 수령만이 본안판결 확정 이후의 별도의 시점에 이루어지는 것에 지나지 않는다. 따라서 가압류채권자가 위와 같이 수령한 공탁금은 파산관재인과의 관계에서 민법상의 부당이득에 해당하지 않는다고 보아야 한다.

제161조(공탁금에 대한 배당의 실시)
① 법원이 제160조제1항의 규정에 따라 채권자에 대한 배당액을 공탁한 뒤 공탁의 사유가 소멸한 때에는 법원은 공탁금을 지급하거나 공탁금에 대한 배당을 실시하여야 한다.
② 제1항에 따라 배당을 실시함에 있어서 다음 각호 가운데 어느 하나에 해당하

는 때에는 법원은 배당에 대하여 이의하지 아니한 채권자를 위하여서도 배당
표를 바꾸어야 한다.
1. 제160조제1항제1호 내지 제4호의 사유에 따른 공탁에 관련된 채권자에 대
   하여 배당을 실시할 수 없게 된 때
2. 제160조제1항제5호의 공탁에 관련된 채권자가 채무자로부터 제기당한 배
   당이의의 소에서 진 때
3. 제160조제1항제6호의 공탁에 관련된 채권자가 저당물의 매각대가로부터
   배당을 받은 때
③ 제160조제2항의 채권자가 법원에 대하여 공탁금의 수령을 포기하는 의사를
   표시한 때에는 그 채권자의 채권이 존재하지 아니하는 것으로 보고 배당표를
   바꾸어야 한다.
④ 제2항 및 제3항의 배당표변경에 따른 추가 배당기일에 제151조의 규정에 따라
   이의할 때에는 종전의 배당기일에서 주장할 수 없었던 사유만을 주장할 수 있다.

제162조(공동경매)
여러 압류채권자를 위하여 동시에 실시하는 부동산의 경매절차에는 제80조 내지
제161조의 규정을 준용한다.

집행관에게 지급할 부동산 경매수수료의 예납 및 지급에 관한 예규(재민 79-5)

개정 2017.1.20. [재판예규 제1635호, 시행 2017.1.20.]

제1조 (목적)
이 예규는 법원이 부동산(선박, 자동차, 건설기계, 소형선박 등을 포함한다. 이하 같다)의 매각를 명할 경우 신청인이 예납하여야 할 부동산매각수수료(이하 "매각수수료"라 한다) 예납금의 산정 기준과 그 매각수수료의 지급방법을 통일하여 매각사건처리의 합리적인 운영을 기함을 목적으로 한다.

제2조 (적용범위)
이 예규에 의한 예납금의 산정기준은 집행관수수료규칙 제16조 및 제17조 제2항에 정한 사유로 집행관에게 지급할 매각수수료에 한하여 적용한다.

제3조 (예납금 산정기준)
① 매각신청인에게 예납시킬 매각수수료의 예납액은 별표를 기준으로 하여 집행관수수료규칙 제16조 소정의 매각수수료 산정방법에 의하여 산정한다.
② 집행관수수료규칙 제17조 제2항 각호의 사유로 경매되지 못한 때에 지급할 매각수수료예납금은 동조항에 정한 금액의 5회분으로 한다.

제4조 (추납)
① 목적물의 일부 또는 전부가 경매된 경우, 매각수수료 예납금이 매각수수료에 미달한 때에는 그 부족액에 대하여 매각허가 결정이 있기 전에 예납을 명하여야 한다.
② 집행관수수료규칙 제17조 제2항 각호의 사유로 매각되지 못한 때에 지급할 매각수수료로서 예납한 예납금이 부족한 경우에도 동 조항에 정한 금액의 5회분 범위내에서 예납을 명하여야 한다.

제5조 (매각수수료의 지급시기)
① 매각에 의한 매각수수료는 매각허가결정이 확정된 후 집행관의 신청에 의하여 즉시 지급한다. 다만 매각허가결정이 확정되기 전에 그 결정이 취소되지 아니한 상태에서 매각신청이 적법히 취하된 경우에는 그 취하가 있은 후 집행관의 신청에 의하여 즉시 지급한다.
② 집행관수수료규칙 제17조 제2항 각호의 사유가 발생한 때의 매각수수료는 그 사유가 발생한 후 집행관의 신청에 의하여 즉시 지급한다.

제6조 (매각된 수개의 부동산 중 일부에 대하여 매각불허가결정이 있은 경우)
수개의 부동산이 매각되었으나 매각결정기일에 그 중 일부 부동산에 대하여 민사집행법 제124조에 의하여 매각이 허가되지 아니한 경우, 매각이 허가되지 아니한 부동산에 대하여는 집행관수수료규칙 제19조의 규정에 의하여 제17조 제2항 및 제1항 소정의 매각수수료를 지급한다.

부 칙(2017.01.20 제1635호)

이 예규는 즉시 시행한다.

[별표]

경매목적물별 기준금액

경매목적물	기준금액
토지	개별공시지가
일반주택	개별주택공시가격
아파트	공동주택공시가격
상업용 건물, 오피스텔	기준시가
선박, 자동차, 항공기, 광업권, 어업권 등	시가표준액
공장재단, 광업재단	① (토지: 개별공시지가, 건물, 시가표준액) ② (기계·가구: 신청인이 예상하는 시가) ①+②를 합산

부동산등에 대한 경매절차 처리지침(재민 2004-3)

개정 2016.12.20. [재판예규 제1631호, 시행 2017.1.1.]

제1장 총 칙

제1조 (목적)
이 예규는 부동산에 대한 강제경매절차와 담보권실행을 위한 경매절차를 정함을 목적으로 한다.

제2조 (용어의 정의)
이 예규에서 사용하는 용어의 정의는 다음과 같다.
 1. "보증서"라 함은 민사집행규칙 제64조 제3호, 제70조 제2호의 규정에 따라 은행 등과 지급보증위탁계약을 체결한 문서(경매보증보험증권)를 말한다.
 2. "입금증명서"라 함은 법원보관금취급규칙 제9조 제9항에 따라 법원보관금취급규칙의 별지 제3호 서식(법원보관금영수필통지서)이 첨부된 법원보관금취급규칙의 별지 제7-1호 서식을 말한다.
 3. "입찰기간등"이라 함은 기간입찰에서의 입찰기간과 매각기일을 말한다.
 4. "집행관등"이라 함은 집행관 또는 그 사무원을 말한다.
 5. "법원사무관등"이라 함은 법원서기관·법원사무관·법원주사 또는 법원주사보를 말한다.
 6. "보증금"이라 함은 지급보증위탁계약에 따라 은행 등이 지급하기로 표시한 금액(보험금액)을 말한다.

제3조 (부동산의 매각방법)
① 부동산은 기일입찰 또는 기간입찰의 방법으로 매각하는 것을 원칙으로 한다.
② 부동산의 호가경매에 관하여 필요한 사항 중 민사집행법과 민사집행규칙에 정하여지지 아니한 사항은 따로 대법원예규로 정한다.

제4조 (선박등에 대한 경매절차에서의 준용)
선박·항공기·자동차·건설기계 및 소형선박에 대한 강제집행절차와 담보권실행을 위한 경매절차에는 그 성질에 어긋나지 아니하는 범위 안에서 제2장 내지 제6장의 규정을 준용한다.

제2장 매각의 준비

제5조 (미등기건물의 조사)
① 미등기건물의 조사명령을 받은 집행관은 채무자 또는 제3자가 보관하는 관계자료를 열람·복사하거나 제시하게 할 수 있다.
② 집행관은 건물의 지번·구조·면적을 실측하기 위하여 필요한 때에는 감정인, 그 밖에 필요한 사람으로부터 조력을 받을 수 있다.

③ 제1항과 제2항의 조사를 위하여 필요한 비용은 집행비용으로 하며, 집행관이 조사를 마친 때에는 그 비용 내역을 바로 법원에 신고하여야 한다.

제6조 (배당요구의 종기 결정 등)

① 배당요구의 종기는 특별한 사정이 없는 한 배당요구종기결정일부터 2월 이상 3월 이하의 범위 안에서 정하여야 한다. 다만, 자동차나 건설기계의 경우에는 1월 이상 2월 이하의 범위 안에서 정할 수 있다.

② 배당요구의 종기는 인터넷 법원경매공고란(www.courtauction.go.kr ; 이하 같다) 또는 법원게시판에 게시하는 방법으로 공고한다.

③ 법 제84조 제2항 후단에 규정된 전세권자 및 채권자에 대한 고지는 기록에 표시된 주소에 등기우편으로 발송하는 방법으로 한다.

④ 「민사집행법」 제84조제4항에 따라 최고하여야 할 조세, 그 밖의 공과금을 주관하는 공공기관은 다음 각 호와 같다.
  1. 소유자의 주소지를 관할하는 세무서
  2. 부동산 소재지의 시(자치구가 없는 경우), 자치구, 군, 읍, 면
  3. 관세청 (공장저당법상 저당권자의 신청에 의한 담보권 실행을 위한 경매 사건인 경우, 그 밖의 사건에 있어서 채무자(담보권 실행을 위한 경매에 있어서는 소유자)가 회사인 경우)
  4. 소유자의 주소지를 관할하는 국민건강보험공단

⑤ 배당요구의 종기가 정하여진 때에는 법령에 정하여진 경우(예 : 법 제87조 제3항)나 특별한 사정이 있는 경우(예 : 채무자에 대하여 경매개시결정이 송달되지 아니하는 경우, 감정평가나 현황조사가 예상보다 늦어지는 경우 등)가 아니면 배당요구의 종기를 새로 정하거나 정하여진 종기를 연기하여서는 아니 된다. 이 경우 배당요구의 종기를 연기하는 때에는 배당요구의 종기를 최초의 배당요구종기결정일부터 6월 이후로 연기하여서는 아니 된다.

⑥ 배당요구의 종기를 새로 정하거나 정하여진 종기를 연기한 경우에는 제1항 내지 제3항의 규정을 준용한다. 다만, 이미 배당요구 또는 채권신고를 한 사람에 대하여는 새로 정하여지거나 연기된 배당요구의 종기를 고지할 필요가 없다.

제7조 (매각기일 또는 입찰기간등의 공고)

① 매각기일 또는 입찰기간등의 공고는 법원게시판에 게시하는 방법으로 한다. 이 경우 법원게시판에는 그 매각기일이 지정된 사건목록과 매각기일의 일시·장소 및 업무담당부서만을 게시하고(기간입찰에서는 입찰기간도 게시) 이와 함께 전체 공고사항이 기재된 공고문은 ○○○에서 열람할 수 있다는 취지의 안내문을 붙이고, 그 공고문을 집행과 사무실(그 밖에 적당한 장소를 포함한다. 이하 같다)에 비치하여 열람에 제공하는 방식으로 공고할 수 있다.

② 첫 매각기일 또는 입찰기간등을 공고하는 때에는 제1항의 공고와는 별도로 공고사항의 요지를 신문에 게재하여야 하며, 그 게재방식과 게재절차는 다음의 기준을 따라야 한다.
  가. 기일입찰의 신문공고 내용은 [전산양식 A3356]에 따라, 기간입찰의 신문 공고 내용은 [전산양식 A3390]에 따라 알아보기 쉽게 작성하여야 한다.
  나. 매각기일 또는 입찰기간등의 공고문은 아파트, 다세대주택, 단독주택, 상가, 대지, 전·답, 임야 등 용도별로 구분하여 작성하고, 감정평가액

과 최저매각가격을 함께 표시하여야 하며, 아파트·상가 등의 경우에는 면적란에 등기부상의 면적과 함께 모델명(평형 등)을 표시할 수 있다.
다. 매각기일 또는 입찰기간등의 공고문에는 그 매각기일에 진행할 사건 중 첫 매각기일 또는 입찰기간등으로 진행되는 사건만을 신문으로 공고하며, 속행사건에 대하여는 인터넷 법원경매공고란에 게시되어 있다는 사실을 밝혀야 한다.
라. 신문공고비용은 공고비용 총액을 각 부동산이 차지하는 공고지면의 비율에 따라 나누어 각 사건의 경매예납금 중에서 지출하여야 한다.
③ 법원사무관등은 제1항과 제2항에 규정된 절차와는 별도로 공고사항의 요지를 매각기일 또는 입찰기간 개시일의 2주 전까지 인터넷 법원경매공고란에 게시하여야 한다.

제8조 (매각물건명세서의 작성·비치 등)

① 매각물건명세서는 매 매각기일 또는 입찰기간 개시일 1주 전까지 작성하여 그 원본을 경매기록에 가철하여야 하고, 이 경우 다른 문서의 내용을 인용하는 방법(예컨대, 현황조사보고서 기재와 같음)으로 작성하여서는 아니된다.
② 인수 여부가 불분명한 임차권에 관한 주장이 제기된 경우에는 매각물건명세서의 임대차 기재란에 그 임차권의 내용을 적고 비고란에 ○○○가 주장하는 임차권은 존부(또는 대항력 유무)가 불분명함이라고 적는다.
③ 매각물건명세서에는 최저매각가격과 함께 매각목적물의 감정평가액을 표시하여야 한다.
④ 매각물건명세서·현황조사보고서 및 감정평가서의 사본은 일괄 편철하여 매각기일 또는 입찰기간 개시일 1주 전까지 사건별·기일별로 구분한 후 집행과 사무실 등에 비치하여 매수희망자가 손쉽게 열람할 수 있게 하여야 한다. 다만, 현황조사보고서에 첨부한 주민등록 등·초본은 비치하지 아니한다.
⑤ 법원은 전자적으로 작성되거나 제출된 매각물건명세서·현황조사보고서 및 감정평가서의 기재내용을 전자통신매체로 열람하게 하거나 그 출력물을 비치함으로써 그 사본의 비치에 갈음할 수 있다.

제9조 (매각물건명세서의 정정·변경 등)

① 매각물건명세서의 사본을 비치한 이후에 그 기재 내용을 정정·변경하는 경우에 판사(사법보좌관)는 정정·변경된 부분에 날인하고 비고란에 "200○.○.○. 정정·변경"이라고 적는다. 권리관계의 변동이 발생하여 매각물건명세서를 재작성하는 때에는 기존의 매각물건명세서에 "200○.○.○. 변경전", 재작성된 매각물건명세서에 "200○.○.○. 변경 후"라고 적는다. 다만, 전자화된 매각물건명세서의 경우에는 새로 작성하는 매각물건명세서의 비고란에 정정·변경된 내용을 기재하고 "200○.○.○. 정정·변경"이라고 적고 날인은 사법전자서명으로 한다.
② 매각물건명세서의 정정·변경이 그 사본을 비치한 이후에 이루어진 경우에 정정·변경된 내용이 매수신청에 영향을 미칠 수 있는 사항(예컨대, 대항력 있는 임차인의 추가)이면 매각기일 또는 입찰기간등을 변경하여야 한다.
③ 매각물건명세서의 정정·변경이 매각물건명세서의 사본을 비치하기 전에 이루어져 당초 통지·공고된 매각기일에 매각을 실시하는 경우에 다음 각호와

같이 처리한다.
1. 기일입찰에서는 집행관이 매각기일에 매각을 실시하기 전에 그 정정·변
   경된 내용을 고지한다.
2. 기간입찰에서는 법원사무관등이 집행과 및 집행관 사무실 게시판에 그 정
   정·변경된 내용을 게시한다.

제10조 (사건목록 등의 작성)
① 법원사무관등은 매각기일이 지정된 때에는 매각할 사건의 사건번호를 적은
   사건목록을 3부 작성하여, 1부는 제7조 제1항의 규정에 따른 공고시에 법원
   게시판에 게시하고(게시판에 게시하는 사건목록에는 공고일자를 적어야 한
   다), 1부는 담임법관(사법보좌관)에게, 나머지 1부는 집행관에게 보내야 한다.
② 법원사무관등은 기간입찰의 공고후 즉시 입찰기간 개시일 전까지 법원보관금
   취급점(이하 "취급점"이라고 한다)에 매각물건의 표시 및 매각조건등에 관한
   사항을 전송하여야 한다.

제11조 (경매사건기록의 인계)
① 매각기일이 지정되면 법원사무관등은 경매사건기록을 검토하여 매각기일을
   여는 데 지장이 없는 사건기록은 매각기일 전날 일괄하여 집행관에게 인계하
   고 매각기일부(전산양식 A3355)의 기록인수란에 영수인을 받아야 한다. 다만,
   기간입찰의 경우 법원사무관등은 입찰기간 개시일 이전에 매각명령의 사본을
   집행관에게 송부하고 매각명령 영수증(전산양식 A3343)에 영수인을 받아 기
   록에 편철한다.
② 법원사무관등은 매각기일이 지정된 사건 중 제1항의 규정에 따라 집행관에게
   인계된 사건기록 외의 사건기록은 즉시 담임법관(사법보좌관)에게 인계하고 그
   사유를 보고한 뒤 담임법관(사법보좌관)의 지시에 따라 처리하여야 한다.
③ 전자기록사건에 있어서는 매각기일이 지정된 사건기록에 대하여 집행관은 매
   각기일 전날부터 5일간 열람할 수 있으며, 이 열람으로 경매사건기록의 집행
   관 인계에 갈음한다. 이 기간 이외에는 집행관은 일반 열람신청의 방법에 의
   하여 경매사건기록을 열람할 수 있다.

제12조 (매각명령의 확인)
집행관은 법원으로부터 인계받은 기록에 매각명령이 붙어 있는지를 확인한다.
기일입찰의 경우 기록에 매각명령이 붙어 있지 아니한 때에는 법원에 매각절차
를 진행할지 여부를 확인하여야 한다.

제13조 (기일입찰에서의 매각사건목록과 매각물건명세서 비치)
① 집행관은 매각기일에 [전산양식 A3357]에 따라 매각사건목록을 작성하여 매
   각물건명세서·현황조사보고서 및 평가서의 사본과 함께 경매법정, 그 밖에
   매각을 실시하는 장소(이하 "경매법정등"이라고 한다)에 비치 또는 게시하여
   야 한다.
② 제1항의 규정에 따라 비치하는 매각물건명세서·현황조사보고서 및 평가서의
   사본은 사건 단위로 분책하여야 한다. 다만, 매각물건명세서·현황조사보고
   서 및 감정평가서의 기재내용을 전자통신매체로 열람하게 함으로써 그 사본
   의 비치에 갈음하는 경우에는 사건 단위로 열람할 수 있도록 한다.

제14조 (입찰표등의 비치)

① 기일입찰의 경우 집행과 사무실과 경매법정등에는 기일입찰표(전산양식 A3360), 매수신청보증봉투(전산양식 A3361), 기일입찰봉투(전산양식 A3362, A3363), 공동입찰신고서(전산양식 A3364), 공동입찰자목록(전산양식 A3365)을 비치하여야 한다.

② 기간입찰의 경우 집행과 및 집행관 사무실에 기간입찰표(전산양식 A3392), 기간입찰봉투(전산양식 A3393, A3394), 법원보관금취급규칙의 별지 제7-1호 서식(입금증명서), 공동입찰신고서(전산양식 A3364), 공동입찰자목록(전산양식 A3365)을 비치하여야 한다.

③ 기간입찰의 경우 집행과 및 집행관 사무실에 주의사항(전산양식 A3400)과 필요사항을 적은 기간입찰표 견본을 비치하여야 한다.

제15조 (기일입찰에서의 기일입찰표 견본과 주의사항 게시)

기일입찰을 실시함에 있어서는 경매법정등의 후면에 제31조 제2호 내지 제13호의 주의사항을 게시하고, 기일입찰표 기재 장소에 필요사항을 적은 기일입찰표 견본을 비치하여야 한다.

제3장 기간입찰에서의 입찰등

제16조 (매수신청보증)

① 기간입찰에서 매수신청보증의 제공은 입금증명서 또는 보증서에 의한다.

② 기간입찰봉투가 입찰함에 투입된 후에는 매수신청보증의 변경, 취소가 허용되지 않는다.

제17조 (매각기일의 연기)

매각기일의 연기는 허용되지 않는다. 다만, 연기신청이 입찰공고전까지 이루어지고, 특별한 사정이 있는 경우에 한하여 그러하지 아니하다.

제18조 (매수신청)

매수신청은 기간입찰표를 입금증명서 또는 보증서와 함께 기간입찰봉투에 넣어 봉인한 다음 집행관에게 직접 또는 등기우편으로 부치는 방식으로 제출되어야 한다.

제19조 (매수신청인의 자격증명등)

① 매수신청인의 자격 증명은 개인이 입찰하는 경우 주민등록표등·초본, 법인의 대표자 등이 입찰하는 경우 법인등기사항증명서, 법정대리인이 입찰하는 경우 가족관계증명서, 임의대리인이 입찰하는 경우 대리위임장, 인감증명서(「본인서명사실 확인 등에 관한 법률」에 따라 「인감증명법」에 의한 인감증명을 갈음하여 사용할 수 있는 본인서명사실확인서와 전자본인서명확인서의 발급증을 포함한다. 이하 같다), 2인 이상이 공동입찰하는 경우 공동입찰신고서 및 공동입찰자목록으로 한다.

② 제1항의 서류등은 기간입찰봉투에 기간입찰표와 함께 넣어 제출되어야 한다.

제19조의2 (매수신청시 대리권을 증명하는 서면에 첨부되는 서면으로 전자본인 서명확인서의 발급증이 제출된 경우의 특칙)
① 집행관이 제19조제1항에 따라 전자본인서명확인서의 발급증을 제출받았을 때 에는 전자본인서명확인서 발급시스템에 발급번호를 입력하고 전자본인서명확 인서를 확인하여야 한다.
② 전자본인서명확인서 발급시스템의 장애 등으로 인하여 집행관이 전자본인서 명확인서를 확인할 수 없는 경우에는 해당입찰표를 개찰에 포함하여 매각절 차를 진행하고, 매수신청인에게 매각기일의 다음날까지 인감증명서 또는 본 인서명사실확인서를 제출할 것을 요구할 수 있다. 이 경우 매수신청인은 이 미 제출된 위임장 등을 인감증명서 또는 본인서명사실확인서에 맞게 보정하 여야 한다. 다만, 매각기일의 다음날까지 장애가 제거된 경우에는 제1항에 따른다.
③ 집행관 외의 기관, 법인 또는 단체에서 전자본인서명확인서를 열람한 사실이 확인된 경우에는 제2항에 따른다.
④ 매수신청인이 제2항에 따른 인감증명서 또는 본인서명사실확인서 제출 등을 이행하지 아니하는 경우에는 해당입찰표는 무효로 본다. 이 경우, 매수신청 보증의 처리는 제5장(입찰절차 종결 후의 처리)에 따른다.

제19조의3 (준용규정)
본인서명사실확인서 또는 전자본인서명확인서의 발급증이 첨부된 소송서류 기타 사건관계서류가 제출된 경우의 처리절차는 이 예규에서 특별한 규정이 있는 경 우를 제외하고는 그 성질에 반하지 아니하는 한 「본인서명사실 확인 등에 관한 법률에 따른 재판사무 등 처리지침(재일 2012-2)」의 규정을 준용한다.

제20조 (직접 제출)
① 집행관에 대한 직접 제출의 경우에는 입찰기간 중의 평일 09:00부터 12:00까 지, 13:00부터 18:00까지 사이에 집행관 사무실에 접수하여야 한다.
② 입찰기간의 개시전 또는 종료 후에 제출된 경우 집행관등은 이를 수령하여서 는 안된다.
③ 집행관등은 기간입찰봉투에 매각기일의 기재 여부를 확인하고, 기간입찰봉투 의 앞면 여백에 접수일시가 명시된 접수인을 날인한 후 접수번호를 기재한 다. 그후 집행관등은 기간입찰 접수부(전산양식 A3395)에 전산등록하고, 기 간입찰봉투를 입찰함에 투입한다.
④ 집행관등은 제출자에게 입찰봉투접수증(전산양식 A3396)을 작성하여 교부한다.
⑤ 매수신청인이 제1항의 접수시간 이외에는 기간입찰봉투를 당직근무자에게 제 출할 수 있다. 이때 당직근무자는 주민등록증등으로 제출자를 확인한 다음, 기간입찰봉투에 매각기일의 기재 여부, 기간입찰봉투를 봉한 후 소정의 위치 에 날인한 여부를 확인한 후 기간입찰봉투 앞면 여백에 제출자의 이름을 기 재하고, 접수일시가 명시된 접수인을 날인한 후 문건으로 접수한다.
⑥ 당직근무자는 즉시 제출자에게 접수증(전산양식 A1173)을 교부하고, 다음 날 근무시작 전 집행관사무실에 기간입찰봉투를 인계하고 법원재판사무처리규칙 의 별지 제2호 서식(문서사송부) 수령인란에 집행관등의 영수인을 받는다.

제21조 (우편 제출)
① 우편 제출의 경우 입찰기간 개시일 00:00시부터 종료일 24:00까지 접수되어야 한다.
② 집행관등은 기간입찰봉투에 매각기일의 기재 여부를 확인하고, 기간입찰봉투의 앞면 여백에 접수일시가 명시된 접수인을 날인한 후 접수번호를 기재한다. 그후 집행관등은 기간입찰접수부에 전산등록하고, 기간입찰봉투를 입찰함에 투입한다.

제22조 (입찰의 철회등)
기간입찰봉투가 입찰함에 투입된 후에는 입찰의 철회, 입찰표의 정정·변경등이 허용되지 않는다.

제23조 (기간입찰봉투등의 흠에 대한 처리)
① 집행관등은 기간입찰봉투와 첨부서류에 흠이 있는 경우 별지 1, 2 처리기준에 의하여 처리한다.
② 집행관등은 흠이 있는 경우 기간입찰봉투 앞면에 빨간색 펜으로 그 취지를 간략히 표기(기간도과, 밀봉안됨, 매각기일 미기재, 미등기우편, 집행관등이외의 자에 제출등)한 후 입찰함에 투입한다.

제24조 (기간입찰봉투의 보관)
① 집행관은 개찰기일별로 구분하여, 잠금장치가 되어 있는 입찰함에 기간입찰봉투를 넣어 보관하여야 한다. 잠금장치에는 봉인을 하고, 입찰기간의 종료후에는 투입구도 봉인한다.
② 집행관은 매각기일까지 입찰함의 봉인과 잠금상태를 유지하고, 입찰함을 캐비닛식 보관용기에 넣어 보관하여야 한다.
③ 집행관등은 입찰상황이 외부에 알려지지 않도록 주의하여야 한다.

제25조 (경매신청 취하등)
① 경매신청의 취하 또는 경매절차의 취소, 집행정지등의 서면이 제출된 경우 법원사무관등은 즉시 집행관에게 이를 교부하고, 인터넷 법원경매공고란에 그 사실을 게시하여야 한다.
② 집행관은 제1항에 관한 사건번호, 물건번호, 매각기일등을 집행관 사무실의 게시판에 게시하여야 한다.

제4장 매각기일의 절차
제1절 총칙

제26조 (매각기일의 진행)
① 매각기일은 법원이 정한 매각방법에 따라 집행관이 진행한다.
② 집행관은 그 기일에 실시할 사건의 처리에 필요한 적절한 인원의 집행관등을 미리 경매법정등에 배치하여 매각절차의 진행과 질서유지에 지장이 없도록 하여야 한다.
③ 법원은 매각절차의 감독과 질서유지를 위하여 법원사무관등으로 하여금 경매법정등에 참여하도록 할 수 있다.

제27조 (매각실시방법의 개요 설명)
집행관은 매각기일에 매각절차를 개시하기 전에 매각실시 방법의 개요를 설명하여야 한다.

제2절 기일입찰

제28조 (매수신청보증)
기일입찰에서 매수신청보증의 제공은 현금·자기앞수표 또는 보증서에 의한다.

제29조 (매각실시전 고지)
집행관은 특별매각조건이 있는 때에는 매수신고의 최고 전에 그 내용을 명확하게 고지하여야 한다.

제30조 (매수신청인의 자격 등)
① 집행관은 주민등록증, 그 밖의 신분을 증명하는 서면이나 대리권을 증명하는 서면에 의하여 매수신청인이 본인인지 여부, 행위능력 또는 정당한 대리권이 있는지 여부를 확인함으로써 매수신청인의 자격흠결로 인한 분쟁이 생기지 않도록 하여야 한다.
② 법인이 매수신청을 하는 때에는 제1항의 예에 따라 매수신청을 하는 사람의 자격을 확인하여야 한다.
③ 집행관은 채무자와 재매각절차에서 전의 매수인은 매수신청을 할 수 없음을 알려야 한다.

제30조의2 (준용규정)
기일입찰에서 매수신청시 대리권을 증명하는 서면에 첨부되는 서면으로 전자본인서명확인서의 발급증이 제출된 경우에는 제19조의2 및 제19조의3을 준용한다.

제31조 (입찰사항·입찰방법 및 주의사항 등의 고지)
집행관은 매각기일에 입찰을 개시하기 전에 참가자들에게 다음 각 호의 사항을 고지하여야 한다.
1. 매각사건의 번호, 사건명, 당사자(채권자, 채무자, 소유자), 매각물건의 개요 및 최저매각가격
2. 일괄매각결정이 있는 사건의 경우에는 일괄매각한다는 취지와 각 물건의 합계액
3. 매각사건목록 및 매각물건명세서의 비치 또는 게시장소
4. 기일입찰표의 기재방법 및 기일입찰표는 입찰표 기재대, 그 밖에 다른 사람이 엿보지 못하는 장소에서 적으라는 것
5. 현금(또는 자기앞수표)에 의한 매수신청보증은 매수신청보증봉투(흰색 작은 봉투)에 넣어 1차로 봉하고 날인한 다음 필요사항을 적은 기일입찰표와 함께 기일입찰봉투(황색 큰 봉투)에 넣어 다시 봉하여 날인한 후 입찰자용 수취증 절취선상에 집행관의 날인을 받고 집행관의 면전에서 입찰자용 수취증을 떼어 내 따로 보관하고 기일입찰봉투를 입찰함에 투입하라는 것, 보증서에 의한 매수신청보증은 보증서를 매수신청보증봉투(흰색 작은 봉투)에 넣

지 않고 기일입찰표와 함께 기일입찰봉투(황색 큰 봉투)에 함께 넣어 봉하
여 날인한 후 입찰자용 수취증 절취선상에 집행관의 날인을 받고 집행관의
면전에서 입찰자용 수취증을 떼어 내 따로 보관하고 기일입찰봉투를 입찰함
에 투입하라는 것 및 매수신청보증은 법원이 달리 정하지 아니한 이상 최저
매각가격의 1/10에 해당하는 금전, 은행법의 규정에 따른 금융기관이 발행
한 자기앞수표로서 지급제시기간이 끝나는 날까지 5일 이상의 기간이 남아
있는 것, 은행등이 매수신청을 하려는 사람을 위하여 일정액의 금전을 법원
의 최고에 따라 지급한다는 취지의 기한의 정함이 없는 지급보증위탁계약이
매수신청을 하려는 사람과 은행등 사이에 맺어진 사실을 증명하는 문서이어
야 한다는 것
6. 기일입찰표의 취소, 변경, 교환은 허용되지 아니한다는 것
7. 입찰자는 같은 물건에 관하여 동시에 다른 입찰자의 대리인이 될 수 없으며,
   한 사람이 공동입찰자의 대리인이 되는 경우 외에는 두 사람 이상의 다른 입
   찰자의 대리인으로 될 수 없다는 것 및 이에 위반한 입찰은 무효라는 것
8. 공동입찰을 하는 때에는 기일입찰표에 각자의 지분을 분명하게 표시하여야
   한다는 것
9. 입찰을 마감한 후에는 매수신청을 받지 않는다는 것
10. 개찰할 때에는 입찰자가 참석하여야 하며, 참석하지 아니한 경우에는 법원
    사무관등 상당하다고 인정되는 사람을 대신 참석하게 하고 개찰한다는 것
11. 제34조에 규정된 최고가매수신고인등의 결정절차의 요지
12. 공유자는 집행관이 매각기일을 종결한다는 고지를 하기 전까지 매수신청보
    증을 제공하고 우선매수신고를 할 수 있으며, 우선매수신고에 따라 차순위
    매수인으로 간주되는 최고가매수신고인은 매각기일이 종결되기 전까지 그
    지위를 포기할 수 있다는 것
13. 최고가매수신고인 및 차순위매수신고인 외의 입찰자에게는 입찰절차의 종
    료 즉시 매수신청보증을 반환하므로 입찰자용수취증과 주민등록증을 갖고
    반환신청 하라는 것
14. 이상의 주의사항을 장내에 게재하여 놓았으므로 잘 읽고 부주의로 인한 불
    이익을 받지 말라는 것

제32조 (입찰의 시작 및 마감)
① 입찰은 입찰의 개시를 알리는 종을 울린 후 집행관이 입찰표의 제출을 최고
   하고 입찰마감시각과 개찰시각을 고지함으로써 시작한다.
② 입찰은 입찰의 마감을 알리는 종을 울린 후 집행관이 이를 선언함으로써 마
   감한다. 다만, 입찰표의 제출을 최고한 후 1시간이 지나지 아니하면 입찰을
   마감하지 못한다.

제33조 (개찰)
① 개찰은 입찰마감시각으로부터 10분 안에 시작하여야 한다.
② 개찰할 때에 입찰자가 한 사람도 출석하지 아니한 경우에는 법원사무관등 상
   당하다고 인정되는 사람을 참여하게 한다.
③ 개찰을 함에 있어서는 입찰자의 면전에서 먼저 기일입찰봉투만 개봉하여 기
   일입찰표에 의하여 사건번호(필요시에는 물건번호 포함), 입찰목적물, 입찰자

의 이름 및 입찰가격을 부른다.
④ 집행관은 제출된 기일입찰표의 기재에 흠이 있는 경우에 별지 3 처리기준에
의하여 기일입찰표의 유·무효를 판단한다.
⑤ 현금·자기앞수표로 매수신청보증을 제공한 경우 매수신청보증봉투는 최고의
가격으로 입찰한 사람의 것만 개봉하여 정하여진 보증금액에 해당하는 여부
를 확인한다. 매수신청보증이 정하여진 보증금액에 미달하는 경우에는 그 입
찰자의 입찰을 무효로 하고, 차순위의 가격으로 입찰한 사람의 매수신청보증
을 확인한다.
⑥ 보증서로 매수신청보증을 제공한 경우 보증서는 최고의 가격으로 입찰한 사
람의 것만 정하여진 보증금액에 해당하는 여부를 확인한다. 보증서가 별지 5
무효사유에 해당하는 경우에는 그 입찰자의 입찰을 무효로 하고, 차순위 가
격으로 입찰한 사람의 매수신청보증을 확인한다.

제34조 (최고가매수신고인등의 결정)
① 최고의 가격으로 입찰한 사람을 최고가매수신고인으로 한다. 다만, 최고의 가
격으로 입찰한 사람이 두 사람 이상일 경우에는 그 입찰자들만을 상대로 추
가입찰을 실시한다.
② 제1항 단서의 경우에는 입찰의 실시에 앞서 기일입찰표의 기재는 최초의 입
찰표 기재방식과 같다.
③ 제1항 단서의 경우에 추가입찰의 자격이 있는 사람 모두가 추가입찰에 응하
지 아니하거나 또는 종전 입찰가격보다 낮은 가격으로 입찰한 때에는 그들
중에서 추첨에 의하여 최고가매수신고인을 정하며, 두 사람 이상이 다시 최
고의 가격으로 입찰한 때에는 그들 중에서 추첨에 의하여 최고가매수신고인
을 정한다. 이 때 입찰자 중 출석하지 아니한 사람 또는 추첨을 하지 아니한
사람이 있는 경우에는 법원사무관등 상당하다고 인정되는 사람으로 하여금
대신 추첨하게 된다.
④ 최고가매수신고액에서 매수신청보증을 뺀 금액을 넘는 금액으로 매수신고를
한 사람으로서 법 제114조의 규정에 따라 차순위매수신고를 한 사람을 차순
위매수신고인으로 한다. 차순위매수신고를 한 사람이 두 사람 이상인 때에는
매수신고가격이 높은 사람을 차순위매수신고인으로 정하고, 신고한 매수가격
이 같을 때에는 추첨으로 차순위매수신고인을 정한다.

제35조 (종결)
① 최고가매수신고인을 결정하고 입찰을 종결하는 때에는 집행관은 "○○○호
사건에 관한 최고가매수신고인은 매수가격 ○○○원을 신고한 ○○(주소)에
사는 ○○○(이름)입니다. 차순위매수신고를 할 사람은 신고하십시오"하고
차순위매수신고를 최고한 후, 차순위매수신고가 있으면 차순위매수신고인을
정하여 "차순위매수신고인은 매수가격 ○○○원을 신고한 ○○(주소)에 사는
○○○(이름)입니다"라고 한 다음, "이로써 ○○○호 사건의 입찰절차가 종결
되었습니다"라고 고지한다.
② 입찰을 마감할 때까지 허가할 매수가격의 신고가 없는 때에는 집행관은 즉시
매각기일의 마감을 취소하고 같은 방법으로 매수가격을 신고하도록 최고할
수 있다.

③ 매수가격의 신고가 없어 바로 매각기일을 마감하거나 제2항의 최고에 대하여 매수가격의 신고가 없어 매각기일을 최종적으로 종결하는 때에는 사건은 입찰불능으로 처리하고 "○○○호 사건은 입찰자가 없으므로 입찰절차를 종결합니다"라고 고지한다.

제3절 기간입찰

제36조 (입금내역통지)
취급점은 집행관의 요청에 따라 매각기일 전날 입금내역서(전산양식 A3397)를 출력하여 집행관에게 송부하여야 한다.

제37조 (개찰)
① 집행관은 매각기일에 입찰함을 경매법정에 옮긴 후, 입찰자의 면전에서 개함한다. 다만, 개찰할 때에 입찰자가 한 사람도 출석하지 아니한 경우에는 법원사무관등 상당하다고 인정되는 사람을 참여하게 한다.
② 집행관은 개찰하기에 앞서 차순위매수신청인의 자격 및 신청절차를 설명한다. 개찰을 함에 있어서는 입찰자의 면전에서 먼저 기간입찰봉투를 개봉하여 기간입찰표에 의하여 사건번호(필요시에는 물건번호 포함), 입찰목적물, 입찰자의 이름 및 입찰가격을 부른다.
③ 집행관은 기간입찰표의 기재나 첨부서류에 흠이 있는 경우에는 별지 2, 4 처리기준에 의하여 기간입찰표의 유·무효를 판단한다.
④ 매수신청보증은 최고의 가격으로 입찰한 사람의 것만 정하여진 보증금액에 해당하는 여부를 확인한다. 입금증명서상 입금액이 정하여진 보증금액에 미달하거나 보증서가 별지 5 무효사유에 해당하는 경우에는 그 입찰자의 입찰을 무효로 하고, 차순위의 가격으로 입찰한 사람의 매수신청보증을 확인한다.
⑤ 집행관은 제23조에 의하여 입찰에 포함시키지 않는 기간입찰봉투도 개봉하여 그 입찰가액이 최고가 또는 차순위 가액인 경우 부적법 사유를 고지한다.

제38조 (최고가매수신고인등의 결정)
① 최고의 가격으로 입찰한 사람을 최고가매수신고인으로 한다. 다만, 최고의 가격으로 입찰한 사람이 두 사람 이상일 경우에는 그 입찰자들만을 상대로 기일입찰의 방법으로 추가입찰을 실시한다.
② 매각기일에 출석하지 아니한 사람에게는 추가입찰 자격을 부여하지 아니한다. 집행관은 출석한 사람들로 하여금 제1항 단서의 방법으로 입찰하게 하고, 출석한 사람이 1인인 경우 그 사람에 대하여만 추가입찰을 실시한다.
③ 제34조 제3항 및 제4항은 이를 준용한다.

제39조 (종결)
① 제35조 제1항은 이를 준용한다.
② 매수가격의 신고가 없는 경우 집행관은 매각기일을 마감하고, "○○○호 사건은 입찰자가 없으므로 입찰절차를 종결합니다"라고 고지한다.

제5장 입찰절차 종결 후의 처리
제1절 현금·자기앞수표인 매수신청보증의 처리

제40조 (반환절차)
① 입찰절차의종결을 고지한 때에는 최고가매수신고인 및 차순위매수신고인 외의
입찰자로부터 입찰자용 수취증을 교부받아 기일입찰봉투의 연결번호 및 간인
과의 일치여부를 대조하고, 아울러주민등록증을 제시받아 보증제출자 본인인
지 여부를 확인한 후 그 입찰자에게 매수신청보증을 즉시 반환하고 기일입찰
표 하단의 영수증란에서명 또는 날인을 받아 매각조서에 첨부한다.
② 법원이 정한 보증금액을 초과하여 매수신청보증이 제공된 경우 집행관과 법
원사무관등은 다음 각 호와 같이 처리한다.
1. 집행관은 매각기일에 즉시 제1항의 규정에 따라 매수신청보증 중 초과금
액을 반환하고 기일입찰표 하단 영수증란에 반환한 금액을 기재한다. 그
러나 즉시 반환할 수 없는 경우(예컨대, 자기앞수표로 제출되어 즉시 반
환할 수 없는 경우)에는 집행기록의 앞면 오른쪽 위에 "초과금반환필요"
라고 기재한 부전지를 붙인다.
2. 법원사무관등은 매수인이 매각대금을 납부하지 않아 재매각되거나, 최고
가매수신고인, 차순위매수신고인 또는 매수인이 매각대금 납부 전까지 반
환을 요구한 때에는 취급점에 매수신청보증 중 초과금액을 분리하도록
분리요청을 전송하여야 한다.

제40조의2 (기간입찰에서의 반환절차)
① 매각기일에 매수신청인이 반환을 요구하는 때에는 집행관은 주민등록증등으
로 본인인지 여부를 확인한 후 매수신청인에게 매수신청보증을 즉시 반환하
고, 기간입찰표 하단의 보증의 제공방법란에 빨간색 펜등으로 "현금 또는 자
기앞수표 제출"이라고 기재한 후 기간입찰표 하단의 영수인란에 서명 또는
날인을 받아 매각기일조서에 첨부한다.
② 매각기일에 매수신청인이 반환을 요구하지 아니한 때에는 집행관은 매각기일
당일 법원보관금취급규칙의 별지 1-4호 서식(법원보관금납부서)을 이용하여
"납부당사자 사용란"에 매수신청인의 이름·주민등록번호 등을 기재한 후
"납부당사자 기명날인란"에 대리인 집행관 ○○○라고 기명날인하고, 이를
제출된 현금 또는 자기앞수표와 함께 보관금 취급점에 제출한다.

제41조 (납부)
집행관은 입찰절차를 종결한 때에는 최고가매수신고인 및 차순위매수신고인이
제출한 매수신청보증을 즉시 취급점에 납부한다.

제2절 입금증명서인 매수신청보증의 처리

제42조 (반환절차)
① 집행관은 입찰절차의 종결 후 즉시 최고가매수신고인과 차순위매수신고인을
제외한 다른 매수신고인의 입금증명서 중 확인란을 기재하여 세입세출외현
금출납공무원(이하 출납공무원이라고 한다)에게 송부한다.

② 입금증명서를 제출하지 아니한 사람은 입금증명서를 작성한 후 법원사무관등
에게 제출하고, 법원사무관등은 확인란을 기재하여 출납공무원에게 송부한다.
③ 입금증명서가 제출되지 아니한 경우 법원사무관등은 담임법관(사법보좌관)으
로부터 법원보관금취급규칙의 별지 제7호 서식의 법원보관금출급명령서를
발부받아 출납공무원에게 송부한다.
④ 입금증명서에 법원이 정한 보증금액을 초과하여 매수신청보증이 제공된 경우
집행관과 법원사무관등은 제40조제2항의 규정에 따라 매수신청보증 중 초과
금액을 처리한다.

제43조 (통지)
집행관은 입찰절차를 종결한 때에는 매각통지서(전산양식 A3398)를 작성하여
취급점에 통지하여야 한다.

제3절 보증서인 매수신청보증의 처리

제44조 (반환절차)
① 최고가매수신고인과 차순위매수신고인을 제외한 다른 매수신고인이 입찰절차
종결후 경매법정에서 보증서의 반환을 신청하는 경우 집행관은 다음 각호와 같
이 처리한다.
  1. 기일입찰에서는 신청인으로부터 입찰자용 수취증을 교부받아 기일입찰봉
  투의 연결번호 및 간인과의 일치 여부를 대조하고 아울러 주민등록증을
  제시받아 보증의 제출자 본인인지 여부를 확인한 후 그 입찰자에게 보증
  서를 즉시 반환하고 기일입찰표 하단의 영수증란에 서명 또는 날인을 받
  아 매각조서에 첨부한다.
  2. 기간입찰에서는 주민등록증을 제시받아 보증의 제출자 본인인지 여부를
  확인한 후 그 입찰자에게 보증서를 즉시 반환하고 기간입찰표 하단의 영
  수증란에 서명 또는 날인을 받아 매각조서에 첨부한다.
② 최고가매수신고인과 차순위매수신고인을 제외한 다른 매수신고인이 기록이 법
원에 송부된 후 보증서의 반환을 신청하는 경우 법원사무관등은 신청인으로부
터 주민등록증을 제시받아 보증서의 제출자 본인인지 여부를 확인한 다음, 입
찰표 하단의 영수증란에 서명 또는 날인을 받고, 그 입찰자에게 보증서를 반
환한다.

제45조 (보증료 환급을 위한 확인)
다음 각호의 경우 입찰자로 하여금 보증료(보험료)의 전부 또는 일부를 환급받
을 수 있도록, 기록이 집행관에 있는 때에는 집행관이, 법원에 있는 때에는 법원
사무관등이 제출된 보증서 뒷면의 법원확인란 중 해당 항목에 √ 표시 및 기명
날인을 한 다음 원본을 입찰자에게 교부하고, 그 사본을 기록에 편철한다.
 1. 입찰에 참가하지 않은 경우
 2. 매각기일전 경매신청의 취하 또는 경매절차의 취소가 있었던 경우
 3. 별지 5 보증서의 무효사유에 해당하는 경우

제46조 (보증금의 납부최고)
① 법원은 다음 각호의 사유가 발생한 경우 보증금납부최고서(전산양식 A3399) 를 작성한 다음 보증서 사본과 함께 보증서를 발급한 은행등에 보증금의 납부를 등기우편으로 최고하고, 그 사본을 작성하여 기록에 편철한다.
  1. 매수인이 대금지급기한까지 그 매각대금 전액을 납입하지 아니하고, 차순위매수신고인에 대한 매각허가결정이 있는 경우
  2. 차순위매수신고인이 없는 상태에서 매수인이 재매각기일 3일전까지 매각대금 전액을 납입하지 아니한 경우
  3. 매각조건불이행으로 매각불허가결정이 확정된 경우
② 매수인이 차액지급신고(전산양식 A3427) 또는 채무인수신고(전산양식 A3428) 를 하고, 배당기일에 그 차액을 지급하지 아니하는 경우에 매수인이 납입해야 될 금액이 보증금의 한도내에 있을 때에는 배당기일을 연기하고, 법원은 즉시 보증금납부최고서를 작성한 다음 보증서의 사본과 함께 보증서를 발급한 은행등에 보증금의 납부를 등기우편으로 최고하고, 그 사본을 작성하여 기록에 편철한다.

제47조 (통지)
법원사무관등은 최고가매수신고인이 매각대금을 납입한 때에는 매각통지서(전산양식 A3398)를 작성하여 취급점에 통지하여야 한다.

제48조 (보증금의 반환통지)
은행등의 보증금 납입 후 경매신청의 취하 또는 경매절차의 취소(이중경매사건에서는 후행사건도 취하 또는 취소되어야 한다)가 있는 경우 법원사무관등은 은행등에 보증금의 반환을 통지한다.

제6장 보칙

제49조 (기록인계등)
① 집행관은 매각절차를 종결한 때에는 최고가매수신고인 및 차순위매수신고인에 대한 정보를 전산으로 입력·전송한 후 사건기록을 정리하여 법원에 보내야 한다.
② 집행관은 전자기록사건에 있어서 매각절차를 종결한 때에는 최고가매수신고인 및 차순위매수신고인에 대한 정보를 전산으로 입력·전송하고, 입찰표, 입찰조서를 전자화하여 대한민국법원 전자소송시스템을 통하여 제출한다. 이 경우 전자화한 입찰표 원본도 정리하여 함께 법원에 보내야 한다.

제50조 (매각허가결정의 공고방법)
매각허가결정은 법원게시판에 게시하는 방법으로 공고하여야 한다.

제51조 (매각불허가결정의 이유 기재)
매각불허가결정에는 불허가의 이유를 적어야 한다.

제52조 (소유권이전등기의 촉탁)
① 매수인이 매각대금을 모두 낸 후 법원사무관등이 매수인 앞으로 소유권이전 등기를 촉탁하는 경우 그 등기촉탁서상의 등기원인은 강제경매(임의경매)로 인한 매각으로, 등기원인일자는 매각대금을 모두 낸 날로 적어야 한다[기재 예시 : 200○.○.○. 강제경매(임의경매)로 인한 매각].
② 등기촉탁서에는 매각허가결정 등본을 붙여야 한다.

제52조의2 (등기필증 우편송부신청)
① 매수인은 우편에 의하여 등기필정보를 송부받기 위해서는 등기필정보 우편송 부신청서(전산양식 A3429)를 작성하여 등기촉탁신청서와 함께 법원에 제출 하여야 한다.
② 매수인이 수인인 경우에는 매수인 중 1인을 등기필정보 수령인으로 지정하 고, 나머지 매수인들의 위임장 및 인감증명서를 제출하여야 한다.
③ 법원사무관등은 등기촉탁서 오른쪽 상단에 "등기필정보 우편송부신청"이라는 표시를 하고, 등기촉탁서에 등기필정보 송부용 주소안내문, 송달통지서와 우 표처리송달부를 첨부한다.
④ 법원사무관등은 등기필정보 우편송부신청서, 송달실시기관으로부터 수령한 송 달통지서를 기록에 편철하여야 한다.

제53조 (경매기록의 열람·복사)
① 경매절차상의 이해관계인(민사집행법 제90조, 제268조) 외의 사람으로서 경매 기록에 대한 열람·복사를 신청할 수 있는 이해관계인의 범위는 다음과 같다.
 1. 파산관재인이 집행당사자가 된 경우의 파산자인 채무자와 소유자
 2. 최고가매수신고인과 차순위매수신고인, 매수인, 자기가 적법한 최고가 매 수신고인 또는 차순위매수신고인임을 주장하는 사람으로서 매수신고시 제공한 보증을 찾아가지 아니한 매수신고인
 3. 민법·상법, 그 밖의 법률에 의하여 우선변제청구권이 있는 배당요구채권자
 4. 대항요건을 구비하지 못한 임차인으로서 현황조사보고서에 표시되어 있는 사람
 5. 건물을 매각하는 경우의 그 대지 소유자, 대지를 매각하는 경우의 그 지 상 건물 소유자
 6. 가압류채권자, 가처분채권자(점유이전금지가처분 채권자를 포함한다)
 7. 「부도공공건설임대주택 임차인 보호를 위한 특별법」의 규정에 의하여 부 도임대주택의 임차인대표회의 또는 임차인 등으로부터 부도임대주택의 매입을 요청받은 주택매입사업시행자
② 경매기록에 대한 열람·복사를 신청하는 사람은 제1항 각호에 규정된 이해관 계인에 해당된다는 사실을 소명하여야 한다. 다만, 이해관계인에 해당한다는 사실이 기록상 분명한 때에는 그러하지 아니하다.
③ 경매기록에 대한 복사청구를 하는 때에는 경매기록 전체에 대한 복사청구를 하여서는 아니되고 경매기록 중 복사할 부분을 특정하여야 한다.

제54조 (등기촉탁서의 송부방법)
①경매절차에서 등기촉탁서를 등기소로 송부하는 때에는 민사소송법에 규정된

송달의 방법으로 하여야 한다. 다만, 청사 내의 등기과로 송부할 때에는 법원직원에게 하도록 할 수 있으나, 이 경우에도 이해관계인이나 법무사 등에게 촉탁서를 교부하여 송달하도록 하여서는 아니 된다.
② 매수인과 부동산을 담보로 제공 받으려고 하는 사람이 등기촉탁공동신청 및 지정서[전산양식 A3430]를 제출한 때에는 법원사무관등은 피지정자에게 등기촉탁서 및 피지정자임을 증명할 수 있는 확인서[전산양식 A3431]를 교부하고 피지정자로부터 영수증[전산양식 A3432]을 제출받는다.
③ 등기과(소)에서 촉탁서를 접수할 때에는 제2항의 피지정자임을 증명할 수 있는 확인서를 제출받는다.

제54조의2 (경매개시결정등기촉탁서 작성시 유의사항)
① 부동산가압류채권자가 동일 채권에 기한 집행권원을 얻어 강제경매신청을 한 때에는 법원사무관등은 경매개시결정등기촉탁서 등기목적란에 '강제경매개시결정등기(○번 가압류의 본압류로의 이행)'이라고 기재한다.
② 부동산가압류채권자의 승계인이 강제경매를 신청하는 때에도 제1항의 규정을 준용하되, 괄호 안에 '○번 가압류 채권의 승계'라고 기재한다.

제55조 (매수신고 대리인 명단의 작성)
집행관은 매월 5일까지 전월 1개월간 실시된 매각기일에 매수신청의 대리를 한 사람의 성명, 주민등록번호, 주소, 직업, 본인과의 관계, 본인의 성명, 주민등록번호, 매수신청 대리를 한 횟수 등을 적은 매수신청대리인 명단(전산양식 A3370)을 작성하여 법원에 제출하여야 한다.

제56조 (지배인 등이 타인에게 경매배당금 수령을 위임한 경우 대리권 증명서면)
지배인 또는 이에 준하는 법률상 대리인으로부터 경매배당금 등의 수령을 위임받은 사람은 다음과 같은 서류를 제출하여야 한다.
1. 위임장
2. 법인등기사항증명서(지배인 또는 법률상 대리인에 관한 사항이 나타나야 함)
3. 「상업등기법」 제11조에 따라 발행한 인감증명서

제57조 (전자기록사건에서의 배당실시절차)
채권자가 민사소송등에서의 전자문서 이용 등에 관한 규칙 제44조제1항에 따라 집행권원이나 그 집행력 있는 정본(이하 "집행권원 등 "이라 한다)을 전자문서로 변환하여 제출한 경우에도 민사집행법 제159조의 배당을 실시할 때에는 채권자에게 집행권원 등을 전자문서가 아닌 본래의 형태로 제출하게 하여야 한다.

제58조 (전자기록사건에서 기계기구목록 등 영구보존문서의 편철)
① 전자소송 동의를 한 부동산경매신청인은 전산정보처리조직에 의하여 등기소에서 영구보존하는 문서 중 도면, 신탁원부, 공동담보목록(공동전세목록을 포함한다), 「공장 및 광업재단 저당법」 제6조에 따른 목록, 공장(광업)재단목록(이하 "영구보존문서 "라 한다)을 첨부문서로 제출하는 것에 갈음하여 해당 영구보존문서의 번호를 경매신청서에 기재할 수 있다.
② 부동산경매신청인이 영구보존문서의 번호를 기재하여 경매신청서를 제출한 경우 법원사무관등은 부동산등기시스템으로부터 해당 영구보존문서를 전송받은 후 기록에 편철할 수 있다.

제3관 강제관리

제163조(강제경매규정의 준용)
강제관리에는 제80조 내지 제82조, 제83조제1항·제3항 내지 제5항, 제85조 내지 제89조 및 제94조 내지 제96조의 규정을 준용한다.

제164조(강제관리개시결정)
① 강제관리를 개시하는 결정에는 채무자에게는 관리사무에 간섭하여서는 아니되고 부동산의 수익을 처분하여서도 아니된다고 명하여야 하며, 수익을 채무자에게 지급할 제3자에게는 관리인에게 이를 지급하도록 명하여야 한다.
② 수확하였거나 수확할 과실(果實)과, 이행기에 이르렀거나 이르게 될 과실은 제1항의 수익에 속한다.
③ 강제관리개시결정은 제3자에게는 결정서를 송달하여야 효력이 생긴다.
④ 강제관리신청을 기각하거나 각하하는 재판에 대하여는 즉시항고를 할 수 있다.

제165조(강제관리개시결정 등의 통지)
법원은 강제관리를 개시하는 결정을 한 부동산에 대하여 다시 강제관리의 개시결정을 하거나 배당요구의 신청이 있는 때에는 관리인에게 이를 통지하여야 한다.

제166조(관리인의 임명 등)
① 관리인은 법원이 임명한다. 다만, 채권자는 적당한 사람을 관리인으로 추천할 수 있다.
② 관리인은 관리와 수익을 하기 위하여 부동산을 점유할 수 있다. 이 경우 저항을 받으면 집행관에게 원조를 요구할 수 있다.
③ 관리인은 제3자가 채무자에게 지급할 수익을 추심(推尋)할 권한이 있다.

제167조(법원의 지휘·감독)
① 법원은 관리에 필요한 사항과 관리인의 보수를 정하고, 관리인을 지휘·감독한다.
② 법원은 관리인에게 보증을 제공하도록 명할 수 있다.
③ 관리인에게 관리를 계속할 수 없는 사유가 생긴 경우에는 법원은 직권으로 또는 이해관계인의 신청에 따라 관리인을 해임할 수 있다. 이 경우 관리인을 심문하여야 한다.

제168조(준용규정)
제3자가 부동산에 대한 강제관리를 막을 권리가 있다고 주장하는 경우에는 제48조의 규정을 준용한다.

제169조(수익의 처리)
① 관리인은 부동산수익에서 그 부동산이 부담하는 조세, 그 밖의 공과금을 뺀 뒤에 관리비용을 변제하고, 그 나머지 금액을 채권자에게 지급한다.
② 제1항의 경우 모든 채권자를 만족하게 할 수 없는 때에는 관리인은 채권자 사이의 배당협의에 따라 배당을 실시하여야 한다.

③ 채권자 사이에 배당협의가 이루어지지 못한 경우에 관리인은 그 사유를 법원
에 신고하여야 한다.
④ 제3항의 신고가 있는 경우에는 제145조·제146조 및 제148조 내지 제161조의
규정을 준용하여 배당표를 작성하고 이에 따라 관리인으로 하여금 채권자에
게 지급하게 하여야 한다.

제170조(관리인의 계산보고)
① 관리인은 매년 채권자·채무자와 법원에 계산서를 제출하여야 한다. 그 업무
를 마친 뒤에도 또한 같다.
② 채권자와 채무자는 계산서를 송달받은 날부터 1주 이내에 집행법원에 이에
대한 이의신청을 할 수 있다.
③ 제2항의 기간 이내에 이의신청이 없는 때에는 관리인의 책임이 면제된 것으
로 본다.
④ 제2항의 기간 이내에 이의신청이 있는 때에는 관리인을 심문한 뒤 결정으로
재판하여야 한다. 신청한 이의를 매듭 지은 때에는 법원은 관리인의 책임을
면제한다.

제171조(강제관리의 취소)
① 강제관리의 취소는 법원이 결정으로 한다.
② 채권자들이 부동산수익으로 전부 변제를 받았을 때에는 법원은 직권으로 제1
항의 취소결정을 한다.
③ 제1항 및 제2항의 결정에 대하여는 즉시항고를 할 수 있다.
④ 강제관리의 취소결정이 확정된 때에는 법원사무관등은 강제관리에 관한 기입
등기를 말소하도록 촉탁하여야 한다.

몰수보전에 관한 통지절차(재민 2006-3)

제정 2006. 2. 15. [재판예규 제1056호, 시행 2006. 2. 15.]

제1조 (목적)
이 지침은 「범정치자금 등의 몰수보전 등에 관한 규칙」, 「공무원범죄에 관한 몰수특례법에 의한 몰수보전 및 추징보전 등에 관한 규칙」, 「마약류범죄 등과 관련된 보전절차 등에 관한 규칙(범죄수익은닉의 규제 및 처벌 등에 관한 법률 제12조에 의하여 준용되는 경우를 포함한다)」에서 집행법원등(동산의 경우에는 집행관)으로 하여금 검사에게 통지하도록 규정한 사항에 관하여 필요한 절차를 정함을 목적으로 한다.

제2조 (통지사항)
① 다음 각 호의 경우 집행법원의 법원서기관, 법원사무관, 법원주사 또는 법원주사보(다음부터 "법원사무관등"이라고 한다. 동산의 경우에는 집행관)는 검사에게 그 사실을 통지서(전산양식 A3302)에 의하여 통지하여야 한다.
 1. 몰수보전된 재산에 대하여 경매개시결정 또는 강제집행에 의하여 압류가 되거나 가압류의 집행이 있는 때
 2. 몰수보전된 재산에 대하여 경매개시결정 또는 강제집행에 의하여 압류가 되거나 가압류의 집행이 있은 후 다음 각 목의 어느 하나에 해당하는 경우
  가. 강제집행신청 또는 가압류신청이 취하된 때
  나. 강제집행절차 또는 가압류결정을 취소하는 결정이 확정된 때
 3. 경매개시결정 또는 강제집행에 의하여 압류가 된 재산 또는 가압류된 재산에 대하여 몰수보전명령이 발하여진 후 다음 각 목의 어느 하나에 해당하는 경우
  가. 강제집행신청 또는 가압류신청의 취하에 의하여 압류 또는 가압류의 효력이 소멸한 때
  나. 강제집행절차 또는 가압류결정을 취소하는 결정이 확정된 때
  다. 강제집행절차에 의하여 재산이 매각된 때
  라. 「민사집행법」 제223조가 규정하는 채권(같은 법 제251조제1항에 의하여 같은 법 제2편제2장제4절제3관의 규정이 준용되는 재산권을 포함한다)에 대하여 같은 법 제236조제1항의 신고가 있는 때
  마. 「민사집행법」 제256조의 규정에 의하여 배당이 실시된 때
  바. 「민사집행법」 제229조제3항의 전부명령 또는 같은 법 제241조의 양도명령이 확정된 때
 4. 몰수보전이 된 재산에 대하여 담보권 실행 등을 위한 경매개시결정에 의하여 압류가 된 후 제3호 각 목의 어느 하나에 해당하는 경우
② 몰수보전된 금전채권에 대하여 강제집행 또는 체납처분에 의하여 압류가 되거나 가압류의 집행이 있어 제3채무자가 몰수보전명령을 발한 법원에 공탁사유신고를 한 때에는 그 법원의 법원사무관등은 검사에게 그 사실을 통지서에 의하여 통지하여야 한다.
③ 강제집행에 의하여 압류가 되거나 가압류된 금전채권에 대하여 몰수보전이 되어 제3채무자가 압류명령 또는 가압류명령을 발한 법원에 공탁사유신고를

한 때에는 그 법원의 법원사무관등은 검사에게 그 사실을 통지서에 의하여 통지하여야 한다.

제3조 (준용)
부대보전의 경우에도 제2조의 규정을 준용한다.

제3절 선박 등에 대한 강제집행

제172조(선박에 대한 강제집행)
등기할 수 있는 선박에 대한 강제집행은 부동산의 강제경매에 관한 규정에 따른다. 다만, 사물의 성질에 따른 차이가 있거나 특별한 규정이 있는 경우에는 그러하지 아니하다.

제173조(관할법원)
선박에 대한 강제집행의 집행법원은 압류 당시에 그 선박이 있는 곳을 관할하는 지방법원으로 한다.

제174조(선박국적증서 등의 제출)
① 법원은 경매개시결정을 한 때에는 집행관에게 선박국적증서 그 밖에 선박운행에 필요한 문서(이하 "선박국적증서등"이라 한다)를 선장으로부터 받아 법원에 제출하도록 명하여야 한다.
② 경매개시결정이 송달 또는 등기되기 전에 집행관이 선박국적증서등을 받은 경우에는 그 때에 압류의 효력이 생긴다.

제175조(선박집행신청전의 선박국적증서등의 인도명령)
① 선박에 대한 집행의 신청전에 선박국적증서등을 받지 아니하면 집행이 매우 곤란할 염려가 있을 경우에는 선적(船籍)이 있는 곳을 관할하는 지방법원(선적이 없는 때에는 대법원규칙이 정하는 법원)은 신청에 따라 채무자에게 선박국적증서등을 집행관에게 인도하도록 명할 수 있다. 급박한 경우에는 선박이 있는 곳을 관할하는 지방법원도 이 명령을 할 수 있다.
② 집행관은 선박국적증서등을 인도받은 날부터 5일 이내에 채권자로부터 선박집행을 신청하였음을 증명하는 문서를 제출받지 못한 때에는 그 선박국적증서등을 돌려 주어야 한다.
③ 제1항의 규정에 따른 재판에 대하여는 즉시항고를 할 수 있다.
④ 제1항의 규정에 따른 재판에는 제292조제2항 및 제3항의 규정을 준용한다.

제176조(압류선박의 정박)
① 법원은 집행절차를 행하는 동안 선박이 압류 당시의 장소에 계속 머무르도록 명하여야 한다.
② 법원은 영업상의 필요, 그 밖에 상당한 이유가 있다고 인정할 경우에는 채무자의 신청에 따라 선박의 운행을 허가할 수 있다. 이 경우 채권자·최고가매수신고인·차순위매수신고인 및 매수인의 동의가 있어야 한다.
③ 제2항의 선박운행허가결정에 대하여는 즉시항고를 할 수 있다.
④ 제2항의 선박운행허가결정은 확정되어야 효력이 생긴다.

제177조(경매신청의 첨부서류)
① 강제경매신청을 할 때에는 다음 각호의 서류를 내야 한다.
　1. 채무자가 소유자인 경우에는 소유자로서 선박을 점유하고 있다는 것을, 선장인 경우에는 선장으로서 선박을 지휘하고 있다는 것을 소명할 수 있는 증서

2. 선박에 관한 등기사항을 포함한 등기부의 초본 또는 등본
② 채권자는 공적 장부를 주관하는 공공기관이 멀리 떨어진 곳에 있는 때에는 제1항제2호의 초본 또는 등본을 보내주도록 법원에 신청할 수 있다.

제178조(감수·보존처분)
① 법원은 채권자의 신청에 따라 선박을 감수(監守)하고 보존하기 위하여 필요한 처분을 할 수 있다.
② 제1항의 처분을 한 때에는 경매개시결정이 송달되기 전에도 압류의 효력이 생긴다.

제179조(선장에 대한 판결의 집행)
① 선장에 대한 판결로 선박채권자를 위하여 선박을 압류하면 그 압류는 소유자에 대하여도 효력이 미친다. 이 경우 소유자도 이해관계인으로 본다.
② 압류한 뒤에 소유자나 선장이 바뀌더라도 집행절차에는 영향을 미치지 아니한다.
③ 압류한 뒤에 선장이 바뀐 때에는 바뀐 선장만이 이해관계인이 된다.

제180조(관할위반으로 말미암은 절차의 취소)
압류 당시 선박이 그 법원의 관할안에 없었음이 판명된 때에는 그 절차를 취소하여야 한다.

제181조(보증의 제공에 의한 강제경매절차의 취소)
① 채무자가 제49조제2호 또는 제4호의 서류를 제출하고 압류채권자 및 배당을 요구한 채권자의 채권과 집행비용에 해당하는 보증을 매수신고전에 제공한 때에는 법원은 신청에 따라 배당절차 외의 절차를 취소하여야 한다.
② 제1항에 규정한 서류를 제출함에 따른 집행정지가 효력을 잃은 때에는 법원은 제1항의 보증금을 배당하여야 한다.
③ 제1항의 신청을 기각한 재판에 대하여는 즉시항고를 할 수 있다.
④ 제1항의 규정에 따른 집행취소결정에는 제17조제2항의 규정을 적용하지 아니한다.
⑤ 제1항의 보증의 제공에 관하여 필요한 사항은 대법원규칙으로 정한다.

제182조(사건의 이송)
① 압류된 선박이 관할구역 밖으로 떠난 때에는 집행법원은 선박이 있는 곳을 관할하는 법원으로 사건을 이송할 수 있다.
② 제1항의 규정에 따른 결정에 대하여는 불복할 수 없다.

제183조(선박국적증서등을 넘겨받지 못한 경우의 경매절차취소)
경매개시결정이 있은 날부터 2월이 지나기까지 집행관이 선박국적증서등을 넘겨받지 못하고, 선박이 있는 곳이 분명하지 아니한 때에는 법원은 강제경매절차를 취소할 수 있다.

제184조(매각기일의 공고)
매각기일의 공고에는 선박의 표시와 그 정박한 장소를 적어야 한다.

제185조(선박지분의 압류명령)
① 선박의 지분에 대한 강제집행은 제251조에서 규정한 강제집행의 예에 따른다.
② 채권자가 선박의 지분에 대하여 강제집행신청을 하기 위하여서는 채무자가 선박의 지분을 소유하고 있다는 사실을 증명할 수 있는 선박등기부의 등본이나 그 밖의 증명서를 내야 한다.
③ 압류명령은 채무자 외에 「상법」 제764조에 의하여 선임된 선박관리인(이하 이 조에서 "선박관리인"이라 한다)에게도 송달하여야 한다. <개정 2007.8.3.>
④ 압류명령은 선박관리인에게 송달되면 채무자에게 송달된 것과 같은 효력을 가진다.

제186조(외국선박의 압류)
외국선박에 대한 강제집행에는 등기부에 기입할 절차에 관한 규정을 적용하지 아니한다.

제187조(자동차 등에 대한 강제집행)
자동차·건설기계·소형선박(「자동차 등 특정동산 저당법」 제3조제2호에 따른 소형선박을 말한다) 및 항공기(「자동차 등 특정동산 저당법」 제3조제4호에 따른 항공기 및 경량항공기를 말한다)에 대한 강제집행절차는 제2편제2장제2절부터 제4절까지의 규정에 준하여 대법원규칙으로 정한다. <개정 2007.8.3., 2009.3.25., 2015.5.18.>

제4절 동산에 대한 강제집행
제1관 통칙

제188조(집행방법, 압류의 범위)
① 동산에 대한 강제집행은 압류에 의하여 개시한다.
② 압류는 집행력 있는 정본에 적은 청구금액의 변제와 집행비용의 변상에 필요한 한도안에서 하여야 한다.
③ 압류물을 현금화하여도 집행비용 외에 남을 것이 없는 경우에는 집행하지 못한다.

Q. 채권압류에서 피압류채권의 액면가액이 채권자의 집행채권 및 집행비용을 초과하는 경우, 다른 채권을 중복하여 압류할 수 있는지 여부

질문

채권압류에서 피압류채권의 액면가액이 채권자의 집행채권 및 집행비용을 초과하는 경우, 다른 채권을 중복하여 압류할 수 있나요?

답변

민사집행법 제188조 제2항은 "압류는 집행력 있는 정본에 적은 청구금액의 변제와 집행비용의 변상에 필요한 한도 안에서 하여야 한다."고 규정하고 있는바, 금전채권의 압류에 있어 피압류채권의 액면가액이 채권자의 집행채권 및 집행비용의 액을 초과하

는 경우에는 그 피압류채권의 실제 가액이 채권자의 집행채권 및 집행비용에 미달한
다고 볼 만한 특별한 사정이 없는 한 다른 채권을 중복하여 압류하는 것은 허용되지
않는다고 봄이 상당하다 할 것입니다(대법원 2011. 4. 14.자 2010마1791 결정 참조)(대
법원 2015. 2. 3.자 2014마2242 결정).

제2관 유체동산에 대한 강제집행

제189조(채무자가 점유하고 있는 물건의 압류)
① 채무자가 점유하고 있는 유체동산의 압류는 집행관이 그 물건을 점유함으로
써 한다. 다만, 채권자의 승낙이 있거나 운반이 곤란한 때에는 봉인(封印),
그 밖의 방법으로 압류물임을 명확히 하여 채무자에게 보관시킬 수 있다.
② 다음 각호 가운데 어느 하나에 해당하는 물건은 이 법에서 유체동산으로 본다.
　1. 등기할 수 없는 토지의 정착물로서 독립하여 거래의 객체가 될 수 있는 것
　2. 토지에서 분리하기 전의 과실로서 1월 이내에 수확할 수 있는 것
　3. 유가증권으로서 배서가 금지되지 아니한 것
③ 집행관은 채무자에게 압류의 사유를 통지하여야 한다.

Q. 집행관이 유체동산의 집행을 거절할 경우 이의를 제기하는 방법?

질문

저는 甲에 대한 물품대금청구소송을 제기하여 승소확정판결을 받고 판결정본에 기하여 유체동
산의 강제집행을 집행관에게 신청하였습니다. 그런데 집행을 위임받은 집행관은 甲이 기계 등
유체동산을 이미 乙에게 양도담보로 제공한 것이라고 주장하므로 집행할 수 없다고 합니다. 그
런데 甲은 말로만 위와 같이 주장할 뿐이고, 乙에게 양도담보로 제공한 것으로 추정할 만한
어떠한 증거자료도 제시하지 못한 것으로 파악되는바, 이러한 경우 집행관의 수임거절에 대하
여 이의를 제기할 수 있는지요?

답변

「민사집행법」 제189조 제1항은 "채무자가 점유하고 있는 유체동산의 압류는 집행관이
그 물건을 점유함으로써 한다. 다만, 채권자의 승낙이 있거나 운반이 곤란한 때에는
봉인(封印), 그 밖의 방법으로 압류물임을 명확히 하여 채무자에게 보관시킬 수 있다."
라고 규정하고 있고, 여기서 '점유'라 함은 물건에 대한 순수한 사실상의 직접지배상태
인 '소지(所持)'를 의미합니다. 그리고 같은 법 제16조 제3항은 "집행관이 집행을 위임
받기를 거부하거나 집행행위를 지체하는 경우 또는 집행관이 계산한 수수료에 대하여
다툼이 있는 경우에는 법원에 이의를 신청할 수 있다."라고 규정하고 있습니다.
그런데 동산집행에 있어 집행관이 적법하게 압류할 수 있는 물건의 범위에 관하여 하
급심 판례는 "동산집행에 있어서 채무자가 점유하고 있는 물건은 그의 소유일 개연성
이 많으므로, 집달관(현행 집행관)은 외형상 제3자의 소유임이 명백한 경우를 제외하
고는 실체적인 소유권의 존부를 조사하지 않고 적법하게 압류할 수 있고, 만약 타인
소유물을 압류했을 때에는 실질적인 소유자가 제3자 이의의 소를 제기하여 그 집행을
배제할 수 있으며, 채무자회사의 본점공장 내에 있는 물건은 외관상 위 회사가 사실적
인 지배를 하고 있다고 하겠고, 양도담보권자가 직원을 파견·상주시킨 것만으로는 그
의 점유 하에 있다고 볼 수 없으므로 집달관(현행 집행관)은 양도담보권자에게 제3자

이의의 소를 제기할 수 있음을 고지하고 이를 압류조서에 기재함으로써 양도담보권자
의 승낙 없이도 적법하게 강제집행을 실시할 수 있다."라고 하였습니다(서울지법 동부
지원 1986. 12. 13.자 86타15782 결정).
또한, 집행 당시 채무자가 압류대상 동산이 제3자의 소유임을 고지하였으나 이를 추정
할 만한 근거자료를 제시하지 않은 경우에 대하여 하급심 판례는 "유체동산에 대한 강
제집행에 있어서 집행관은 물건의 외관 자체로 보아 이미 제3자의 물건임이 명백한 경
우 외에는 채무자의 점유하에 있는 물건에 대하여 채무자 또는 제3자가 그 물건이 제3
자의 소유임을 신고하거나 증거자료를 제출하더라도 그 물건을 압류하여야 하고, 뒤에
제3자가 그 물건에 대하여 소유권을 가지고 있음이 밝혀지더라도 그 압류는 불법이 되
지 않고 다만 이 때 제3자는 제3자 이의의 소를 제기하여 구제 받을 수 있을 뿐이며,
긴급을 요하는 유체동산에 대한 강제집행에 있어서 집행 당시 채무자나 제3자가 그 물
건이 점유자의 소유가 아니라고 추정할 만한 상당한 증거자료를 제시하지 아니하는 한
채무자나 제3자가 집행에 참여한 채권자나 그 대리인에게 집행 대상 물건이 제3자의
소유라고 주장한다고 하여 채권자에게 그 물건에 대하여 강제집행을 포기하거나 그 물
건이 제3자의 소유인지 여부를 확인한 후에 강제집행의 실시여부를 결정하도록 요구할
수는 없으므로, 압류 당시 채무자의 피용자가 압류 목적물이 소유권유보부로 매도한
제3자의 소유라는 사실을 집행관 및 채권자의 피용자에게 고지하였으나 이를 추정할
만한 상당한 증거자료(소유권유보부 매매계약서 및 대금미납확인서 등)를 제시하지 않
은 경우, 채권자에게 압류목적물이 채무자의 소유가 아니라는 점을 알지 못한 데 과실
이 있다고 할 수 없으므로 그 집행으로 인해 제3자에 대해 불법행위책임을 부담하지
않는다."라고 하였습니다(대구지법 1997. 7. 8. 선고 96가합28282 판결).
따라서 위 사안에서도 압류대상 목적물이 甲의 소유가 아니라고 추정할 만한 상당한
증거자료를 제시된 바가 없음에도 집행관이 집행을 거절한 것이라면, 법원에 집행관의
수임거절에 대한 이의신청을 해볼 수 있을 것으로 보입니다.

제190조(부부공유 유체동산의 압류)
채무자와 그 배우자의 공유로서 채무자가 점유하거나 그 배우자와 공동으로 점
유하고 있는 유체동산은 제189조의 규정에 따라 압류할 수 있다.

Q. 처의 빚 때문에 가재도구가 경매에 넘어갈 경우 남편의 권리행사방법

질문

甲과 乙은 부부지간인데 처인 乙이 남편인 甲모르게 금전을 차용하면서 공정증서를 작성하였
고, 乙이 채무를 변제하지 못하자 채권자가 공정증서에 의하여 유체동산에 경매를 신청한 경우
甲은 어떻게 구제를 받을 수 있는지요?

답변

「민법」은 부부별산제를 원칙으로 하고 귀속불명재산에 한하여 부부의 공유로 추정하
고 있으므로 甲의 특유재산인 경우에는 집행의 대상이 되지 않습니다. 다만, 채무자가
점유하거나 그 배우자와 공동으로 점유하고 있는 유체동산 중 소유 귀속이 명확하지
않은 것은 공유로 추정되어 집행의 대상이 될 수 있습니다(민법 제830조 제2항, 민사
집행법 제190조).
그러므로 일단 위 사안에서 압류된 재산이 남편의 특유재산인 경우에는, 채무자의 소
유가 아닌 재산에 압류를 하고 있는 것이므로 '제3자 이의의 소'의 사유에 해당하므로,

압류된 재한이 남편의 특유재산임을 입증하여 집행에 대한 이의의 소를 통해 집행에
서 벗어날 수 있습니다(민사집행법 제48조)
하지만 이 때 특유재산임을 입증하지 못한다면 그 재산은 부부공유 또는 「민법」제830
조 제2항에 따른 공유로 추정될 것이고, 이러한 유체동산을 압류한 경우 그 배우자는
그 목적물에 대한 우선매수권을 행사하거나 자기 공유지분에 대한 매각대금을 지급하
여 줄 것을 요구할 수 있습니다(민사집행법 제206조, 제221조).
'배우자 우선매수권'은 「민사집행법」제190조의 규정에 따라 부부공유 유체동산을 압류
한 경우, 그 배우자는 그 목적물에 대한 우선매수권을 행사할 수 있는 제도인 바, 같은
법 제206조 제1항은 "제190조의 규정에 따라 압류한 유체동산을 매각하는 경우에 배우
자는 매각기일에 출석하여 우선 매수할 것을 신고할 수 있다."라고 규정하고 있습니다.
부부공유 유체동산이 배우자 중 일방의 채무로 경매가 진행될시 타방 배우자는 매각
기일에 출석하여 우선 매수할 것을 신고할 수 있습니다. 이 신고는 특별한 형식 없이
말로 하면 되고, 최고매수신고가격과 동일한 가격으로 우선매수하겠다는 취지를 표시
하면 됩니다. 우선매수를 할 경우 최고매수신고가격과 같은 가격으로 매수할 수 있으
며, 최고가매수신고인에 우선하여 배우자에게 매각이 이루어집니다(같은 법 제206조
제1항, 제2항, 140조 제1항, 제2항).
한편, '배우자의 지급요구권'은 「민사집행법」제190조의 규정에 따라 부부공유 유체동산
을 압류한 경우 그 목적물에 대한 자기 공유지분에 대한 매각대금을 지급하여 줄 것
을 요구할 수 있는 제도인바, 같은 법 제221조 제1항은 "제190조의 규정에 따라 압류
한 유체동산에 대하여 공유지분을 주장하는 배우자는 매각대금을 지급하여 줄 것을
요구할 수 있다."라고 규정하고 있습니다.
배우자 지급요구의 방식, 절차, 등을 살펴보면 배우자 지급요구는 배당요구 종기(=통
상 유체동산의 경우에는 집행관이 매각대금을 영수한 때) 전까지 집행관에게 서면(민
사집행규칙 제158조)이나 매각기일에 매각장소에 출석하여 하는 경우에는 말로도 할
수 있습니다(민사집행규칙 제153조).
따라서 위 사안에서 압류된 재산이 남편의 특유재산인 경우에는 이를 입증하여 집행
에 대한 제3자 이의의 소 등의 방법을 통해 집행에서 벗어날 수 있을 것이고, 이러한
입증이 불가능하거나 부부공유 유체동산인 경우에는 채무자의 남편으로서 매각기일에
구두로 우선매수신청을 하거나, 배당요구종기 이전에 배우자의 지급 요구제도를 이용
하여야 할 것입니다.

제191조(채무자 외의 사람이 점유하고 있는 물건의 압류)
채권자 또는 물건의 제출을 거부하지 아니하는 제3자가 점유하고 있는 물건은
제189조의 규정을 준용하여 압류할 수 있다.

제192조(국고금의 압류)
국가에 대한 강제집행은 국고금을 압류함으로써 한다.

제193조(압류물의 인도)
① 압류물을 제3자가 점유하게 된 경우에는 법원은 채권자의 신청에 따라 그 제
3자에 대하여 그 물건을 집행관에게 인도하도록 명할 수 있다.
② 제1항의 신청은 압류물을 제3자가 점유하고 있는 것을 안 날부터 1주 이내에
하여야 한다.
③ 제1항의 재판은 상대방에게 송달되기 전에도 집행할 수 있다.
④ 제1항의 재판은 신청인에게 고지된 날부터 2주가 지난 때에는 집행할 수 없다.
⑤ 제1항의 재판에 대하여는 즉시항고를 할 수 있다.

제194조(압류의 효력)
압류의 효력은 압류물에서 생기는 천연물에도 미친다.

제195조(압류가 금지되는 물건)
다음 각호의 물건은 압류하지 못한다. <개정 2005.1.27.>
1. 채무자 및 그와 같이 사는 친족(사실상 관계에 따른 친족을 포함한다. 이하 이 조에서 "채무자등"이라 한다)의 생활에 필요한 의복·침구·가구·부엌기구, 그 밖의 생활필수품
2. 채무자등의 생활에 필요한 2월간의 식료품·연료 및 조명재료
3. 채무자등의 생활에 필요한 1월간의 생계비로서 대통령령이 정하는 액수의 금전
4. 주로 자기 노동력으로 농업을 하는 사람에게 없어서는 아니될 농기구·비료·가축·사료·종자, 그 밖에 이에 준하는 물건
5. 주로 자기의 노동력으로 어업을 하는 사람에게 없어서는 아니될 고기잡이 도구·어망·미끼·새끼고기, 그 밖에 이에 준하는 물건
6. 전문직 종사자·기술자·노무자, 그 밖에 주로 자기의 정신적 또는 육체적 노동으로 직업 또는 영업에 종사하는 사람에게 없어서는 아니 될 제복·도구, 그 밖에 이에 준하는 물건
7. 채무자 또는 그 친족이 받은 훈장·포장·기장, 그 밖에 이에 준하는 명예증표
8. 위패·영정·묘비, 그 밖에 상례·제사 또는 예배에 필요한 물건
9. 족보·집안의 역사적인 기록·사진첩, 그 밖에 선조숭배에 필요한 물건
10. 채무자의 생활 또는 직무에 없어서는 아니 될 도장·문패·간판, 그 밖에 이에 준하는 물건
11. 채무자의 생활 또는 직업에 없어서는 아니 될 일기장·상업장부, 그 밖에 이에 준하는 물건
12. 공표되지 아니한 저작 또는 발명에 관한 물건
13. 채무자등이 학교·교회·사찰, 그 밖의 교육기관 또는 종교단체에서 사용하는 교과서·교리서·학습용구, 그 밖에 이에 준하는 물건
14. 채무자등의 일상생활에 필요한 안경·보청기·의치·의수족·지팡이·장애보조용 바퀴의자, 그 밖에 이에 준하는 신체보조기구
15. 채무자등의 일상생활에 필요한 자동차로서 자동차관리법이 정하는 바에 따른 장애인용 경형자동차
16. 재해의 방지 또는 보안을 위하여 법령의 규정에 따라 설비하여야 하는 소방설비·경보기구·피난시설, 그 밖에 이에 준하는 물건

Q. 압류된 피아노를 압류된 물건에서 제외하는 방법

저는 현재 조그만 자영업을 하는 사람으로서 가족으로는 처와 고등학교 1학년생 딸아이가 있습니다. 그런데 저는 약 6개월 전에 자금난으로 인하여 사채업자로부터 금 500만원을 빌리면서 집행력 있는 공정증서를 작성 하였는데 이를 갚지 못하고 변제기한을 넘기자, 최근에 사채업자가 집안에 있는 가재도구에 대하여 압류를 하였고, 압류된 물건 중에는 피아노 1대도 포함되어 있습니다. 그러나 약 3개월 후에 딸아이가 시민회관에서 피아노독주회를 개최할 예정인데 피아노가 경매로 넘어가면 딸아이가 이때까지 계속 연습해오던 피아노로 더 이상 연습을 하지 못하게 되어 독주회를 제대로 개최하지 못할 상황인데, 이 경우 해결할 방법이 없는지요? 참고적으로 저는 한달정도 지나면 금전이 마련되어 부채를 갚을 수 있을 것으로 예상됩니다.

「민사집행법」 제195조는 다음과 같은 물건들에 대한 압류를 금지하고 있습니다.

1. 채무자 및 그와 같이 사는 친족(사실상 관계에 따른 친족을 포함한다. 이하 이 조에서 '채무자등'이라 한다)의 생활에 필요한 의복·침구·가구·부엌기구, 그 밖의 생활필수품
2. 채무자등의 생활에 필요한 2월간의 식료품·연료 및 조명재료
3. 채무자등의 생활에 필요한 1월간의 생계비로서 대통령령이 정하는 액수의 금전
4. 주로 자기 노동력으로 농업을 하는 사람에게 없어서는 아니 될 농기구·비료·가축·사료·종자, 그 밖에 이에 준하는 물건
5. 주로 자기의 노동력으로 어업을 하는 사람에게 없어서는 아니 될 고기잡이 도구·어망·미끼·새끼고기, 그 밖에 이에 준하는 물건
6. 전문직 종사자·기술자·노무자, 그 밖에 주로 자기의 정신적 또는 육체적 노동으로 직업 또는 영업에 종사하는 사람에게 없어서는 아니 될 제복·도구, 그 밖에 이에 준하는 물건
7. 채무자 또는 그 친족이 받은 훈장·포장·기장, 그 밖에 이에 준하는 명예증표
8. 위패·영정·묘비, 그 밖에 상례·제사 또는 예배에 필요한 물건
9. 족보·집안의 역사적인 기록·사진첩, 그 밖에 선조숭배에 필요한 물건
10. 채무자의 생활 또는 직무에 없어서는 아니 될 도장·문패·간판, 그 밖에 이에 준하는 물건
11. 채무자의 생활 또는 직업에 없어서는 아니 될 일기장·상업장부, 그 밖에 이에 준하는 물건
12. 공표되지 아니한 저작 또는 발명에 관한 물건
13. 채무자등이 학교·교회·사찰, 그 밖의 교육기관 또는 종교단체에서 사용하는 교과서·교리서·학습용구, 그 밖에 이에 준하는 물건
14. 채무자등의 일상생활에 필요한 안경·보청기·의치·의수족·지팡이·장애보조용 바퀴의자, 그 밖에 이에 준하는 신체보조기구
15. 채무자등의 일상생활에 필요한 자동차로서 「자동차관리법」이 정하는 바에 따른 장애인용 경형자동차
16. 재해의 방지 또는 보안을 위하여 법령의 규정에 따라 설비하여야 하는 소방 설비·경보기구·피난시설, 그 밖에 이에 준하는 물건 등과 같으며, 「민사집행법」이외에 다른 법령에도 개별적으로 규정을 하고 있습니다.

한편 「민사집행법」 제196조 제1항은 "법원은 당사자가 신청하면 채권자와 채무자의

생활형편, 그 밖의 사정을 고려하여 유체동산의 전부 또는 일부에 대한 압류를 취소하도록 명하거나 같은 법 제195조의 유체동산을 압류하도록 명할 수 있다."라고 규정하고 있습니다. 여기서 '생활형편'이란 채권자가 채무자로부터 그 채권을 변제받지 못함으로써 받고 있는 경제적 곤궁의 정도와 채무자의 경제적 곤궁의 정도를 의미하며, '그 밖의 사정'이란 압류명령을 취소하거나 압류금지물건에 대하여 압류명령을 함으로써 채권자 또는 채무자가 받게 되는 경제적 영향과 채무자가 채무를 성실히 이행 할 의사가 있는지 여부 및 이러한 재판의 신청에 이르게 된 경위나 동기 등을 의미한다고 볼 수 있습니다.

따라서 위와 같은 사유에 해당될 경우에는 압류명령을 발한 법원에 '압류금지물건 확장(혹은 압류 취소) 신청'을 할 수 있는데, 귀하의 딸이 현재 연습중인 피아노는 소명하기에 따라서 민사집행법 제195조 제13호의 '학습용구 또는 이에 준하는 물건'으로 해석될 여지가 있어 보입니다. 만약 이러한 주장이 인정되지 않는다면, 귀하는 「민사집행법」제196조 제1항에서 규정한 '그 밖의 사정'을 내세우셔야 할 것으로 보입니다.

그리고 압류금지물건의 확장 신청과 동시에 법원에 강제집행을 일시정지 시켜 달라는 잠정처분을 신청하게 되는데, 이 경우 법원에서 「민사집행법」제196조 제3항 및 같은 법 제16조 제2항에 의하여 담보를 제공할 것을 조건으로 하는 명령이 내려지는 것이 일반적입니다. 이 경우 담보의 제공은 보통 현금으로 하여야 하며, 그 방법은 법원에 공탁하는 것이며, 담보액은 법원이 재량으로 판단하게 되어 있으나 대략 피아노의 감정가액 정도로 생각하시면 될 것으로 보입니다.

제196조(압류금지 물건을 정하는 재판)
① 법원은 당사자가 신청하면 채권자와 채무자의 생활형편, 그 밖의 사정을 고려하여 유체동산의 전부 또는 일부에 대한 압류를 취소하도록 명하거나 제195조의 유체동산을 압류하도록 명할 수 있다.
② 제1항의 결정이 있은 뒤에 그 이유가 소멸되거나 사정이 바뀐 때에는 법원은 직권으로 또는 당사자의 신청에 따라 그 결정을 취소하거나 바꿀 수 있다.
③ 제1항 및 제2항의 경우에 법원은 제16조제2항에 준하는 결정을 할 수 있다.
④ 제1항 및 제2항의 결정에 대하여는 즉시항고를 할 수 있다.
⑤ 제3항의 결정에 대하여는 불복할 수 없다.

제197조(일괄매각)
① 집행관은 여러 개의 유체동산의 형태, 이용관계 등을 고려하여 일괄매수하게 하는 것이 알맞다고 인정하는 때에는 직권으로 또는 이해관계인의 신청에 따라 일괄하여 매각할 수 있다.
② 제1항의 경우에는 제98조제3항, 제99조, 제100조, 제101조제2항 내지 제5항의 규정을 준용한다.

■판례-사해행위취소등(영업양도 사해행위취소 사건)■
[대법원 2015.12.10., 선고, 2013다84162, 판결]

【판시사항】
[1] 영업은 일정한 영업 목적에 의하여 조직화된 유기적 일체로서의 기능적 재산이므로, 영업을 구성하는 유형·무형의 재산과 경제적 가치를 가지는 사실관계가 서로 유기적으로 결합하여 수익의 원천으로 기능하고, 하나의 재화와 같이 거래의 객체가 된다. 그리고 여러 개의 부동산, 유체동산, 그 밖의 재산권에 대하여 일괄하여 강제집행을 할 수 있으므로(민사집행법 제98조 제1항, 제2항, 제197조 제1항, 제

251조 제1항 참조), 영업재산에 대하여 일괄하여 강제집행이 될 경우에는 영업권
도 일체로서 환가될 수 있다. 따라서 채무자가 영업재산과 영업권이 유기적으로
결합된 일체로서의 영업을 양도함으로써 채무초과상태에 이르거나 이미 채무초과
상태에 있는 것을 심화시킨 경우, 영업양도는 채권자취소권 행사의 대상이 된다.
[2] 영업양도 후 종래의 영업조직이 전부 또는 중요한 일부로서 기능하면서 동일성을
유지한 채 채무자에게 회복되는 것이 불가능하거나 현저히 곤란하게 된 경우, 채
권자는 사해행위취소에 따른 원상회복으로 피보전채권액을 한도로 하여 영업재산
과 영업권이 포함된 일체로서의 영업의 가액을 반환하라고 청구할 수 있다.

【판결요지】
[1] 영업은 일정한 영업 목적에 의하여 조직화된 유기적 일체로서의 기능적 재산이므
로, 영업을 구성하는 유형·무형의 재산과 경제적 가치를 가지는 사실관계가 서로
유기적으로 결합하여 수익의 원천으로 기능하고, 하나의 재화와 같이 거래의 객체
가 된다. 그리고 여러 개의 부동산, 유체동산, 그 밖의 재산권에 대하여 일괄하여
강제집행을 할 수 있으므로(민사집행법 제98조 제1항, 제2항, 제197조 제1항, 제251
조 제1항 참조), 영업재산에 대하여 일괄하여 강제집행이 될 경우에는 영업권도 일
체로서 환가될 수 있다. 따라서 채무자가 영업재산과 영업권이 유기적으로 결합된
일체로서의 영업을 양도함으로써 채무초과상태에 이르거나 이미 채무초과상태에
있는 것을 심화시킨 경우, 영업양도는 채권자취소권 행사의 대상이 된다.
[2] 영업양도 후 종래의 영업조직이 전부 또는 중요한 일부로서 기능하면서 동일성을
유지한 채 채무자에게 회복되는 것이 불가능하거나 현저히 곤란하게 된 경우, 채권
자는 사해행위취소에 따른 원상회복으로 피보전채권액을 한도로 하여 영업재산과
영업권이 포함된 일체로서의 영업의 가액을 반환하라고 청구할 수 있다.

제198조(압류물의 보존)
① 압류물을 보존하기 위하여 필요한 때에는 집행관은 적당한 처분을 하여야 한다.
② 제1항의 경우에 비용이 필요한 때에는 채권자로 하여금 이를 미리 내게 하여
야 한다. 채권자가 여럿인 때에는 요구하는 액수에 비례하여 미리 내게 한다.
③ 제49조제2호 또는 제4호의 문서가 제출된 경우에 압류물을 즉시 매각하지 아
니하면 값이 크게 내릴 염려가 있거나, 보관에 지나치게 많은 비용이 드는
때에는 집행관은 그 물건을 매각할 수 있다.
④ 집행관은 제3항의 규정에 따라 압류물을 매각하였을 때에는 그 대금을 공탁
하여야 한다.

Q. 냉동 수산물에 대한 보존 및 현금화는 어떠한 방법으로 하게 되는지

질문

저는 수산물 유통업을 하는 甲에게 1000만 원을 빌려주었으나 갚지 않아 대여금 청구소송을 제기하여 승소 판결을 받았습니다. 강제집행을 하려고 보니 甲의 재산으로 냉동 창고에서 보관 중인 냉동 고등어 500kg이 있다는 사실을 알게 되었습니다. 냉동 고등어와 같이 보존을 잘못 하게 되면 가치 하락이 예상되는 유체동산을 압류할 경우에 보존 및 현금화는 어떠한 방법으로 하게 되는지요?

답변

집행관은 선량한 관리자로서 압류물을 보존해야할 의무가 있습니다. 「민사집행법」 제198조 제1항은 "압류물을 보존하기 위하여 필요한 때에는 집행관은 적당한 처분을 하여야 한다."고 규정하여 집행관의 압류물 보존의무를 명문화하고 있습니다.

집행관은 채권자 및 채무자의 이익을 종합적으로 고려하여 직권으로 압류물의 보존에 관한 처분을 할 수 있습니다.

냉동 고등어와 같이 냉동 보관을 중단하면 현저한 가치하락이 예상되는 압류물의 경우 집행관은 보관인을 선임하여 냉동 창고 등에 보관하도록 할 수 있습니다.

「민사집행법」 제198조 제2항은 "제1항의 경우에 비용이 필요한 때에는 채권자로 하여금 이를 미리 내게 하여야 한다. 채권자가 여럿인 때에는 요구하는 액수에 비례하여 미리 내게 한다."고 규정하여 압류물의 보존을 위한 처분에 비용에 필요한 때에는 집행관은 그 비용을 채권자로 하여금 미리 내게 하여야 합니다.

따라서 냉동 고등어를 냉동 창고에 보관하는 방법으로 보존을 하는 경우에 집행관은 냉동 창고에 보관하는 비용을 채권자로 하여금 미리 내게 하여야 합니다.

「민사집행법」 제202조는 "압류일과 매각일 사이에는 1주 이상 기간을 두어야 한다. 다만, 압류물을 보관하는 데 지나치게 많은 비용이 들거나, 시일이 지나면 그 물건의 값이 크게 내릴 염려가 있는 때에는 그러하지 아니하다."고 규정하여 원칙적으로 유체동산의 매각은 압류일로부터 1주 이상이 경과하여야 할 수 있도록 하면서 압류물을 보관하는 데 지나치게 많은 비용이 들거나, 시일이 지나면 그 물건의 값이 크게 내릴 염려가 있는 때에는 조기(早期)매각 할 수 있도록 하고 있습니다.

냉동 고등어의 경우 보관하는 데 지나치게 많은 비용이 들거나, 시일이 지나면 그 물건의 값이 크게 내릴 염려가 있는 물건이라고 할 것이므로 「민사집행법」 제202조 단서에 따라 압류일로부터 1주가 경과하기 전이라도 집행관이 정한 적절한 매각방법에 따라 조기(早期)에 현금화할 수 있을 것입니다.

제199조(압류물의 매각)
집행관은 압류를 실시한 뒤 입찰 또는 호가경매의 방법으로 압류물을 매각하여야 한다.

제200조(값비싼 물건의 평가)
매각할 물건 가운데 값이 비싼 물건이 있는 때에는 집행관은 적당한 감정인에게 이를 평가하게 하여야 한다.

제201조(압류금전)
① 압류한 금전은 채권자에게 인도하여야 한다.

② 집행관이 금전을 추심한 때에는 채무자가 지급한 것으로 본다. 다만, 담보를 제공하거나 공탁을 하여 집행에서 벗어날 수 있도록 채무자에게 허가한 때에는 그러하지 아니하다.

제202조(매각일)

압류일과 매각일 사이에는 1주 이상 기간을 두어야 한다. 다만, 압류물을 보관하는 데 지나치게 많은 비용이 들거나, 시일이 지나면 그 물건의 값이 크게 내릴 염려가 있는 때에는 그러하지 아니하다.

Q. 유체동산 매각일 연기로 인한 국가배상청구 여부

질문

저는 게임방을 운영하는 甲에게 1,000만원을 빌려주었으나 이를 변제받지 못하여 대여금청구 소송을 제기하여 승소 판결을 받아 2006년 5월 14일 甲소유의 컴퓨터 15대를 압류 하였습니다. 그런데 집행관은 압류된 위 컴퓨터 15대에 대한 甲의 재감정신청이 있다는 이유로 매각일을 연기하였고, 그 후 압류일로부터 9개월이 지난 시점인 2007년 2월 20일 위 컴퓨터 15대에 대한 매각이 이루어졌습니다. 그런데 위 압류일과 매각일 사이인 2007년 1월 30일 위 게임방에서 일을 하였던 乙, 丙, 丁이 체불임금 1,500만원을 원인채권으로 하여 배당요구 신청을 하여 배당금을 모두 수령하고 저는 매각대금에서 배당을 한 푼도 받지 못하였습니다. 이런 경우 매각기일 연기에 대하여 위 집행관의 고의·과실 책임을 물어서 국가에 대하여 손해배상 청구를 할 수 있는지요?

답변

집행관은 실질적 의미에서 국가공무원으로 그 직무상 불법행위로 인하여 타인에게 손해를 끼친 경우에는 국가가 배상책임을 지게 됩니다(대법원 1966. 7. 26. 선고 66다854 판결). 따라서 집행관의 고의·과실, 위법성, 직무집행 관련성이 인정된다면 국가가 손해배상을 해야 합니다.

「민사집행법」 제202조는 "압류일과 매각일 사이에는 1주 이상 기간을 두어야 한다. 다만, 압류물을 보관하는 데 지나치게 많은 비용이 들거나, 시일이 지나면 그 물건의 값이 크게 내릴 염려가 있는 때에는 그러하지 아니하다."라고 규정하고 있고, 같은 법 제216조 제1항, 제2항은 "상당한 기간이 지나도 집행관이 매각하지 아니하는 때에는 압류채권자는 집행관에게 일정한 기간 이내에 매각하도록 최고할 수 있다. 집행관이 제1항의 최고에 따르지 아니하는 때에는 압류채권자는 법원에 필요한 명령을 신청 할 수 있다."라고 규정하고 있습니다. 이러한 법조문을 형식적으로 살펴 볼 때, 매각을 최고하지 않았다면 집행관이 압류일로부터 9개월이 지난 시점에서 매각일을 지정하였더라도 그 행위가 위법하다고 단정하기 어려우므로 국가배상을 청구 할 여지가 없다고 볼 여지도 있습니다.

그러나 판례는 위 사안과 유사한 사례에서 "경매기일은 함부로 이를 변경 또는 연기 할 수 없는 것이고, 다만 매각목적물이 적정한 가격에 매각되는 것은 이해관계인 모두에게 이익이 되는 것이므로 재감정의 필요성에 합리적인 이유가 있다면 경매기일의 연기는 수긍할 수 있으나 그렇다고 하더라도 그 연기기간은 합리적인 범위로 제한되어야 한다."라고 하였습니다(대법원 2003. 9. 26. 선고 2001다52773 판결). 그리고 위 판례는 장기간 경매가 진행되지 못한 이유가 무엇인지, 경매가 지연된 것과 다른 배당요구채권자의 배당요구 및 이로 인하여 채권자가 한 푼도 배당받지 못한 것과의 사이에 인과관계가 있다면 국가가 배상책임을 져야 한다는 취지로 판시하였습니다.

따라서 위 사안의 경우, 위 컴퓨터 15대는 컴퓨터 중고시장에서 통용되는 시가가 형성
되어 있는 상태여서 재감정의 필요성이 거의 없다고 보이므로 위 집행관의 매각일 연
기는 합리적인 이유가 없다고 볼 수 있을 것입니다.

또한 乙, 丙, 丁의 배당요구가 매각일로부터 약 20일전에 이루어 진 것을 볼 때, 집행
관이 매각일을 조금 빨리 지정하였다면 귀하가 소액이라도 배당을 받을 수 있었을 것
으로 보이므로 매각일 연기와 귀하가 배당받지 못함으로 인하여 발생된 손해와의 사
이에 인과관계도 인정 될 여지가 많다고 할 것이므로 결국 귀하는 국가를 상대로 손
해배상 청구를 할 수 있을 것으로 보입니다.

제203조(매각장소)
① 매각은 압류한 유체동산이 있는 시·구·읍·면(도농복합형태의 시의 경우 동지
  역은 시·구, 읍·면지역은 읍·면)에서 진행한다. 다만, 압류채권자와 채무자가
  합의하면 합의된 장소에서 진행한다.
② 매각일자와 장소는 대법원규칙이 정하는 방법으로 공고한다. 공고에는 매각
  할 물건을 표시하여야 한다.

제204조(준용규정)
매각장소의 질서유지에 관하여는 제108조의 규정을 준용한다.

제205조(매각·재매각)
① 집행관은 최고가매수신고인의 성명과 가격을 말한 뒤 매각을 허가한다.
② 매각물은 대금과 서로 맞바꾸어 인도하여야 한다.
③ 매수인이 매각조건에 정한 지급기일에 대금의 지급과 물건의 인도청구를 게
  을리 한 때에는 재매각을 하여야 한다. 지급기일을 정하지 아니한 경우로서
  매각기일의 마감에 앞서 대금의 지급과 물건의 인도청구를 게을리 한 때에
  도 또한 같다.
④ 제3항의 경우에는 전의 매수인은 재매각절차에 참가하지 못하며, 뒤의 매각대
  금이 처음의 매각대금보다 적은 때에는 그 부족한 액수를 부담하여야 한다.

Q. 재매각시 매각대금을 납부하지 못한 전 매수인에 대한 제재

질문

저는 지인인 甲에게 300만 원을 빌려주었으나 갚지 않아 대여금 청구소송을 제기하여 승소
판결을 받았습니다. 甲의 집에 있는 TV, 냉장고 등을 압류하여 매각절차가 진행되었고, 매각절
차에서 乙이 250만 원에 최고가매수신고를 하여 최고가매수신고인이 되었습니다. 그러나 乙은
대금 납입기일까지 대금을 납입하지 않아 재매각 절차가 진행되었습니다. 재매각 절차에서의
매각대금은 200만 원으로 정해졌습니다. 이러한 경우 대금을 제때 납입하지 않은 乙의 책임은
없는지 궁금합니다.

답변

「민사집행법」 제205조 제3항은 "매수인이 매각조건에 정한 지급기일에 대금의 지급과
물건의 인도청구를 게을리 한 때에는 재매각을 하여야 한다. 지급기일을 정하지 아니

한 경우로서 매각기일의 마감에 앞서 대금의 지급과 물건의 인도청구를 게을리 한 때에도 또한 같다."고 하여 귀하의 사례처럼 매수인이 정해진 대금 지급기일까지 대금을 지급하지 않을 경우 재매각을 하도록 규정하고 있습니다.

또한 「민사집행법」 제205조 제4항은 "제3항의 경우에는 전의 매수인은 재매각절차에 참가하지 못하며, 뒤의 매각대금이 처음의 매각대금보다 적은 때에는 그 부족한 액수를 부담하여야 한다."고 하여 이전 매수인은 재매각절차에 참가하지 못하도록 하고 있으며 재매각절차에서 정해진 매각대금이 이전 매각절차에서 정해진 매각 대금보다 적은 경우에 그 차액을 이전 매각절차의 매수인이 부담하도록 규정하고 있습니다.

「민사집행법」 제205조 제4항에 후단에 의하여 채권자가 재매각에서 완전한 만족을 얻은 때에는 채무자가, 채권자가 완전한 만족을 얻지 못한 때에는 채권자가 전의 매수인에 대하여 재판상 또는 재판 외에서 차액의 부담을 청구할 수 있습니다.

귀하의 사례에서 이전 매수인 乙은 250만 원에 최고가매수신고를 하여 최고가매수신고인이 되었으나 납입기일까지 대금을 납입하지 않은 잘못이 있으므로 「민사집행법」 제205조 제4항 후단에 따라 재매각절차에서 정해진 매각대금 200만 원과의 차액인 50만 원을 부담하여야 합니다. 귀하는 채권자로서 완전한 만족을 얻지 못하였으므로 乙을 상대로 50만 원을 청구할 수 있습니다.

제206조(배우자의 우선매수권)

① 제190조의 규정에 따라 압류한 유체동산을 매각하는 경우에 배우자는 매각기일에 출석하여 우선매수할 것을 신고할 수 있다.

② 제1항의 우선매수신고에는 제140조제1항 및 제2항의 규정을 준용한다.

제207조(매각의 한도)

매각은 매각대금으로 채권자에게 변제하고 강제집행비용을 지급하기에 충분하게 되면 즉시 중지하여야 한다. 다만, 제197조제2항 및 제101조제3항 단서에 따른 일괄매각의 경우에는 그러하지 아니하다.

제208조(집행관이 매각대금을 영수한 효과)

집행관이 매각대금을 영수한 때에는 채무자가 지급한 것으로 본다. 다만, 담보를 제공하거나 공탁을 하여 집행에서 벗어날 수 있도록 채무자에게 허가한 때에는 그러하지 아니하다.

제209조(금·은붙이의 현금화)

금·은붙이는 그 금·은의 시장가격 이상의 금액으로 일반 현금화의 규정에 따라 매각하여야 한다. 시장가격 이상의 금액으로 매수하는 사람이 없는 때에는 집행관은 그 시장가격에 따라 적당한 방법으로 매각할 수 있다.

제210조(유가증권의 현금화)

집행관이 유가증권을 압류한 때에는 시장가격이 있는 것은 매각하는 날의 시장가격에 따라 적당한 방법으로 매각하고 그 시장가격이 형성되지 아니한 것은 일반 현금화의 규정에 따라 매각하여야 한다.

제211조(기명유가증권의 명의개서)

유가증권이 기명식인 때에는 집행관은 매수인을 위하여 채무자에 갈음하여 배서 또는 명의개서에 필요한 행위를 할 수 있다.

제212조(어음 등의 제시의무)
① 집행관은 어음·수표 그 밖의 금전의 지급을 목적으로 하는 유가증권(이하 "어음등"이라 한다)으로서 일정한 기간 안에 인수 또는 지급을 위한 제시 또는 지급의 청구를 필요로 하는 것을 압류하였을 경우에 그 기간이 개시되면 채무자에 갈음하여 필요한 행위를 하여야 한다.
② 집행관은 미완성 어음등을 압류한 경우에 채무자에게 기한을 정하여 어음등에 적을 사항을 보충하도록 최고하여야 한다.

제213조(미분리과실의 매각)
① 토지에서 분리되기 전에 압류한 과실은 충분히 익은 다음에 매각하여야 한다.
② 집행관은 매각하기 위하여 수확을 하게 할 수 있다.

제214조(특별한 현금화 방법)
① 법원은 필요하다고 인정하면 직권으로 또는 압류채권자, 배당을 요구한 채권자 또는 채무자의 신청에 따라 일반 현금화의 규정에 의하지 아니하고 다른 방법이나 다른 장소에서 압류물을 매각하게 할 수 있다. 또한 집행관에게 위임하지 아니하고 다른 사람으로 하여금 매각하게 하도록 명할 수 있다.
② 제1항의 재판에 대하여는 불복할 수 없다.

제215조(압류의 경합)
① 유체동산을 압류하거나 가압류한 뒤 매각기일에 이르기 전에 다른 강제집행이 신청된 때에는 집행관은 집행신청서를 먼저 압류한 집행관에게 교부하여야 한다. 이 경우 더 압류할 물건이 있으면 이를 압류한 뒤에 추가압류조서를 교부하여야 한다.
② 제1항의 경우에 집행에 관한 채권자의 위임은 먼저 압류한 집행관에게 이전된다.
③ 제1항의 경우에 각 압류한 물건은 강제집행을 신청한 모든 채권자를 위하여 압류한 것으로 본다.
④ 제1항의 경우에 먼저 압류한 집행관은 뒤에 강제집행을 신청한 채권자를 위하여 다시 압류한다는 취지를 덧붙여 그 압류조서에 적어야 한다.

■판례-집행에 관한 이의■
[대법원 2012.9.13., 자, 2011그213, 결정]

【판시사항】
유치권에 의한 경매절차가 개시된 유체동산에 대하여 유치권자의 승낙 없이 민사집행법 제215조에 따라 다른 채권자가 강제집행을 위하여 압류를 한 다음 민사집행법 제274조 제2항에 따라 유치권에 의한 경매절차를 정지하고 채권자를 위한 강제경매절차를 진행한 경우, 강제경매절차에서 목적물이 매각되더라도 유치권자에게 목적물을 계속하여 유치할 권리가 있는지 여부(적극)

【판결요지】
민사집행법 제189조 제1항은 채무자가 점유하고 있는 유체동산의 압류는 집행관이 그 물건을 점유함으로써 한다고 규정하고,
제191조는 채권자 또는 물건의 제출을 거부하지 아니하는 제3자가 점유하고 있는 물건은 제189조의 규정을 준용하여 압류할 수 있다고 규정하고 있으므로, 유치권자가 점

유하고 있는 채무자의 유체동산에 대한 강제집행은 유치권자가 채권자의 강제집행을 위하여 집행관에게 그 물건을 제출한 경우에 한하여 허용된다. 또한 유체동산의 유치권자가 민사집행법 제274조 제1항, 제271조에 따라 유치권에 의한 경매를 신청하고 집행관에게 그 목적물을 제출하여 유치권에 의한 경매절차가 개시된 때에도 그 목적물에 대한 유치권자의 유치권능은 유지되고 있다고 보아야 하므로, 유치권에 의한 경매절차가 개시된 유체동산에 대하여 다른 채권자가 민사집행법 제215조에 정한 이중압류의 방법으로 강제집행을 하기 위해서는 채권자의 압류에 대한 유치권자의 승낙이 있어야 한다. 그런데도 유치권에 의한 경매절차가 개시된 유체동산에 대하여 유치권자의 승낙 없이 민사집행법 제215조에 따라 다른 채권자가 강제집행을 위하여 압류를 한 다음 민사집행법 제274조 제2항에 따라 유치권에 의한 경매절차를 정지하고 채권자를 위한 강제경매절차를 진행하였다면, 그 강제경매절차에서 목적물이 매각되었더라도 유치권자의 지위에는 영향을 미칠 수 없고 유치권자는 그 목적물을 계속하여 유치할 권리가 있다고 보아야 한다.

Q. 유체동산에 대한 이중압류의 기한

질문

저는 甲에게 3000만 원을 빌려주었으나 갚지 않아 대여금 청구소송을 제기하여 승소하였습니다. 그런데 甲의 다른 채권자 乙이 이미 甲의 유일한 재산인 TV를 압류하여 현재 유체동산의 강제경매절차가 진행 중이며, 첫 회 매각기일에서 유찰되었다는 사실을 알게 되었습니다. TV 매각대금에서 배당을 받기 위하여 지금이라도 압류를 하는 것이 가능한지 궁금합니다.

답변

「민사집행법」 제215조 제1항은 "유체동산을 압류하거나 가압류한 뒤 매각기일에 이르기 전에 다른 강제집행이 신청된 때에는 집행관은 집행신청서를 먼저 압류한 집행관에게 교부하여야 한다. 이 경우 더 압류할 물건이 있으면 이를 압류한 뒤에 추가압류조서를 교부하여야 한다."고 하여 이미 압류된 유체동산에 대하여 다른 채권자가 압류를 할 수 있는 시한을 '매각기일에 이르기 전'으로 규정하고 있습니다.

이에 대하여 판례는 "유체동산 매각절차에서는 매각 또는 입찰기일에 매수 허가 및 매각대금 지급까지 아울러 행해짐이 원칙인 점(민사집행규칙 제149조 제1항 , 제151조)에 비추어 볼 때, 위 민사집행법 제215조 제1항 에서 '매각기일에 이르기 전'이라 함은 '실제로 매각이 된 매각기일에 이르기 전'을 의미하는 것으로서 그때까지의 이중압류는 허용된다고 봄이 상당하다. 더군다나 동산집행절차에서 이중압류는 우선 변제청구권이 없는 일반채권자가 배당에 참가할 수 있는 유일한 방법인 점, 우선변제청구권이 있는 채권자의 배당요구의 종기가 집행관이 매각대금을 영수한 때 등으로 정해져 있는 점(민사집행법 제220조 제1항)등에 비추어 보더라도, 앞서 본 법리와 달리 민사집행법 제215조 제1항 의 '매각기일'을 '첫 매각기일'로 해석하여 이중압류의 종기를 앞당기는 것은 바람직하지 않다."고 판시하여 「민사집행법」 제215조 제1항의 '매각기일'은 '첫 매각기일'이 아니라 '실제로 매각이 된 매각기일에 이르기 전'을 의미한다고 하였습니다.(대법원 2011. 1. 27. 선고 2010다83939 판결)

귀하의 사례에서도 현재 TV에 대한 乙의 압류가 이루어져 현재 강제경매절차에서 첫 회 매각기일이 경과하였다 하더라도, 아직 실제로 매각이 이루진 것이 아니라면 TV를 압류하여 배당에 참가할 수 있을 것입니다.

제216조(채권자의 매각최고)

① 상당한 기간이 지나도 집행관이 매각하지 아니하는 때에는 압류채권자는 집행관에게 일정한 기간 이내에 매각하도록 최고할 수 있다.

② 집행관이 제1항의 최고에 따르지 아니하는 때에는 압류채권자는 법원에 필요한 명령을 신청할 수 있다.

제217조(우선권자의 배당요구)

민법·상법, 그 밖의 법률에 따라 우선변제청구권이 있는 채권자는 매각대금의 배당을 요구할 수 있다.

제218조(배당요구의 절차)

제217조의 배당요구는 이유를 밝혀 집행관에게 하여야 한다.

제219조(배당요구 등의 통지)

제215조제1항 및 제218조의 경우에는 집행관은 그 사유를 배당에 참가한 채권자와 채무자에게 통지하여야 한다.

제220조(배당요구의 시기)

① 배당요구는 다음 각호의 시기까지 할 수 있다.
  1. 집행관이 금전을 압류한 때 또는 매각대금을 영수한 때
  2. 집행관이 어음·수표 그 밖의 금전의 지급을 목적으로 한 유가증권에 대하여 그 금전을 지급받은 때
② 제198조제4항에 따라 공탁된 매각대금에 대하여는 동산집행을 계속하여 진행할 수 있게 된 때까지, 제296조제5항 단서에 따라 공탁된 매각대금에 대하여는 압류의 신청을 한 때까지 배당요구를 할 수 있다.

제221조(배우자의 지급요구)

① 제190조의 규정에 따라 압류한 유체동산에 대하여 공유지분을 주장하는 배우자는 매각대금을 지급하여 줄 것을 요구할 수 있다.

② 제1항의 지급요구에는 제218조 내지 제220조의 규정을 준용한다.

③ 제219조의 통지를 받은 채권자가 배우자의 공유주장에 대하여 이의가 있는 때에는 배우자를 상대로 소를 제기하여 공유가 아니라는 것을 확정하여야 한다.

④ 제3항의 소에는 제154조제3항, 제155조 내지 제158조, 제160조제1항제5호 및 제161조제1항·제2항·제4항의 규정을 준용한다.

Q. 채무자의 배우자가 부당한 지급요구를 한 경우 대처방법

질문

저는 지인인 甲에게 1000만 원을 빌려주었으나 갚지 않아 대여금 청구소송을 제기하여 승소 판결을 받았습니다. 甲의 집에 있는 TV, 냉장고 등을 압류하였는데 甲의 배우자라고 주장하는 乙이 「민사집행법」제221조 제1항에 따른 지급요구를 하였습니다. 제가 알기로 甲은 乙과 별거 한지 20년이 넘었는데, 甲의 집에 있는 TV, 냉장고 등에 대하여 乙이 지급요구를 하는 것이 이해되지 않습니다. 乙의 부당한 지급요구에 대하여 다툴 수 있는 방법이 궁금합니다.

답변

「민사집행법」 제221조 제1항은 "제190조의 규정에 따라 압류한 유체동산에 대하여 공 유지분을 주장하는 배우자는 매각대금을 지급하여 줄 것을 요구할 수 있다."고 규정하 여 채무자가 점유하거나 그 배우자와 공동으로 점유하는 부부공유 유체동산을 압류하 여 매각한 경우, 그 배우자는 공유지분을 주장하여 매각대금의 지급을 요구할 수 있도 록 규정하고 있습니다.
집행관은 채무자가 압류대상물을 점유하고 있는지 여부만을 판단하여 압류를 하게 되 므로 그 유체동산이 채무자의 단독소유인지 배우자와 공유하는 것인지를 확인할 방법 이 없고, 유체동산을 압류한다고 하더라도 그 유체동산을 채무자의 소유로 간주하는 것은 아니기 때문에 매각대금 중 채무자 아닌 배우자의 공유지분에 해당하는 부분은 당연히 그 배우자에게 지급하여야 하기 때문입니다.
그러나 채권자의 입장에서 채무자의 배우자가 행하는 집행요구가 부당할 수 있습니다. 이에 민사집행법」 제221조 제3항은 "제219조의 통지를 받은 채권자가 배우자의 공유 주장에 대하여 이의가 있는 때에는 배우자를 상대로 소를 제기하여 공유가 아니라는 것을 확정해야 한다."고 규정하여 채권자가 채무자의 배우자를 상대로 '공유관계부인 의 소'를 제기할 수 있도록 규정하고 있습니다.
공유관계부인의 소가 제기된 때에 집행관은 지급요구를 한 배우자에게 지급할 금액에 상당하는 매각대금을 공탁하고, 위 공탁금은 공유관계부인의 소의 결과에 따라 배우자 에게 지급하거나 채권자에게 배당하게 됩니다.
따라서 귀하의 경우 乙의 부당한 지급요구에 대해서 공유관계부인의 소를 제기하여 다툴 수 있고, 위 소송이 제기되면 공탁금은 乙에게 지급할 금액에 상당하는 매각대금 을 공탁하게 됩니다. 공탁금은 공유관계부인의 소의 결과에 따라 채권자 또는 乙에게 지급되게 됩니다.

제222조(매각대금의 공탁)

① 매각대금으로 배당에 참가한 모든 채권자를 만족하게 할 수 없고 매각허가된 날부터 2주 이내에 채권자 사이에 배당협의가 이루어지지 아니한 때에는 매 각대금을 공탁하여야 한다.
② 여러 채권자를 위하여 동시에 금전을 압류한 경우에도 제1항과 같다.
③ 제1항 및 제2항의 경우에 집행관은 집행절차에 관한 서류를 붙여 그 사유를 법 원에 신고하여야 한다.

제3관 채권과 그 밖의 재산권에 대한 강제집행

제223조(채권의 압류명령)

제3자에 대한 채무자의 금전채권 또는 유가증권, 그 밖의 유체물의 권리이전이나 인도를 목적으로 한 채권에 대한 강제집행은 집행법원의 압류명령에 의하여 개시한다.

▣판례-배당이의▣

[대법원 2019.1.31., 선고, 2015다26009, 판결]

【판시사항】

[1] 금전채권에 대한 가압류를 원인으로 제3채무자가 민사집행법 제291조, 제248조 제1항에 따라 공탁을 한 이후 압류의 경합이 성립하거나 가압류를 본압류로 이전하는 압류명령이 국가(공탁관)에 송달된 경우, 민사집행법 제291조, 제248조 제1항에 따른 공탁이 민사집행법 제248조에 따른 집행공탁으로 바뀌는지 여부(적극) / 민사집행법 제248조에 따라 집행공탁이 이루어지면 압류채권자의 지위는 집행공탁금에 대하여 배당을 받을 채권자의 지위로 전환되는지 여부(적극) 및 이러한 법리는 민사집행법 제291조, 제248조 제1항에 따른 공탁이 민사집행법 제248조에 따른 집행공탁으로 바뀌는 경우에도 마찬가지로 적용되는지 여부(적극)

[2] 집행권원상의 청구권이 양도되어 양수인이 승계집행문을 부여받은 경우, 양도인에 대한 기존 집행권원의 집행력은 소멸하는지 여부(적극) / 민사집행법 제248조에 따라 공탁이 이루어져 배당절차가 개시된 다음 집행권원상의 청구권이 양도되고 채무자에게 양도 통지를 했으나, 양수인이 승계집행문을 부여받아 집행법원에 제출하지 않은 경우, 양수인이 집행법원을 상대로 배당금 지급을 청구할 수 있는지 여부(소극) 및 양수인이 집행채권 양수 사실을 집행법원에 소명하였다고 하더라도 마찬가지인지 여부(적극) / 집행권원상의 청구권의 양도와 채무자에 대한 양도 통지가 있었으나, 승계집행문의 부여·제출 전에 양수인의 채권자가 배당금채권에 대한 압류 및 전부명령을 받은 경우 위 압류 및 전부명령의 효력(무효)

【판결요지】

[1] 금전채권에 대한 압류·추심명령이 있더라도 압류채권자에게 채무자의 제3채무자에 대한 채권이 이전되거나 귀속되는 것이 아니라 채권을 추심할 권능만 부여될 뿐이고 이러한 추심권능은 압류의 대상이 될 수 없다.

금전채권에 대한 가압류를 원인으로 제3채무자가 민사집행법 제291조, 제248조 제1항에 따라 공탁을 하면 공탁에 따른 채무변제 효과로 당초의 피압류채권인 채무자의 제3채무자에 대한 금전채권은 소멸하고, 대신 채무자는 공탁금출급청구권을 취득하며, 가압류의 효력은 그 청구채권액에 해당하는 공탁금액에 대한 채무자의 공탁금출급청구권에 대하여 존속한다(민사집행법 제297조).

그 후 채무자의 공탁금출급청구권에 대한 압류가 이루어져 압류의 경합이 성립하거나 가압류를 본압류로 이전하는 압류명령이 국가(공탁관)에 송달되면, 민사집행법 제291조, 제248조 제1항에 따른 공탁은 민사집행법 제248조에 따른 집행공탁으로 바뀌어 공탁관은 즉시 압류명령의 발령법원에 그 사유를 신고하여야 한다. 이로써 가압류의 효력이 미치는 부분에 대한 채무자의 공탁금출급청구권은 소멸하고, 그 부분 공탁금은 배당재단이 되어 집행법원의 배당절차에 따른 지급위탁에 의해서만 출급이 이루어질 수 있게 된다.

민사집행법 제248조에 따라 집행공탁이 이루어지면 피압류채권이 소멸하고, 압류명령은 그 목적을 달성하여 효력을 상실하며, 압류채권자의 지위는 집행공탁금에 대하여 배당을 받을 채권자의 지위로 전환된다. 이러한 법리는 민사집행법 제291조, 제248조 제1항에 따른 공탁이 위에서 본 법리에 따라 민사집행법 제248조에 따른 집행공탁으로 바뀌는 경우에도 마찬가지로 적용된다. 따라서 금전채권에 대한 가압류를 원인으로 한 제3채무자의 공탁에 의해 채무자가 취득한 공탁금출급청구권에 대하여 압류·추심명령을 받은 채권자는, 그러한 공탁이 위에서 본 법리에 따라 민사집행법 제248조에 따른 집행공탁으로 바뀌는 경우에는 더 이상 추심권능이 아닌 구체적으로 배당액을 수령할 권리, 즉 배당금채권을 가지게 된다.

[2] 승계집행문은 판결에 표시된 채권자의 포괄승계인이나 그 판결에 기한 채권을 특정하여 승계한 자가 강제집행을 신청하거나 그 속행을 신청할 수 있도록 부여하는 것이다. 강제집행절차에서는 권리관계의 공권적인 확정과 그 신속·확실한 실현을 도모하기 위하여 절차의 명확·안정을 중시하는데, 승계집행문에 관한 규정도 이러한 취지에 따라 운용되어야 한다.

집행권원상의 청구권(이하 '집행채권'이라 한다)이 양도되어 대항요건을 갖춘 경우에는 집행당사자적격이 양수인으로 변경되며, 양수인이 승계집행문을 부여받음에 따라 집행채권자가 양수인으로 확정된다. 승계집행문의 부여로 인하여 양도인에 대한 기존 집행권원의 집행력은 소멸한다.

이러한 법리에 비추어 보면, 민사집행법 제248조에 따라 공탁이 이루어져 배당절차가 개시된 다음 집행채권이 양도되고 채무자에게 양도 통지를 했더라도, 양수인이 승계집행문을 부여받아 집행법원에 제출하지 않은 이상, 집행법원은 여전히 배당절차에서 양도인을 배당금채권자로 취급할 수밖에 없다. 이러한 상태에서는 양수인이 집행법원을 상대로 자신에게 배당금을 지급하여 달라고 청구할 수 없다. 양수인이 집행채권 양수 사실을 집행법원에 소명하였다고 하더라도 마찬가지이다.

집행채권의 양도와 채무자에 대한 양도 통지가 있었더라도, 승계집행문의 부여·제출 전에는 배당금채권은 여전히 양도인의 책임재산으로 남아 있게 된다. 따라서 승계집행문의 부여·제출 전에 양수인의 채권자가 위 배당금채권에 대한 압류 및 전부명령을 받았다고 하더라도, 이는 무효라고 보아야 한다.

Q. 국가나 지방자치단체가 중요무형문화재 보유자에게 지급하는 전승지원금채권이 강제집행의 대상이 되는지 여부

질문

甲은 중요무형문화재 보유자입니다. 국가나 지방자치단체가 중요무형문화재 보유자인 甲에게 지급하는 전승지원금채권도 강제집행의 대상이 되는지요?

답변

금원의 목적 내지 성질상 국가나 지방자치단체와 특정인 사이에서만 수수, 결제되어야 하는 보조금교부채권은 성질상 양도가 금지된 것으로 보아야 하므로 강제집행의 대상이 될 수 없으며, 이러한 법리는 국가나 지방자치단체가 중요무형문화재를 보호·육성하기 위하여 그 전수 교육을 실시하는 중요무형문화재 보유자에게만 전수 교육에 필요한 경비 명목으로 지급하고 있는 금원으로서 그 목적이나 성질상 국가나 지방자치단체와 중요무형문화재 보유자 사이에서만 수수, 결제되어야 하는 전승지원금의 경우에도 마찬가지입니다(대법원 2013. 3. 28. 선고 2012다203461 판결).

따라서 甲이 지급받을 전승지원금채권은 강제집행의 대상이 될 수 없습니다.

제224조(집행법원)
① 제223조의 집행법원은 채무자의 보통재판적이 있는 곳의 지방법원으로 한다.
② 제1항의 지방법원이 없는 경우 집행법원은 압류한 채권의 채무자(이하 "제3채무자"라 한다)의 보통재판적이 있는 곳의 지방법원으로 한다. 다만, 이 경우에 물건의 인도를 목적으로 하는 채권과 물적 담보권 있는 채권에 대한 집행법원은 그 물건이 있는 곳의 지방법원으로 한다.
③ 가압류에서 이전되는 채권압류의 경우에 제223조의 집행법원은 가압류를 명한 법원이 있는 곳을 관할하는 지방법원으로 한다.

제225조(압류명령의 신청)
채권자는 압류명령신청에 압류할 채권의 종류와 액수를 밝혀야 한다.

Q. 압류 및 추심명령 신청시 신청취지의 명확성 및 특정성 필요여부

질문

저는 甲에게 고용되었으나 1000만원의 임금을 받지 못하여 임금청구소송을 제기 후 승소하였습니다. 그러나 甲은 현재 보유하고 있는 재산이 없고 乙과 丙에게 각각 800만원과 500만원가량의 물품대금채권을 가지고 있다는 것을 알게 되었습니다. 그리하여 해당 물품대금채권들에 압류 및 추심명령신청을 하려고 하는데 액수의 정함이 없이 그대로 하여도 되는 것인지, 甲에게는 700만원, 乙에게는 300만원과 같이 액수를 명확하게 특정해야 하는 것인지 여부가 궁금합니다.

답변

채권에 대한 가압류 또는 압류명령을 신청하는 채권자는 신청서에 압류할 채권의 종류와 액수를 밝혀야 합니다(민사집행법 제225조, 제291조).
특히 압류할 채권 중 일부에 대하여만 압류명령을 신청하는 때에는 그 범위를 밝혀 적어야 합니다(민사집행규칙 제159조 제1항 제3호, 제218조).
대법원에서는 "그럼에도 채권자가 가압류나 압류를 신청하면서 압류할 채권의 대상과 범위를 특정하지 않음으로 인해 가압류결정 및 압류명령(이하'압류 등 결정'이라 한다)에서도 피압류채권이 특정되지 않은 경우에는 그 압류 등 결정에 의해서는 압류 등의 효력이 발생하지 않는다."고 판시하고 있습니다(대법원 2012. 11. 15. 선고 2011다38394 판결). 이러한 법리는 채무자가 제3채무자에 대하여 여러 개의 채권을 가지고 있고, 채권자가 그 각 채권 전부를 대상으로 하여 압류 등의 신청을 할 때에도 마찬가지로 적용되므로, 그 경우 채권자는 여러 개의 채권 중 어느 채권에 대해 어느 범위에서 압류 등을 신청하는지 신청취지 자체로 명확하게 인식할 수 있도록 특정하여야 합니다.
압류의 대상과 범위를 특정하지 않고 단지 그 여러 개의 채권 전부를 압류의 대상인 채권으로 나열하고 그 중 집행채권액과 동등액에 대한 압류를 구하는 등으로 금액만을 한정하여 압류 등 결정을 받게 되면, 채무자 및 제3채무자는 그 압류 등 결정에 의하여 지급이나 처분이 금지된 대상이 무엇인지를 명확하게 구분할 수가 없고, 그 결과 채무자가 압류 등의 대상이 아닌 부분에 대한 권리 행사를 하거나 제3채무자가 압류된 부분만을 구분하여 공탁을 하는 등으로 부담을 면하는 것이 불가능하기 때문입니다.
따라서 사안과 같은 경우 피압류채권이 될 대상의 채권액을 고려하시어 乙을 대상으로는 600~800만원, 丙을 대상으로는 200~400만원의 압류 및 추심명령을 신청하여 신청취지를 명확히 특정해야 합니다.

제226조(심문의 생략)
압류명령은 제3채무자와 채무자를 심문하지 아니하고 한다.

제227조(금전채권의 압류)
① 금전채권을 압류할 때에는 법원은 제3채무자에게 채무자에 대한 지급을 금지하고 채무자에게 채권의 처분과 영수를 금지하여야 한다.
② 압류명령은 제3채무자와 채무자에게 송달하여야 한다.
③ 압류명령이 제3채무자에게 송달되면 압류의 효력이 생긴다.
④ 압류명령의 신청에 관한 재판에 대하여는 즉시항고를 할 수 있다.

제228조(저당권이 있는 채권의 압류)
① 저당권이 있는 채권을 압류할 경우 채권자는 채권압류사실을 등기부에 기입하여 줄 것을 법원사무관등에게 신청할 수 있다. 이 신청은 채무자의 승낙 없이 법원에 대한 압류명령의 신청과 함께 할 수 있다.
② 법원사무관등은 의무를 지는 부동산 소유자에게 압류명령이 송달된 뒤에 제1항의 신청에 따른 등기를 촉탁하여야 한다.

제229조(금전채권의 현금화방법)
① 압류한 금전채권에 대하여 압류채권자는 추심명령(推尋命令)이나 전부명령(轉付命令)을 신청할 수 있다.
② 추심명령이 있는 때에는 압류채권자는 대위절차(代位節次) 없이 압류채권을 추심할 수 있다.
③ 전부명령이 있는 때에는 압류된 채권은 지급에 갈음하여 압류채권자에게 이전된다.
④ 추심명령에 대하여는 제227조제2항 및 제3항의 규정을, 전부명령에 대하여는 제227조제2항의 규정을 각각 준용한다.
⑤ 전부명령이 제3채무자에게 송달될 때까지 그 금전채권에 관하여 다른 채권자가 압류·가압류 또는 배당요구를 한 경우에는 전부명령은 효력을 가지지 아니한다.
⑥ 제1항의 신청에 관한 재판에 대하여는 즉시항고를 할 수 있다.
⑦ 전부명령은 확정되어야 효력을 가진다.
⑧ 전부명령이 있은 뒤에 제49조제2호 또는 제4호의 서류를 제출한 것을 이유로 전부명령에 대한 즉시항고가 제기된 경우에는 항고법원은 다른 이유로 전부명령을 취소하는 경우를 제외하고는 항고에 관한 재판을 정지하여야 한다.

▣판례-배당이의▣
[대법원 2019.1.31., 선고, 2015다26009, 판결]
【판시사항】
[1] 금전채권에 대한 가압류를 원인으로 제3채무자가 민사집행법 제291조, 제248조 제1항에 따라 공탁을 한 이후 압류의 경합이 성립하거나 가압류를 본압류로 이전하는 압류명령이 국가(공탁관)에 송달된 경우, 민사집행법 제291조, 제248조 제1항에 따른 공탁이 민사집행법 제248조에 따른 집행공탁으로 바뀌는지 여부(적극) / 민사집행법 제248조에 따라 집행공탁이 이루어지면 압류채권자의 지위는 집행공탁금에 대하여 배당을 받을 채권자의 지위로 전환되는지 여부(적극) 및 이러한 법리

는 민사집행법 제291조, 제248조 제1항에 따른 공탁이 민사집행법 제248조에 따른
집행공탁으로 바뀌는 경우에도 마찬가지로 적용되는지 여부(적극)
[2] 집행권원상의 청구권이 양도되어 양수인이 승계집행문을 부여받은 경우, 양도인에
대한 기존 집행권원의 집행력은 소멸하는지 여부(적극) / 민사집행법 제248조에
따라 공탁이 이루어져 배당절차가 개시된 다음 집행권원상의 청구권이 양도되고
채무자에게 양도 통지를 했으나, 양수인이 승계집행문을 부여받아 집행법원에 제
출하지 않은 경우, 양수인이 집행법원을 상대로 배당금 지급을 청구할 수 있는지
여부(소극) 및 양수인이 집행채권 양수 사실을 집행법원에 소명하였다고 하더라도
마찬가지인지 여부(적극) / 집행권원상의 청구권의 양도와 채무자에 대한 양도 통
지가 있었으나, 승계집행문의 부여·제출 전에 양수인의 채권자가 배당금채권에 대
한 압류 및 전부명령을 받은 경우 위 압류 및 전부명령의 효력(무효)

【판결요지】
[1] 금전채권에 대한 압류·추심명령이 있더라도 압류채권자에게 채무자의 제3채무자에
대한 채권이 이전되거나 귀속되는 것이 아니라 채권을 추심할 권능만 부여될 뿐이
고 이러한 추심권능은 압류의 대상이 될 수 없다.
금전채권에 대한 가압류를 원인으로 제3채무자가 민사집행법 제291조, 제248조 제1
항에 따라 공탁을 하면 공탁에 따른 채무변제 효과로 당초의 피압류채권인 채무자
의 제3채무자에 대한 금전채권은 소멸하고, 대신 채무자는 공탁금출급청구권을 취
득하며, 가압류의 효력은 그 청구채권액에 해당하는 공탁금액에 대한 채무자의 공
탁금출급청구권에 대하여 존속한다(민사집행법 제297조).
그 후 채무자의 공탁금출급청구권에 대한 압류가 이루어져 압류의 경합이 성립하
거나 가압류를 본압류로 이전하는 압류명령이 국가(공탁관)에 송달되면, 민사집행
법 제291조, 제248조 제1항에 따른 공탁은 민사집행법 제248조에 따른 집행공탁으
로 바뀌어 공탁관은 즉시 압류명령의 발령법원에 그 사유를 신고하여야 한다. 이로
써 가압류의 효력이 미치는 부분에 대한 채무자의 공탁금출급청구권은 소멸하고,
그 부분 공탁금은 배당재단이 되어 집행법원의 배당절차에 따른 지급위탁에 의해
서만 출급이 이루어질 수 있게 된다.
민사집행법 제248조에 따라 집행공탁이 이루어지면 피압류채권이 소멸하고, 압류명
령은 그 목적을 달성하여 효력을 상실하며, 압류채권자의 지위는 집행공탁금에 대
하여 배당을 받을 채권자의 지위로 전환된다. 이러한 법리는 민사집행법 제291조,
제248조 제1항에 따른 공탁이 위에서 본 법리에 따라 민사집행법 제248조에 따른
집행공탁으로 바뀌는 경우에도 마찬가지로 적용된다. 따라서 금전채권에 대한 가압
류를 원인으로 한 제3채무자의 공탁에 의해 채무자가 취득한 공탁금출급청구권에
대하여 압류·추심명령을 받은 채권자는, 그러한 공탁이 위에서 본 법리에 따라 민
사집행법 제248조에 따른 집행공탁으로 바뀌는 경우에는 더 이상 추심권능이 아닌
구체적으로 배당액을 수령할 권리, 즉 배당금채권을 가지게 된다.
[2] 승계집행문은 판결에 표시된 채권자의 포괄승계인이나 그 판결에 기한 채권을 특정
하여 승계한 자가 강제집행을 신청하거나 그 속행을 신청할 수 있도록 부여하는
것이다. 강제집행절차에서는 권리관계의 공권적인 확정과 그 신속·확실한 실현을
도모하기 위하여 절차의 명확·안정을 중시하는데, 승계집행문에 관한 규정도 이러
한 취지에 따라 운용되어야 한다.
집행권원상의 청구권(이하 '집행채권'이라 한다)이 양도되어 대항요건을 갖춘 경우
에는 집행당사자적격이 양수인으로 변경되며, 양수인이 승계집행문을 부여받음에
따라 집행채권자가 양수인으로 확정된다. 승계집행문의 부여로 인하여 양도인에 대
한 기존 집행권원의 집행력은 소멸한다.
이러한 법리에 비추어 보면, 민사집행법 제248조에 따라 공탁이 이루어져 배당절차
가 개시된 다음 집행채권이 양도되고 채무자에게 양도 통지를 했더라도, 양수인이
승계집행문을 부여받아 집행법원에 제출하지 않은 이상, 집행법원은 여전히 배당절

차에서 양도인을 배당금채권자로 취급할 수밖에 없다. 이러한 상태에서는 양수인이 집행법원을 상대로 자신에게 배당금을 지급하여 달라고 청구할 수 없다. 양수인이 집행채권 양수 사실을 집행법원에 소명하였다고 하더라도 마찬가지이다. 집행채권의 양도와 채무자에 대한 양도 통지가 있었더라도, 승계집행문의 부여·제출 전에는 배당금채권은 여전히 양도인의 책임재산으로 남아 있게 된다. 따라서 승계집행문의 부여·제출 전에 양수인의 채권자가 위 배당금채권에 대한 압류 및 전부명령을 받았다고 하더라도, 이는 무효라고 보아야 한다.

Q. 전부명령이 확정된 경우 전부채권자에게 이전되는 피압류채권의 범위

질문

甲은 乙에 대한 금전청구 확정판결에 기초하여 乙의 丙에 대한 물품대금채권에 채권압류 및 전부명령을 신청하면서 원금과 완제일까지의 지연손해금을 집행채권으로 청구하여 집행채권 상당액을 압류·전부(轉付) 받았습니다. 이 경우 변제일은 어느 때로 정해지는지요?

답변

「민사집행법」 제229조 제3항은 "전부명령이 있는 때에는 압류된 채권은 지급에 갈음하여 압류채권자에게 이전된다."라고 규정하고 있고, 같은 법 제231조는 전부명령의 효과에 관하여 "전부명령이 확정된 경우에는 전부명령이 제3채무자에게 송달된 때에 채무자가 채무를 변제한 것으로 본다. 다만, 이전된 채권이 존재하지 아니한 때에는 그러하지 아니하다."라고 규정하고 있습니다.
그런데 원금과 이에 대한 변제일까지의 부대채권을 집행채권으로 한 전부명령이 확정된 경우, 전부채권자에게 이전되는 피압류채권의 범위에 관하여 판례는 "전부명령이 확정되면 피압류채권은 제3채무자에게 송달된 때에 소급하여 집행채권의 범위 안에서 당연히 전부채권자에게 이전하고 그와 동시에 채무자는 채무를 변제한 것으로 간주되므로, 원금과 이에 대한 변제일까지의 부대채권을 집행채권으로 하여 전부명령을 받은 경우에는 집행채권의 원금의 변제일은 전부명령이 제3채무자에게 송달된 때가 되어 결국 집행채권액은 원금과 제3채무자에 대한 전부명령 송달시까지의 부대채권액을 합한 금액이 되므로 피압류채권은 그 금액 범위 안에서 전부채권자에게 이전한다."라고 하였습니다(대법원 1999. 12. 10. 선고 99다36860 판결).
따라서 위 사안에서 甲은 원금과 위 전부명령이 丙에게 송달된 때까지의 지연손해금을 전부받게 될 것으로 보입니다.

제230조(저당권이 있는 채권의 이전)
저당권이 있는 채권에 관하여 전부명령이 있는 경우에는 제228조의 규정을 준용한다.

제231조(전부명령의 효과)
전부명령이 확정된 경우에는 전부명령이 제3채무자에게 송달된 때에 채무자가 채무를 변제한 것으로 본다. 다만, 이전된 채권이 존재하지 아니한 때에는 그러하지 아니하다.

Q. 장래채권에 대한 압류 및 전부명령 후 판결정본을 재도부여할 수 있는지?

甲은 乙에 대한 보증채무금청구의 소송을 제기하여 승소하여 판결이 확정되었으며, 그 판결에 기한 집행문을 부여받아 乙의 丙회사에 대한 임금채권에 채권압류 및 전부명령을 받았습니다. 그런데 乙은 위와 같이 임금채권이 압류되자 丙회사에서 퇴직하려고 하는바, 이 경우 甲이 乙의 다른 재산에 강제집행을 위하여 집행문의 재도부여를 받을 수는 없는지요?

전부명령의 효과에 관하여 「민사집행법」 제231조는 "전부명령이 확정된 경우에는 전부명령이 제3채무자에게 송달된 때에 채무자가 채무를 변제한 것으로 본다. 다만, 이전된 채권이 존재하지 아니한 때에는 그러하지 아니하다."라고 규정하고 있습니다. 그런데 피압류채권이 그 존부 및 범위가 불확실한 장래의 채권인 경우에도 전부명령이 확정되면 제3채무자에 대한 송달시에 소급하여 집행채권이 소멸하는지에 관하여 판례는 "전부명령이 확정되면 피압류채권은 제3채무자에게 송달된 때에 소급하여 집행채권의 범위 안에서 당연히 전부채권자에게 이전하고, 동시에 집행채권 소멸의 효력이 발생하는 것으로, 이 점은 피압류채권이 그 존부 및 범위를 불확실하게 하는 요소를 내포하고 있는 장래의 채권인 경우에도 마찬가지라고 할 것이다."라고 하였습니다 (대법원 2000. 4. 21. 선고 99다70716 판결, 2001. 9. 25. 선고 99다15177 판결, 2004. 9. 23. 선고 2004다29354 판결).

또한 "집행력 있는 채무명의에 터 잡아 채권의 압류 및 전부명령이 적법하게 이루어진 이상 피압류채권은 집행채권의 범위 안에서 지급에 갈음하여 당연히 압류(전부)채권자에게 이전하고 채무자는 채무를 변제한 것으로 간주되어, 그 후 그 압류 및 전부를 받은 채권자가 그 채권을 추심하는 과정과는 관계없이 그 강제집행은 이미 종료되었다고 할 것이므로, 그 집행채권이 장래의 조건부 채권이거나 소멸할 가능성이 있는 것이라 하여도 그 채권의 압류 및 전부명령의 효력에는 아무런 영향이 없다."라고 하였습니다.

그리고 집행력 있는 판결정본에 터 잡아 장래 채권에 대한 압류 및 전부명령이 적법하게 이루어진 경우, 집행력 있는 판결정본을 재도부여할 수 있는지에 관하여 판례는 "채권자가 가집행선고부 판결에 기한 집행문을 부여받아 채무자가 장래에 받게 될 봉급 등의 채권에 대하여 압류 및 전부명령을 받았다면 위 전부명령이 무효가 되지 않는 한 가집행선고부 판결에 기한 강제집행은 이미 종료되었다고 할 것이므로, 채무자의 봉급 등의 장래 채권이 발생하지 않는다거나 채권자가 변제 받아야 할 채권액의 일부만에 한정하여 압류 및 전부명령을 받았다는 등의 사정이 주장·입증되지 않는 한, 같은 내용의 집행력 있는 판결정본을 채권자에게 재도부여한 것은 위법하다."라고 하였습니다(대법원 1999. 4. 28.자 99그21 결정).

따라서 위 사안에 있어서도 甲으로서는 乙이 퇴직할 가능성이 있다는 사유로 집행력 있는 판결정본의 재도부여를 받기는 어려울 것으로 보입니다.

그러나 장래의 불확정채권에 대한 전부명령의 효력이 발생한 후 그 채권의 전부 또는 일부가 부존재하는 것으로 확정된 경우, 그 부존재 하는 부분에 대한 전부명령의 효력에 대하여 "전부명령이 확정되면 피압류채권은 제3채무자에게 송달된 때에 소급하여 집행채권의 범위 안에서 당연히 전부채권자에게 이전하고 동시에 집행채권 소멸의 효력이 발생하는 것으로, 이 점은 피압류채권이 그 존부 및 범위를 불확실하게 하는 요소를 내포하고 있는 장래의 채권인 경우에도 마찬가지라고 할 것이나 장래의 채권에 대한 전부명령이 확정된 후에 그 피압류채권의 전부 또는 일부가 존재하지 아니한 것으로 밝혀졌다면 민사소송법 제564조 (현행 민사집행법 제231조)단서에 의하여 그 부분에 대한 전부명령의 실체적 효력은 소급하여 실효된다."라고 함으로써 을이 채무를

135 · 민사집행법

변제하지 못한 상태에서 퇴직하는 등의 경우에는 전부 또는 잔여부분에 대한 전부명령의 효력은 소급하여 실효가 된다고 하고 있으므로(대법원 2001. 9. 25. 선고 99다15177 판결, 2002. 7. 12. 선고 99다68652 판결), 이에 해당되면 판결정본의 재도부여가 가능하다 할 것입니다.

제232조(추심명령의 효과)
① 추심명령은 그 채권전액에 미친다. 다만, 법원은 채무자의 신청에 따라 압류채권자를 심문하여 압류액수를 그 채권자의 요구액수로 제한하고 채무자에게 그 초과된 액수의 처분과 영수를 허가할 수 있다.
② 제1항 단서의 제한부분에 대하여 다른 채권자는 배당요구를 할 수 없다.
③ 제1항의 허가는 제3채무자와 채권자에게 통지하여야 한다.

◼판례-추심금◼
[전주지법 2018.7.19., 선고, 2017나11936, 판결 : 확정]
【판시사항】
파산자 주식회사 甲은 채무자 乙이 제3채무자인 주식회사 丙에 대하여 가지는 보험금반환청구권 및 보험금지급청구권 중 일부를 가압류하였는데, 주식회사 丁이 乙의 丙 회사에 대한 보험금 청구채권 중 일부에 대하여 채권압류 및 추심명령을 받아 丙 회사에 추심을 청구하자, 丙 회사가 乙에게 지급하여야 하는 보험해약에 따른 환급금 중 압류금지범위를 제외한 나머지 금원을 丁 회사에 지급한 사안에서, 丙 회사가 甲 회사에 대하여 채무의 소멸을 주장할 수 있다고 한 사례

【판결요지】
파산자 주식회사 甲은 채무자 乙이 제3채무자인 주식회사 丙에 대하여 가지는 보험금반환청구권 및 보험금지급청구권 중 일부를 가압류하였는데, 주식회사 丁이 乙의 丙 회사에 대한 보험금 청구채권 중 일부에 대하여 채권압류 및 추심명령을 받아 丙 회사에 추심을 청구하자, 丙 회사가 乙에게 지급하여야 하는 보험해약에 따른 환급금 중 압류금지범위를 제외한 나머지 금원을 丁 회사에 지급한 사안이다.
제3채무자인 丙 회사는 압류가 경합된 경우 정당한 추심권자인 丁 회사에 변제한 것으로 모든 채권자에게 면책을 주장할 수 있고, 다만 공탁청구한 채권자에게는 채무의 소멸을 주장할 수 없는데, 甲 회사가 丙 회사에 공탁청구를 하였음을 인정할 만한 증거가 없으므로, 丙 회사가 甲 회사에 대하여 채무의 소멸을 주장할 수 있다고 한 사례이다.

제233조(지시채권의 압류)
어음·수표 그 밖에 배서로 이전할 수 있는 증권으로서 배서가 금지된 증권채권의 압류는 법원의 압류명령으로 집행관이 그 증권을 점유하여 한다.

제234조(채권증서)
① 채무자는 채권에 관한 증서가 있으면 압류채권자에게 인도하여야 한다.
② 채권자는 압류명령에 의하여 강제집행의 방법으로 그 증서를 인도받을 수 있다.

제235조(압류의 경합)
① 채권 일부가 압류된 뒤에 그 나머지 부분을 초과하여 다시 압류명령이 내려진 때에는 각 압류의 효력은 그 채권 전부에 미친다.
② 채권 전부가 압류된 뒤에 그 채권 일부에 대하여 다시 압류명령이 내려진 때 그 압류의 효력도 제1항과 같다.

Q. 압류채권자가 제3채무자의 공탁사유신고시까지 배당요구를 하지 않더라도 배당절차에 참가할 수 있는지 여부

질문

압류가 경합된 상태에서 제3채무자가 공탁사유신고를 하면서 경합된 압류 중 일부에 관한 기재를 누락한 경우, 압류채권자가 제3채무자의 공탁사유신고시까지 배당요구를 하지 않더라도 배당절차에 참가할 수 있나요?

답변

압류가 경합되면 각 압류의 효력은 피압류채권 전부에 미치므로(민사집행법 제235조), 압류가 경합된 상태에서 제3채무자가 민사집행법 제248조의 규정에 따라 집행공탁을 하여 피압류채권을 소멸시키면 그 효력은 압류경합 관계에 있는 모든 채권자에게 미칩니다. 그리고 이때 압류경합 관계에 있는 모든 채권자의 압류명령은 목적을 달성하여 효력을 상실하고 압류채권자의 지위는 집행공탁금에 대하여 배당을 받을 채권자의 지위로 전환되므로, 압류채권자는 제3채무자의 공탁사유 신고 시까지 민사집행법 제247조에 의한 배당요구를 하지 않더라도 배당절차에 참가할 수 있습니다. 따라서 압류가 경합된 상태에서 제3채무자가 집행공탁을 하여 사유를 신고하면서 경합된 압류 중 일부에 관한 기재를 누락하였다 하더라도 달리 볼 것은 아니며(제3채무자의 공탁사유 신고 시까지 민사집행법 제247조에 의한 배당요구를 하지 않더라도 배당절차에 참가할 수 있습니다), 그 후 이루어진 공탁금에 대한 배당절차에서 기재가 누락된 압류의 집행채권이 배당에서 제외된 경우에 압류채권자는 과다배당을 받게 된 다른 압류채권자 등을 상대로 배당이의 소를 제기하여 배당표의 경정을 구할 수 있습니다(대법원 2015. 4. 23. 선고 2013다207774 판결).

제236조(추심의 신고)
① 채권자는 추심한 채권액을 법원에 신고하여야 한다.
② 제1항의 신고전에 다른 압류·가압류 또는 배당요구가 있었을 때에는 채권자는 추심한 금액을 바로 공탁하고 그 사유를 신고하여야 한다.

Q. 강제집행 취하신청

질문

甲는 지급명령 확정에 의해 乙의 예금 채권을 압류 및 추심명령을 신청해 결정이 났습니다. 다만 甲는 아직 乙의 은행 계좌에 대해 추심을 하고 있지 않은 상태인데 乙와 甲가 강제집행을 하지 않기로 하는 취지로 합의서(공정증서 정본)를 작성한 경우 합의서의 존재만으로도 압류 및 추심명령이 취속 되는 것인가요

답변

집행의 취소는 집행 절차 진행 중에 이미 실시한 집행처분의 전부 또는 일부의 효력을 잃게 하는 집행기관의 행위를 말합니다. 집행이 개시되기 전에는 집행의 취소가 있을 수 없고 집행 절차가 완전히 끝난 뒤에는 실시한 집행 처분을 취소할 여지가 없습니다.

사안의 경우 채권에 대한 금전집행에서는 추심의 신고(법 236조 1항)을 한 때나 배당
절차가 끝난 때(법 252조 2호) 종료 하므로 아직 집행 절차가 완전히 종료되었다고
할 수 없어 취소의 여지가 있습니다.
민사집행법 제50조 (집행처분의 취소·일시유지) 제1항은 제49조제1호·제3호·제5호 및 제6
호의 경우에는 이미 실시한 집행처분을 취소하여야 하며, 같은 조 제2호 및 제4호의 경
우에는 이미 실시한 집행처분을 일시적으로 유지하게 하여야 한다고 규정하고 있습니다.
또한 제49는 (집행의 필수적 정지·제한) 강제집행은 다음 각호 가운데 어느 하나에 해
당하는 서류를 제출한 경우에 정지하거나 제한하여야 한다고 규정하면서 제 6호에서는
'강제집행을 하지 아니한다거나 강제집행의 신청이나 위임을 취하한다는 취지를 적은
화해조서(和解調書)의 정본 또는 공정증서(公正證書)의 정본'이라고 규정하고 있습니다.
결국 사안의 경우 甲와 乙가 강제집행을 더 이상 하지않기로 함의서(공정증서 정본)
를 작성했으므로 이 서류를 집행처분을 한 집행기관에 제출함으로써 집행행위의 효과
를 소멸 시킬 수 있습니다.

제237조(제3채무자의 진술의무)
① 압류채권자는 제3채무자로 하여금 압류명령을 송달받은 날부터 1주 이내에
서면으로 다음 각호의 사항을 진술하게 하도록 법원에 신청할 수 있다.
  1. 채권을 인정하는지의 여부 및 인정한다면 그 한도
  2. 채권에 대하여 지급할 의사가 있는지의 여부 및 의사가 있다면 그 한도
  3. 채권에 대하여 다른 사람으로부터 청구가 있는지의 여부 및 청구가 있다면
     그 종류
  4. 다른 채권자에게 채권을 압류당한 사실이 있는지의 여부 및 그 사실이 있
     다면 그 청구의 종류
② 법원은 제1항의 진술을 명하는 서면을 제3채무자에게 송달하여야 한다.
③ 제3채무자가 진술을 게을리 한 때에는 법원은 제3채무자에게 제1항의 사항을
심문할 수 있다.

제238조(추심의 소제기)
채권자가 명령의 취지에 따라 제3채무자를 상대로 소를 제기할 때에는 일반규정
에 의한 관할법원에 제기하고 채무자에게 그 소를 고지하여야 한다. 다만, 채무
자가 외국에 있거나 있는 곳이 분명하지 아니한 때에는 고지할 필요가 없다.

▣판례-추심금▣
[대법원 2013.12.18., 선고, 2013다202120, 전원합의체 판결]
【판시사항】
채무자가 제3채무자를 상대로 제기한 이행의 소가 법원에 계속되어 있는 상태에서 압
류채권자가 제3채무자를 상대로 추심의 소를 제기하는 것이 민사소송법 제259조에서
금지하는 중복된 소제기에 해당하는지 여부(소극)

【판결요지】
[다수의견]
(가) 채무자가 제3채무자를 상대로 제기한 이행의 소가 이미 법원에 계속되어 있는 상
    태에서 압류채권자가 제3채무자를 상대로 제기한 추심의 소의 본안에 관하여 심
    리·판단한다고 하여, 제3채무자에게 불합리하게 과도한 이중 응소의 부담을 지우
    고 본안 심리가 중복되어 당사자와 법원의 소송경제에 반한다거나 판결의 모순·

저촉의 위험이 크다고 볼 수 없다.
(나) 압류채권자는 채무자가 제3채무자를 상대로 제기한 이행의 소에 민사소송법 제81조, 제79조에 따라 참가할 수도 있으나, 채무자의 이행의 소가 상고심에 계속 중인 경우에는 승계인의 소송참가가 허용되지 아니하므로 압류채권자의 소송참가가 언제나 가능하지는 않으며, 압류채권자가 채무자가 제기한 이행의 소에 참가할 의무가 있는 것도 아니다.
(다) 채무자가 제3채무자를 상대로 제기한 이행의 소가 법원에 계속되어 있는 경우에도 압류채권자는 제3채무자를 상대로 압류된 채권의 이행을 청구하는 추심의 소를 제기할 수 있고, 제3채무자를 상대로 압류채권자가 제기한 추심의 소는 채무자가 제기한 이행의 소에 대한 관계에서 민사소송법 제259조가 금지하는 중복된 소제기에 해당하지 않는다고 봄이 타당하다.

[대법관 신영철, 대법관 민일영, 대법관 이인복의 반대의견]
(가) 민사소송법 제259조가 규정하는 중복된 소제기의 금지는 소송의 계속으로 인하여 당연히 발생하는 소제기의 효과이다. 그러므로 설령 이미 법원에 계속되어 있는 소(전소)가 소송요건을 갖추지 못한 부적법한 소라고 하더라도 취하·각하 등에 의하여 소송 계속이 소멸하지 않는 한 그 소송 계속 중에 다시 제기된 소(후소)는 중복된 소제기의 금지에 저촉되는 부적법한 소로서 각하를 면할 수 없다.
(나) 채무자가 제3채무자를 상대로 먼저 제기한 이행의 소와 압류채권자가 제3채무자를 상대로 나중에 제기한 추심의 소는 비록 당사자는 다를지라도 실질적으로 동일한 사건으로서 후소는 중복된 소에 해당한다.
(다) 압류채권자에게는 채무자가 제3채무자를 상대로 제기한 이행의 소에 민사소송법 제81조, 제79조에 따라 참가할 수 있는 길이 열려 있으므로, 굳이 민사소송법이 명문으로 규정하고 있는 기본 법리인 중복된 소제기의 금지 원칙을 깨뜨리면서까지 압류채권자에게 채무자가 제기한 이행의 소와 별도로 추심의 소를 제기하는 것을 허용할 것은 아니다. 다만 다수의견이 지적하듯이 채무자가 제3채무자를 상대로 제기한 이행의 소가 상고심에 계속 중 채권에 대한 압류 및 추심명령을 받은 경우에는 압류채권자가 상고심에서 승계인으로서 소송참가를 하는 것이 불가능하나, 이때에도 상고심은 압류 및 추심명령으로 인하여 채무자가 당사자적격을 상실한 사정을 직권으로 조사하여 압류 및 추심명령이 내려진 부분의 소를 파기하여야 하므로, 압류채권자는 파기환송심에서 승계인으로서 소송참가를 하면 된다.

제239조(추심의 소홀)
채권자가 추심할 채권의 행사를 게을리 한 때에는 이로써 생긴 채무자의 손해를 부담한다.

제240조(추심권의 포기)
① 채권자는 추심명령에 따라 얻은 권리를 포기할 수 있다. 다만, 기본채권에는 영향이 없다.
② 제1항의 포기는 법원에 서면으로 신고하여야 한다. 법원사무관등은 그 등본을 제3채무자와 채무자에게 송달하여야 한다.

Q. 추심권 포기만으로 압류로 인한 소멸시효 중단 효력 상실여부

질문

저는 甲의 乙에 대한 채권에 압류 및 추심명령을 신청하여 법원의 결정을 받았는데, 추심권만 포기하려고 합니다. 이러한 경우에 민법 제175조에 의하여 시효중단의 효력이 없게 되는지요?

답변

관련 대법원 판례는 "금전채권에 대한 압류명령과 그 현금화 방법인 추심명령을 동시에 신청하더라도 압류명령과 추심명령은 별개로서 그 적부는 각각 판단하여야 하고, 그 신청의 취하 역시 별도로 판단하여야 한다. 채권자는 추심명령에 따라 얻은 권리를 포기할 수 있지만(민사집행법 제240조 제1항) 추심권의 포기는 압류의 효력에는 영향을 미치지 아니하므로, 추심권의 포기만으로는 압류로 인한 소멸시효 중단의 효력은 상실되지 아니하고 압류명령의 신청을 취하하면 비로소 소멸시효 중단의 효력이 소급하여 상실된다."라고 판시하였습니다(대법원 2014.11.13. 선고 2010다63591 판결).
위 판례의 법리에 따라 귀하가 압류명령의 신청만 취하하지 않는다면 소멸시효 중단의 효력은 상실되지 않을 것입니다.

제241조(특별한 현금화방법)
① 압류된 채권이 조건 또는 기한이 있거나, 반대의무의 이행과 관련되어 있거나 그 밖의 이유로 추심하기 곤란할 때에는 법원은 채권자의 신청에 따라 다음 각호의 명령을 할 수 있다.
  1. 채권을 법원이 정한 값으로 지급함에 갈음하여 압류채권자에게 양도하는 양도명령
  2. 추심에 갈음하여 법원이 정한 방법으로 그 채권을 매각하도록 집행관에게 명하는 매각명령
  3. 관리인을 선임하여 그 채권의 관리를 명하는 관리명령
  4. 그 밖에 적당한 방법으로 현금화하도록 하는 명령
② 법원은 제1항의 경우 그 신청을 허가하는 결정을 하기 전에 채무자를 심문하여야 한다. 다만, 채무자가 외국에 있거나 있는 곳이 분명하지 아니한 때에는 심문할 필요가 없다.
③ 제1항의 결정에 대하여는 즉시항고를 할 수 있다.
④ 제1항의 결정은 확정되어야 효력을 가진다.
⑤ 압류된 채권을 매각한 경우에는 집행관은 채무자를 대신하여 제3채무자에게 서면으로 양도의 통지를 하여야 한다.
⑥ 양도명령에는 제227조제2항·제229조제5항·제230조 및 제231조의 규정을, 매각명령에 의한 집행관의 매각에는 제108조의 규정을, 관리명령에는 제227조제2항의 규정을, 관리명령에 의한 관리에는 제167조, 제169조 내지 제171조, 제222조제2항·제3항의 규정을 각각 준용한다.

제242조(유체물인도청구권 등에 대한 집행)
부동산·유체동산·선박·자동차·건설기계·항공기·경량항공기 등 유체물의 인도나 권리이전의 청구권에 대한 강제집행에 대하여는 제243조부터 제245조까지의 규

정을 우선적용하는 것을 제외하고는 제227조부터 제240조까지의 규정을 준용한
다. <개정 2015.5.18.>

제243조(유체동산에 관한 청구권의 압류)
① 유체동산에 관한 청구권을 압류하는 경우에는 법원이 제3채무자에 대하여 그
동산을 채권자의 위임을 받은 집행관에게 인도하도록 명한다.
② 채권자는 제3채무자에 대하여 제1항의 명령의 이행을 구하기 위하여 법원에
추심명령을 신청할 수 있다.
③ 제1항의 동산의 현금화에 대하여는 압류한 유체동산의 현금화에 관한 규정을
적용한다.

제244조(부동산청구권에 대한 압류)
① 부동산에 관한 인도청구권의 압류에 대하여는 그 부동산소재지의 지방법원은
채권자 또는 제3채무자의 신청에 의하여 보관인을 정하고 제3채무자에 대하여
그 부동산을 보관인에게 인도할 것을 명하여야 한다.
② 부동산에 관한 권리이전청구권의 압류에 대하여는 그 부동산소재지의 지방법
원은 채권자 또는 제3채무자의 신청에 의하여 보관인을 정하고 제3채무자에
대하여 그 부동산에 관한 채무자명의의 권리이전등기절차를 보관인에게 이행
할 것을 명하여야 한다.
③ 제2항의 경우에 보관인은 채무자명의의 권리이전등기신청에 관하여 채무자의
대리인이 된다.
④ 채권자는 제3채무자에 대하여 제1항 또는 제2항의 명령의 이행을 구하기 위하
여 법원에 추심명령을 신청할 수 있다.

■판례-업무상횡령·사기·사기미수■
[대법원 2015.2.12., 선고, 2014도10086, 판결]
【판시사항】
강제집행절차를 통한 소송사기에서 실행의 착수 시기(=집행절차의 개시신청을 한 때
또는 진행 중인 집행절차에 배당신청을 한 때) / 부동산에 관한 소유권이전등기청구권
에 대한 강제집행절차에서, 소송사기의 실행의 착수 시기(=허위 채권에 기한 공정증서
를 집행권원으로 하여 채무자의 소유권이전등기청구권에 대하여 압류신청을 한 때)

【판결요지】
강제집행절차를 통한 소송사기는 집행절차의 개시신청을 한 때 또는 진행 중인 집행
절차에 배당신청을 한 때에 실행에 착수하였다고 볼 것이다.
민사집행법 제244조에서 규정하는 부동산에 관한 권리이전청구권에 대한 강제집행은
그 자체를 처분하여 대금으로 채권에 만족을 기하는 것이 아니고, 부동산에 관한 권리
이전청구권을 압류하여 청구권의 내용을 실현시키고 부동산을 채무자의 책임재산으로
귀속시킨 다음 다시 부동산에 대한 경매를 실시하여 매각대금으로 채권에 만족을 기
하는 것이다. 이러한 경우 소유권이전등기청구권에 대한 압류는 당해 부동산에 대한
경매의 실시를 위한 사전 단계로서의 의미를 가지나, 전체로서의 강제집행절차를 위한
일련의 시작행위라고 할 수 있으므로, 허위 채권에 기한 공정증서를 집행권원으로 하
여 채무자의 소유권이전등기청구권에 대하여 압류신청을 한 시점에 소송사기의 실행
에 착수하였다고 볼 것이다.

제245조(전부명령 제외)
유체물의 인도나 권리이전의 청구권에 대하여는 전부명령을 하지 못한다.

제246조(압류금지채권)
① 다음 각호의 채권은 압류하지 못한다. <개정 2005.1.27., 2010.7.23., 2011.4.5.>
  1. 법령에 규정된 부양료 및 유족부조료(遺族扶助料)
  2. 채무자가 구호사업이나 제3자의 도움으로 계속 받는 수입
  3. 병사의 급료
  4. 급료·연금·봉급·상여금·퇴직연금, 그 밖에 이와 비슷한 성질을 가진 급여채권의 2분의 1에 해당하는 금액. 다만, 그 금액이 국민기초생활보장법에 의한 최저생계비를 감안하여 대통령령이 정하는 금액에 미치지 못하는 경우 또는 표준적인 가구의 생계비를 감안하여 대통령령이 정하는 금액을 초과하는 경우에는 각각 당해 대통령령이 정하는 금액으로 한다.
  5. 퇴직금 그 밖에 이와 비슷한 성질을 가진 급여채권의 2분의 1에 해당하는 금액
  6. 「주택임대차보호법」 제8조, 같은 법 시행령의 규정에 따라 우선변제를 받을 수 있는 금액
  7. 생명, 상해, 질병, 사고 등을 원인으로 채무자가 지급받는 보장성보험의 보험금(해약환급 및 만기환급금을 포함한다). 다만, 압류금지의 범위는 생계유지, 치료 및 장애 회복에 소요될 것으로 예상되는 비용 등을 고려하여 대통령령으로 정한다.
  8. 채무자의 1월간 생계유지에 필요한 예금(적금·부금·예탁금과 우편대체를 포함한다). 다만, 그 금액은 「국민기초생활 보장법」에 따른 최저생계비, 제195조제3호에서 정한 금액 등을 고려하여 대통령령으로 정한다.
② 법원은 제1항제1호부터 제7호까지에 규정된 종류의 금원이 금융기관에 개설된 채무자의 계좌에 이체되는 경우 채무자의 신청에 따라 그에 해당하는 부분의 압류명령을 취소하여야 한다. <신설 2011.4.5.>
③ 법원은 당사자가 신청하면 채권자와 채무자의 생활형편, 그 밖의 사정을 고려하여 압류명령의 전부 또는 일부를 취소하거나 제1항의 압류금지채권에 대하여 압류명령을 할 수 있다. <개정 2011.4.5.>
④ 제3항의 경우에는 제196조제2항 내지 제5항의 규정을 준용한다. <개정 2011.4.5.>

■판례-추심금■
[대법원 2018.12.27., 선고, 2015다50286, 판결]
【판시사항】
[1] 소액사건에 관하여 상고이유로 할 수 있는 '대법원의 판례에 상반되는 판단을 한 때'라는 요건을 갖추지 않았지만 대법원이 실체법 해석·적용의 잘못에 관하여 판단할 수 있는 경우
[2] 민사집행법 제246조 제1항 제7호에서 보장성보험의 보험금 채권을 압류금지채권으로 규정하는 입법 취지
[3] 하나의 보험계약에 보장성보험과 저축성보험의 성격이 모두 있는 경우, 저축성보험의 성격을 갖는 계약 부분만을 분리하여 이를 해지하고 압류할 수 있는지 여부(소극) 및 해당 보험이 민사집행법 제246조 제1항 제7호에서 규정하는 '보장성보험'에 해당하는지 판단하는 기준 / 보험의 만기환급금이 납입보험료 총액을 초과하더라도 보장성보험도 해당 보험의 주된 성격과 목적으로 인정할 수 있는 경우, 민사집행법이 압류금지채권으로 규정하고 있는 보장성보험으로 보아야 하는지 여부(적극)

【판결요지】

[1] 소액사건에서 구체적 사건에 적용할 법령의 해석에 관한 대법원판례가 아직 없는 상황인데 같은 법령의 해석이 쟁점으로 되어 있는 다수의 소액사건이 하급심에 계속되어 있을 뿐 아니라 재판부에 따라 엇갈리는 판단을 하는 사례가 나타나고 있는 경우에는, 소액사건이라는 이유로 대법원이 법령의 해석에 관하여 판단을 하지 아니한 채 사건을 종결한다면 국민생활의 법적 안전성을 해칠 것이 우려된다. 따라서 이와 같은 특별한 사정이 있는 경우에는 소액사건에 관하여 상고이유로 할 수 있는 '대법원의 판례에 상반되는 판단을 한 때'라는 요건을 갖추지 아니하였더라도 법령해석의 통일이라는 대법원의 본질적 기능을 수행하는 차원에서 실체법 해석·적용의 잘못에 관하여 판단할 수 있다고 보아야 한다.

[2] 민사집행법 제246조 제1항 제7호는 '생명, 상해, 질병, 사고 등을 원인으로 채무자가 지급받는 보장성보험의 보험금(해약환급 및 만기환급금을 포함한다) 채권은 압류하지 못하되, 압류금지의 범위는 생계유지, 치료 및 장애 회복에 소요될 것으로 예상되는 비용 등을 고려하여 대통령령으로 정한다'고 규정하고 있다. 민사집행법 시행령 제6조 제1항 제3호 (가)목은 '민법 제404조에 따라 채권자가 채무자의 보험계약 해지권을 대위행사하거나 추심명령 또는 전부명령을 받은 채권자가 보장성보험에 관한 해지권을 행사하여 발생하는 해약환급금은 (금액의 제한 없이) 압류하지 못한다'고 규정하고 있다. 이처럼 민사집행법이 보장성보험의 보험금 채권을 압류금지 채권으로 규정하는 입법 취지는 생계유지나 치료 및 장애 회복 등 보험계약자의 기본적인 생활을 보장하기 위한 최소한의 수단을 마련하기 위함이다.

[3] 보장성보험이란 생명, 상해, 질병, 사고 등 피보험자의 생명·신체와 관련하여 발생할 수 있는 경제적 위험에 대비하여 보험사고가 발생하였을 경우 피보험자에게 약속된 보험금을 지급하는 것을 주된 목적으로 한 보험으로, 일반적으로는 만기가 되었을 때 보험회사가 지급하는 돈이 납입받은 보험료 총액을 초과하지 않는 보험을 말한다. 반면 저축성보험은 목돈이나 노후생활자금을 마련하는 것을 주된 목적으로 한 보험으로 피보험자가 생존하여 만기가 되었을 때 지급되는 보험금이 납입보험료에 일정한 금액에 따른 돈이 가산되어 납입보험료의 총액보다 많은 보험이다.

한편 보험계약 중에는 보장성보험과 저축성보험의 성격을 함께 가지는 것도 많이 있다. 만일 보장성보험계약과 저축성보험계약이라는 독립된 두 개의 보험계약이 결합된 경우라면 저축성보험계약 부분만을 분리하여 이를 해지하고 압류할 수 있을 것이다. 이와 달리 하나의 보험계약에 보장성보험과 저축성보험의 성격이 모두 있는 경우에 그중 저축성보험의 성격을 갖는 계약 부분만을 분리하여 이를 해지하고 압류할 수 있는지가 문제 된다. 민사집행법에서 보장성보험이 가지는 사회보장적 성격을 고려하여 압류금지채권으로 규정한 입법 취지를 고려할 때 하나의 보험계약이 보장성보험과 더불어 저축성보험의 성격을 함께 가지고 있다 하더라도 저축성보험 부분만을 분리하여 해지할 수는 없다고 보아야 한다.

이처럼 하나의 보험계약에 보장성보험과 저축성보험의 성격이 모두 있는 경우에 저축성보험의 성격을 갖는 계약 부분만을 분리하여 해지할 수 없다면, 해당 보험 전체를 두고 민사집행법 제246조 제1항 제7호에서 규정하는 '보장성보험'에 해당하는지를 결정하여야 한다. 원칙적으로 보험가입 당시 예정된 해당 보험의 만기환급금이 보험계약자의 납입보험료 총액을 초과하는지를 기준으로 하여, 만기환급금이 납입보험료 총액을 초과하지 않으면 민사집행법 제246조 제1항 제7호에서 규정하는 '보장성보험'에 해당한다고 보아야 한다. 그러나 만기환급금이 납입보험료 총액을 초과하더라도, 해당 보험이 예정하는 보험사고의 성질과 보험가입 목적, 납입보험료의 규모와 보험료의 구성, 지급받는 보험료의 내용 등을 종합적으로 고려하였을 때 보장성보험도 해당 보험의 주된 성격과 목적으로 인정할 수 있다면 이를 민사집행법이 압류금지채권으로 규정하고 있는 보장성보험으로 보아야 한다.

Q. 압류금지채권이 채무자의 예금계좌에 입금된 경우 압류가 가능한지

질문

저는 甲에게 4,500만원을 빌려주었으나 갚지 않아 소송을 제기하여 甲의 재산에 대하여 강제집행을 하려고 합니다. 현재 甲은 별다른 재산이 없고 재직하던 회사에서 받을 퇴직금이 유일한 재산이고 퇴직금의 2분의 1 범위 내에서만 압류할 수 있다면 제가 받을 돈에 턱없이 부족합니다. 甲이 재직하던 회사에 문의한 결과 퇴직금은 甲의 예금구좌에 입금된다고 하는데, 甲의 퇴직금이 예금구좌에 입금된 경우에는 퇴직금전부를 압류할 수 있는지요?

답변

「민사집행법」 제246조 제1항 제5호는 채무자의 생계를 고려하여 퇴직금의 2분의 1 상당액은 압류하지 못한다고 규정하고 있고, 같은 법 제246조 제3항은 "법원은 당사자가 신청하면 채권자와 채무자의 생활형편, 그 밖의 사정을 고려하여 압류명령의 전부 또는 일부를 취소하거나, 제1항의 압류금지채권에 대하여 압류명령을 할 수 있다."라고 규정하고 있습니다.

그런데 이러한 퇴직금이 퇴직자의 예금구좌에 입금된 경우에도 퇴직금의 성격이 유지되어 2분의 1 상당액은 압류가 금지되는지 등이 문제됩니다.

이에 관하여 판례는 "압류금지채권의 목적물이 채무자의 예금계좌에 입금된 경우에는 그 채권은 채무자의 당해 금융기관에 대한 예금채권으로 변하여 종전의 채권과의 동일성을 상실하고, 압류명령은 채무자와 제3채무자의 심문 없이 하도록 되어 있어 압류명령 발령 당시 당해 예금으로 입금된 금원의 성격이 압류금지채권의 목적물인지 혹은 그에 해당하지 아니하는 금원인지, 두 가지 금원이 혼입되어 있다면 예금액 중 압류금지채권액이 얼마인지를 가려낼 수 없는 것인바, 신속한 채권집행을 실현하기 위해서는 압류단계에서는 피압류채권을 형식적·획일적으로 판단하여야 하므로 압류금지채권의 목적물이 채무자의 예금계좌에 입금된 경우, 채무자의 제3채무자 금융기관에 대한 예금채권에 대하여는 압류금지의 효력이 미치지 아니하고, 압류금지채권의 목적물이 채무자의 예금계좌에 입금되어 그 예금채권에 대하여 더 이상 압류금지의 효력이 미치지 아니하게 되었다 하더라도 원래의 압류금지의 취지는 참작되어야 할 것인바, 그 경우 채무자의 보호는 민사소송법 제579조의2(현행 민사집행법 제246조 제3항)를 적용하여 법원이 채무자의 신청에 의하여 채무자와 채권자의 생활상황 기타의 사정을 고려하여 압류명령의 전부 또는 일부를 취소하는 방법에 의하여야 한다."라고 하였습니다(대법원 1996. 12. 24.자 96마1302, 1303 결정, 1999. 10. 6.자 99마4857 결정).

따라서 귀하의 경우에도 퇴직금이 甲의 예금구좌에 입금된 경우에는 압류가 가능하지만, 甲이 「민사집행법」 제246조 제3항에 의하여 압류명령의 일부취소를 신청할 경우에는 압류되었던 부분에 대한 취소명령이 내려질 수도 있을 것입니다.

제247조(배당요구)
① 민법·상법, 그 밖의 법률에 의하여 우선변제청구권이 있는 채권자와 집행력 있는 정본을 가진 채권자는 다음 각호의 시기까지 법원에 배당요구를 할 수 있다.
  1. 제3채무자가 제248조제4항에 따른 공탁의 신고를 한 때
  2. 채권자가 제236조에 따른 추심의 신고를 한 때
  3. 집행관이 현금화한 금전을 법원에 제출한 때
② 전부명령이 제3채무자에게 송달된 뒤에는 배당요구를 하지 못한다.
③ 제1항의 배당요구에는 제218조 및 제219조의 규정을 준용한다.
④ 제1항의 배당요구는 제3채무자에게 통지하여야 한다.

제248조(제3채무자의 채무액의 공탁)

① 제3채무자는 압류에 관련된 금전채권의 전액을 공탁할 수 있다.

② 금전채권에 관하여 배당요구서를 송달받은 제3채무자는 배당에 참가한 채권자의 청구가 있으면 압류된 부분에 해당하는 금액을 공탁하여야 한다.

③ 금전채권중 압류되지 아니한 부분을 초과하여 거듭 압류명령 또는 가압류명령이 내려진 경우에 그 명령을 송달받은 제3채무자는 압류 또는 가압류채권자의 청구가 있으면 그 채권의 전액에 해당하는 금액을 공탁하여야 한다.

④ 제3채무자가 채무액을 공탁한 때에는 그 사유를 법원에 신고하여야 한다. 다만, 상당한 기간 이내에 신고가 없는 때에는 압류채권자, 가압류채권자, 배당에 참가한 채권자, 채무자, 그 밖의 이해관계인이 그 사유를 법원에 신고할 수 있다.

◼판례-배당이의◼
[대법원 2019.1.31., 선고, 2015다26009, 판결]

【판시사항】

[1] 금전채권에 대한 가압류를 원인으로 제3채무자가 민사집행법 제291조, 제248조 제1항에 따라 공탁을 한 이후 압류의 경합이 성립하거나 가압류를 본압류로 이전하는 압류명령이 국가(공탁관)에 송달된 경우, 민사집행법 제291조, 제248조 제1항에 따른 공탁이 민사집행법 제248조에 따른 집행공탁으로 바뀌는지 여부(적극) / 민사집행법 제248조에 따라 집행공탁이 이루어지면 압류채권자의 지위는 집행공탁금에 대하여 배당을 받을 채권자의 지위로 전환되는지 여부(적극) 및 이러한 법리는 민사집행법 제291조, 제248조 제1항에 따른 공탁이 민사집행법 제248조에 따른 집행공탁으로 바뀌는 경우에도 마찬가지로 적용되는지 여부(적극)

[2] 집행권원상의 청구권이 양도되어 양수인이 승계집행문을 부여받은 경우, 양도인에 대한 기존 집행권원의 집행력은 소멸하는지 여부(적극) / 민사집행법 제248조에 따라 공탁이 이루어져 배당절차가 개시된 다음 집행권원상의 청구권이 양도되고 채무자에게 양도 통지를 했으나, 양수인이 승계집행문을 부여받아 집행법원에 제출하지 않은 경우, 양수인이 집행법원을 상대로 배당금 지급을 청구할 수 있는지 여부(소극) 및 양수인이 집행채권 양수 사실을 집행법원에 소명하였다고 하더라도 마찬가지인지 여부(적극) / 집행권원상의 청구권의 양도와 채무자에 대한 양도 통지가 있었으나, 승계집행문의 부여·제출 전에 양수인의 채권자가 배당금채권에 대한 압류 및 전부명령을 받은 경우 위 압류 및 전부명령의 효력(무효)

【판결요지】

[1] 금전채권에 대한 압류·추심명령이 있더라도 압류채권자에게 채무자의 제3채무자에 대한 채권이 이전되거나 귀속되는 것이 아니라 채권을 추심할 권능만 부여될 뿐이고 이러한 추심권능은 압류의 대상이 될 수 없다.

금전채권에 대한 가압류를 원인으로 제3채무자가 민사집행법 제291조, 제248조 제1항에 따라 공탁을 하면 공탁에 따른 채무변제 효과로 당초의 피압류채권인 채무자의 제3채무자에 대한 금전채권은 소멸하고, 대신 채무자는 공탁금출급청구권을 취득하며, 가압류의 효력은 그 청구채권액에 해당하는 공탁금액에 대한 채무자의 공탁금출급청구권에 대하여 존속한다(민사집행법 제297조).

그 후 채무자의 공탁금출급청구권에 대한 압류가 이루어져 압류의 경합이 성립하거나 가압류를 본압류로 이전하는 압류명령이 국가(공탁관)에 송달되면, 민사집행법 제291조, 제248조 제1항에 따른 공탁은 민사집행법 제248조에 따른 집행공탁으로 바뀌어 공탁관은 즉시 압류명령의 발령법원에 그 사유를 신고하여야 한다. 이로써 가압류의 효력이 미치는 부분에 대한 채무자의 공탁금출급청구권은 소멸하고,

그 부분 공탁금은 배당재단이 되어 집행법원의 배당절차에 따른 지급위탁에 의해서만 출급이 이루어질 수 있게 된다.

민사집행법 제248조에 따라 집행공탁이 이루어지면 피압류채권이 소멸하고, 압류명령은 그 목적을 달성하여 효력을 상실하며, 압류채권자의 지위는 집행공탁금에 대하여 배당을 받을 채권자의 지위로 전환된다. 이러한 법리는 민사집행법 제291조, 제248조 제1항에 따른 공탁이 위에서 본 법리에 따라 민사집행법 제248조에 따른 집행공탁으로 바뀌는 경우에도 마찬가지로 적용된다. 따라서 금전채권에 대한 가압류를 원인으로 한 제3채무자의 공탁에 의해 채무자가 취득한 공탁금출급청구권에 대하여 압류·추심명령을 받은 채권자는, 그러한 공탁이 위에서 본 법리에 따라 민사집행법 제248조에 따른 집행공탁으로 바뀌는 경우에는 더 이상 추심권능이 아닌 구체적으로 배당액을 수령할 권리, 즉 배당금채권을 가지게 된다.

[2] 승계집행문은 판결에 표시된 채권자의 포괄승계인이나 그 판결에 기한 채권을 특정하여 승계한 자가 강제집행을 신청하거나 그 속행을 신청할 수 있도록 부여하는 것이다. 강제집행절차에서는 권리관계의 공권적인 확정과 그 신속·확실한 실현을 도모하기 위하여 절차의 명확·안정을 중시하는데, 승계집행문에 관한 규정도 이러한 취지에 따라 운용되어야 한다.

집행권원상의 청구권(이하 '집행채권'이라 한다)이 양도되어 대항요건을 갖춘 경우에는 집행당사자적격이 양수인으로 변경되며, 양수인이 승계집행문을 부여받음에 따라 집행채권자가 양수인으로 확정된다. 승계집행문의 부여로 인하여 양도인에 대한 기존 집행권원의 집행력은 소멸한다.

이러한 법리에 비추어 보면, 민사집행법 제248조에 따라 공탁이 이루어져 배당절차가 개시된 다음 집행채권이 양도되고 채무자에게 양도 통지를 했더라도, 양수인이 승계집행문을 부여받아 집행법원에 제출하지 않은 이상, 집행법원은 여전히 배당절차에서 양도인을 배당금채권자로 취급할 수밖에 없다. 이러한 상태에서는 양수인이 집행법원을 상대로 자신에게 배당금을 지급하여 달라고 청구할 수 없다. 양수인이 집행채권 양수 사실을 집행법원에 소명하였다고 하더라도 마찬가지이다.

집행채권의 양도와 채무자에 대한 양도 통지가 있었더라도, 승계집행문의 부여·제출 전에는 배당금채권은 여전히 양도인의 책임재산으로 남아 있게 된다. 따라서 승계집행문의 부여·제출 전에 양수인의 채권자가 위 배당금채권에 대한 압류 및 전부명령을 받았다고 하더라도, 이는 무효라고 보아야 한다.

제249조(추심의 소)

① 제3채무자가 추심절차에 대하여 의무를 이행하지 아니하는 때에는 압류채권자는 소로써 그 이행을 청구할 수 있다.

② 집행력 있는 정본을 가진 모든 채권자는 공동소송인으로 원고 쪽에 참가할 권리가 있다.

③ 소를 제기당한 제3채무자는 제2항의 채권자를 공동소송인으로 원고 쪽에 참가하도록 명할 것을 첫 변론기일까지 신청할 수 있다.

④ 소에 대한 재판은 제3항의 명령을 받은 채권자에 대하여 효력이 미친다.

제250조(채권자의 추심최고)

압류채권자가 추심절차를 게을리 한 때에는 집행력 있는 정본으로 배당을 요구한 채권자는 일정한 기간내에 추심하도록 최고하고, 최고에 따르지 아니한 때에는 법원의 허가를 얻어 직접 추심할 수 있다.

제251조(그 밖의 재산권에 대한 집행)

① 앞의 여러 조문에 규정된 재산권 외에 부동산을 목적으로 하지 아니한 재산권

에 대한 강제집행은 이 관의 규정 및 제98조 내지 제101조의 규정을 준용한다.
② 제3채무자가 없는 경우에 압류는 채무자에게 권리처분을 금지하는 명령을 송달한 때에 효력이 생긴다.

Q. 자동차운수사업 면허권의 압류 및 현금화가 가능한지?

질문

저는 甲에 대한 채권으로 재판을 청구하여 승소판결을 받았으나 甲의 유일한 재산으로는 개인택시가 있습니다. 따라서 개인택시운수사업면허를 압류할 수 있다면 어느 정도의 만족을 얻을 수 있을 듯한데, 개인택시운수사업면허도 압류하여 현금화 할 수 있는지요?

답변

「민사집행법」 제251조 제1항은 부동산을 목적으로 하지 아니한 기타의 재산권에 대한 강제집행은 채권에 대한 강제집행의 규정을 준용하도록 규정하고 있습니다.
그런데 「민사집행법」 제251조에 의하여 강제집행의 대상이 되는 재산권은 그 자체가 독립하여 재산적 가치를 가진 것으로서 양도 가능한 것이어야 하며 금전적 평가에 의하여 현금화 할 수 있는 것이어야 합니다. 따라서 개인택시운수사업면허에 대하여 압류가 가능할지를 판단하기 위해서는 ① 독립한 재산적 가치가 있는 것인지, ② 양도가 가능한 것인지, ③ 금전적 평가에 의하여 현금화 할 수 있는 것인지를 따져보아, 세 가지 모두를 만족하여야 압류가 가능한 것으로 판단할 수 있을 것입니다.
한편 자동차운수사업면허를 민사집행법 제251조에 의한 강제집행의 방법으로 압류 환가 할 수 있는지에 대하여 판례는 "자동차운수사업법에 의하면 자동차운송사업을 영위하고자 하는 자는 국토해양부장관의 면허를 받아야 하고(제4조), 그 면허를 받기 위하여는 일정한 면허기준 이상의 자본금·자동차·차고 시설 및 장비 등을 갖추어야 하고(제6조), 결격사유가 있어서는 아니되며(제5조), 자동차운수사업면허의 대여행위는 금지되고 있고(제26조), 또한 자동차운수사업을 양도하고자 하는 경우에는 장관의 인가를 받아야 하며(일정한 경우에는 신고), 그 인가 등을 받으면 자동차운수사업면허는 양수인에게 이전하는 것으로(제28조) 규정하고 있는바, 장관의 인가를 받아 자동차운수사업의 양도가 적법하게 이루어지면 그 면허는 당연히 양수인에게 이전되는 것일 뿐, 자동차운수사업을 떠난 면허 자체는 자동차운수사업을 합법적으로 영위할 수 있는 자격에 불과한 것이므로, 결국 자동차운수사업자의 자동차운수사업면허는 법원이 강제집행의 방법으로 이를 압류하여 환가하기에는 적합하지 아니한 것이라 할 것이다."라고 하였습니다(대법원 1996. 9. 12.자 96마1088, 1089 결정).
따라서 개인택시운수사업면허만을 강제집행 할 수는 없다고 하겠습니다. 다만, 개인택시를 영업하는 자의 경우 당연히 차량을 소유하고 있을 것이므로, 이를 압류하여 어느 정도의 만족을 얻으실 수 있을 것으로 생각됩니다.

제4관 배당절차

제252조(배당절차의 개시)
법원은 다음 각호 가운데 어느 하나에 해당하는 경우에는 배당절차를 개시한다.
 1. 제222조의 규정에 따라 집행관이 공탁한 때
 2. 제236조의 규정에 따라 추심채권자가 공탁하거나 제248조의 규정에 따라 제

3채무자가 공탁한 때
3. 제241조의 규정에 따라 현금화된 금전을 법원에 제출한 때

제253조(계산서 제출의 최고)
법원은 채권자들에게 1주 이내에 원금·이자·비용, 그 밖의 부대채권의 계산서를
제출하도록 최고하여야 한다.

제254조(배당표의 작성)
① 제253조의 기간이 끝난 뒤에 법원은 배당표를 작성하여야 한다.
② 제1항의 기간을 지키지 아니한 채권자의 채권은 배당요구서와 사유신고서의
취지 및 그 증빙서류에 따라 계산한다. 이 경우 다시 채권액을 추가하지 못
한다.

제255조(배당기일의 준비)
법원은 배당을 실시할 기일을 지정하고 채권자와 채무자에게 이를 통지하여야
한다. 다만, 채무자가 외국에 있거나 있는 곳이 분명하지 아니한 때에는 통지하
지 아니한다.

제256조(배당표의 작성과 실시)
배당표의 작성, 배당표에 대한 이의 및 그 완결과 배당표의 실시에 대하여는 제
149조 내지 제161조의 규정을 준용한다.

제3장 금전채권 외의 채권에 기초한 강제집행

제257조(동산인도청구의 집행)
채무자가 특정한 동산이나 대체물의 일정한 수량을 인도하여야 할 때에는 집행
관은 이를 채무자로부터 빼앗아 채권자에게 인도하여야 한다.

제258조(부동산 등의 인도청구의 집행)
① 채무자가 부동산이나 선박을 인도하여야 할 때에는 집행관은 채무자로부터
점유를 빼앗아 채권자에게 인도하여야 한다.
② 제1항의 강제집행은 채권자나 그 대리인이 인도받기 위하여 출석한 때에만
한다.
③ 강제집행의 목적물이 아닌 동산은 집행관이 제거하여 채무자에게 인도하여야
한다.
④ 제3항의 경우 채무자가 없는 때에는 집행관은 채무자와 같이 사는 사리를 분
별할 지능이 있는 친족 또는 채무자의 대리인이나 고용인에게 그 동산을 인도
하여야 한다.
⑤ 채무자와 제4항에 적은 사람이 없는 때에는 집행관은 그 동산을 채무자의 비
용으로 보관하여야 한다.
⑥ 채무자가 그 동산의 수취를 게을리 한 때에는 집행관은 집행법원의 허가를
받아 동산에 대한 강제집행의 매각절차에 관한 규정에 따라 그 동산을 매각
하고 비용을 뺀 뒤에 나머지 대금을 공탁하여야 한다.

제259조(목적물을 제3자가 점유하는 경우)
인도할 물건을 제3자가 점유하고 있는 때에는 채권자의 신청에 따라 금전채권의 압류에 관한 규정에 따라 채무자의 제3자에 대한 인도청구권을 채권자에게 넘겨야 한다.

제260조(대체집행)
① 민법 제389조제2항 후단과 제3항의 경우에는 제1심 법원은 채권자의 신청에 따라 민법의 규정에 의한 결정을 하여야 한다.
② 채권자는 제1항의 행위에 필요한 비용을 미리 지급할 것을 채무자에게 명하는 결정을 신청할 수 있다. 다만, 뒷날 그 초과비용을 청구할 권리는 영향을 받지 아니한다.
③ 제1항과 제2항의 신청에 관한 재판에 대하여는 즉시항고를 할 수 있다.

■판례-집행위임거부에관한이의■
[대법원 2014.6.3., 자, 2013그336, 결정]

【판시사항】
집행관이 미등기건물에 대한 철거 시 철거대상 미등기건물이 채무자에게 속하는지를 판단하기 위하여 조사·확인하여야 할 사항 및 집행관이 현재 건축주 명의인이 채무자와 다르다는 이유만으로 철거대상 미등기건물이 채무자에게 속하지 않는다고 판단하여 철거하지 않은 경우, 채권자가 집행에 관한 이의신청으로 구제받을 수 있는지 여부(적극)

【판결요지】
집행기관은 집행을 개시함에 있어 집행대상이 채무자에게 속하는지를 스스로 조사·판단하여야 하고, 이는 건물철거의 대체집행에서 수권결정에 기초하여 작위의 실시를 위임받은 집행관이 실제 철거를 실시하는 경우에도 마찬가지이다. 그런데 미등기건물에는 소유권을 표상하는 외관적 징표로서 등기부가 존재하지 아니하므로, 집행관이 미등기건물에 대한 철거를 실시함에 있어서는 건축허가서나 공사도급계약서 등을 조사하여 철거대상 미등기건물이 채무자에게 속하는지를 판단하여야 할 것이고, 또한 대체집행의 기초가 된 집행권원에는 철거의무의 근거로서 철거대상 미등기건물에 대한 소유권 등이 채무자에게 있다고 판단한 이유가 기재되어 있기 마련이므로, 집행관으로서는 집행권원의 내용도 확인하여야 할 것이다.
한편 미등기건물의 건축허가상 건축주 명의가 변경되었다고 하더라도, 변경시점에 이미 건물이 사회통념상 독립한 건물이라고 볼 수 있는 형태와 구조를 갖추고 있었다면 원래의 건축주가 건물의 소유권을 원시취득하고, 변경된 건축주 명의인은 소유자가 아니므로, 집행관이 변경된 현재의 건축주 명의인이 채무자와 다르다는 이유만으로 철거대상 미등기건물이 채무자에게 속하는 것이 아니라고 판단하여 철거를 실시하지 않았다면, 이는 집행관이 지킬 집행절차를 위반하여 집행을 위임받기를 거부하거나 집행행위를 지체한 경우에 해당하여 채권자는 집행에 관한 이의신청으로 구제받을 수 있다.

제261조(간접강제)
① 채무의 성질이 간접강제를 할 수 있는 경우에 제1심 법원은 채권자의 신청에 따라 간접강제를 명하는 결정을 한다. 그 결정에는 채무의 이행의무 및 상당한 이행기간을 밝히고, 채무자가 그 기간 이내에 이행을 하지 아니하는 때에는 늦어진 기간에 따라 일정한 배상을 하도록 명하거나 즉시 손해배상을 하도록 명할 수 있다.
② 제1항의 신청에 관한 재판에 대하여는 즉시항고를 할 수 있다.

제262조(채무자의 심문)

제260조 및 제261조의 결정은 변론 없이 할 수 있다. 다만, 결정하기 전에 채무자를 심문하여야 한다.

제263조(의사표시의무의 집행)

① 채무자가 권리관계의 성립을 인낙한 때에는 그 조서로, 의사의 진술을 명한 판결이 확정된 때에는 그 판결로 권리관계의 성립을 인낙하거나 의사를 진술한 것으로 본다.
② 반대의무가 이행된 뒤에 권리관계의 성립을 인낙하거나 의사를 진술할 것인 경우에는 제30조와 제32조의 규정에 따라 집행문을 내어 준 때에 그 효력이 생긴다.

▣판례-승계집행문부여거절에대한이의▣
[대법원 2017.12.28., 자, 2017그100, 결정]

【판시사항】
[1] 승계집행문부여 거절에 대한 이의신청 재판에 불복하는 방법(=특별항고) / 법원의 결정이 법률에 위반되었다는 사유가 특별항고 사유가 되는지 여부(소극)
[2] 부동산등기에 관한 의사표시의무의 집행과 관련하여 의사의 표시를 명하는 판결의 확정으로 의사표시 간주의 효과가 생긴 후에 등기권리자의 지위가 승계된 경우, 승계집행문이 부여될 수 있는지 여부(원칙적 소극)

【판결요지】
[1] 승계집행문부여 거절에 대한 이의신청에 관한 재판에 대해서는 민사소송법 제449조 제1항에 정한 특별항고만이 허용된다. 이 조항은 법률상 불복할 수 없는 결정·명령에 재판에 영향을 미친 헌법 위반이 있거나, 재판의 전제가 된 명령·규칙·처분의 헌법 또는 법률의 위반 여부에 대한 판단이 부당하다는 것을 이유로 하는 때에 한하여 특별항고를 허용하고 있다(민사소송법 제449조 제1항). 따라서 법원의 결정이 법률에 위반되었다는 사유는 재판에 영향을 미친 헌법 위반이 있다고 할 수 없어 특별항고 사유가 아니다.
[2] 민사집행법 제263조 제1항은 의사표시의무의 집행에 관하여 '의사의 진술을 명한 판결이 확정된 때에는 그 판결로 의사를 진술한 것으로 본다.'고 정하고 있다. 민사집행법 제263조 제2항과 같이 반대의무의 이행 등과 같은 조건이 부가된 것이 아니라 단순하게 의사의 표시를 명하는 경우에 판결 확정 시에 의사표시가 있는 것으로 간주된다. 의사표시 간주의 효과가 생긴 후에 등기권리자의 지위가 승계된 경우에는 부동산등기법의 규정에 따라 등기절차를 이행할 수 있을 뿐이고 원칙적으로 승계집행문이 부여될 수 없다.

제3편 담보권 실행 등을 위한 경매

제264조(부동산에 대한 경매신청)

① 부동산을 목적으로 하는 담보권을 실행하기 위한 경매신청을 함에는 담보권이 있다는 것을 증명하는 서류를 내야 한다.
② 담보권을 승계한 경우에는 승계를 증명하는 서류를 내야 한다.
③ 부동산 소유자에게 경매개시결정을 송달할 때에는 제2항의 규정에 따라 제출된 서류의 등본을 붙여야 한다.

제265조(경매개시결정에 대한 이의신청사유)
경매절차의 개시결정에 대한 이의신청사유로 담보권이 없다는 것 또는 소멸되었다는 것을 주장할 수 있다.

Q. 담보권실행경매절차 개시 후 채무변제를 이유로 한 이의제기 방법

질문

저는 甲으로부터 1,000만원을 빌리면서 제 소유 주택에 채권최고액 1,500만원의 근저당권을 설정하였습니다. 그 후 저는 여러 차례 나누어 원금과 이자를 모두 지급하였지만 근저당권설정등기를 말소하지 않았습니다. 그런데 2년이 지난 뒤 甲이 말소되지 않은 근저당권을 근거로 저의 주택에 담보권실행을 위한 경매를 신청하였습니다. 이 경우 어떻게 대항할 수 있는지요?

답변

귀하의 경우 근저당권으로 담보된 채권을 모두 변제하였음에도 채권자 甲이 근저당권설정등기가 말소되지 않았음을 악용하여 담보권실행을 위한 경매신청을 제기한 것은 부당하다고 하겠습니다.

그러므로 귀하는 甲을 상대로 하여 채무변제를 이유로 경매개시결정에 대한 이의나 채무에 관한 이의의 소를 제기하여야 할 것입니다.

「민사집행법」제265조는 "경매절차의 개시결정에 대한 이의신청사유로 담보권이 없다는 것 또는 소멸되었다는 것을 주장할 수 있다."라고 규정하고 있으므로 담보권실행을 위한 경매개시결정에 대한 이의는 강제경매개시결정에 대한 이의와는 달리 실체상의 하자도 이의사유로 주장할 수 있습니다. 또한 「민사집행법」제275조는 담보권실행 경매절차에 있어서도 특별한 규정이 없는 한 강제집행절차를 준용하고 있으므로, 같은 법 제44조(청구에 관한 이의의 소)에 준하는 채무에 관한 이의의 소를 제기할 수 있을 것입니다. 그런데 경매개시결정에 대한 이의나 채무에 관한 이의의 소는 집행정지의 효력이 없으므로 경매개시결정에 대한 이의나 청구이의의 소를 제기한다고 하여도 담보권실행을 위한 경매절차는 정지되는 것이 아닙니다.

즉, 담보권실행을 위한 경매를 신청할 수 있는 권리의 존부를 다투는 자는 개시결정에 대한 이의신청을 하고 「민사집행법」제86조 제2항에 의한 경매절차정지명령을 받거나, 청구이의의 소에 준하는 채무에 관한 이의의 소(통상 채무부존재확인이나 저당권부존재확인 또는 저당권설정등기말소청구의 소를 본안으로 함)를 제기하고 같은 법 제46조에 의한 잠정처분으로서 경매정지명령을 받아 그 경매절차를 정지시켜야 할 것입니다. 그런데 이 경우 담보제공(공탁)을 하여야 할 경우도 있습니다.

그리고 위와 같은 절차에 의하지 아니하고 「민사집행법」제300조에 의한 일반가처분절차에 의하여 담보권실행을 위한 경매절차를 정지시킬 수 있는지에 관하여 판례는 "임의경매를 신청할 수 있는 권리의 존부를 다투는 경우에 그 경매절차를 정지하기 위해서는 민사소송법 제728조(현행 민사집행법 제268조)에 의하여 준용되는 민사소송법 제603조의3(현행 민사집행법 제86조)의 규정에 의하여 경매개시결정에 대한 이의신청을 하고 민사소송법 제484조(현행 민사집행법 제34조 제2항, 같은 법 제16조 제2항)에 의한 집행정지명령을 받거나, 민사소송법 제505조(현행 민사집행법 제44조)를 준용하여 채무에 관한 이의의 소를 제기하여 민사소송법 제507조(현행 민사집행법 제46조)에 의한 집행정지명령을 받아 정지시킬 수 있을 뿐이고, 민사소송법 제714조(현행 민사집행법 제300조)에 의한 일반적인 가처분절차에 의하여 임의경매절차를 정지시킬 수는 없다."라고 하였습니다(대법원 1993. 1. 20.자 92그35 결정, 2004. 8. 17.자 2004카기93 결정).

그러므로 「민사집행법」제300조에 의한 일반적인 가처분절차에 의하여 담보권실행을 위한 경매절차를 정지시킬 수는 없을 것으로 보입니다.

제266조(경매절차의 정지)

① 다음 각호 가운데 어느 하나에 해당하는 문서가 경매법원에 제출되면 경매절차를 정지하여야 한다. <개정 2011.4.12.>

1. 담보권의 등기가 말소된 등기사항증명서
2. 담보권 등기를 말소하도록 명한 확정판결의 정본
3. 담보권이 없거나 소멸되었다는 취지의 확정판결의 정본
4. 채권자가 담보권을 실행하지 아니하기로 하거나 경매신청을 취하하겠다는 취지 또는 피담보채권을 변제받았거나 그 변제를 미루도록 승낙한다는 취지를 적은 서류
5. 담보권 실행을 일시정지하도록 명한 재판의 정본

② 제1항제1호 내지 제3호의 경우와 제4호의 서류가 화해조서의 정본 또는 공정증서의 정본인 경우에는 경매법원은 이미 실시한 경매절차를 취소하여야 하며, 제5호의 경우에는 그 재판에 따라 경매절차를 취소하지 아니한 때에만 이미 실시한 경매절차를 일시적으로 유지하게 하여야 한다.

③ 제2항의 규정에 따라 경매절차를 취소하는 경우에는 제17조의 규정을 적용하지 아니한다.

제267조(대금완납에 따른 부동산취득의 효과)

매수인의 부동산 취득은 담보권 소멸로 영향을 받지 아니한다.

Q. 임의경매 개시 후 담보권이 소멸한 경우

질문

甲은 乙에게 1억원을 빌려주면서 乙소유의 부동산에 근저당권을 설정하였습니다. 乙이 채무의 변제를 지연하자 甲은 근저당권에 기하여 임의경매를 신청하였고, 경매가 개시되었습니다. 경매개시 후 乙은 채무 전액을 변제하였으나 별도의 이의신청은 하지 않았습니다. 丙은 위 경매절차에서 부동산을 낙찰받았는데, 乙이 채무 전액을 사전에 변제하였다면서 부동산을 인도해 줄 것을 요구하고 있습니다. 丙은 부동산을 인도해 주어야 하나요?

답변

「민사집행법」 제267조에서는 (임의경매에서)매수인의 부동산 취득은 담보권 소멸로 영향을 받지 아니한다고 규정하고 있습니다.

Q. 임의경매 개시 전 담보권이 소멸한 경우

질문

甲은 乙에게 1억원을 빌려주면서 乙소유의 부동산에 근저당권을 설정하였습니다. 乙이 채무의 변제를 지연하자 甲은 근저당권에 기하여 임의경매를 신청하였으나 乙은 경매개시 결정 전 채무 전액을 변제하였습니다. 丙은 위 경매절차에서 부동산을 낙찰받았는데, 乙이 채무 전액을 사전에 변제하였다면서 부동산을 인도해 줄 것을 요구하고 있습니다. 丙은 부동산을 취득할 수 있나요?

답변

「민사집행법」 제267조에서는 (임의경매에서)매수인의 부동산 취득은 담보권 소멸로 영향을 받지 아니한다고 규정하고 있기는 하나, 우리 판례는 위 민사집행법 규정은 경매개시결정 후 담보권이 소멸된 경우에만 적용되고, 경매개시결정 이전에 이미 담보권이 소멸한 경우에는 적용하지 않는다고 보고 있습니다(대법원 1976. 2. 10. 선고 75다994 판결).

제268조(준용규정)
부동산을 목적으로 하는 담보권 실행을 위한 경매절차에는 제79조 내지 제162조의 규정을 준용한다.

제269조(선박에 대한 경매)
선박을 목적으로 하는 담보권 실행을 위한 경매절차에는 제172조 내지 제186조, 제264조 내지 제268조의 규정을 준용한다.

제270조(자동차 등에 대한 경매)
자동차·건설기계·소형선박(「자동차 등 특정동산 저당법」 제3조제2호에 따른 소형선박을 말한다) 및 항공기(「자동차 등 특정동산 저당법」 제3조제4호에 따른 항공기 및 경량항공기를 말한다)를 목적으로 하는 담보권 실행을 위한 경매절차는 제264조부터 제269조까지, 제271조 및 제272조의 규정에 준하여 대법원규칙으로 정한다. <개정 2007.8.3., 2009.3.25., 2015.5.18.>

제271조(유체동산에 대한 경매)
유체동산을 목적으로 하는 담보권 실행을 위한 경매는 채권자가 그 목적물을 제출하거나, 그 목적물의 점유자가 압류를 승낙한 때에 개시한다.

제272조(준용규정)
제271조의 경매절차에는 제2편 제2장 제4절 제2관의 규정과 제265조 및 제266조의 규정을 준용한다.

제273조(채권과 그 밖의 재산권에 대한 담보권의 실행)
① 채권, 그 밖의 재산권을 목적으로 하는 담보권의 실행은 담보권의 존재를 증명하는 서류(권리의 이전에 관하여 등기나 등록을 필요로 하는 경우에는 그 등기

사항증명서 또는 등록원부의 등본)가 제출된 때에 개시한다. <개정 2011.4.12.>
② 민법 제342조에 따라 담보권설정자가 받을 금전, 그 밖의 물건에 대하여 권리를 행사하는 경우에도 제1항과 같다.
③ 제1항과 제2항의 권리실행절차에는 제2편 제2장 제4절 제3관의 규정을 준용한다.

제274조(유치권 등에 의한 경매)
① 유치권에 의한 경매와 민법·상법, 그 밖의 법률이 규정하는 바에 따른 경매(이하 "유치권등에 의한 경매"라 한다)는 담보권 실행을 위한 경매의 예에 따라 실시한다.
② 유치권 등에 의한 경매절차는 목적물에 대하여 강제경매 또는 담보권 실행을 위한 경매절차가 개시된 경우에는 이를 정지하고, 채권자 또는 담보권자를 위하여 그 절차를 계속하여 진행한다.
③ 제2항의 경우에 강제경매 또는 담보권 실행을 위한 경매가 취소되면 유치권 등에 의한 경매절차를 계속하여 진행하여야 한다.

■판례-유치권신청에의한임의경매결정에대한즉시항고■
[대법원 2011.6.15., 자, 2010마1059, 결정]

【판시사항】
[1] 민법 제322조 제1항에 따른 유치권에 의한 경매가 목적부동산 위의 부담을 소멸시키는 것을 법정매각조건으로 하여 실시되는지 여부(적극)와 유치권자의 배당순위(=일반채권자와 동일한 순위) 및 집행법원이 매각조건 변경결정을 통해 목적부동산 위의 부담을 매수인이 인수하도록 정할 수 있는지 여부(적극)
[2] 유치권에 의한 경매에서 집행법원은 매각기일 공고나 매각물건명세서에 목적부동산 위의 부담이 소멸하지 않고 매수인이 이를 인수하게 된다는 취지를 기재하여야 하는지 여부(원칙적 소극)
[3] 집행법원이 유치권에 의한 경매절차에 매수인이 인수할 부담의 존재에 관하여 매수신청인 등에게 고지하지 않은 중대한 잘못이 있다는 이유로 매각을 불허하고 원심이 이를 그대로 유지한 사안에서, 유치권에 의한 경매가 인수주의로 진행됨을 전제로 매각을 불허한 집행법원의 판단을 그대로 유지한 원심결정에는 유치권에 의한 경매에 관한 법리오해의 위법이 있다고 한 사례

【판결요지】
[1] 민사집행법 제91조 제2항, 제3항, 제268조는 경매의 대부분을 차지하는 강제경매와 담보권 실행을 위한 경매에서 소멸주의를 원칙으로 하고 있을 뿐만 아니라 이를 전제로 하여 배당요구의 종기결정이나 채권신고의 최고, 배당요구, 배당절차 등에 관하여 상세히 규정하고 있는 점, 민법 제322조 제1항에 "유치권자는 채권의 변제를 받기 위하여 유치물을 경매할 수 있다."고 규정하고 있는데, 유치권에 의한 경매에도 채권자와 채무자의 존재를 전제로 하고 채권의 실현·만족을 위한 경매를 상정하고 있는 점, 반면에 인수주의를 취할 경우 필요하다고 보이는 목적부동산 위의 부담의 존부 및 내용을 조사·확정하는 절차에 대하여 아무런 규정이 없고 인수되는 부담의 범위를 제한하는 규정도 두지 않아, 유치권에 의한 경매를 인수주의를 원칙으로 진행하면 매수인의 법적 지위가 매우 불안정한 상태에 놓이게 되는 점, 인수되는 부담의 범위를 어떻게 설정하느냐에 따라 인수주의를 취하는 것이 오히려 유치권자에게 불리해질 수 있는 점 등을 함께 고려하면, 유치권에 의한 경매도 강제경매나 담보권 실행을 위한 경매와 마찬가지로 목적부동산 위의 부담을 소멸시키는 것을 법정매각조건으로 하여 실시되고 우선채권자뿐만 아니라 일반채

권자의 배당요구도 허용되며, 유치권자는 일반채권자와 동일한 순위로 배당을 받을 수 있다고 보아야 한다. 다만 집행법원은 부동산 위의 이해관계를 살펴 위와 같은 법정매각조건과는 달리 매각조건 변경결정을 통하여 목적부동산 위의 부담을 소멸시키지 않고 매수인으로 하여금 인수하도록 정할 수 있다.

[2] 유치권에 의한 경매가 소멸주의를 원칙으로 하여 진행되는 이상 강제경매나 담보권 실행을 위한 경매의 경우와 같이 목적부동산 위의 부담을 소멸시키는 것이므로 집행법원이 달리 매각조건 변경결정을 통하여 목적부동산 위의 부담을 소멸시키지 않고 매수인으로 하여금 인수하도록 정하지 않은 이상 집행법원으로서는 매각기일 공고나 매각물건명세서에 목적부동산 위의 부담이 소멸하지 않고 매수인이 이를 인수하게 된다는 취지를 기재할 필요없다.

[3] 유치권에 의한 경매절차에서 집행법원이 매각기일 공고와 매각물건명세서 작성을 하면서 목적부동산이 매각되더라도 그 위에 설정된 제한물권 등 부담이 소멸하지 않고 매수인이 이를 인수하게 된다는 취지의 기재를 하지 않았고, 이에 집행법원이 경매절차에 매수인이 인수할 부담의 존재에 관하여 매수신청인 등에게 이를 고지하지 않은 중대한 잘못이 있다는 이유로 매각을 불허하고 원심이 이를 그대로 유지한 사안에서, 집행법원이 목적부동산 위의 부담이 소멸하지 않고 매수인에게 이를 인수시키기로 하는 변경결정을 하지 않은 이상 그러한 취지를 매각기일 공고나 매각물건명세서에 기재하는 등으로 매수신청인 등에게 고지하여야만 하는 것이 아님에도 유치권에 의한 경매가 인수주의로 진행됨을 전제로 위와 같이 매각을 불허한 집행법원의 판단을 그대로 유지한 원심결정에는 유치권에 의한 경매에 관한 법리오해의 위법이 있다고 한 사례.

제275조(준용규정)
이 편에 규정한 경매 등 절차에는 제42조 내지 제44조 및 제46조 내지 제53조의 규정을 준용한다.

제4편 보전처분

제276조(가압류의 목적)
① 가압류는 금전채권이나 금전으로 환산할 수 있는 채권에 대하여 동산 또는 부동산에 대한 강제집행을 보전하기 위하여 할 수 있다.
② 제1항의 채권이 조건이 붙어 있는 것이거나 기한이 차지 아니한 것인 경우에도 가압류를 할 수 있다.

제277조(보전의 필요)
가압류는 이를 하지 아니하면 판결을 집행할 수 없거나 판결을 집행하는 것이 매우 곤란할 염려가 있을 경우에 할 수 있다.

■판례-채무부존재확인·공사대금■
[대법원 2013.11.14., 선고, 2013다18622,18639, 판결]
【판시사항】
[1] 가압류의 집행보전의 효력이 존속하는 동안 가압류에 의한 시효중단의 효력이 계속되는지 여부(적극)
[2] 경매절차에서 부동산이 매각되어 가압류등기가 말소된 경우, 가압류에 의한 시효중단사유가 종료하여 그때부터 새로 소멸시효가 진행하는지 여부(원칙적 적극) 및 매각대금 납부 후의 배당절차에서 가압류채권자의 채권에 대한 배당이 이루어지고

배당액이 공탁된 경우, 가압류에 의한 시효중단의 효력이 계속되는지 여부(소극)

【판결요지】
[1] 민법 제168조에서 가압류를 소멸시효의 중단사유로 정하고 있는 것은 가압류에 의하여 채권자가 권리를 행사하였다고 할 수 있기 때문이고 가압류에 의한 집행보전의 효력이 존속하는 동안은 가압류채권자에 의한 권리행사가 계속되고 있다고 보아야 할 것이므로 가압류에 의한 시효중단의 효력은 가압류의 집행보전의 효력이 존속하는 동안 계속된다고 보아야 한다.
[2] 가압류는 강제집행을 보전하기 위한 것으로서 경매절차에서 부동산이 매각되면 그 부동산에 대한 집행보전의 목적을 다하여 효력을 잃고 말소되며, 가압류채권자에게는 집행법원이 그 지위에 상응하는 배당을 하고 배당액을 공탁함으로써 가압류채권자가 장차 채무자에 대하여 권리행사를 하여 집행권원을 얻었을 때 배당액을 지급받을 수 있도록 하면 족한 것이다. 따라서 이러한 경우 가압류에 의한 시효중단은 경매절차에서 부동산이 매각되어 가압류등기가 말소되기 전에 배당절차가 진행되어 가압류채권자에 대한 배당표가 확정되는 등의 특별한 사정이 없는 한, 채권자가 가압류집행에 의하여 권리행사를 계속하고 있다고 볼 수 있는 가압류등기가 말소된 때 그 중단사유가 종료되어, 그때부터 새로 소멸시효가 진행한다고 봄이 타당하다(매각대금 납부 후의 배당절차에서 가압류채권자의 채권에 대하여 배당이 이루어지고 배당액이 공탁되었다고 하여 가압류채권자가 그 공탁금에 대하여 채권자로서 권리행사를 계속하고 있다고 볼 수는 없으므로 그로 인하여 가압류에 의한 시효중단의 효력이 계속된다고 할 수 없다).

제278조(가압류법원)
가압류는 가압류할 물건이 있는 곳을 관할하는 지방법원이나 본안의 관할법원이 관할한다.

제279조(가압류신청)
① 가압류신청에는 다음 각호의 사항을 적어야 한다.
  1. 청구채권의 표시, 그 청구채권이 일정한 금액이 아닌 때에는 금전으로 환산한 금액
  2. 제277조의 규정에 따라 가압류의 이유가 될 사실의 표시
② 청구채권과 가압류의 이유는 소명하여야 한다.

제280조(가압류명령)
① 가압류신청에 대한 재판은 변론 없이 할 수 있다.
② 청구채권이나 가압류의 이유를 소명하지 아니한 때에도 가압류로 생길 수 있는 채무자의 손해에 대하여 법원이 정한 담보를 제공한 때에는 법원은 가압류를 명할 수 있다.
③ 청구채권과 가압류의 이유를 소명한 때에도 법원은 담보를 제공하게 하고 가압류를 명할 수 있다.
④ 담보를 제공한 때에는 그 담보의 제공과 담보제공의 방법을 가압류명령에 적어야 한다.

제281조(재판의 형식)
① 가압류신청에 대한 재판은 결정으로 한다. <개정 2005.1.27.>
② 채권자는 가압류신청을 기각하거나 각하하는 결정에 대하여 즉시항고를 할 수 있다.

③ 담보를 제공하게 하는 재판, 가압류신청을 기각하거나 각하하는 재판과 제2항의 즉시항고를 기각하거나 각하하는 재판은 채무자에게 고지할 필요가 없다.

제282조(가압류해방금액)
가압류명령에는 가압류의 집행을 정지시키거나 집행한 가압류를 취소시키기 위하여 채무자가 공탁할 금액을 적어야 한다.

제283조(가압류결정에 대한 채무자의 이의신청)
① 채무자는 가압류결정에 대하여 이의를 신청할 수 있다.
② 제1항의 이의신청에는 가압류의 취소나 변경을 신청하는 이유를 밝혀야 한다.
③ 이의신청은 가압류의 집행을 정지하지 아니한다.

■판례-집행문부여에대한이의■
[대법원 2017.4.7., 선고, 2013다80627, 판결]

【판시사항】
[1] 민사집행법 제44조 제1항에서 정한 '제1심 판결법원'의 의미 및 지방법원 합의부가 재판한 간접강제결정을 대상으로 한 청구이의의 소나 집행문부여에 대한 이의의 소가 위 합의부의 전속관할에 속하는지 여부(적극)
[2] 의무이행 기간을 정하여 부대체적 작위의무의 이행을 명하는 가처분결정이 있은 경우, 위 기간이 경과하면 가처분결정은 집행권원으로서 효력이 없는지 여부(적극) / 가처분결정에서 정한 의무이행 기간이 경과한 후에 가처분결정에 기초한 간접강제결정이 발령되어 확정된 경우, 간접강제결정이 그 결정에서 정한 배상금에 대하여 집행권원으로서 효력을 갖는지 여부(소극) 및 이때 채무자가 집행문부여에 대한 이의신청으로 무효인 간접강제결정에 대하여 부여된 집행문의 취소를 구할 수 있는지 여부(적극)

【판결요지】
[1] 민사집행법 제44조 제1항은 "채무자가 판결에 따라 확정된 청구에 관하여 이의하려면 제1심 판결법원에 청구에 관한 이의의 소를 제기하여야 한다."라고 규정하고, 제45조 본문은 위 규정을 집행문부여에 대한 이의의 소에 준용하도록 하고 있다. 여기서 '제1심 판결법원'이란 집행권원인 판결에 표시된 청구권, 즉 그 판결에 기초한 강제집행에 의하여 실현될 청구권에 대하여 재판을 한 법원을 가리키고, 이는 직분관할로서 성질상 전속관할에 속한다. 한편 민사집행법 제56조 제1호는 '항고로만 불복할 수 있는 재판'을 집행권원의 하나로 규정하고, 제57조는 이러한 집행권원에 기초한 강제집행에 대하여 제44조, 제45조 등을 준용하도록 규정하고 있다. 따라서 지방법원 합의부가 재판한 간접강제결정을 대상으로 한 청구이의의 소나 집행문부여에 대한 이의의 소는 그 재판을 한 지방법원 합의부의 전속관할에 속한다.
[2] 부대체적 작위의무에 관하여 의무이행 기간을 정하여 그 기간 동안 의무의 이행을 명하는 가처분결정이 있은 경우에 가처분결정에서 정한 의무이행 기간이 경과하면, 가처분의 효력이 소멸하여 가처분결정은 더 이상 집행권원으로서의 효력이 없다. 따라서 가처분결정에서 정한 의무이행 기간이 경과한 후에 이러한 가처분결정에 기초하여 간접강제결정이 발령되어 확정되었더라도, 간접강제결정은 무효인 집행권원에 기초한 것으로서 강제집행의 요건을 갖추지 못하였으므로, 간접강제결정에서 정한 배상금에 대하여 집행권원으로서의 효력을 가질 수 없다. 이때 채무자로서는 집행문부여에 대한 이의신청으로 무효인 간접강제결정에 대하여 부여된 집행문의 취소를 구할 수 있다.

제284조(가압류이의신청사건의 이송)
법원은 가압류이의신청사건에 관하여 현저한 손해 또는 지연을 피하기 위한 필요가 있는 때에는 직권으로 또는 당사자의 신청에 따라 결정으로 그 가압류사건의 관할권이 있는 다른 법원에 사건을 이송할 수 있다. 다만, 그 법원이 심급을 달리하는 경우에는 그러하지 아니하다.

제285조(가압류이의신청의 취하)
① 채무자는 가압류이의신청에 대한 재판이 있기 전까지 가압류이의신청을 취하할 수 있다. <개정 2005.1.27.>
② 제1항의 취하에는 채권자의 동의를 필요로 하지 아니한다.
③ 가압류이의신청의 취하는 서면으로 하여야 한다. 다만, 변론기일 또는 심문기일에서는 말로 할 수 있다. <개정 2005.1.27.>
④ 가압류이의신청서를 송달한 뒤에는 취하의 서면을 채권자에게 송달하여야 한다.
⑤ 제3항 단서의 경우에 채권자가 변론기일 또는 심문기일에 출석하지 아니한 때에는 그 기일의 조서등본을 송달하여야 한다. <개정 2005.1.27.>

제286조(이의신청에 대한 심리와 재판)
① 이의신청이 있는 때에는 법원은 변론기일 또는 당사자 쌍방이 참여할 수 있는 심문기일을 정하고 당사자에게 이를 통지하여야 한다.
② 법원은 심리를 종결하고자 하는 경우에는 상당한 유예기간을 두고 심리를 종결할 기일을 정하여 이를 당사자에게 고지하여야 한다. 다만, 변론기일 또는 당사자 쌍방이 참여할 수 있는 심문기일에는 즉시 심리를 종결할 수 있다.
③ 이의신청에 대한 재판은 결정으로 한다.
④ 제3항의 규정에 의한 결정에는 이유를 적어야 한다. 다만, 변론을 거치지 아니한 경우에는 이유의 요지만을 적을 수 있다.
⑤ 법원은 제3항의 규정에 의한 결정으로 가압류의 전부나 일부를 인가·변경 또는 취소할 수 있다. 이 경우 법원은 적당한 담보를 제공하도록 명할 수 있다.
⑥ 법원은 제3항의 규정에 의하여 가압류를 취소하는 결정을 하는 경우에는 채권자가 그 고지를 받은 날부터 2주를 넘지 아니하는 범위 안에서 상당하다고 인정하는 기간이 경과하여야 그 결정의 효력이 생긴다는 뜻을 선언할 수 있다.
⑦ 제3항의 규정에 의한 결정에 대하여는 즉시항고를 할 수 있다. 이 경우 민사소송법 제447조의 규정을 준용하지 아니한다.
[전문개정 2005.1.27.]

제287조(본안의 제소명령)
① 가압류법원은 채무자의 신청에 따라 변론 없이 채권자에게 상당한 기간 이내에 본안의 소를 제기하여 이를 증명하는 서류를 제출하거나 이미 소를 제기하였으면 소송계속사실을 증명하는 서류를 제출하도록 명하여야 한다.
② 제1항의 기간은 2주 이상으로 정하여야 한다.
③ 채권자가 제1항의 기간 이내에 제1항의 서류를 제출하지 아니한 때에는 법원은 채무자의 신청에 따라 결정으로 가압류를 취소하여야 한다.
④ 제1항의 서류를 제출한 뒤에 본안의 소가 취하되거나 각하된 경우에는 그 서류를 제출하지 아니한 것으로 본다.

⑤ 제3항의 신청에 관한 결정에 대하여는 즉시항고를 할 수 있다. 이 경우 민사소 송법 제447조의 규정은 준용하지 아니한다.

제288조(사정변경 등에 따른 가압류취소)

① 채무자는 다음 각호의 어느 하나에 해당하는 사유가 있는 경우에는 가압류가 인가된 뒤에도 그 취소를 신청할 수 있다. 제3호에 해당하는 경우에는 이해관 계인도 신청할 수 있다.
1. 가압류이유가 소멸되거나 그 밖에 사정이 바뀐 때
2. 법원이 정한 담보를 제공한 때
3. 가압류가 집행된 뒤에 3년간 본안의 소를 제기하지 아니한 때
② 제1항의 규정에 의한 신청에 대한 재판은 가압류를 명한 법원이 한다. 다만, 본안이 이미 계속된 때에는 본안법원이 한다.
③ 제1항의 규정에 의한 신청에 대한 재판에는 제286조제1항 내지 제4항·제6항 및 제7항을 준용한다.
[전문개정 2005.1.27.]

■판례-가처분이의■
[대법원 2018.10.4., 자, 2017마6308, 결정]

【판시사항】
[1] 보전처분 신청이 중복신청에 해당하는지 판단하는 기준시기
[2] 민사집행법 제288조 제1항 제3호의 규정 취지 및 가처분이 민사집행법 제288조 제1 항 제3호에서 정한 가압류 취소사유에 해당하여 취소사유가 발생한 이후 채권자가 다시 동일한 내용의 가처분을 신청한 경우, 보전의 필요성을 인정할 수 있는 경우

【판결요지】
[1] 보전처분 신청에 관하여도 중복된 소제기에 관한 민사소송법 제259조의 규정이 준 용되어 중복신청이 금지된다. 이 경우 보전처분 신청이 중복신청에 해당하는지 여 부는 후행 보전처분 신청의 심리종결 시를 기준으로 판단하여야 하고, 보전명령에 대한 이의신청이 제기된 경우에는 이의소송의 심리종결 시가 기준이 된다.
[2] 민사집행법 제288조 제1항은 제1호에서 '가압류이유가 소멸되거나 그 밖에 사정이 바뀐 때'에 가압류를 취소할 수 있도록 규정하면서, 제3호에서 '가압류가 집행된 뒤 에 3년간 본안의 소를 제기하지 아니한 때'(이하 '제3호 사유'라고 한다)에도 가압류 를 취소할 수 있도록 규정하고 있고, 이 규정은 같은 법 제301조에 의해 가처분 절 차에도 준용된다. 채권자가 가처분결정이 있은 후 보전의사를 포기하였거나 상실하 였다고 볼 만한 사정이 있는 경우에는 제1호 사유인 '사정이 바뀐 때'에 해당하여 가처분을 취소할 수 있는데, 제3호 사유는 채권자가 보전의사를 포기 또는 상실하였 다고 볼 수 있는 전형적인 경우로 보아 이를 가처분취소 사유로 규정한 것이다.
그 취지는 가처분은 권리관계가 최종적으로 실현될 때까지 긴급하고 잠정적으로 권리를 보전하는 조치에 불과하므로 채권자로 하여금 채권의 보전에만 머물러 있 지 말고 채권의 회수·만족이라는 절차까지 진행하여 법률관계를 신속히 마무리 짓 도록 하고, 채권자가 이를 게을리한 경우에는 채무자가 가처분으로 인한 제약으로 부터 벗어날 수 있도록 하려는 데에 있다.
이와 같은 민사집행법 규정의 내용과 취지에 비추어 보면, 가처분이 제3호 사유에 해당하여 취소사유가 발생한 이후 채권자가 다시 동일한 내용의 가처분을 신청한 경우, 그 보전의 필요성 유무는 최초의 가처분 신청과 동일한 기준으로 판단하여 서는 아니 되고, 채권자와 채무자의 관계, 선행 가처분의 집행 후 발생한 사정의 변경 기타 제반 사정을 종합하여, 채권자가 선행 가처분의 집행 후 3년이 지나도

록 본안소송을 제기하지 아니하였음에도 불구하고 채권자가 보전의사를 포기 또는 상실하였다고 볼 수 없는 특별한 사정이 인정되는 경우에 한하여 보전의 필요성을 인정할 수 있다. 그렇지 않으면 제3호 사유가 발생한 경우를 채권자가 보전의사를 포기 또는 상실한 전형적인 사정으로 보아 채무자로 하여금 가처분취소를 통해 가처분으로 인한 제약으로부터 벗어날 수 있도록 하려는 법의 취지를 형해화시키기 때문이다.

제289조(가압류취소결정의 효력정지)

① 가압류를 취소하는 결정에 대하여 즉시항고가 있는 경우에, 불복의 이유로 주장한 사유가 법률상 정당한 사유가 있다고 인정되고 사실에 대한 소명이 있으며, 그 가압류를 취소함으로 인하여 회복할 수 없는 손해가 생길 위험이 있다는 사정에 대한 소명이 있는 때에는, 법원은 당사자의 신청에 따라 담보를 제공하게 하거나 담보를 제공하지 아니하게 하고 가압류취소결정의 효력을 정지시킬 수 있다.
② 제1항의 규정에 의한 소명은 보증금을 공탁하거나 주장이 진실함을 선서하는 방법으로 대신할 수 없다.
③ 재판기록이 원심법원에 있는 때에는 원심법원이 제1항의 규정에 의한 재판을 한다.
④ 항고법원은 항고에 대한 재판에서 제1항의 규정에 의한 재판을 인가·변경 또는 취소하여야 한다.
⑤ 제1항 및 제4항의 규정에 의한 재판에 대하여는 불복할 수 없다.
[전문개정 2005.1.27.]

제290조(가압류 이의신청규정의 준용)

① 제287조제3항, 제288조제1항에 따른 재판의 경우에는 제284조의 규정을 준용한다. <개정 2005.1.27.>
② 제287조제1항·제3항 및 제288조제1항에 따른 신청의 취하에는 제285조의 규정을 준용한다. <개정 2005.1.27.>

제291조(가압류집행에 대한 본집행의 준용)

가압류의 집행에 대하여는 강제집행에 관한 규정을 준용한다. 다만, 아래의 여러 조문과 같이 차이가 나는 경우에는 그러하지 아니하다.

제292조(집행개시의 요건)

① 가압류에 대한 재판이 있은 뒤에 채권자나 채무자의 승계가 이루어진 경우에 가압류의 재판을 집행하려면 집행문을 덧붙여야 한다.
② 가압류에 대한 재판의 집행은 채권자에게 재판을 고지한 날부터 2주를 넘긴 때에는 하지 못한다. <개정 2005.1.27.>
③ 제2항의 집행은 채무자에게 재판을 송달하기 전에도 할 수 있다.

▣판례-간접강제▣
[대법원 2010.12.30., 자, 2010마985, 결정]
【판시사항】
[1] 부대체적 작위의무의 이행을 명하는 가처분결정을 받은 채권자가 간접강제의 방법으로 그 가처분결정에 대한 집행을 하는 경우, 그 집행기간의 기산점

[2] 부작위를 명하는 가처분 재판이 고지되기 전부터 채무자가 가처분 재판에서 명한 부작위에 위반되는 행위를 계속하고 있는 경우, 그 가처분결정이 채권자에게 고지된 날부터 2주 이내에 간접강제를 신청하여야 하는지 여부(적극)

【판결요지】
[1] 부대체적 작위의무의 이행을 명하는 가처분결정을 받은 채권자가 간접강제의 방법으로 그 가처분결정에 대한 집행을 함에 있어서도 가압류에 관한 민사집행법 제292조 제2항의 규정이 준용되어 특별한 사정이 없는 한 가처분결정이 채권자에게 고지된 날부터 2주 이내에 간접강제를 신청하여야 함이 원칙이고, 그 집행기간이 지난 후의 간접강제 신청은 부적법하다. 다만 가처분에서 명하는 부대체적 작위의무가 일정 기간 계속되는 경우라면, 채무자가 성실하게 그 작위의무를 이행함으로써 강제집행을 신청할 필요 자체가 없는 동안에는 위 집행기간이 진행하지 않고, 채무자의 태도에 비추어 작위의무의 불이행으로 인하여 간접강제가 필요한 것으로 인정되는 때에 그 시점부터 위 2주의 집행기간이 기산된다.
[2] 채무자에 대하여 단순한 부작위를 명하는 가처분은 그 가처분 재판이 채무자에게 고지됨으로써 효력이 발생하는 것이지만, 채무자가 그 명령 위반의 행위를 한 때에 비로소 간접강제의 방법에 의하여 부작위 상태를 실현시킬 필요가 생기는 것이므로 그때부터 2주 이내에 간접강제를 신청하여야 함이 원칙이고, 다만 채무자가 가처분 재판이 고지되기 전부터 가처분 재판에서 명한 부작위에 위반되는 행위를 계속하고 있는 경우라면, 그 가처분결정이 채권자에게 고지된 날부터 2주 이내에 간접강제를 신청하여야 하고, 그 집행기간이 지난 후의 간접강제 신청은 부적법하다.

제293조(부동산가압류집행)
① 부동산에 대한 가압류의 집행은 가압류재판에 관한 사항을 등기부에 기입하여야 한다.
② 제1항의 집행법원은 가압류재판을 한 법원으로 한다.
③ 가압류등기는 법원사무관등이 촉탁한다.

제294조(가압류를 위한 강제관리)
가압류의 집행으로 강제관리를 하는 경우에는 관리인이 청구채권액에 해당하는 금액을 지급받아 공탁하여야 한다.

제295조(선박가압류집행)
① 등기할 수 있는 선박에 대한 가압류를 집행하는 경우에는 가압류등기를 하는 방법이나 집행관에게 선박국적증서등을 선장으로부터 받아 집행법원에 제출하도록 명하는 방법으로 한다. 이들 방법은 함께 사용할 수 있다.
② 가압류등기를 하는 방법에 의한 가압류집행은 가압류명령을 한 법원이, 선박국적증서등을 받아 제출하도록 명하는 방법에 의한 가압류집행은 선박이 정박하여 있는 곳을 관할하는 지방법원이 집행법원으로서 관할한다.
③ 가압류등기를 하는 방법에 의한 가압류의 집행에는 제293조제3항의 규정을 준용한다.

제296조(동산가압류집행)
① 동산에 대한 가압류의 집행은 압류와 같은 원칙에 따라야 한다.
② 채권가압류의 집행법원은 가압류명령을 한 법원으로 한다.
③ 채권의 가압류에는 제3채무자에 대하여 채무자에게 지급하여서는 아니 된다는

명령만을 하여야 한다.
④ 가압류한 금전은 공탁하여야 한다.
⑤ 가압류물은 현금화를 하지 못한다. 다만, 가압류물을 즉시 매각하지 아니하면 값이 크게 떨어질 염려가 있거나 그 보관에 지나치게 많은 비용이 드는 경우에는 집행관은 그 물건을 매각하여 매각대금을 공탁하여야 한다.

제297조(제3채무자의 공탁)
제3채무자가 가압류 집행된 금전채권액을 공탁한 경우에는 그 가압류의 효력은 그 청구채권액에 해당하는 공탁금액에 대한 채무자의 출급청구권에 대하여 존속한다.

제298조(가압류취소결정의 취소와 집행)
① 가압류의 취소결정을 상소법원이 취소한 경우로서 법원이 그 가압류의 집행기관이 되는 때에는 그 취소의 재판을 한 상소법원이 직권으로 가압류를 집행한다. <개정 2005.1.27.>
② 제1항의 경우에 그 취소의 재판을 한 상소법원이 대법원인 때에는 채권자의 신청에 따라 제1심 법원이 가압류를 집행한다.
[제목개정 2005.1.27.]

제299조(가압류집행의 취소)
① 가압류명령에 정한 금액을 공탁한 때에는 법원은 결정으로 집행한 가압류를 취소하여야 한다. <개정 2005.1.27.>
② 삭제 <2005.1.27.>
③ 제1항의 취소결정에 대하여는 즉시항고를 할 수 있다.
④ 제1항의 취소결정에 대하여는 제17조제2항의 규정을 준용하지 아니한다.

제300조(가처분의 목적)
① 다툼의 대상에 관한 가처분은 현상이 바뀌면 당사자가 권리를 실행하지 못하거나 이를 실행하는 것이 매우 곤란할 염려가 있을 경우에 한다.
② 가처분은 다툼이 있는 권리관계에 대하여 임시의 지위를 정하기 위하여도 할 수 있다. 이 경우 가처분은 특히 계속하는 권리관계에 끼칠 현저한 손해를 피하거나 급박한 위험을 막기 위하여, 또는 그 밖의 필요한 이유가 있을 경우에 하여야 한다.

▣판례-가처분이의▣
[대법원 2019.3.6., 자, 2018마6721, 결정]
【판시사항】
[1] 영화가 특정인의 명예를 훼손하는 내용을 담고 있는지 판단하는 방법 및 역사적 사실을 토대로 하는 상업영화의 경우 의도적인 악의의 표출에 이르지 않는 범위에서 역사적 사실을 다소 각색하는 것이 용인될 수 있는지 여부(적극) 및 위와 같은 판단을 할 때 참작하여야 할 사항
[2] 사망한 사람이 관련된 사건을 모델로 한 영화에서의 묘사가 사망자에 대한 명예훼손에 해당하기 위한 요건 및 판단 기준
[3] 판문점 공동경비구역에서 사망한 甲 중위의 아버지 乙이 甲 중위 사망 사건을 소재로 영화를 제작하고 있는 丙 주식회사와 위 영화의 시나리오 작성과 연출을 맡고

있는 작가 겸 영화감독 丁을 상대로 영화 내용 중 일부가 허위사실로 甲 중위와 乙
의 명예와 인격권 등을 침해한다며 영화의 제작·상영 등의 금지 등을 구하는 가처
분을 신청한 사안에서, 피보전권리에 대한 소명이 충분하지 않고, 보전의 필요성도
인정하기 어렵다는 이유로 가처분신청을 기각한 원심판단을 정당하다고 한 사례

【판결요지】
[1] 영화의 내용이 특정인의 명예를 훼손하는 내용을 담고 있는지는 영화의 객관적인
    내용과 함께 영화 내용의 전체적인 흐름, 이야기와 화면의 구성방식, 사용된 대사
    의 통상적인 의미와 그 연결 방법 등을 종합적으로 고려하여 그 영화 내용이 보통
    의 주의로 영화를 접하는 관객에게 주는 전체적인 인상도 그 판단 기준으로 삼아
    야 하고, 영화가 내포하고 있는 보다 넓은 주제나 배경이 되는 사회적 흐름 등도
    함께 고려하여야 한다. 영리 목적으로 일반 대중을 관람층으로 예정하여 제작되는
    상업영화의 경우에는 역사적 사실을 토대로 하더라도 영화제작진이 상업적 흥행이
    나 관객의 감동 고양을 위하여 역사적 사실을 다소 각색하는 것은 의도적인 악의
    의 표출에 이르지 않는 한 상업영화의 본질적 영역으로 용인될 수 있다. 또한 상
    업영화를 접하는 일반 관객으로서도 영화의 모든 내용이 실제 사실과 일치하지는
    않는다는 전제에서 이러한 역사적 사실과 극적 허구 사이의 긴장관계를 인식·유지
    하면서 영화를 관람할 것인 점도 그 판단에 참작할 필요가 있다.
[2] 사망한 사람이 관련된 사건을 모델로 한 영화에서 그 묘사가 사망자에 대한 명예
    훼손에 해당하려면 그 사람에 대한 사회적·역사적 평가를 저하시킬 만한 구체적인
    허위사실의 적시가 있어야 한다. 그와 같은 허위사실 적시가 있었는지는 통상의
    건전한 상식을 가진 합리적인 관객을 기준으로 판단하여야 한다.
[3] 판문점 공동경비구역에서 사망한 甲 중위의 아버지 乙이 甲 중위 사망 사건을 소
    재로 영화를 제작하고 있는 丙 주식회사와 위 영화의 시나리오 작성과 연출을 맡
    고 있는 작가 겸 영화감독 丁을 상대로 영화 내용 중 일부가 허위사실로 甲 중위
    와 乙의 명예와 인격권 등을 침해한다며 영화의 제작·상영 등의 금지 등을 구하는
    가처분을 신청한 사안에서, 영화에서 甲 중위로 특정되는 인물이 乙의 주장과 달
    리 군 내부 부조리와 연관되어 사망한 것처럼 묘사되고 있다고 하여도 이러한 묘
    사가 상업영화의 예술·표현의 자유의 범주를 벗어나지 않는 등 甲 중위의 명예를
    훼손하거나 사후인격권을 침해한다고 보기 부족한 점, 영화에서 乙로 특정되는 인
    물이 부정적으로 묘사되고 있다는 부분도 영화의 전체적인 줄거리에 비추어 일부
    허구적인 장면만으로 乙의 명예를 훼손하거나 인격권을 침해한다고 보기 어려운
    점, 상업영화에서 역사적 사실을 각색하는 것은 어느 정도 용인되어야 하는 점 등
    을 종합하면 피보전권리에 대한 소명이 충분하지 않고, 영화 투자자와 丙 회사 사
    이의 투자계약이 해제된 이후 丙 회사와 丁이 영화 제작을 사실상 포기하여 보전
    의 필요성이 있다고 보기도 어렵다는 이유로 가처분신청을 기각한 원심판단을 정
    당하다고 한 사례.

제301조(가압류절차의 준용)
가처분절차에는 가압류절차에 관한 규정을 준용한다. 다만, 아래의 여러 조문과
같이 차이가 나는 경우에는 그러하지 아니하다.

제302조
삭제 <2005.1.27.>

제303조(관할법원)
가처분의 재판은 본안의 관할법원 또는 다툼의 대상이 있는 곳을 관할하는 지방
법원이 관할한다.

제304조(임시의 지위를 정하기 위한 가처분)
제300조제2항의 규정에 의한 가처분의 재판에는 변론기일 또는 채무자가 참석할 수 있는 심문기일을 열어야 한다. 다만, 그 기일을 열어 심리하면 가처분의 목적을 달성할 수 없는 사정이 있는 때에는 그러하지 아니하다.

제305조(가처분의 방법)
① 법원은 신청목적을 이루는 데 필요한 처분을 직권으로 정한다.
② 가처분으로 보관인을 정하거나, 상대방에게 어떠한 행위를 하거나 하지 말도록, 또는 급여를 지급하도록 명할 수 있다.
③ 가처분으로 부동산의 양도나 저당을 금지한 때에는 법원은 제293조의 규정을 준용하여 등기부에 그 금지한 사실을 기입하게 하여야 한다.

제306조(법인임원의 직무집행정지 등 가처분의 등기촉탁)
법원사무관등은 법원이 법인의 대표자 그 밖의 임원으로 등기된 사람에 대하여 직무의 집행을 정지하거나 그 직무를 대행할 사람을 선임하는 가처분을 하거나 그 가처분을 변경·취소한 때에는, 법인의 주사무소 및 분사무소 또는 본점 및 지점이 있는 곳의 등기소에 그 등기를 촉탁하여야 한다. 다만, 이 사항이 등기하여야 할 사항이 아닌 경우에는 그러하지 아니하다.

제307조(가처분의 취소)
① 특별한 사정이 있는 때에는 담보를 제공하게 하고 가처분을 취소할 수 있다.
② 제1항의 경우에는 제284조, 제285조 및 제286조제1항 내지 제4항·제6항·제7항의 규정을 준용한다. <개정 2005.1.27.>

▣판례-가처분취소▣
[대법원 2017.10.19., 자, 2015마1383, 결정]
【판시사항】
[1] 가처분취소결정의 집행으로 처분금지가처분등기가 말소된 경우, 가처분등기가 마쳐져 있던 상태에서 부동산을 양수하여 소유권이전등기를 마친 제3자가 소유권취득의 효력으로 가처분채권자에게 대항할 수 있는지 여부(적극) 및 이 경우 가처분채권자는 처분금지가처분을 신청할 이익을 상실하는지 여부(적극)
[2] 甲이 乙 친목회의 가처분신청으로 처분금지가처분등기가 마쳐져 있던 丙 소유의 부동산을 매수하여 소유권이전등기를 마친 다음 乙 친목회를 상대로 가처분취소신청을 하자, 1심법원이 가처분결정을 취소하는 결정을 하였고, 1심결정 후 甲의 가처분 집행취소신청에 따라 가처분등기가 말소되었는데, 원심이 乙 친목회의 항고를 받아들여 1심결정을 취소하고 甲의 가처분취소신청을 기각한 사안에서, 위 가처분신청은 신청의 이익을 상실하여 부적법하므로 가처분결정을 취소한 1심결정이 결과적으로 정당하다는 이유로 원심결정을 파기하고 자판으로 乙 친목회의 항고를 기각한 사례

【판결요지】
[1] 가처분취소결정의 집행에 의하여 처분금지가처분등기가 말소된 경우 그 효력은 확정적인 것이다. 따라서 처분금지가처분결정에 따른 가처분등기가 마쳐져 있던 상태에서 부동산을 양수하여 소유권이전등기를 마친 제3자라 하더라도 위와 같이 가처분등기가 말소된 이후에는 더 이상 처분금지효의 제한을 받지 않고 소유권취득의 효력으로 가처분채권자에게 대항할 수 있게 된다. 이러한 경우 가처분채권자는

더 이상 처분금지가처분을 신청할 이익이 없게 된다.
[2] 甲이 乙 친목회의 가처분신청으로 처분금지가처분등기가 마쳐져 있던 丙 소유의 부동산을 매수하여 소유권이전등기를 마친 다음 乙 친목회를 상대로 가처분취소신청을 하자, 1심법원이 가처분결정을 취소하는 결정을 하였고, 1심결정 후 甲의 가처분 집행취소신청에 따라 가처분등기가 말소되었는데, 원심이 乙 친목회의 항고를 받아들여 1심결정을 취소하고 甲의 가처분취소신청을 기각한 사안에서, 위 가처분신청은 신청의 이익을 상실하여 부적법하므로 가처분결정을 취소한 1심결정이 결과적으로 정당하다는 이유로 원심결정을 파기하고 자판으로 乙 친목회의 항고를 기각한 사례.

제308조(원상회복재판)
가처분을 명한 재판에 기초하여 채권자가 물건을 인도받거나, 금전을 지급받거나 또는 물건을 사용·보관하고 있는 경우에는, 법원은 가처분을 취소하는 재판에서 채무자의 신청에 따라 채권자에 대하여 그 물건이나 금전을 반환하도록 명할 수 있다.

제309조(가처분의 집행정지)
① 소송물인 권리 또는 법률관계가 이행되는 것과 같은 내용의 가처분을 명한 재판에 대하여 이의신청이 있는 경우에, 이의신청으로 주장한 사유가 법률상 정당한 사유가 있다고 인정되고 주장사실에 대한 소명이 있으며, 그 집행에 의하여 회복할 수 없는 손해가 생길 위험이 있다는 사정에 대한 소명이 있는 때에는, 법원은 당사자의 신청에 따라 담보를 제공하게 하거나 담보를 제공하게 하지 아니하고 가처분의 집행을 정지하도록 명할 수 있고, 담보를 제공하게 하고 집행한 처분을 취소하도록 명할 수 있다.
② 제1항에서 규정한 소명은 보증금을 공탁하거나 주장이 진실함을 선서하는 방법으로 대신할 수 없다.
③ 재판기록이 원심법원에 있는 때에는 원심법원이 제1항의 규정에 의한 재판을 한다.
④ 법원은 이의신청에 대한 결정에서 제1항의 규정에 의한 명령을 인가·변경 또는 취소하여야 한다.
⑤ 제1항·제3항 또는 제4항의 규정에 의한 재판에 대하여는 불복할 수 없다.
[전문개정 2005.1.27.]

■판례-강제집행정지■
[대법원 2009.1.15., 자, 2008그193, 결정]
【판시사항】
반론보도 재판에 대한 집행정지가 인정되는 경우

【판결요지】
반론보도청구권이 인간의 존엄과 가치 및 행복추구권을 규정한 헌법 제10조, 사생활의 비밀과 자유를 규정한 헌법 제17조, 언론·출판의 자유를 규정한 헌법 제21조 제1항, 언론·출판의 자유의 한계와 책임을 규정한 제21조 제4항 등의 헌법적 요청에 뿌리를 두고 있으며, 원보도의 내용이 허위임을 요건으로 하지 않고, 나아가 반론보도의 내용도 반드시 진실임을 증명할 필요가 없으며, 이에 따라 반론보도의 내용이 허위일 위험성은 불가피하게 뒤따르게 되지만 이는 반론보도청구권을 인정하는 취지에 비추어 감수하여야 하는 위험이고, 반론보도청구를 인용한 재판에 대한 불복절차에서 심리한 결과 반론보도가 기각되었어야 함이 판명된 경우에는 취소재판의 내용을 보도하고 반론보도 및 취소재판 보도에 소요되는 비용의 배상을 명하는 제도가 마련되어 있는 점 등을 모두 종합하여 보면, 반론보도 재판에 대한 집행정지는 반론보도 거부사유의 존재에 관한 새로운 증거가 발견되는 등의 특별한 사정이 있는 경우에 한하여 예외적으로 인정되어야 한다.

제310조(준용규정)
제301조에 따라 준용되는 제287조제3항, 제288조제1항 또는 제307조의 규정에 따른 가처분취소신청이 있는 경우에는 제309조의 규정을 준용한다.
[전문개정 2005.1.27.]

제311조(본안의 관할법원)
이 편에 규정한 본안법원은 제1심 법원으로 한다. 다만, 본안이 제2심에 계속된 때에는 그 계속된 법원으로 한다.

제312조(재판장의 권한)
급박한 경우에 재판장은 이 편의 신청에 대한 재판을 할 수 있다. <개정 2005.1.27.>

보전처분 신청사건의 사무처리요령(재민 2003-4)

개정 2008.6.12. [재판예규 제1229호, 시행 2008.7.1.]

제1조 (목적)
이 예규는 보전처분 신청사건의 접수에서부터 집행에 이르기까지 사무처리에 필요한 사항을 정함을 목적으로 한다.

제2조 (신청서 양식)
각급 법원은 다음의 보전처분 신청에 관하여 다음 각 호의 서식을 작성·비치하고, 민원인으로 하여금 다음 각 호의 서식을 사용하도록 창구 지도하여야 한다.
1. 부동산가압류 신청서 : [전산양식 A4701]
2. 유체동산가압류 신청서 : [전산양식 A4702]
3. 채권가압류 신청서 : [전산양식 A4703]
4. 부동산처분금지가처분 신청서 : [전산양식 A4704]
5. 가압류신청 진술서 : [전산양식 A4705]

제3조 (가압류신청 진술서)
가압류를 신청하는 경우에 제2조 제5호의 가압류신청 진술서를 첨부하지 아니하거나, 고의로 진술 사항을 누락하거나 허위로 진술한 내용이 발견된 경우에는 특별한 사정이 없는 한 보정명령 없이 신청을 기각할 수 있다.

제4조 (시·군법원에서의 보전처분 사건의 처리절차에 관한 지침)
① 시·군법원 판사가 다른 법원에서 근무 중인 사정 등으로 인하여 부재 중에 보전처분 사건이 접수된 경우에는 전화 등을 이용하여 판사에게 사건이 접수된 사실을 알린 다음, 판사의 지시에 따라, 판사가 시·군법원에 복귀하기를 기다려 사건을 처리하거나 판사가 근무중인 법원으로 기록을 송부하여 사건을 처리한다.
② 제1항의 경우에, 긴급을 요하는 경우에는 다음 각호와 같은 방식으로 처리한다.
   1. 담당 직원은 팩시밀리를 이용하여 보전처분 사건의 신청서 및 소명자료를 판사가 근무중인 법원으로 전송한다. 이 때 판사가 기명날인할 결정서의 초고도 함께 전송한다.
   2. 판사가 보전처분신청이 이유있다고 인정한 때에는 송부된 결정서 초고에 기명날인한 다음 결정서 원본을 모사전송기를 이용하여 시·군법원으로 전송한다.
   3. 시·군법원의 법원사무관 등은 전송받은 결정서로 결정서정본을 작성하고, 지체없이 결정에 따른 등기·등록을 촉탁하여야 한다.

제5조 (자동차등록원부등본 등의 사본을 이용한 보전처분 사건의 목적물 표시)
① 다음 각호의 목적물에 대한 가압류·가처분 결정을 할 때에는 자동차등록원부등본의 갑부란, 건설기계등록원부등본의 갑부란, 선박원부등본의 앞쪽, 어선원부등본의 앞쪽 또는 동력수상레저기구등록원부등본의 앞쪽을 사본하여 첨부함으로써 가압류·가처분 목적물을 표시할 수 있다.

1. 자동차관리법 제5조에 따라 등록한 자동차
2. 건설기계관리법 제3조 제1항에 따라 등록한 건설기계
3. 선박법 제8조 제1항, 어선법 제13조 제1항 또는 수상레저안전법 제30조 제1항에 따라 등록한 소형선박저당법 제2조에 따른 소형선박
② 제1항에 따라 가압류·가처분 목적물을 표시한 경우에는 등록촉탁서상의 목적물 표시도 자동차등록원부등본의 갑부란, 건설기계등록원부등본의 갑부란, 선박원부등본의 앞쪽, 어선원부등본의 앞쪽 또는 동력수상레저기구등록원부등본의 앞쪽 사본을 첨부하여야 한다.

제6조 (부동산가압류등기의 촉탁)
부동산가압류결정의 집행법원은 [전산양식 A4780]과 같이 부동산가압류등기 촉탁서에 청구금액을 기재하여야 한다.

제7조 (부동산처분금지가처분등기의 촉탁)
① 부동산처분금지가처분결정의 집행법원은 [전산양식 A4781]과 같이 부동산처분금지가처분등기 촉탁서에 피보전권리를 기재하여야 한다. 다만, 피보전권리란에 등기청구권의 원인은 기재하지 아니한다.
② 피보전권리의 예시는 다음 각호와 같다.
  1. 피보전권리가 소유권 또는 소유권 외의 권리의 이전등기청구권인 경우 : "소유권이전등기청구권" 또는 "근저당권이전등기청구권" 등
  2. 피보전권리가 소유권 또는 소유권 외의 권리설정등기의 말소등기청구권인 경우 : "소유권말소등기청구권" 또는 "근저당권말소등기청구권" 등
  3. 피보전권리가 소유권 외의 권리의 설정등기청구권인 경우 : "근저당권설정등기청구권" 등

제8조 (보전처분 취소판결(결정)을 원인으로 한 말소등기촉탁시 등기촉탁서에 기재할 등기원인)
보전처분의 취소확정판결(결정)을 받은 채무자가 보전처분의 집행취소 신청을 하여 보전처분등기의 말소등기촉탁을 하는 경우에, 보전처분사건기록에 편철하는 촉탁서부본에 위 취소판결(결정)의 사본을 편철하지 아니하는 때에는 촉탁서상의 "등기원인과 그 연월일"을 기재함에 있어 위 취소판결(결정)의 사건번호도 함께 기재하여 등기촉탁의 원인을 정확히 파악할 수 있도록 하여야 한다.

제9조 (보전처분 등기가 말소된 경우 및 집행불능인 경우의 사무처리요령)
보전처분을 한 법원의 말소등기촉탁 이외의 사유(본등기, 민사집행절차에서의 매각, 공매, 부동산등기법 제172조 제2항, 제174조의 경우)로 보전처분등기가 말소되어 등기관으로부터 집행법원에 대한 통지가 있는 경우 및 집행불능으로 등기촉탁 관련서류가 반환되어 온 경우의 사무처리요령은 다음 각호와 같다.
1. 등기관으로부터 등기예규 제1060호에 따른 통지서가 접수되면 보전처분 사건기록에 통지서를 편철함과 동시에 담보취소신청이 필요없는 것으로 판단되는 경우에는 대법원 재판예규(재일 2005-2) 제4조 본문에 따라 기록보존 절차를 취한다.
2. 채권자가 보전처분등기의 말소사실을 알지 못한 채 보전처분에 대한 신청취하

또는 집행해제신청서를 제출하면서 송달료(우표)와 말소촉탁용등록세영수필
관련서류를 첨부한 경우에는 [전산양식 A4784]에 따른 통지서와 함께 말소촉
탁용등록세영수필 관련서류를 송달의 방법에 의하여 채권자에게 환부한다.
3. 보전처분이 집행불능되어 등기관으로부터 등록세영수필 관련서류가 반환되
어 온 경우에는 [전산양식 A4784]에 의한 통지서와 함께 등록세영수필 관련
서류를 송달의 방법에 의하여 채권자에게 환부한다.

제10조 (직무집행정지 및 직무대행자선임 가처분과 직무대행자에 대한 고지)

법인을 대표하는 자 그 밖에 법인의 이사 등을 상대로 하여 그 직무집행을 정지
하고 직무대행자를 선임하는 가처분을 하거나 또는 이미 발령된 가처분을 취소·
변경하는 결정을 하는 경우에 법원사무관 등은 가처분결정에서 직무대행자로 선
임된 자에 대하여 결정등본의 송달 그 밖의 상당한 방법으로 위 결정사실을 고
지하여야 한다.

제11조 (가처분 목적물을 보관하는 집행관의 권한)

채무자의 점유를 풀고 집행관에게 보관하게 하고 현상을 변경하지 않는 조건으
로 채무자에게 사용을 허가한 취지의 가처분의 집행으로 목적물을 보관중인 집
행관은 채무자의 현상변경(사용자의 변경, 목적물의 훼손 등)을 이유로 채무자의
사용을 중지하게 하기 위하여는 발령법원이나 그 상소심법원의 집행명령을 받아
야 한다.

제12조 (이의신청과 신청서 부본의 송달)

① 보전처분에 대한 이의신청이 있는 때에는 변론기일 통지서 또는 심문기일 통
지서를 채권자에게 송달함과 동시에 채권자로 하여금 채무자 수만큼의 신청
서 부본을 제출하도록 통지하여야 한다. 다만, 보전처분에 대한 심리 과정에
서 이미 신청서 부본을 채무자에게 송달한 경우에는 그러하지 아니하다.
② 법원은 제1항 본문의 규정에 따라 제출된 신청서 부본을 채무자에게 송달하
여야 한다.

제13조 (채권가압류 취소판결의 송달시 유의사항)

채권가압류에 대한 이의사건·취소사건에서 채권가압류를 취소하는 판결(결정)이
있는 경우에는 판결문에 제3채무자의 표시가 있는 경우라도 판결문 정본을 제3
채무자에게 송달하여서는 아니된다.

부 칙(2008.06.12 제1229호)

이 예규는 2008.07.01.부터 시행한다.

부칙
<제13952호, 2016.2.3.>

제1조(시행일)
이 법은 공포 후 1년이 경과한 날부터 시행한다.

제2조 및 제3조 생략

제4조(다른 법률의 개정)
① 생략
② 민사집행법 일부를 다음과 같이 개정한다.
　　제52조제3항 중 "민사소송법 제62조제3항 내지 제6항의 규정"을 "「민사소송법」 제62조제2항부터 제5항까지의 규정"으로 한다.

민사집행규칙
[시행 2019.1.1]
[대법원규칙 제2819호, 2018.12.31, 일부개정]

제1편 총칙

제1조(목적)
이 규칙은 「민사집행법」(다음부터 "법"이라 한다)이 대법원규칙에 위임한 사항, 그 밖에 법 제1조의 민사집행과 보전처분의 절차를 규정함을 목적으로 한다. <개정 2005.7.28.>

제2조(집행법원의 심문)
집행법원은 집행처분을 하는 데 필요한 때에는 이해관계인, 그 밖의 참고인을 심문할 수 있다.

제3조(집행관의 집행일시 지정)
① 집행관은 민사집행의 신청을 받은 때에는 바로 민사집행을 개시할 일시를 정하여 신청인에게 통지하여야 한다. 다만, 신청인이 통지가 필요 없다는 취지의 신고를 한 때에는 그러하지 아니하다.
② 제1항의 규정에 따른 집행일시는 부득이한 사정이 없으면 신청을 받은 날부터 1주 안의 날로 정하여야 한다.

제4조(국군원조요청의 절차)
① 법 제5조제3항의 규정에 따라 법원이 하는 국군원조의 요청은 다음 각호의 사항을 적은 서면으로 하여야 한다.
1. 사건의 표시
2. 채권자·채무자와 그 대리인의 표시
3. 원조를 요청한 집행관의 표시
4. 집행할 일시와 장소
5. 원조가 필요한 사유와 원조의 내용
② 제1항의 규정에 따라 작성한 서면은 법원장 또는 지원장과 법원행정처장을 거쳐 국방부장관에게 보내야 한다.

제5조(집행참여자의 의무)
법 제6조의 규정에 따라 집행관으로부터 집행실시의 증인으로 참여하도록 요구받은 특별시·광역시의 구 또는 동 직원, 시·읍·면 직원 또는 경찰공무원은 정당한 이유 없이 그 요구를 거절하여서는 아니된다.

제6조(집행조서의 기재사항)
① 집행조서에는 법 제10조제2항제2호의 규정에 따른 "중요한 사정의 개요"로서

다음 각호의 사항을 적어야 한다.
1. 집행에 착수한 일시와 종료한 일시
2. 실시한 집행의 내용
3. 집행에 착수한 후 정지한 때에는 그 사유
4. 집행에 저항을 받은 때에는 그 취지와 이에 대하여 한 조치
5. 집행의 목적을 달성할 수 없었던 때에는 그 사유
6. 집행을 속행한 때에는 그 사유
② 제150조제2항, 법 제10조제2항제4호 또는 법 제116조제2항(이 조항들이 준용되거나 그 예에 따르는 경우를 포함한다)에 규정된 서명날인은 서명무인으로 갈음할 수 있다.

제7조(재판을 고지받을 사람의 범위)
① 다음 각호의 재판은 그것이 신청에 기초한 경우에는 신청인과 상대방에게, 그 밖의 경우에는 민사집행의 신청인과 상대방에게 고지하여야 한다. <개정 2011.7.28.>
1. 이송의 재판(다만, 민사집행을 개시하는 결정이 상대방에게 송달되기 전에 이루어진 재판을 제외한다)
2. 즉시항고를 할 수 있는 재판(다만, 신청을 기각하거나 각하하는 재판을 제외한다)
3. 법 제50조제1항 전단 또는 법 제266조제2항 전단(이 조항들이 준용되거나 그 예에 따르는 경우를 포함한다)의 규정에 따른 집행절차취소의 재판
4. 법 제16조제2항의 규정에 따른 재판과 이 재판이 이루어진 경우에는 법 제16조제1항의 규정에 따른 신청에 관한 재판
5. 법 제86조제2항(이 조항이 준용되거나 그 예에 따르는 경우를 포함한다)의 규정에 따른 재판
6. 법 제196조제3항(이 조항이 준용되거나 그 예에 따르는 경우를 포함한다)의 규정에 따른 재판과 이 재판이 이루어진 경우에는 법 제196조제1항·제2항 또는 법 제246조제3항(이 조항들이 준용되거나 그 예에 따르는 경우를 포함한다)의 규정에 따른 신청을 기각하거나 각하하는 재판
② 제1항 각호에 규정되지 아니한 재판으로서 신청에 기초한 재판에 대하여는 신청인에게 고지하여야 한다.

제8조(최고·통지)
① 민사집행절차에서 최고와 통지는 특별한 규정이 없으면 상당하다고 인정되는 방법으로 할 수 있다.
② 제1항의 최고나 통지를 한 때에는 법원서기관·법원사무관·법원주사 또는 법원주사보(다음부터 이 모두를 "법원사무관등"이라 한다)나 집행관은 그 취지와 최고 또는 통지의 방법을 기록에 표시하여야 한다.
③ 최고를 받을 사람이 외국에 있거나 있는 곳이 분명하지 아니한 때에는 최고할 사항을 공고하면 된다. 이 경우 최고는 공고를 한 날부터 1주가 지나면 효력이 생긴다.
④ 이 규칙에 규정된 통지(다만, 법에 규정된 통지를 제외한다)를 받을 사람이 외국에 있거나 있는 곳이 분명하지 아니한 때에는 통지를 하지 아니하여도 된

다. 이 경우 법원사무관등이나 집행관은 그 사유를 기록에 표시하여야 한다.
⑤ 당사자, 그 밖의 관계인에 대한 통지(다만, 법 제102조제1항에 규정된 통지를 제외한다)는 법원사무관등 또는 집행관으로 하여금 그 이름으로 하게 할 수 있다.

제9조(발송의 방법)
법 제11조제3항, 법 제14조제2항 또는 법 제104조제3항의 규정에 따른 발송은 등기우편으로 한다.

제10조(외국으로 보내는 첫 송달서류의 기재사항)
민사집행절차에서 외국으로 보내는 첫 송달서류에는 대한민국 안에 송달이나 통지를 받을 장소와 영수인을 정하여 일정한 기간 안에 신고하도록 명함과 아울러 그 기간 안에 신고가 없는 경우에는 그 이후의 송달이나 통지를 하지 아니할 수 있다는 취지를 적어야 한다.

제11조(공고)
① 민사집행절차에서 공고는 특별한 규정이 없으면 다음 각호 가운데 어느 하나의 방법으로 한다. 이 경우 필요하다고 인정하는 때에는 적당한 방법으로 공고사항의 요지를 공시할 수 있다.
   1. 법원게시판 게시
   2. 관보·공보 또는 신문 게재
   3. 전자통신매체를 이용한 공고
② 법원사무관등 또는 집행관은 공고한 날짜와 방법을 기록에 표시하여야 한다.

제12조(즉시항고제기기간 기산점의 특례)
즉시항고를 할 수 있는 사람이 재판을 고지받아야 할 사람이 아닌 경우 즉시항고의 제기기간은 그 재판을 고지받아야 할 사람 모두에게 고지된 날부터 진행한다.

제13조(즉시항고이유의 기재방법)
① 즉시항고의 이유는 원심재판의 취소 또는 변경을 구하는 사유를 구체적으로 적어야 한다.
② 제1항의 사유가 법령위반인 때에는 그 법령의 조항 또는 내용과 법령에 위반되는 사유를, 사실의 오인인 때에는 오인에 관계되는 사실을 구체적으로 밝혀야 한다.

제14조(즉시항고기록의 송부)
① 즉시항고가 제기된 경우에 집행법원이 상당하다고 인정하는 때에는 항고사건의 기록만을 보내거나 민사집행사건의 기록 일부의 등본을 항고사건의 기록에 붙여 보낼 수 있다.
② 제1항의 규정에 따라 항고사건의 기록 또는 민사집행사건의 기록 일부의 등본이 송부된 경우에 항고법원은 필요하다고 인정하는 때에는 민사집행사건의 기록 또는 필요한 등본의 송부를 요구할 수 있다.

제14조의2(재항고)

① 집행절차에 관한 항고법원·고등법원 또는 항소법원의 결정 및 명령으로서 즉시항고를 할 수 있는 재판에 대하여는 재판에 영향을 미친 헌법·법률·명령 또는 규칙의 위반을 이유로 드는 때에만 재항고(再抗告)할 수 있다.
② 제1항의 재항고에 관하여는 법 제15조의 규정을 준용한다.
[본조신설 2005.7.28.]

제15조(집행에 관한 이의신청의 방식)

① 법 제16조제1항·제3항의 규정에 따른 이의신청은 집행법원이 실시하는 기일에 출석하여 하는 경우가 아니면 서면으로 하여야 한다.
② 제1항의 이의신청을 하는 때에는 이의의 이유를 구체적으로 밝혀야 한다.

제16조(민사집행신청의 취하통지)

민사집행을 개시하는 결정이 상대방에게 송달된 후 민사집행의 신청이 취하된 때에는 법원사무관등은 상대방에게 그 취지를 통지하여야 한다.

제17조(집행관이 실시한 민사집행절차의 취소통지)

집행관은 민사집행절차를 취소한 때에는 채권자에게 그 취지와 취소의 이유를 통지하여야 한다.

제18조(「민사소송규칙」의 준용)

민사집행과 보전처분의 절차에 관하여는 특별한 규정이 없으면 「민사소송규칙」의 규정을 준용한다. <개정 2005.7.28.>

제18조의2(재정보증)

법원행정처장은 법 제1조의 민사집행 및 보전처분 사무를 처리하는 법원사무관등의 재정보증에 관한 사항을 정하여 운용할 수 있다.
[본조신설 2011.12.30.]

제2편 강제집행
제1장 총칙

제19조(집행문부여신청의 방식)

① 집행문을 내어 달라는 신청을 하는 때에는 다음 각호의 사항을 밝혀야 한다. <개정 2014.11.27.>
  1. 채권자·채무자와 그 대리인의 표시
  2. 집행권원의 표시
  3. 법 제30조제2항, 법 제31조, 법 제35조(법 제57조의 규정에 따라 이 조항들이 준용되는 경우를 포함한다) 또는 법 제263조제2항의 규정에 따라 집행문을 내어 달라는 신청을 하는 때에는 그 취지와 사유
  4. 집행권원에 채권자·채무자의 주민등록번호(주민등록번호가 없는 사람의 경우에는 여권번호 또는 등록번호, 법인 또는 법인 아닌 사단이나 재단의

경우에는 사업자등록번호·납세번호 또는 고유번호를 말한다. 다음부터
이 모두와 주민등록번호를 "주민등록번호등"이라 한다)가 적혀 있지 않은
경우에는 채권자·채무자의 주민등록번호등

② 확정되어야 효력이 있는 재판에 관하여 제1항의 신청을 하는 때에는 그 재판
이 확정되었음이 기록상 명백한 경우가 아니면 그 재판이 확정되었음을 증
명하는 서면을 붙여야 한다.

③ 집행문을 내어 달라는 신청을 하는 때에는 법원사무관등은 채권자·채무자
또는 승계인의 주소 또는 주민등록번호등을 소명하는 자료를 제출하게 할
수 있다. <개정 2014.11.27.>

제20조(집행문의 기재사항)

① 집행권원에 표시된 청구권의 일부에 대하여 집행문을 내어 주는 때에는 강제
집행을 할 수 있는 범위를 집행문에 적어야 한다.

② 집행권원에 채권자·채무자의 주민등록번호등이 적혀 있지 아니한 때에는 집
행문에 채권자·채무자의 주민등록번호등을 적어야 한다. <개정 2014.11.27.>

③ 법 제31조(법 제57조의 규정에 따라 준용되는 경우를 포함한다)의 규정에 따
라 집행문을 내어주는 때에는 집행문에 승계인의 주민등록번호등 또는 주소
를 적어야 한다. <신설 2014.11.27.>

제21조(집행권원 원본에 적을 사항)

① 집행문을 내어 주는 때에는 집행권원의 원본 또는 정본에 법 제35조제3항과
법 제36조에 규정된 사항 외에 다음 각호의 사항을 적고 법원사무관등이 기
명날인하여야 한다. <개정 2006.11.13.>
  1. 법 제31조(법 제57조의 규정에 따라 준용되는 경우를 포함한다)의 규정에
     따라 내어 주는 때에는 그 취지와 승계인의 이름
  2. 제20조제1항의 규정에 따라 내어 주는 때에는 강제집행을 할 수 있는 범위

② 법원사무관등이 재판사무시스템에 법 제35조제3항, 제36조에 규정된 사항 및
제1항 각 호의 사항을 등록한 때에는 집행권원의 원본 또는 정본에 해당사
항을 적고 기명날인한 것으로 본다. <신설 2006.11.13.>

제22조(공증인의 집행문 부여에 관한 허가 절차)

① 공증인은 「공증인법」 제56조의3제3항에 따라 집행권원으로 보는 증서(다음부
터 "인도 등에 관한 집행증서"라 한다)에 대한 집행문을 내어주기 위해 인도
등에 관한 집행증서의 표시와 내어줄 집행문의 문구를 적은 집행문부여허가
청구서 및 그 부본 1통을 그 공증인의 사무소가 있는 곳을 관할하는 지방법
원 또는 지원의 민사집행업무를 담당하는 과에 제출한다.

② 공증인은 집행문부여허가청구서에 당사자가 제출한 다음 각 호의 서류 또는
자료를 첨부하여야 한다.
  1. 집행문부여신청서(대리인에 의해 신청된 경우 대리권 증명서류 포함)
  2. 인도 등에 관한 집행증서 정본
  3. 제19조제1항제3호의 사유를 증명하기 위한 자료 또는 제19조제3항에서 정
     한 소명자료

③ 제1항의 관할 지방법원 또는 지원의 법원사무관등이 집행문부여허가청구서와

제2항의 첨부서류 및 자료(다음부터 "허가청구서 등"이라 한다)를 접수한 때
에는 집행문부여허가사건처리부(다음부터 "사건처리부"라 한다)에 접수사실을
적고, 집행문부여허가서 용지와 허가청구서 등을 담당 판사에게 회부한다.
④ 담당 판사는 집행문부여를 전부 또는 일부 허가하지 아니할 때에는 집행문부
여허가청구서에 그 취지 및 이유를 적고 서명날인한다. 집행문부여를 일부
허가하지 아니할 때에는 허가서에 그 취지와 허가되지 않은 부분을 적는다.
⑤ 법원사무관등은 집행문부여허가서가 발부된 경우에 해당사항을 사건처리부에
적고 집행문부여허가서와 허가청구서 등을 공증인 사무소 담당직원이나 집
행문부여신청인(대리인에 의해 신청된 경우 그 대리인 또는 그로부터 허가청
구서 등의 수령권한을 위임받은 사람을 포함한다. 다음부터 이 조문 안에서
같다)에게 인계한다. 집행문부여가 일부 허가되지 아니한 경우에도 같다.
⑥ 법원사무관등은 집행문부여가 전부 허가되지 않은 경우에 해당사실을 사건처
리부에 적고 허가청구서 등을 공증인 사무소 담당 직원이나 집행문부여신청
인에게 인계한다.
⑦ 각급 법원은 사건처리부와 집행문부여허가청구서 부본철을 청구일이 속한 다
음해의 1월 1일부터 다음 각호의 기간 동안 비치·보존한다. 다만, 재판사무
시스템에 입력함으로써 사건처리부의 기재 및 비치·보존에 갈음할 수 있다.
1. 사건처리부 : 10년
2. 허가청구서 부본철 : 1년
[본조신설 2013.11.27.]
[종전 제22조는 제22조의2로 이동 <2013.11.27.>]

제22조의2(공정증서정본등의 송달방법)
① 「공증인법」 제56조의5제1항의 규정에 따른 송달은 아래 제2항 내지 제6항에
서 정하는 방법으로 한다. <개정 2005.7.28., 2013.11.27.>
② 채권자는 「공증인법」 제56조의5제1항에 규정된 서류(다음부터 "공정증서정본
등"이라 한다)의 송달과 동시에 강제집행할 것을 위임하는 경우 또는 같은 법
제56조의5제1항의 규정에 따른 우편송달로는 그 목적을 달성할 수 없는 때에
는 집행관에게 공정증서정본등의 송달을 위임할 수 있다. <개정 2005.7.28.,
2013.11.27.>
③ 제2항의 위임에 따라 공정증서정본등을 송달한 집행관은 그 송달에 관한 증
서를 위임인에게 교부하여야 한다.
④ 채권자는 공증인의 직무상 주소를 관할하는 지방법원에 외국에서 할 공정증
서정본등의 송달을 신청할 수 있다.
⑤ 채권자는 「민사소송법」 제194조제1항의 사유가 있는 때에는 공증인의 직무상
주소를 관할하는 지방법원에 공시송달을 신청할 수 있다. <개정 2005.7.28.>
⑥ 제2항의 규정에 따른 송달에는 「민사소송법」 제178조제1항, 같은 법 제179조
내지 제183조 및 같은 법 제186조의 규정을, 제4항의 규정에 따른 송달에는
「민사소송법」 제191조의 규정을, 제5항의 규정에 따른 공시송달에는 「민사소
송법」 제194조 내지 제196조 및 「민사소송규칙」 제54조의 규정을 각 준용한
다. <개정 2005.7.28.>
[제22조에서 이동 <2013.11.27.>]

제23조(집행개시 후 채권자의 승계)

① 강제집행을 개시한 후 신청채권자가 승계된 경우에 승계인이 자기를 위하여 강제집행의 속행을 신청하는 때에는 법 제31조(법 제57조의 규정에 따라 준용되는 경우를 포함한다)에 규정된 집행문이 붙은 집행권원의 정본을 제출하여야 한다.

② 제1항에 규정된 집행권원의 정본이 제출된 때에는 법원사무관등 또는 집행관은 그 취지를 채무자에게 통지하여야 한다.

제24조(집행비용 등의 변상)

① 법 제53조제1항의 규정에 따라 채무자가 부담하여야 할 집행비용으로서 그 집행절차에서 변상받지 못한 비용과 법 제53조제2항의 규정에 따라 채권자가 변상하여야 할 금액은 당사자의 신청을 받아 집행법원이 결정으로 정한다.

② 제1항의 신청과 결정에는 「민사소송법」제110조제2항·제3항, 같은 법 제111조제1항 및 같은 법 제115조의 규정을 준용한다. <개정 2005.7.28.>

제2장 금전채권에 기초한 강제집행
제1절 재산명시절차 등

제25조(재산명시신청)

① 법 제61조제1항의 규정에 따른 채무자의 재산명시를 요구하는 신청은 다음 각호의 사항을 적은 서면으로 하여야 한다.

1. 채권자·채무자와 그 대리인의 표시
2. 집행권원의 표시
3. 채무자가 이행하지 아니하는 금전채무액
4. 신청취지와 신청사유

② 법원사무관등은 제1항의 신청인으로부터 집행문이 있는 판결정본(다음부터 "집행력 있는 정본"이라 한다)의 사본을 제출받아 기록에 붙인 후 집행력 있는 정본을 채권자에게 바로 돌려주어야 한다.

제26조(채무자에 대한 고지사항)

법 제62조제1항의 규정에 따른 결정을 채무자에게 송달하는 때에는, 법 제62조제4항 후단에 규정된 사항 외에 결정을 송달받은 뒤 송달장소를 바꾼 때에는 그 취지를 법원에 바로 신고하여야 하며 그 신고를 하지 아니하여 달리 송달할 장소를 알 수 없는 경우 종전에 송달받던 장소에 등기우편으로 발송할 수 있음을 함께 고지하여야 한다.

제27조(명시기일의 출석요구)

① 법 제64조제1항의 규정에 따른 채무자에 대한 출석요구는 다음 각호의 사항을 적은 서면으로 하여야 한다.

1. 채권자와 채무자의 표시
2. 제28조와 법 제64조제2항의 규정에 따라 재산목록에 적거나 명시할 사항과 범위

3. 재산목록을 작성하여 명시기일에 제출하여야 한다는 취지
4. 법 제68조에 규정된 감치와 벌칙의 개요
② 채무자가 소송대리인을 선임한 경우에도 제1항에 규정된 출석요구서는 채무자 본인에게 송달하여야 한다.
③ 채권자는 명시기일에 출석하지 아니하여도 된다.

제28조(재산목록의 기재사항 등)
① 채무자가 제출하여야 하는 재산목록에는 채무자의 이름·주소와 주민등록번호등을 적고, 법 제64조제2항 각호의 사항을 명시하는 때에는 유상양도 또는 무상처분을 받은 사람의 이름·주소·주민등록번호등과 그 거래내역을 적어야 한다.
② 법 제64조제2항·제3항의 규정에 따라 재산목록에 적어야 할 재산은 다음 각호와 같다. 다만, 법 제195조에 규정된 물건과 법 제246조제1항제1호 내지 제3호에 규정된 채권을 제외한다. <개정 2005.7.28.>
   1. 부동산에 관한 소유권·지상권·전세권·임차권·인도청구권과 그에 관한 권리이전청구권
   2. 등기 또는 등록의 대상이 되는 자동차·건설기계·선박·항공기의 소유권, 인도청구권과 그에 관한 권리이전청구권
   3. 광업권·어업권, 그 밖에 부동산에 관한 규정이 준용되는 권리와 그에 관한 권리이전청구권
   4. 특허권·상표권·저작권·디자인권·실용신안권, 그 밖에 이에 준하는 권리와 그에 관한 권리이전청구권
   5. 50만원 이상의 금전과 합계액 50만원 이상의 어음·수표
   6. 합계액 50만원 이상의 예금과 보험금 50만원 이상의 보험계약
   7. 합계액 50만원 이상의 주권·국채·공채·회사채, 그 밖의 유가증권
   8. 50만원 이상의 금전채권과 가액 50만원 이상의 대체물인도채권(같은 채무자에 대한 채권액의 합계가 50만원 이상인 채권을 포함한다), 저당권 등의 담보물권으로 담보되는 채권은 그 취지와 담보물권의 내용
   9. 정기적으로 받을 보수·부양료, 그 밖의 수입
   10. 「소득세법」상의 소득으로서 제9호에서 정한 소득을 제외한 각종소득 가운데 소득별 연간 합계액 50만원 이상인 것
   11. 합계액 50만원 이상의 금·은·백금·금은제품과 백금제품
   12. 품목당 30만원 이상의 시계·보석류·골동품·예술품과 악기
   13. 품목당 30만원 이상의 의류·가구·가전제품 등을 포함한 가사비품
   14. 합계액 50만원 이상의 사무기구
   15. 품목당 30만원 이상의 가축과 농기계를 포함한 각종 기계
   16. 합계액 50만원 이상의 농·축·어업생산물(1월 안에 수확할 수 있는 과실을 포함한다), 공업생산품과 재고상품
   17. 제11호 내지 제16호에 규정된 유체동산에 관한 인도청구권·권리이전청구권, 그 밖의 청구권
   18. 제11호 내지 제16호에 규정되지 아니한 유체동산으로 품목당 30만원 이상인 것과 그에 관한 인도청구권·권리이전청구권, 그 밖의 청구권
   19. 가액 30만원 이상의 회원권, 그 밖에 이에 준하는 권리와 그에 관한 이

　　전청구권
　20. 그 밖에 강제집행의 대상이 되는 것으로서 법원이 범위를 정하여 적을
　　　것을 명한 재산
③ 제2항 및 법 제64조제2항·제3항의 규정에 따라 재산목록을 적는 때에는 다
　음 각호의 기준을 따라야 한다.
　1. 제2항에 규정된 재산 가운데 권리의 이전이나 그 행사에 등기·등록 또는
　　명의개서(다음부터 이 조문 안에서 "등기등"이라고 한다)가 필요한 재산
　　으로서 제3자에게 명의신탁 되어 있거나 신탁재산으로 등기등이 되어 있
　　는 것도 적어야 한다. 이 경우에는 재산목록에 명의자와 그 주소를 표시
　　하여야 한다.
　2. 제2항제8호 및 제11호 내지 제19호에 규정된 재산의 가액은 재산목록을
　　작성할 당시의 시장가격에 따른다. 다만, 시장가격을 알기 어려운 경우에
　　는 그 취득가액에 따른다.
　3. 어음·수표·주권·국채·공채·회사채 등 유가증권의 가액은 액면금액으
　　로 한다. 다만, 시장가격이 있는 증권의 가액은 재산목록을 작성할 당시
　　의 거래가격에 따른다.
　4. 제2항제1호 내지 제4호에 규정된 것 가운데 미등기 또는 미등록인 재산에
　　대하여는 도면·사진 등을 붙이거나 그 밖에 적당한 방법으로 특정하여
　　야 한다.
④ 법원은 필요한 때에는 채무자에게 재산목록에 적은 사항에 관한 참고자료의
　제출을 명할 수 있다.

제29조(재산목록 등의 열람·복사)
법 제67조 또는 법 제72조제4항의 규정에 따라 재산목록 또는 법원이 비치한 채
무불이행자명부나 그 부본을 보거나 복사할 것을 신청하는 사람이 납부하여야
할 수수료의 액에 관하여는 「재판 기록 열람·복사 규칙」 제4조부터 제6조까지
를 준용한다. <개정 2005.7.28., 2012.12.27.>

제30조(채무자의 감치)
① 법 제68조제1항 내지 제7항의 규정에 따른 감치재판은 법 제62조제1항의 규
　정에 따른 결정을 한 법원이 관할한다.
② 감치재판절차는 법원의 감치재판개시결정에 따라 개시된다. 이 경우 감치사
　유가 발생한 날부터 20일이 지난 때에는 감치재판개시결정을 할 수 없다.
③ 감치재판절차를 개시한 후 감치결정 전에 채무자가 재산목록을 제출하거나
　그 밖에 감치에 처하는 것이 상당하지 아니하다고 인정되는 때에는 법원은
　불처벌결정을 하여야 한다.
④ 제2항의 감치재판개시결정과 제3항의 불처벌결정에 대하여는 불복할 수 없다.
⑤ 감치의 재판을 받은 채무자가 감치시설에 유치된 때에는 감치시설의 장은 바
　로 그 사실을 법원에 통보하여야 한다.
⑥ 법 제68조제6항의 규정에 따라 출석하여 재산목록을 내고 선서한 채무자를
　석방한 때에는 법원은 바로 감치시설의 장에게 그 취지를 서면으로 통보하
　여야 한다.
⑦ 법 제68조제6항의 규정에 따라 채무변제를 증명하는 서면을 낸 채무자에 대

하여 감치결정을 취소한 때에는 법원은 바로 감치시설의 장에게 채무자를 석방하도록 서면으로 명하여야 한다.
⑧ 제1항 내지 제7항 및 법 제68조제1항 내지 제7항의 규정에 따른 감치절차에 관하여는 「법정 등의 질서유지를 위한 재판에 관한 규칙」 제6조 내지 제8조, 제10조, 제11조, 제13조, 제15조 내지 제19조, 제21조 내지 제23조 및 제25조 제2항(다만, 제13조 중 의견서에 관한 부분은 삭제하고, 제19조제2항 중 "3일"은 "1주"로, 제23조제8항 중 "감치집행을 한 날"은 "「민사집행규칙」 제30조 제5항의 규정에 따른 통보를 받은 날"로 고쳐 적용한다)의 규정을 준용한다. <개정 2004.6.1., 2005.7.28.>

제31조(채무불이행자명부 등재신청)
① 법 제70조제1항의 규정에 따른 채무불이행자명부 등재신청에는 제25조제1항의 규정을 준용한다.
② 채무불이행자명부 등재신청을 하는 때에는 채무자의 주소를 소명하는 자료를 내야 한다.

제32조(채무불이행자명부의 작성)
① 법 제71조제1항의 결정이 있는 때에는 법원사무관등은 바로 채무자별로 채무불이행자명부를 작성하여야 한다.
② 채무불이행자명부에는 채무자의 이름·주소·주민등록번호등 및 집행권원과 불이행한 채무액을 표시하고, 그 등재사유와 날짜를 적어야 한다.
③ 채무불이행자명부 말소결정이 취소되거나 채무불이행자명부 등재결정을 취소하는 결정이 취소된 경우에는 제1항과 제2항의 규정을 준용한다.

제33조(채무불이행자명부 부본의 송부 등)
① 법 제71조제1항의 결정에 따라 채무불이행자명부에 올린 때에는 법원은 한국신용정보원의 장에게 채무불이행자명부의 부본을 보내거나 전자통신매체를 이용하여 그 내용을 통지하여야 한다. <개정 2015.12.29.>
② 제1항 또는 법 제72조제2항의 규정에 따른 송부나 통지는 법원사무관등으로 하여금 그 이름으로 하게 할 수 있다.
③ 시·구·읍·면의 장은 법 제72조제2항의 규정에 따라 채무불이행자명부의 부본을 송부받은 경우에 그 시·구·읍·면이 채무자의 주소지가 아닌 때에는 바로 그 취지를 법원에 서면으로 신고하여야 한다. 이 서면에는 송부받은 채무불이행자명부의 부본을 붙여야 하고, 그 채무자의 주소가 변경된 때에는 변경된 주소를 적어야 한다.

제34조(직권말소)
① 채무불이행자명부에 등재한 후 등재결정이 취소되거나 등재신청이 취하된 때 또는 등재결정이 확정된 후 채권자가 등재의 말소를 신청한 때에는 명부를 비치한 법원의 법원사무관등은 바로 그 명부를 말소하여야 한다.
② 제1항의 경우 제33조제1항·제2항 또는 법 제72조제2항의 규정에 따라 채무불이행자명부의 부본을 이미 보내거나 그 내용을 통지한 때에는 법원사무관등은 바로 법 제73조제4항에 규정된 조치를 취하여야 한다.

제35조(재산조회의 신청방식)
① 법 제74조의 규정에 따른 재산조회신청은 다음 각호의 사항을 적은 서면으로
하여야 한다.
1. 제25조제1항 각호에 적은 사항
2. 조회할 공공기관·금융기관 또는 단체
3. 조회할 재산의 종류
4. 제36조제2항의 규정에 따라 과거의 재산보유내역에 대한 조회를 요구하는
때에는 그 취지와 조회기간
② 제1항의 신청을 하는 때에는 신청의 사유를 소명하여야 하고, 채무자의 주소
·주민등록번호등, 그 밖에 채무자의 인적사항에 관한 자료를 내야 한다.

제36조(조회할 기관과 조회대상 재산 등)
① 재산조회는 별표 "기관·단체"란의 기관 또는 단체의 장에게 그 기관 또는
단체가 전산망으로 관리하는 채무자 명의의 재산(다만, 별표 "조회할 재산"
란의 각 해당란에 적은 재산에 한정한다)에 관하여 실시한다.
② 제1항의 경우 채권자의 신청이 있는 때에는 별표 순번 1에 적은 기관의 장에
게 재산명시명령이 송달되기 전(법 제74조제1항제1호의 규정에 따른 재산조
회의 경우에는 재산조회신청을 하기 전) 2년 안에 채무자가 보유한 재산내역
을 조회할 수 있다. <개정 2005.7.28.>
③ 법원은 별표 순번 5부터 12까지, 15 기재 "기관·단체"란의 금융기관이 회원
사, 가맹사 등으로 되어 있는 중앙회·연합회·협회 등(다음부터 "협회등"이
라 한다)이 개인의 재산 및 신용에 관한 전산망을 관리하고 있는 경우에는
그 협회등의 장에게 채무자 명의의 재산에 관하여 조회할 수 있다. <개정
2016.9.6.>

제37조(조회의 절차 등)
① 법 제74조제1항·제3항의 규정에 따른 재산조회는 다음 각호의 사항을 적은
서면으로 하여야 한다.
1. 채무자의 이름·주소·주민등록번호등, 그 밖에 채무자의 인적사항
2. 조회할 재산의 종류
3. 조회에 대한 회답기한
4. 제36조제2항의 규정에 따라 채무자의 재산보유·내역에 대한 조회를 요구하
는 때에는 그 취지와 조회기간
5. 법 제74조제3항의 규정에 따라 채무자의 재산 및 신용에 관한 자료의 제
출을 요구하는 때에는 그 취지
6. 법 제75조제2항에 규정된 벌칙의 개요
7. 금융기관에 대하여 재산조회를 하는 경우에 관련법령에 따른 재산 및 신용
에 관한 정보등의 제공사실 통보의 유예를 요청하는 때에는 그 취지와 통
보를 유예할 기간
② 같은 협회등에 소속된 다수의 금융기관에 대한 재산조회는 협회등을 통하여
할 수 있다.
③ 재산조회를 받은 기관·단체의 장은 다음 각호의 사항을 적은 조회회보서를
정하여진 날까지 법원에 제출하여야 한다. 이 경우 법 제74조제3항의 규정에

따라 자료의 제출을 요구받은 때에는 그 자료도 함께 제출하여야 한다.
1. 사건의 표시
2. 채무자의 표시
3. 조회를 받은 다음날 오전 영시 현재 채무자의 재산보유내역. 다만, 제1항 제4호와 제36조제2항의 규정에 따른 조회를 받은 때에는 정하여진 조회 기간 동안의 재산보유내역
④ 제2항에 규정된 방법으로 재산조회를 받은 금융기관의 장은 소속 협회등의 장에게 제3항 각호의 사항에 관한 정보와 자료를 제공하여야 하고, 그 협회 등의 장은 제공받은 정보와 자료를 정리하여 한꺼번에 제출하여야 한다.
⑤ 재산조회를 받은 기관·단체의 장은 제3항에 규정된 조회회보서나 자료의 제출을 위하여 필요한 때에는 소속 기관·단체, 회원사, 가맹사, 그 밖에 이에 준하는 기관·단체에게 자료 또는 정보의 제공·제출을 요청할 수 있다.
⑥ 법원은 제출된 조회회보서나 자료에 흠이 있거나 불명확한 점이 있는 때에는 다시 조회하거나 자료의 재제출을 요구할 수 있다.
⑦ 제1항 내지 제6항에 규정된 절차는 별도의 대법원규칙이 정하는 바에 따라 전자통신매체를 이용하는 방법으로 할 수 있다.

제38조(재산조회결과의 열람·복사)
재산조회결과의 열람·복사절차에 관하여는 제29조와 법 제67조의 규정을 준용한다. 다만, 제37조제7항의 규정에 따라 전자통신매체를 이용하는 방법으로 재산조회를 한 경우의 열람·복사절차에 관하여는 별도의 대법원규칙으로 정한다.

제39조(과태료부과절차)
① 법 제75조제2항의 규정에 따른 과태료 재판은 재산조회를 한 법원이 관할한다.
② 법 제75조제2항의 규정에 따른 과태료 재판의 절차에 관하여는 「비송사건절차법」 제248조와 제250조(다만, 검사에 관한 부분을 제외한다)의 규정을 준용한다. <개정 2005.7.28.>

제2절 부동산에 대한 강제집행
제1관 통칙

제40조(지상권에 대한 강제집행)
금전채권에 기초한 강제집행에서 지상권과 그 공유지분은 부동산으로 본다.

제41조(집행법원)
법률 또는 이 규칙에 따라 부동산으로 보거나 부동산에 관한 규정이 준용되는 것에 대한 강제집행은 그 등기 또는 등록을 하는 곳의 지방법원이 관할한다.

제2관 강제경매

제42조(미등기 건물의 집행)
① 법 제81조제3항·제4항의 규정에 따라 집행관이 건물을 조사한 때에는 다음

각호의 사항을 적은 서면에 건물의 도면과 사진을 붙여 정하여진 날까지 법
원에 제출하여야 한다.
1. 사건의 표시
2. 조사의 일시·장소와 방법
3. 건물의 지번·구조·면적
4. 조사한 건물의 지번·구조·면적이 건축허가 또는 건축신고를 증명하는
   서류의 내용과 다른 때에는 그 취지와 구체적인 내역
② 법 제81조제1항제2호 단서의 규정에 따라 채권자가 제출한 서류 또는 제1항
의 규정에 따라 집행관이 제출한 서면에 의하여 강제경매신청을 한 건물의
지번·구조·면적이 건축허가 또는 건축신고된 것과 동일하다고 인정되지
아니하는 때에는 법원은 강제경매신청을 각하하여야 한다.

제43조(경매개시결정의 통지)
강제관리개시결정이 된 부동산에 대하여 강제경매개시결정이 있는 때에는 법원
사무관등은 강제관리의 압류채권자, 배당요구를 한 채권자와 관리인에게 그 취
지를 통지하여야 한다.

제44조(침해행위 방지를 위한 조치)
① 채무자·소유자 또는 부동산의 점유자가 부동산의 가격을 현저히 감소시키거
나 감소시킬 우려가 있는 행위(다음부터 이 조문 안에서 "가격감소행위등"이
라 한다)를 하는 때에는, 법원은 압류채권자(배당요구의 종기가 지난 뒤에
강제경매 또는 담보권 실행을 위한 경매신청을 한 압류채권자를 제외한다.
다음부터 이 조문 안에서 같다) 또는 최고가매수신고인의 신청에 따라 매각
허가결정이 있을 때까지 담보를 제공하게 하거나 담보를 제공하게 하지 아
니하고 그 행위를 하는 사람에 대하여 가격감소행위등을 금지하거나 일정한
행위를 할 것을 명할 수 있다.
② 부동산을 점유하는 채무자·소유자 또는 부동산의 점유자로서 그 점유권원을
압류채권자·가압류채권자 혹은 법 제91조제2항 내지 제4항의 규정에 따라
소멸되는 권리를 갖는 사람에 대하여 대항할 수 없는 사람이 제1항의 규정
에 따른 명령에 위반한 때 또는 가격감소행위등을 하는 경우에 제1항의 규
정에 따른 명령으로는 부동산 가격의 현저한 감소를 방지할 수 없다고 인정
되는 특별한 사정이 있는 때에는, 법원은 압류채권자 또는 최고가매수신고인
의 신청에 따라 매각허가결정이 있을 때까지 담보를 제공하게 하고 그 명령
에 위반한 사람 또는 그 행위를 한 사람에 대하여 부동산의 점유를 풀고 집
행관에게 보관하게 할 것을 명할 수 있다.
③ 법원이 채무자·소유자 외의 점유자에 대하여 제1항 또는 제2항의 규정에 따
른 결정을 하려면 그 점유자를 심문하여야 한다. 다만, 그 점유자가 압류채
권자·가압류채권자 또는 법 제91조제2항 내지 제4항의 규정에 따라 소멸되
는 권리를 갖는 사람에 대하여 대항할 수 있는 권원에 기초하여 점유하고
있지 아니한 것이 명백한 때 또는 이미 그 점유자를 심문한 때에는 그러하
지 아니하다.
④ 법원은 사정의 변경이 있는 때에는 신청에 따라 제1항 또는 제2항의 규정에
따른 결정을 취소하거나 변경할 수 있다.

⑤ 제1항·제2항 또는 제4항의 규정에 따른 결정에 대하여는 즉시항고를 할 수 있다.
⑥ 제4항의 규정에 따른 결정은 확정되어야 효력이 있다.
⑦ 제2항의 규정에 따른 결정은 신청인에게 고지된 날부터 2주가 지난 때에는 집행할 수 없다.
⑧ 제2항의 규정에 따른 결정은 상대방에게 송달되기 전에도 집행할 수 있다.

제45조(미지급 지료 등의 지급)
① 건물에 대한 경매개시결정이 있는 때에 그 건물의 소유를 목적으로 하는 지상권 또는 임차권에 관하여 채무자가 지료나 차임을 지급하지 아니하는 때에는, 압류채권자(배당요구의 종기가 지난 뒤에 강제경매 또는 담보권 실행을 위한 경매신청을 한 압류채권자를 제외한다)는 법원의 허가를 받아 채무자를 대신하여 미지급된 지료 또는 차임을 변제할 수 있다.
② 제1항의 허가를 받아 지급한 지료 또는 차임은 집행비용으로 한다.

제46조(현황조사)
① 집행관이 법 제85조의 규정에 따라 부동산의 현황을 조사한 때에는 다음 각호의 사항을 적은 현황조사보고서를 정하여진 날까지 법원에 제출하여야 한다.
  1. 사건의 표시
  2. 부동산의 표시
  3. 조사의 일시·장소 및 방법
  4. 법 제85조제1항에 규정된 사항과 그 밖에 법원이 명한 사항 등에 대하여 조사한 내용
② 현황조사보고서에는 조사의 목적이 된 부동산의 현황을 알 수 있도록 도면·사진 등을 붙여야 한다.
③ 집행관은 법 제85조의 규정에 따른 현황조사를 하기 위하여 필요한 때에는 소속 지방법원의 관할구역 밖에서도 그 직무를 행할 수 있다.

제47조(이중경매절차에서의 통지)
먼저 경매개시결정을 한 경매절차가 정지된 때에는 법원사무관등은 뒤의 경매개시결정에 관한 압류채권자에게 그 취지를 통지하여야 한다.

제48조(배당요구의 방식)
① 법 제88조제1항의 규정에 따른 배당요구는 채권(이자, 비용, 그 밖의 부대채권을 포함한다)의 원인과 액수를 적은 서면으로 하여야 한다.
② 제1항의 배당요구서에는 집행력 있는 정본 또는 그 사본, 그 밖에 배당요구의 자격을 소명하는 서면을 붙여야 한다.

제49조(경매신청의 취하 등)
① 법 제87조제1항의 신청(배당요구의 종기가 지난 뒤에 한 신청을 제외한다. 다음부터 이 조문 안에서 같다)이 있는 경우 매수신고가 있은 뒤 압류채권자가 경매신청을 취하하더라도 법 제105조제1항제3호의 기재사항이 바뀌지 아니하는 때에는 법 제93조제2항의 규정을 적용하지 아니한다.

② 법 제87조제1항의 신청이 있는 경우 매수신고가 있은 뒤 법 제49조제3호 또는 제6호의 서류를 제출하더라도 법 제105조제1항제3호의 기재사항이 바뀌지 아니하는 때에는 법 제93조제3항 전단의 규정을 적용하지 아니한다.

제50조(집행정지서류 등의 제출시기)

① 법 제49조제1호·제2호 또는 제5호의 서류는 매수인이 매각대금을 내기 전까지 제출하면 된다.

② 매각허가결정이 있은 뒤에 법 제49조제2호의 서류가 제출된 경우에는 매수인은 매각대금을 낼 때까지 매각허가결정의 취소신청을 할 수 있다. 이 신청에 관한 결정에 대하여는 즉시항고를 할 수 있다.

③ 매수인이 매각대금을 낸 뒤에 법 제49조 각호 가운데 어느 서류가 제출된 때에는 절차를 계속하여 진행하여야 한다. 이 경우 배당절차가 실시되는 때에는 그 채권자에 대하여 다음 각호의 구분에 따라 처리하여야 한다.

1. 제1호·제3호·제5호 또는 제6호의 서류가 제출된 때에는 그 채권자를 배당에서 제외한다.
2. 제2호의 서류가 제출된 때에는 그 채권자에 대한 배당액을 공탁한다.
3. 제4호의 서류가 제출된 때에는 그 채권자에 대한 배당액을 지급한다.

제51조(평가서)

① 법 제97조의 규정에 따라 부동산을 평가한 감정인은 다음 각호의 사항을 적은 평가서를 정하여진 날까지 법원에 제출하여야 한다.

1. 사건의 표시
2. 부동산의 표시
3. 부동산의 평가액과 평가일
4. 부동산이 있는 곳의 환경
5. 평가의 목적이 토지인 경우에는 지적, 법령에서 정한 규제 또는 제한의 유무와 그 내용 및 공시지가, 그 밖에 평가에 참고가 된 사항
6. 평가의 목적이 건물인 경우에는 그 종류·구조·평면적, 그 밖에 추정되는 잔존 내구연수 등 평가에 참고가 된 사항
7. 평가액 산출의 과정
8. 그 밖에 법원이 명한 사항

② 평가서에는 부동산의 모습과 그 주변의 환경을 알 수 있는 도면·사진 등을 붙여야 한다.

제52조(일괄매각 등에서 채무자의 매각재산 지정)

법 제101조제4항 또는 법 제124조제2항의 규정에 따른 지정은 매각허가결정이 선고되기 전에 서면으로 하여야 한다.

제53조(압류채권자가 남을 가망이 있음을 증명한 때의 조치)

법 제102조제1항의 규정에 따른 통지를 받은 압류채권자가 통지를 받은 날부터 1주 안에 최저매각가격으로 압류채권자의 채권에 우선하는 부동산의 모든 부담과 절차비용을 변제하고 남을 것이 있다는 사실을 증명한 때에는 법원은 경매절차를 계속하여 진행하여야 한다.

제54조(남을 가망이 없는 경우의 보증제공방법 등)
① 법 제102조제2항의 규정에 따른 보증은 다음 각호 가운데 어느 하나를 법원
에 제출하는 방법으로 제공하여야 한다. 다만, 법원은 상당하다고 인정하는
때에는 보증의 제공방법을 제한할 수 있다. <개정 2005.7.28.>
1. 금전
2. 법원이 상당하다고 인정하는 유가증권
3. 「은행법」의 규정에 따른 금융기관 또는 보험회사(다음부터 "은행등"이라
한다)가 압류채권자를 위하여 일정액의 금전을 법원의 최고에 따라 지급
한다는 취지의 기한의 정함이 없는 지급보증위탁계약이 압류채권자와 은
행등 사이에 체결된 사실을 증명하는 문서
② 제1항의 보증에 관하여는 「민사소송법」 제126조 본문의 규정을 준용한다.
<개정 2005.7.28.>

제55조(매각물건명세서 사본 등의 비치)
매각물건명세서 · 현황조사보고서 및 평가서의 사본은 매각기일(기간입찰의 방법
으로 진행하는 경우에는 입찰기간의 개시일)마다 그 1주 전까지 법원에 비치하
여야 한다. 다만, 법원은 상당하다고 인정하는 때에는 매각물건명세서 · 현황조사
보고서 및 평가서의 기재내용을 전자통신매체로 공시함으로써 그 사본의 비치에
갈음할 수 있다.

제56조(매각기일의 공고내용 등)
법원은 매각기일(기간입찰의 방법으로 진행하는 경우에는 입찰기간의 개시일)의
2주 전까지 법 제106조에 규정된 사항과 다음 각호의 사항을 공고하여야 한다.
1. 법 제98조의 규정에 따라 일괄매각결정을 한 때에는 그 취지
2. 제60조의 규정에 따라 매수신청인의 자격을 제한한 때에는 그 제한의 내용
3. 법 제113조의 규정에 따른 매수신청의 보증금액과 보증제공방법

제57조(매각장소의 질서유지)
① 집행관은 매각기일이 열리는 장소의 질서유지를 위하여 필요하다고 인정하는
때에는 그 장소에 출입하는 사람의 신분을 확인할 수 있다.
② 집행관은 법 제108조의 규정에 따른 조치를 하기 위하여 필요한 때에는 법원
의 원조를 요청할 수 있다.

제58조(매각조건 변경을 위한 부동산의 조사)
법 제111조제3항의 규정에 따른 집행관의 조사에는 제46조제3항과 법 제82조의
규정을 준용한다.

제59조(채무자 등의 매수신청금지)
다음 각호의 사람은 매수신청을 할 수 없다.
1. 채무자
2. 매각절차에 관여한 집행관
3. 매각 부동산을 평가한 감정인(감정평가법인이 감정인인 때에는 그 감정평가
법인 또는 소속 감정평가사)

제60조(매수신청의 제한)

법원은 법령의 규정에 따라 취득이 제한되는 부동산에 관하여는 매수신청을 할 수 있는 사람을 정하여진 자격을 갖춘 사람으로 제한하는 결정을 할 수 있다.

제61조(기일입찰의 장소 등)

① 기일입찰의 입찰장소에는 입찰자가 다른 사람이 알지 못하게 입찰표를 적을 수 있도록 설비를 갖추어야 한다.
② 같은 입찰기일에 입찰에 부칠 사건이 두 건 이상이거나 매각할 부동산이 두 개 이상인 경우에는 각 부동산에 대한 입찰을 동시에 실시하여야 한다. 다만, 법원이 따로 정하는 경우에는 그러하지 아니하다.

제62조(기일입찰의 방법)

① 기일입찰에서 입찰은 매각기일에 입찰표를 집행관에게 제출하는 방법으로 한다.
② 입찰표에는 다음 각호의 사항을 적어야 한다. 이 경우 입찰가격은 일정한 금액으로 표시하여야 하며, 다른 입찰가격에 대한 비례로 표시하지 못한다.
  1. 사건번호와 부동산의 표시
  2. 입찰자의 이름과 주소
  3. 대리인을 통하여 입찰을 하는 때에는 대리인의 이름과 주소
  4. 입찰가격
③ 법인인 입찰자는 대표자의 자격을 증명하는 문서를 집행관에게 제출하여야 한다.
④ 입찰자의 대리인은 대리권을 증명하는 문서를 집행관에게 제출하여야 한다.
⑤ 공동으로 입찰하는 때에는 입찰표에 각자의 지분을 분명하게 표시하여야 한다.
⑥ 입찰은 취소·변경 또는 교환할 수 없다.

제63조(기일입찰에서 매수신청의 보증금액)

① 기일입찰에서 매수신청의 보증금액은 최저매각가격의 10분의 1로 한다.
② 법원은 상당하다고 인정하는 때에는 보증금액을 제1항과 달리 정할 수 있다.

제64조(기일입찰에서 매수신청보증의 제공방법)

제63조의 매수신청보증은 다음 각호 가운데 어느 하나를 입찰표와 함께 집행관에게 제출하는 방법으로 제공하여야 한다. 다만, 법원은 상당하다고 인정하는 때에는 보증의 제공방법을 제한할 수 있다. <개정 2005.7.28.>
  1. 금전
  2. 「은행법」의 규정에 따른 금융기관이 발행한 자기앞수표로서 지급제시기간이 끝나는 날까지 5일 이상의 기간이 남아 있는 것
  3. 은행등이 매수신청을 하려는 사람을 위하여 일정액의 금전을 법원의 최고에 따라 지급한다는 취지의 기한의 정함이 없는 지급보증위탁계약이 매수신청을 하려는 사람과 은행등 사이에 맺어진 사실을 증명하는 문서

제65조(입찰기일의 절차)

① 집행관이 입찰을 최고하는 때에는 입찰마감시각과 개찰시각을 고지하여야 한다. 다만, 입찰표의 제출을 최고한 후 1시간이 지나지 아니하면 입찰을 마감

하지 못한다.
② 집행관은 입찰표를 개봉할 때에 입찰을 한 사람을 참여시켜야 한다. 입찰을 한 사람이 아무도 참여하지 아니하는 때에는 적당하다고 인정하는 사람을 참여시켜야 한다.
③ 집행관은 입찰표를 개봉할 때에 입찰목적물, 입찰자의 이름 및 입찰가격을 불러야 한다.

제66조(최고가매수신고인 등의 결정)
① 최고가매수신고를 한 사람이 둘 이상인 때에는 집행관은 그 사람들에게 다시 입찰하게 하여 최고가매수신고인을 정한다. 이 경우 입찰자는 전의 입찰가격에 못미치는 가격으로는 입찰할 수 없다.
② 제1항의 규정에 따라 다시 입찰하는 경우에 입찰자 모두가 입찰에 응하지 아니하거나(전의 입찰가격에 못미치는 가격으로 입찰한 경우에는 입찰에 응하지 아니한 것으로 본다) 두 사람 이상이 다시 최고의 가격으로 입찰한 때에는 추첨으로 최고가매수신고인을 정한다.
③ 제2항 또는 법 제115조제2항 후문의 규정에 따라 추첨을 하는 경우 입찰자가 출석하지 아니하거나 추첨을 하지 아니하는 때에는 집행관은 법원사무관등 적당하다고 인정하는 사람으로 하여금 대신 추첨하게 할 수 있다.

제67조(기일입찰조서의 기재사항)
① 기일입찰조서에는 법 제116조에 규정된 사항 외에 다음 각호의 사항을 적어야 한다.
  1. 입찰을 최고한 일시, 입찰을 마감한 일시 및 입찰표를 개봉한 일시
  2. 제65조제2항 후문의 규정에 따라 입찰을 한 사람 외의 사람을 개찰에 참여시킨 때에는 그 사람의 이름
  3. 제66조 또는 법 제115조제2항의 규정에 따라 최고가매수신고인 또는 차순위매수신고인을 정한 때에는 그 취지
  4. 법 제108조에 규정된 조치를 취한 때에는 그 취지
  5. 법 제140조제1항의 규정에 따라 공유자의 우선매수신고가 있는 경우에는 그 취지 및 그 공유자의 이름과 주소
  6. 제76조제3항의 규정에 따라 차순위매수신고인의 지위를 포기한 매수신고인이 있는 때에는 그 취지
② 기일입찰조서에는 입찰표를 붙여야 한다.

제68조(입찰기간 등의 지정)
기간입찰에서 입찰기간은 1주 이상 1월 이하의 범위 안에서 정하고, 매각기일은 입찰기간이 끝난 후 1주 안의 날로 정하여야 한다.

제69조(기간입찰에서 입찰의 방법)
기간입찰에서 입찰은 입찰표를 넣고 봉함을 한 봉투의 겉면에 매각기일을 적어 집행관에게 제출하거나 그 봉투를 등기우편으로 부치는 방법으로 한다.

제70조(기간입찰에서 매수신청보증의 제공방법)

기간입찰에서 매수신청보증은 다음 각호 가운데 어느 하나를 입찰표와 같은 봉투에 넣어 집행관에게 제출하거나 등기우편으로 부치는 방법으로 제공하여야 한다.
 1. 법원의 예금계좌에 일정액의 금전을 입금하였다는 내용으로 금융기관이 발행한 증명서
 2. 제64조제3호의 문서

제71조(기일입찰규정의 준용)

기간입찰에는 제62조제2항 내지 제6항, 제63조, 제65조제2항·제3항, 제66조 및 제67조의 규정을 준용한다.

제72조(호가경매)

① 부동산의 매각을 위한 호가경매는 호가경매기일에 매수신청의 액을 서로 올려가는 방법으로 한다.
② 매수신청을 한 사람은 더 높은 액의 매수신청이 있을 때까지 신청액에 구속된다.
③ 집행관은 매수신청의 액 가운데 최고의 것을 3회 부른 후 그 신청을 한 사람을 최고가매수신고인으로 정하며, 그 이름과 매수신청의 액을 고지하여야 한다.
④ 호가경매에는 제62조제3항 내지 제5항, 제63조, 제64조 및 제67조제1항의 규정을 준용한다.

제73조(변경된 매각결정기일의 통지)

① 매각기일을 종결한 뒤에 매각결정기일이 변경된 때에는 법원사무관등은 최고가매수신고인·차순위매수신고인 및 이해관계인에게 변경된 기일을 통지하여야 한다.
② 제1항의 통지는 집행기록에 표시된 주소지에 등기우편으로 발송하는 방법으로 할 수 있다.

제74조(매각허부결정 고지의 효력발생시기)

매각을 허가하거나 허가하지 아니하는 결정은 선고한 때에 고지의 효력이 생긴다.

제75조(대법원규칙으로 정하는 이율)

법 제130조제7항과 법 제138조제3항(법 제142조제5항의 규정에 따라 준용되는 경우를 포함한다)의 규정에 따른 이율은 연 1할 5푼으로 한다. <개정 2015.10.29.>
[전문개정 2003.7.19.]

제76조(공유자의 우선매수권 행사절차 등)

① 법 제140조제1항의 규정에 따른 우선매수의 신고는 집행관이 매각기일을 종결한다는 고지를 하기 전까지 할 수 있다.
② 공유자가 법 제140조제1항의 규정에 따른 신고를 하였으나 다른 매수신고인이 없는 때에는 최저매각가격을 법 제140조제1항의 최고가매수신고가격으로 본다.
③ 최고가매수신고인을 법 제140조제4항의 규정에 따라 차순위매수신고인으로 보게 되는 경우 그 매수신고인은 집행관이 매각기일을 종결한다는 고지를 하기 전까지 차순위매수신고인의 지위를 포기할 수 있다.

제77조(경매개시결정등기의 말소촉탁비용)
법 제141조의 규정에 따른 말소등기의 촉탁에 관한 비용은 경매를 신청한 채권자가 부담한다.

제78조(대금지급기한)
법 제142조제1항에 따른 대금지급기한은 매각허가결정이 확정된 날부터 1월 안의 날로 정하여야 한다. 다만, 경매사건기록이 상소법원에 있는 때에는 그 기록을 송부받은 날부터 1월 안의 날로 정하여야 한다.

제78조의2(등기촉탁 공동신청의 방식 등)
① 법 제144조제2항의 신청은 다음 각 호의 사항을 기재한 서면으로 하여야 한다.
   1. 사건의 표시
   2. 부동산의 표시
   3. 신청인의 성명 또는 명칭 및 주소
   4. 대리인에 의하여 신청을 하는 때에는 대리인의 성명 및 주소
   5. 법 제144조제2항의 신청인이 지정하는 자(다음부터 이 조문 안에서 "피지정자"라 한다)의 성명, 사무소의 주소 및 직업
② 제1항의 서면에는 다음 각 호의 서류를 첨부하여야 한다. <개정 2014.10.2.>
   1. 매수인으로부터 부동산을 담보로 제공받으려는 자가 법인인 때에는 그 법인의 등기사항증명서
   2. 부동산에 관한 담보 설정의 계약서 사본
   3. 피지정자의 지정을 증명하는 문서
   4. 대리인이 신청을 하는 때에는 그 권한을 증명하는 서면
   5. 등기신청의 대리를 업으로 할 수 있는 피지정자의 자격을 증명하는 문서의 사본
   [본조신설 2010.10.4.]

제79조(배당할 금액)
차순위매수신고인에 대하여 매각허가결정이 있는 때에는 법 제137조제2항의 보증(보증이 금전 외의 방법으로 제공되어 있는 때에는 보증을 현금화하여 그 대금에서 비용을 뺀 금액)은 법 제147조제1항의 배당할 금액으로 한다.

제80조(보증으로 제공된 유가증권 등의 현금화)
① 법 제142조제4항의 규정에 따라 매수신청의 보증(법 제102조제2항의 규정에 따라 제공된 보증을 포함한다)을 현금화하는 경우와 법 제147조제1항제3호·제5호 또는 제79조의 규정에 따라 매수신청 또는 항고의 보증이 배당할 금액에 산입되는 경우 그 보증이 유가증권인 때에는, 법원은 집행관에게 현금화하게 하여 그 비용을 뺀 금액을 배당할 금액에 산입하여야 한다. 이 경우 현금화비용은 보증을 제공한 사람이 부담한다.
② 법 제147조제1항제4호의 규정에 따라 항고의 보증 가운데 항고인이 돌려줄 것을 요구하지 못하는 금액이 배당할 금액에 산입되는 경우 그 보증이 유가증권인 때에는, 법원은 집행관에게 현금화하게 하여 그 비용을 뺀 금액 가운데 항고인이 돌려 줄 것을 요구하지 못하는 금액을 배당할 금액에 산입하고,

나머지가 있을 경우 이를 항고인에게 돌려준다. 이 경우 현금화비용은 보증을 제공한 사람이 부담한다. 다만, 집행관이 그 유가증권을 현금화하기 전에 항고인이 법원에 돌려줄 것을 요구하지 못하는 금액에 상당하는 금전을 지급한 때에는 그 유가증권을 항고인에게 돌려주고, 항고인이 지급한 금전을 배당할 금액에 산입하여야 한다.
③ 제1항과 제2항 본문의 현금화에는 법 제210조 내지 법 제212조의 규정을 준용한다.
④ 집행관은 제1항과 제2항 본문의 현금화를 마친 후에는 바로 그 대금을 법원에 제출하여야 한다.
⑤ 제1항의 경우에 그 보증이 제54조제1항제3호 또는 제64조제3호(제72조제4항의 규정에 따라 준용되는 경우를 포함한다)의 문서인 때에는 법원이 은행등에 대하여 정하여진 금액의 납부를 최고하는 방법으로 현금화한다.

제81조(계산서 제출의 최고)
배당기일이 정하여진 때에는 법원사무관등은 각 채권자에 대하여 채권의 원금·배당기일까지의 이자, 그 밖의 부대채권 및 집행비용을 적은 계산서를 1주 안에 법원에 제출할 것을 최고하여야 한다.

제82조(배당금 교부의 절차 등)
① 채권자와 채무자에 대한 배당금의 교부절차, 법 제160조의 규정에 따른 배당금의 공탁과 그 공탁금의 지급위탁절차는 법원사무관등이 그 이름으로 실시한다.
② 배당기일에 출석하지 아니한 채권자가 배당액을 입금할 예금계좌를 신고한 때에는 법원사무관등은 법 제160조제2항의 규정에 따른 공탁에 갈음하여 배당액을 그 예금계좌에 입금할 수 있다.

제3관 강제관리

제83조(강제관리신청서)
강제관리신청서에는 법 제163조에서 준용하는 법 제80조에 규정된 사항 외에 수익의 지급의무를 부담하는 제3자가 있는 경우에는 그 제3자의 표시와 그 지급의무의 내용을 적어야 한다.

제84조(개시결정의 통지)
강제관리개시결정을 한 때에는 법원사무관등은 조세, 그 밖의 공과금을 주관하는 공공기관에게 그 사실을 통지하여야 한다.

제85조(관리인의 임명)
① 법원은 강제관리개시결정과 동시에 관리인을 임명하여야 한다.
② 신탁회사, 은행, 그 밖의 법인도 관리인이 될 수 있다.
③ 관리인이 임명된 때에는 법원사무관등은 압류채권자·채무자 및 수익의 지급의무를 부담하는 제3자에게 그 취지를 통지하여야 한다.
④ 법원은 관리인에게 그 임명을 증명하는 문서를 교부하여야 한다.

제86조(관리인이 여러 사람인 때의 직무수행 등)
① 관리인이 여러 사람인 때에는 공동으로 직무를 수행한다. 다만, 법원의 허가를 받아 직무를 분담할 수 있다.
② 관리인이 여러 사람인 때에는 제3자의 관리인에 대한 의사표시는 그 중 한 사람에게 할 수 있다.

제87조(관리인의 사임 · 해임)
① 관리인은 정당한 이유가 있는 때에는 법원의 허가를 받아 사임할 수 있다.
② 관리인이 제1항의 규정에 따라 사임하거나 법 제167조제3항의 규정에 따라 해임된 때에는 법원사무관등은 압류채권자 · 채무자 및 수익의 지급명령을 송달받은 제3자에게 그 취지를 통지하여야 한다.

제88조(강제관리의 정지)
① 법 제49조제2호 또는 제4호의 서류가 제출된 경우에는 배당절차를 제외한 나머지 절차는 그 당시의 상태로 계속하여 진행할 수 있다.
② 제1항의 규정에 따라 절차를 계속하여 진행하는 경우에 관리인은 배당에 충당될 금전을 공탁하고, 그 사유를 법원에 신고하여야 한다.
③ 제2항의 규정에 따라 공탁된 금전으로 채권자의 채권과 집행비용의 전부를 변제할 수 있는 경우에는 법원은 배당절차를 제외한 나머지 절차를 취소하여야 한다.

제89조(남을 가망이 없는 경우의 절차취소)
수익에서 그 부동산이 부담하는 조세, 그 밖의 공과금 및 관리비용을 빼면 남을 것이 없겠다고 인정하는 때에는 법원은 강제관리절차를 취소하여야 한다.

제90조(관리인과 제3자에 대한 통지)
① 강제관리신청이 취하된 때 또는 강제관리취소결정이 확정된 때에는 법원사무관등은 관리인과 수익의 지급명령을 송달받은 제3자에게 그 사실을 통지하여야 한다.
② 법 제49조제2호 또는 제4호의 서류가 제출된 때 또는 법 제163조에서 준용하는 법 제87조제4항의 재판이 이루어진 때에는 법원사무관등은 관리인에게 그 사실을 통지하여야 한다.

제91조(수익의 처리)
① 법 제169조제1항에 규정된 관리인의 부동산 수익처리는 법원이 정하는 기간마다 하여야 한다. 이 경우 위 기간의 종기까지 배당요구를 하지 아니한 채권자는 그 수익의 처리와 배당절차에 참가할 수 없다.
② 채권자가 한 사람인 경우 또는 채권자가 두 사람 이상으로서 법 제169조제1항에 규정된 나머지 금액으로 각 채권자의 채권과 집행비용 전부를 변제할 수 있는 경우에는 관리인은 채권자에게 변제금을 교부하고 나머지가 있으면 채무자에게 교부하여야 한다.
③ 제2항 외의 경우에는 관리인은 제1항의 기간이 지난 후 2주 안의 날을 배당협의기일로 지정하고 채권자에게 그 일시와 장소를 서면으로 통지하여야 한

다. 이 통지에는 수익금·집행비용 및 각 채권자의 채권액 비율에 따라 배당
될 것으로 예상되는 금액을 적은 배당계산서를 붙여야 한다.
④ 관리인은 배당협의기일까지 채권자 사이에 배당에 관한 협의가 이루어진 경
우에는 그 협의에 따라 배당을 실시하여야 한다. 관리인은 제3항의 배당계산
서와 다른 협의가 이루어진 때에는 그 협의에 따라 배당계산서를 다시 작성
하여야 한다.
⑤ 관리인은 배당협의가 이루어지지 못한 경우에는 바로 법 제169조제3항에 따
른 신고를 하여야 한다.
⑥ 관리인이 제2항의 규정에 따라 변제금을 교부한 때, 제4항 또는 법 제169조
제4항의 규정에 따라 배당을 실시한 때에는 각 채권자로부터 제출받은 영수
증을 붙여 법원에 신고하여야 한다.

제92조(관리인의 배당액 공탁)
① 관리인은 제91조제2항 또는 제4항 전문의 규정에 따라 교부 또는 배당(다음
부터 "배당등"이라 한다)을 실시하는 경우에 배당등을 받을 채권자의 채권에
관하여 법 제160조제1항에 적은 어느 사유가 있는 때에는 그 배당등의 액에
상당하는 금액을 공탁하고 그 사유를 법원에 신고하여야 한다.
② 관리인은 배당등을 수령하기 위하여 출석하지 아니한 채권자 또는 채무자의
배당등의 액에 상당하는 금액을 공탁하고, 그 사유를 법원에 신고하여야 한다.

제93조(사유신고의 방식)
① 제88조제2항 또는 제92조의 규정에 따른 사유신고는 다음 각호의 사항을 적
은 서면으로 하고, 공탁서와 함께 배당계산서가 작성된 경우에는 배당계산서
를 붙여야 한다.
1. 사건의 표시
2. 압류채권자와 채무자의 이름
3. 공탁의 사유와 공탁금액
② 법 제169조제3항의 규정에 따른 사유신고는 다음 각호의 사항을 적은 서면으
로 하고, 배당계산서를 붙여야 한다.
1. 제1항제1호·제2호에 적은 사항
2. 법 제169조제1항에 규정된 나머지 금액과 그 산출근거
3. 배당협의가 이루어지지 아니한 취지와 그 사정의 요지

제94조(강제경매규정의 준용)
강제관리에는 제46조 내지 제48조 및 제82조제2항의 규정을 준용한다. 이 경우
제82조제2항에 "법원사무관등"이라고 규정된 것은 "관리인"으로 본다.

제3절 선박에 대한 강제집행

제95조(신청서의 기재사항과 첨부서류)
① 선박에 대한 강제경매신청서에는 법 제80조에 규정된 사항 외에 선박의 정박항 및 선장의 이름과 현재지를 적어야 한다.
② 아래의 선박에 대한 강제경매신청서에는 그 선박이 채무자의 소유임을 증명하 는 문서와 함께 다음 서류를 붙여야 한다. <개정 2005.7.28., 2013.11.27.>
  1. 등기가 되지 아니한 대한민국 선박 : 「선박등기규칙」 제11조제2항에 규정된 증명서 및 같은 규칙 제12조제1항 또는 제2항에 규정된 증명서면
  2. 대한민국 선박 외의 선박 : 그 선박이 「선박등기법」 제2조에 규정된 선박임을 증명하는 문서

제96조(선박국적증서등 수취의 통지)
집행관은 법 제174조제1항과 법 제175조제1항의 규정에 따라 선박국적증서, 그 밖에 선박운행에 필요한 문서(다음부터 "선박국적증서등"이라 한다)를 받은 때에는 바로 그 취지를 채무자·선장 및 선적항을 관할하는 해운관서의 장에게 통지하여야 한다.

제97조(선박국적증서등을 수취하지 못한 경우의 신고)
집행관이 법 제174조제1항에 규정된 명령에 따라 선박국적증서등을 수취하려 하였으나 그 목적을 달성하지 못한 때에는 그 사유를 법원에 서면으로 신고하여야 한다.

제98조(대법원규칙이 정하는 법원)
선적이 없는 때 하는 선박집행신청 전 선박국적증서등의 인도명령신청사건의 관할법원은 서울중앙지방법원·인천지방법원·수원지방법원평택지원·춘천지방법원강릉지원·춘천지방법원속초지원·대전지방법원홍성지원·대전지방법원서산지원·대구지방법원포항지원·부산지방법원·울산지방법원·창원지방법원·창원지방법원진주지원·창원지방법원통영지원·광주지방법원목포지원·광주지방법원순천지원·광주지방법원해남지원·전주지방법원군산지원 또는 제주지방법원으로 한다. <개정 2005.7.28.>

제99조(현황조사보고서)
① 집행관이 선박의 현황조사를 한 때에는 다음 각호의 사항을 적은 현황조사보고서를 정하여진 날까지 법원에 제출하여야 한다.
  1. 사건의 표시
  2. 선박의 표시
  3. 선박이 정박한 장소
  4. 조사의 일시·장소 및 방법
  5. 점유자의 표시와 점유의 상황
  6. 그 선박에 대하여 채무자의 점유를 풀고 집행관에게 보관시키는 가처분이 집행되어 있는 때에는 그 취지와 집행관이 보관을 개시한 일시
  7. 그 밖에 법원이 명한 사항
② 현황조사보고서에는 선박의 사진을 붙여야 한다.

제100조(운행허가결정)

① 법원은 법 제176조제2항의 규정에 따른 결정을 하는 때에는 운행의 목적·기간 및 수역 등에 관하여 적당한 제한을 붙일 수 있다.

② 제1항과 법 제176조제2항의 규정에 따른 결정은 채권자·채무자·최고가매수신고인·차순위매수신고인 및 매수인에게 고지하여야 한다.

제101조(선박국적증서등의 재수취명령)

① 법 제176조제2항의 규정에 따라 허가된 선박의 운행이 끝난 후 법원에 선박국적증서등이 반환되지 아니한 때에는, 법원은 직권 또는 이해관계인의 신청에 따라 집행관에 대하여 선박국적증서등을 다시 수취할 것을 명할 수 있다.

② 제1항에 규정된 명령에 따라 집행관이 선박국적증서등을 수취하는 경우에는 제96조와 제97조의 규정을 준용한다.

제102조(감수·보존처분의 시기)

법 제178조제1항에 규정된 감수 또는 보존처분은 경매개시결정 전에도 할 수 있다.

제103조(감수·보존처분의 방식)

① 법원이 법 제178조제1항의 규정에 따른 감수 또는 보존처분을 하는 때에는 집행관, 그 밖에 적당하다고 인정되는 사람을 감수인 또는 보존인으로 정하고, 감수 또는 보존을 명하여야 한다.

② 제1항의 감수인은 선박을 점유하고, 선박이나 그 속구의 이동을 방지하기 위하여 필요한 조치를 취할 수 있다.

③ 제1항의 보존인은 선박이나 그 속구의 효용 또는 가치의 변동을 방지하기 위하여 필요한 조치를 취할 수 있다.

④ 감수처분과 보존처분은 중복하여 할 수 있다.

제104조(보증의 제공에 따른 강제경매절차의 취소)

① 법 제181조제1항의 규정에 따른 보증은 다음 각호 가운데 어느 하나를 집행법원에 제출하는 방법으로 제공하여야 한다. 다만, 제2호의 문서를 제출하는 때에는 채무자는 미리 집행법원의 허가를 얻어야 한다.

1. 채무자가 금전 또는 법원이 상당하다고 인정하는 유가증권을 공탁한 사실을 증명하는 문서

2. 은행등이 채무자를 위하여 일정액의 금전을 법원의 최고에 따라 지급한다는 취지의 기한의 정함이 없는 지급보증위탁계약이 채무자와 은행 등 사이에 체결된 사실을 증명하는 문서

② 법 제181조제2항의 규정에 따라 보증을 배당하는 경우 집행법원은 보증으로 공탁된 유가증권을 제출받을 수 있다.

③ 제1항과 법 제181조제1항의 규정에 따른 보증제공에 관하여는 법 제19조제1항·제2항의 규정을, 위 보증이 금전공탁 외의 방법으로 제공된 경우의 현금화에 관하여는 제80조의 규정을 각 준용한다.

제105조(부동산강제경매규정의 준용)

선박에 대한 강제집행에는 제2절 제2관의 규정을 준용한다.

제4절 항공기에 대한 강제집행

제106조(강제집행의 방법)
「항공법」에 따라 등록된 항공기(다음부터 "항공기"라 한다)에 대한 강제집행은 선박에 대한 강제집행의 예에 따라 실시한다(다만, 현황조사와 물건명세서에 관한 규정 및 제95조제2항의 규정은 제외한다). 이 경우 법과 이 규칙에 "등기"라고 규정된 것은 "등록"으로, "등기부"라고 규정된 것은 "항공기등록원부"로, "등기관"이라고 규정된 것은 "건설교통부장관"으로, "정박"이라고 규정된 것은 "정류 또는 정박"으로, "정박항" 또는 "정박한 장소"라고 규정된 것은 "정류 또는 정박하는 장소"로, "운행"이라고 규정된 것은 "운항"으로, "수역"이라고 규정된 것은 "운항지역"으로, "선박국적증서"라고 규정된 것은 "항공기등록증명서"로, "선적항" 또는 "선적이 있는 곳"이라고 규정된 것은 "정치장"으로, "선적항을 관할하는 해운관서의 장"이라고 규정된 것은 "건설교통부장관"으로 보며, 법 제174조제1항 중 "선장으로부터 받아"는 "받아"로, 제95조제1항 중 "및 선장의 이름과 현재지를 적어야 한다."는 "를 적어야 한다."로 고쳐 적용한다. <개정 2005.7.28.>

제107조(평가서 사본의 비치 등)
① 법원은 매각기일(기간입찰의 방법으로 진행할 경우에는 입찰기간의 개시일)의 1월 전까지 평가서의 사본을 법원에 비치하고, 누구든지 볼 수 있도록 하여야 한다.
② 법원사무관등은 평가서의 사본을 비치한 날짜와 그 취지를 기록에 적어야 한다.

제5절 자동차에 대한 강제집행

제108조(강제집행의 방법)
「자동차관리법」에 따라 등록된 자동차(다음부터 "자동차"라 한다)에 대한 강제집행(다음부터 "자동차집행"이라 한다)은 이 규칙에 특별한 규정이 없으면 부동산에 대한 강제경매의 규정을 따른다. 이 경우 법과 이 규칙에 "등기"라고 규정된 것은 "등록"으로, "등기부"라고 규정된 것은 "자동차등록원부"로, "등기관"이라고 규정된 것은 "특별시장·광역시장 또는 도지사"로 본다. <개정 2005.7.28.>

제109조(집행법원)
① 자동차집행의 집행법원은 자동차등록원부에 기재된 사용본거지를 관할하는 지방법원으로 한다. 다만, 제119조제1항의 규정에 따라 사건을 이송한 때에는 그러하지 아니하다.
② 제113조제1항에 규정된 결정에 따라 집행관이 자동차를 인도받은 경우에는 제1항 본문의 법원 외에 자동차가 있는 곳을 관할하는 지방법원도 집행법원으로 한다.

제110조(경매신청서의 기재사항과 첨부서류)
자동차에 대한 강제경매신청서에는 법 제80조에 규정된 사항 외에 자동차등록원부에 기재된 사용본거지를 적고, 집행력 있는 정본 외에 자동차등록원부등본을 붙여야 한다.

제111조(강제경매개시결정)

① 법원은 강제경매개시결정을 하는 때에는 법 제83조제1항에 규정된 사항을 명하는 외에 채무자에 대하여 자동차를 집행관에게 인도할 것을 명하여야 한다. 다만, 그 자동차에 대하여 제114조제1항의 규정에 따른 신고가 되어 있는 때에는 채무자에 대하여 자동차 인도명령을 할 필요가 없다.

② 제1항의 개시결정에 기초한 인도집행은 그 개시결정이 채무자에게 송달되기 전에도 할 수 있다.

③ 강제경매개시결정이 송달되거나 등록되기 전에 집행관이 자동차를 인도받은 경우에는 그때에 압류의 효력이 생긴다.

④ 제1항의 개시결정에 대하여는 즉시항고를 할 수 있다.

제112조(압류자동차의 인도)

제3자가 점유하게 된 자동차의 인도에 관하여는 법 제193조의 규정을 준용한다. 이 경우 법 제193조제1항과 제2항의 "압류물"은 "압류의 효력 발생 당시 채무자가 점유하던 자동차"로 본다.

제113조(강제경매신청 전의 자동차인도명령)

① 강제경매신청 전에 자동차를 집행관에게 인도하지 아니하면 강제집행이 매우 곤란할 염려가 있는 때에는 그 자동차가 있는 곳을 관할하는 지방법원은 신청에 따라 채무자에게 자동차를 집행관에게 인도할 것을 명할 수 있다. <개정 2015.8.27.>

② 제1항의 신청에는 집행력 있는 정본을 제시하고, 신청의 사유를 소명하여야 한다.

③ 집행관은 자동차를 인도받은 날부터 10일 안에 채권자가 강제경매신청을 하였음을 증명하는 문서를 제출하지 아니하는 때에는 자동차를 채무자에게 돌려주어야 한다.

④ 제1항의 규정에 따른 결정에 대하여는 즉시항고를 할 수 있다.

⑤ 제1항의 규정에 따른 결정에는 법 제292조제2항·제3항의 규정을 준용한다.

제114조(자동차를 인도받은 때의 신고)

① 집행관이 강제경매개시결정에 따라 자동차를 인도받은 때, 제112조에서 준용하는 법 제193조의 규정에 따른 재판을 집행한 때 또는 제113조의 규정에 따라 인도받은 자동차에 대하여 강제경매개시결정이 있는 때에는 바로 그 취지·보관장소·보관방법 및 예상되는 보관비용을 법원에 신고하여야 한다.

② 집행관은 제1항의 신고를 한 후에 자동차의 보관장소·보관방법 또는 보관비용이 변경된 때에는 법원에 신고하여야 한다.

제115조(자동차의 보관방법)

집행관은 상당하다고 인정하는 때에는 인도받은 자동차를 압류채권자, 채무자, 그 밖의 적당한 사람에게 보관시킬 수 있다. 이 경우에는 공시서를 붙여 두거나 그 밖의 방법으로 그 자동차를 집행관이 점유하고 있음을 분명하게 표시하고, 제117조의 규정에 따라 운행이 허가된 경우를 제외하고는 운행을 하지 못하도록 적당한 조치를 하여야 한다.

제116조(자동차인도집행불능시의 집행절차취소)
강제경매개시결정이 있은 날부터 2월이 지나기까지 집행관이 자동차를 인도받지 못한 때에는 법원은 집행절차를 취소하여야 한다.

제117조(운행의 허가)
① 법원은 영업상의 필요, 그 밖의 상당한 이유가 있다고 인정하는 때에는 이해 관계를 가진 사람의 신청에 따라 자동차의 운행을 허가할 수 있다.
② 법원이 제1항의 허가를 하는 때에는 운행에 관하여 적당한 조건을 붙일 수 있다.
③ 제1항의 운행허가결정에 대하여는 즉시항고를 할 수 있다.

제118조(자동차의 이동)
① 법원은 필요하다고 인정하는 때에는 집행관에게 자동차를 일정한 장소로 이동할 것을 명할 수 있다.
② 집행법원 외의 법원 소속의 집행관이 자동차를 점유하고 있는 경우, 집행법원은 제119조제1항의 규정에 따라 사건을 이송하는 때가 아니면 그 집행관 소속법원에 대하여 그 자동차를 집행법원 관할구역 안의 일정한 장소로 이동하여 집행법원 소속 집행관에게 인계하도록 명할 것을 촉탁하여야 한다.
③ 제2항의 규정에 따라 집행법원 소속 집행관이 자동차를 인계받은 경우에는 제114조의 규정을 준용한다.

제119조(사건의 이송)
① 집행법원은 다른 법원 소속 집행관이 자동차를 점유하고 있는 경우에 자동차를 집행법원 관할구역 안으로 이동하는 것이 매우 곤란하거나 지나치게 많은 비용이 든다고 인정하는 때에는 사건을 그 법원으로 이송할 수 있다.
② 제1항의 규정에 따른 결정에 대하여는 불복할 수 없다.

제120조(매각의 실시시기)
법원은 그 관할구역 안에서 집행관이 자동차를 점유하게 되기 전에는 집행관에게 매각을 실시하게 할 수 없다.

제121조(최저매각가격결정의 특례)
① 법원은 상당하다고 인정하는 때에는 집행관으로 하여금 거래소에 자동차의 시세를 조회하거나 그 밖의 상당한 방법으로 매각할 자동차를 평가하게 하고, 그 평가액을 참작하여 최저매각가격을 정할 수 있다.
② 제1항의 규정에 따라 자동차를 평가한 집행관은 다음 각호의 사항을 적은 평가서를 정하여진 날까지 법원에 제출하여야 한다.
  1. 사건의 표시
  2. 자동차의 표시
  3. 자동차의 평가액과 평가일
  4. 거래소에 대한 조회결과 또는 그 밖의 평가근거

제122조(매각기일의 공고)

매각기일의 공고에는 법 제106조제2호, 제4호 내지 제7호, 제9호에 규정된 사항, 제56조제1호·제3호에 규정된 사항, 자동차의 표시 및 자동차가 있는 장소를 적어야 한다.

제123조(입찰 또는 경매 외의 매각방법)

① 법원은 상당하다고 인정하는 때에는 집행관에게 입찰 또는 경매 외의 방법으로 자동차의 매각을 실시할 것을 명할 수 있다. 이 경우에는 매각의 실시방법과 기한, 그 밖의 다른 조건을 붙일 수 있다.
② 법원은 제1항의 규정에 따른 매각의 실시를 명하는 때에는 미리 압류채권자의 의견을 들어야 한다.
③ 법원은 제1항의 규정에 따른 매각의 실시를 명하는 때에는 매수신고의 보증금액을 정하고 아울러 그 보증의 제공은 금전 또는 법원이 상당하다고 인정하는 유가증권을 집행관에게 제출하는 방법으로 하도록 정하여야 한다.
④ 제1항의 규정에 따른 결정이 있는 때에는 법원사무관등은 각 채권자와 채무자에게 그 취지를 통지하여야 한다.
⑤ 집행관은 제1항의 규정에 따른 결정에 기초하여 자동차를 매각하는 경우에 매수신고가 있는 때에는 바로 자동차의 표시·매수신고를 한 사람의 표시 및 매수신고의 액과 일시를 적은 조서를 작성하여, 보증으로 제공된 금전 또는 유가증권과 함께 법원에 제출하여야 한다.
⑥ 제5항의 조서가 제출된 때에는 법원은 바로 매각결정기일을 지정하여야 한다.
⑦ 제6항의 규정에 따른 매각결정기일이 정하여진 때에는 법원사무관등은 이해관계인과 매수신고를 한 사람에게 매각결정기일을 통지하여야 한다.
⑧ 제5항의 조서에 관하여는 법 제116조제2항의 규정을 준용한다.

제124조(양도명령에 따른 매각)

① 법원은 상당하다고 인정하는 때에는 압류채권자의 매수신청에 따라 그에게 자동차의 매각을 허가할 수 있다.
② 제1항의 규정에 따라 매각을 허가하는 결정은 이해관계인에게 고지하여야 한다.
③ 양도명령에 따른 매각절차에 관하여는 제74조, 법 제109조, 법 제113조, 법 제126조제1항·제2항 및 법 제128조제2항의 규정을 준용하지 아니한다.

제125조(매수인에 대한 자동차의 인도)

① 매수인이 대금을 납부하였음을 증명하는 서면을 제출한 때에는 집행관은 자동차를 매수인에게 인도하여야 한다. 이 경우 그 자동차를 집행관 외의 사람이 보관하고 있는 때에는, 집행관은 매수인의 동의를 얻어 보관자에 대하여 매수인에게 그 자동차를 인도할 것을 통지하는 방법으로 인도할 수 있다.
② 집행관은 매수인에게 자동차를 인도한 때에는 그 취지와 인도한 날짜를 집행법원에 신고하여야 한다.

제126조(집행정지중의 매각)

① 법 제49조제2호 또는 제4호에 적은 서류가 제출된 때에는 법원사무관등은 집행관에게 그 사실을 통지하여야 한다.

② 집행관은 제1항의 규정에 따른 통지를 받은 경우 인도를 받은 자동차의 가격이 크게 떨어질 염려가 있거나 그 보관에 지나치게 많은 비용이 드는 때에는 압류채권자·채무자 및 저당권자에게 그 사실을 통지하여야 한다.
③ 제2항에서 규정하는 경우에 압류채권자 또는 채무자의 신청이 있는 때에는 법원은 자동차를 매각하도록 결정할 수 있다.
④ 제3항의 규정에 따른 결정이 있은 때에는 법원사무관등은 제3항의 신청을 하지 아니한 압류채권자 또는 채무자에게 그 사실을 통지하여야 한다.
⑤ 제3항의 규정에 따른 결정에 기초하여 자동차가 매각되어 그 대금이 집행법원에 납부된 때에는 법원사무관등은 매각대금을 공탁하여야 한다.

제127조(자동차집행의 신청이 취하된 경우 등의 조치)
① 자동차집행의 신청이 취하된 때 또는 강제경매절차를 취소하는 결정의 효력이 생긴 때에는 법원사무관등은 집행관에게 그 취지를 통지하여야 한다.
② 집행관이 제1항의 규정에 따른 통지를 받은 경우 자동차를 수취할 권리를 갖는 사람이 채무자 외의 사람인 때에는 집행관은 그 사람에게 자동차집행의 신청이 취하되었다거나 또는 강제경매절차가 취소되었다는 취지를 통지하여야 한다.
③ 집행관은 제1항의 규정에 따른 통지를 받은 때에는 자동차를 수취할 권리를 갖는 사람에게 자동차가 있는 곳에서 이를 인도하여야 한다. 다만, 자동차를 수취할 권리를 갖는 사람이 자동차를 보관하고 있는 경우에는 그러하지 아니하다.
④ 집행관이 제3항의 규정에 따라 인도를 할 수 없는 때에는 법원은 집행관의 신청을 받아 자동차집행의 절차에 따라 자동차를 매각한다는 결정을 할 수 있다.
⑤ 제4항의 규정에 따른 결정이 있은 때에는 법원사무관등은 채무자와 저당권자에게 그 취지를 통지하여야 한다.
⑥ 제4항의 규정에 따른 결정에 기초하여 자동차가 매각되어 그 대금이 법원에 납부된 때에는 법원은 그 대금에서 매각과 보관에 든 비용을 빼고, 나머지가 있는 때에는 매각대금의 교부계산서를 작성하여 저당권자에게 변제금을 교부하고, 그 나머지를 채무자에게 교부하여야 한다.
⑦ 제6항의 규정에 따른 변제금 등을 교부하는 경우에는 제81조, 제82조, 법 제146조, 법 제160조 및 법 제161조제1항의 규정을 준용한다.

제128조(준용규정 등)
① 자동차집행절차에는 제107조·제138조의 규정을 준용한다. 이 경우 제107조제1항에 "1월"이라고 규정된 것은 "1주"로, 제138조제1항에 "압류물이 압류한"이라고 규정된 것은 "집행관이 점유를 취득한 자동차가"로 본다.
② 자동차집행절차에 관하여는 제43조 내지 제46조, 제51조제1항제4호 내지 제6호, 제2항, 제55조, 제56조제2호, 제60조, 제68조 내지 제71조, 법 제79조, 법 제81조, 법 제83조제2항·제3항, 법 제85조, 법 제91조제5항, 법 제105조 및 법 제136조의 규정과 법 제103조제2항 중 기간입찰에 관한 부분을 준용하지 아니한다.

제129조(자동차지분에 대한 강제집행)

자동차의 공유지분에 대한 강제집행은 법 제251조에 규정된 강제집행의 예에 따라 실시한다.

제6절 건설기계·소형선박에 대한 강제집행
<개정 2008.2.18.>

제130조(강제집행의 방법)

① 「건설기계관리법」에 따라 등록된 건설 기계(다음부터 "건설기계"라 한다) 및 「자동차 등 특정동산 저당법」의 적용을 받는 소형선박(다음부터 "소형선박"이라 한다)에 대한 강제집행에 관하여는 제5절의 규정을 준용한다. 이 경우 제108조 내지 제110조에 "자동차등록원부"라고 규정된 것은 각 "건설기계등록원부", "선박원부·어선원부·수상레저기구등록원부"로 본다. <개정 2010.10.4.>

② 소형선박에 대한 강제집행의 경우 제108조에 "특별시장·광역시장 또는 도지사"라고 규정된 것은 "지방해양항만청장(지방해양항만청해양사무소장을 포함한다. 다음부터 같다)"이나 "시장·군수 또는 구청장(자치구의 구청장을 말한다. 다음부터 같다)"으로 본다. <개정 2013.11.27.>

③ 소형선박에 대한 강제집행의 경우 제109조 및 제110조에 "사용본거지"라고 규정된 것은 "선적항" 또는 "보관장소"로 본다.
[전문개정 2008.2.18.]

제7절 동산에 대한 강제집행
제1관 유체동산에 대한 강제집행

제131조(유체동산 집행신청의 방식)

유체동산에 대한 강제집행신청서에는 다음 각호의 사항을 적고 집행력 있는 정본을 붙여야 한다.
1. 채권자·채무자와 그 대리인의 표시
2. 집행권원의 표시
3. 강제집행 목적물인 유체동산이 있는 장소
4. 집행권원에 표시된 청구권의 일부에 관하여 강제집행을 구하는 때에는 그 범위

제132조(압류할 유체동산의 선택)

집행관이 압류할 유체동산을 선택하는 때에는 채권자의 이익을 해치지 아니하는 범위 안에서 채무자의 이익을 고려하여야 한다.

제132조의2(압류할 유체동산의 담보권 확인 등)

① 집행관은 유체동산 압류시에 채무자에 대하여「동산·채권 등의 담보에 관한 법률」제2조제7호에 따른 담보등기가 있는지 여부를 담보등기부를 통하여 확인하여야 하고, 담보등기가 있는 경우에는 등기사항전부증명서(말소사항 포함)를, 담보등기가 없는 경우에는 등기기록미개설증명서(다만, 법인·상호 등기를 하지 않아 등기기록미개설증명서를 발급받을 수 없는 경우에는 이를

확인할 수 있는 자료)를 집행기록에 편철하여야 한다. <개정 2018.4.27.>
② 집행관은 제1항에 따라 담보권의 존재를 확인한 경우에 그 담보권자에게 매
각기일에 이르기까지 집행을 신청하거나, 법 제220조에서 정한 시기까지 배
당요구를 하여 매각대금의 배당절차에 참여할 수 있음을 고지하여야 한다.
[본조신설 2014.7.1.]

제133조(직무집행구역 밖에서의 압류)
집행관은 동시에 압류하고자 하는 여러 개의 유체동산 가운데 일부가 소속 법원
의 관할구역 밖에 있는 경우에는 관할구역 밖의 유체동산에 대하여도 압류할 수
있다.

제134조(압류조서의 기재사항)
① 유체동산 압류조서에는 제6조와 법 제10조제2항·제3항에 규정된 사항 외에
채무자가 자기 소유가 아니라는 진술이나 담보가 설정되어 있다는 진술을
한 압류물에 관하여는 그 취지를 적어야 한다. <개정 2014.7.1.>
② 유체동산 압류조서에 집행의 목적물을 적는 때에는 압류물의 종류·재질, 그
밖에 압류물을 특정하는 데 필요한 사항과 수량 및 평가액(토지에서 분리하
기 전의 과실에 대하여는 그 과실의 수확시기·예상수확량과 예상평가액)을
적어야 한다.

제135조(직무집행구역 밖에서의 압류물보관)
집행관은 특히 필요하다고 인정하는 때에는 압류물 보관자로 하여금 소속 법원
의 관할구역 밖에서 압류물을 보관하게 할 수 있다.

제136조(압류물의 보관에 관한 조서 등)
① 집행관이 채무자·채권자 또는 제3자에게 압류물을 보관시킨 때에는 보관자
의 표시, 보관시킨 일시·장소와 압류물, 압류표시의 방법과 보관조건을 적
은 조서를 작성하여 보관자의 기명날인 또는 서명을 받아야 한다.
② 집행관이 보관자로부터 압류물을 반환받은 때에는 그 취지를 기록에 적어야
한다.
③ 제2항의 경우에 압류물에 부족 또는 손상이 있는 때에는 집행관은 보관자가
아닌 압류채권자와 채무자에게 그 취지를 통지하여야 하고, 아울러 부족한
압류물 또는 압류물의 손상정도와 이러한 압류물에 대하여 집행관이 취한
조치를 적은 조서를 작성하여야 한다.

제137조(보관압류물의 점검)
① 집행관은 채무자 또는 채권자나 제3자에게 압류물을 보관시킨 경우에 압류채
권자 또는 채무자의 신청이 있거나 그 밖에 필요하다고 인정하는 때에는 압
류물의 보관상황을 점검하여야 한다.
② 집행관이 제1항의 규정에 따른 점검을 한 때에는 압류물의 부족 또는 손상의
유무와 정도 및 이에 관하여 집행관이 취한 조치를 적은 점검조서를 작성하
고, 부족 또는 손상이 있는 경우에는 보관자가 아닌 채권자 또는 채무자에게
그 취지를 통지하여야 한다.

제138조(직무집행구역 밖에서의 압류물 회수 등)
① 압류물이 압류한 집행관이 소속하는 법원의 관할구역 밖에 있게 된 경우에 이를 회수하기 위하여 필요한 때에는 집행관은 소속 법원의 관할구역 밖에서도 그 직무를 행할 수 있다.
② 제1항의 경우에 압류물을 회수하기 위하여 지나치게 많은 비용이 든다고 인정하는 때에는 집행관은, 압류채권자의 의견을 들어, 압류물이 있는 곳을 관할하는 법원 소속 집행관에게 사건을 이송할 수 있다.

제139조(압류물의 인도명령을 집행한 경우의 조치 등)
① 법 제193조제1항의 규정에 따른 인도명령을 집행한 집행관은 그 압류물의 압류를 한 집행관이 다른 법원에 소속하는 때에는 그 집행관에 대하여 인도명령을 집행하였다는 사실을 통지하여야 한다.
② 제1항의 규정에 따른 통지를 받은 집행관은 압류물을 인수하여야 한다. 다만, 압류물을 인수하기 위하여 지나치게 많은 비용이 든다고 인정하는 때에는, 압류채권자의 의견을 들어, 인도명령을 집행한 집행관에게 사건을 이송할 수 있다.

제140조(초과압류 등의 취소)
① 집행관은 압류 후에 그 압류가 법 제188조제2항의 한도를 넘는 사실이 분명하게 된 때에는 넘는 한도에서 압류를 취소하여야 한다.
② 집행관은 압류 후에 압류물의 매각대금으로 압류채권자의 채권에 우선하는 채권과 집행비용을 변제하면 남을 것이 없겠다고 인정하는 때에는 압류를 취소하여야 한다.

제141조(매각의 가망이 없는 경우의 압류의 취소)
집행관은 압류물에 관하여 상당한 방법으로 매각을 실시하였음에도 매각의 가망이 없는 때에는 그 압류물의 압류를 취소할 수 있다.

제142조(압류취소의 방법 등)
① 유체동산 압류를 취소하는 때에는 집행관은 압류물을 수취할 권리를 갖는 사람에게 압류취소의 취지를 통지하고 압류물이 있는 장소에서 이를 인도하여야 한다. 다만, 압류물을 수취할 권리를 갖는 사람이 그 압류물을 보관중인 때에는 그에게 압류취소의 취지를 통지하면 된다.
② 집행관은 제1항의 경우에 압류물을 수취할 권리를 갖는 사람이 채무자 외의 사람인 때에는 채무자에게 압류가 취소되었다는 취지를 통지하여야 한다.
③ 압류가 취소된 유체동산을 인도할 수 없는 경우에는 법 제258조제6항의 규정을 준용한다.

제143조
삭제 <2005.7.28.>

제144조(압류물의 평가)
① 집행관은 법 제200조에 규정된 경우 외에도 필요하다고 인정하는 때에는 적

당한 감정인을 선임하여 압류물을 평가하게 할 수 있다.
② 제1항 또는 법 제200조의 규정에 따라 물건을 평가한 감정인은 다음 각호의
사항을 적은 평가서를 정하여진 날까지 집행관에게 제출하여야 한다.
1. 사건의 표시
2. 유체동산의 표시
3. 유체동산의 평가액과 평가일
4. 평가액 산출의 과정
5. 그 밖에 집행관이 명한 사항
③ 제2항의 평가서가 제출된 경우 집행관은 평가서의 사본을 매각기일마다 그 3
일 전까지 집행관 사무실 또는 그 밖에 적당한 장소에 비치하고 누구든지
볼 수 있도록 하여야 한다.

제145조(호가경매기일의 지정 등)
① 집행관은 호가경매의 방법으로 유체동산을 매각하는 때에는 경매기일의 일시
와 장소를 정하여야 한다. 이 경우 경매기일은 부득이한 사정이 없는 한 압
류일부터 1월 안의 날로 정하여야 한다.
② 집행관은 집행법원의 허가를 받은 때에는 소속 법원의 관할구역 밖에서 경매
기일을 열 수 있다.

제146조(호가경매공고의 방법 등)
① 집행관은 호가경매기일의 3일 전까지 다음 각호의 사항을 공고하여야 한다.
1. 사건의 표시
2. 매각할 물건의 종류·재질, 그 밖에 그 물건을 특정하는 데 필요한 사항
과 수량 및 평가액(토지에서 분리하기 전의 과실에 대하여는 그 과실의
수확시기·예상수확량과 예상평가액)
3. 평가서의 사본을 비치하는 때에는 그 비치장소와 누구든지 볼 수 있다는
취지
4. 제158조에서 준용하는 제60조의 규정에 따라 매수신고를 할 수 있는 사람
의 자격을 제한한 때에는 그 제한의 내용
5. 매각할 유체동산을 호가경매기일 전에 일반인에게 보여주는 때에는 그 일
시와 장소
6. 대금지급기일을 정한 때에는 매수신고의 보증금액과 그 제공방법 및 대금
지급일
② 집행관은 경매의 일시와 장소를 각 채권자·채무자 및 압류물 보관자에게 통
지하여야 한다. 법 제190조의 규정에 따라 압류한 재산을 경매하는 경우에는
집행기록상 주소를 알 수 있는 배우자에게도 같은 사항을 통지하여야 한다.
③ 제2항의 통지는 집행기록에 표시된 주소지에 등기우편으로 발송하는 방법으
로 할 수 있다.

제147조(호가경매의 절차)
① 집행관이 경매기일을 개시하는 때에는 매각조건을 고지하여야 한다.
② 집행관은 매수신청의 액 가운데 최고의 것을 3회 부른 후 그 신청을 한 사람
의 이름·매수신청의 액 및 그에게 매수를 허가한다는 취지를 고지하여야

한다. 다만, 매수신청의 액이 상당하지 아니하다고 인정하는 경우에는 매수를 허가하지 아니할 수 있다.
③ 집행관은 소속 법원 안에서 호가경매를 실시하는 경우 법 제108조의 조치를 위하여 필요한 때에는 법원의 원조를 요청할 수 있다.
④ 유체동산의 호가경매절차에는 제57조제1항, 제62조제3항·제4항 및 제72조제1항·제2항의 규정을 준용한다.

제148조(호가경매로 매각할 유체동산의 열람)
① 집행관은 호가경매기일 또는 그 기일 전에 매각할 유체동산을 일반인에게 보여주어야 한다.
② 매각할 유체동산을 호가경매기일 전에 일반인에게 보여주는 경우에 그 유체동산이 채무자가 점유하고 있는 건물 안에 있는 때에는 집행관은 보여주는 자리에 참여하여야 한다. 그 밖의 경우에도 매각할 유체동산을 보관하는 사람의 신청이 있는 때에는 마찬가지이다.
③ 집행관은 매각할 유체동산을 호가경매기일 전에 일반인에게 보여준 때와 제2항의 규정에 따라 유체동산을 보여주는 자리에 참여한 때에는 그 취지를 기록에 적어야 한다.

제149조(호가경매에 따른 대금의 지급 등)
① 호가경매기일에서 매수가 허가된 때에는 그 기일이 마감되기 전에 매각대금을 지급하여야 한다. 다만, 제2항의 규정에 따라 대금지급일이 정하여진 때에는 그러하지 아니하다.
② 집행관은 압류물의 매각가격이 고액으로 예상되는 때에는 호가경매기일부터 1주 안의 날을 대금지급일로 정할 수 있다.
③ 제2항의 규정에 따라 대금지급일이 정하여진 때에는 매수신고를 하려는 사람은 집행관에 대하여 매수신고가격의 10분의 1에 상당하는 액의 보증을 제공하여야 한다. 이 경우 매수신고보증의 제공방법에 관하여는 제64조의 규정을 준용한다.
④ 제3항의 규정에 따른 매수신고의 보증으로 금전이 제공된 경우에 그 금전은 매각대금에 넣는다.
⑤ 매수인이 대금지급일에 대금을 지급하지 아니하여 다시 유체동산을 매각하는 경우 뒤의 매각가격이 처음의 매각가격에 미치지 아니하는 때는 전의 매수인이 제공한 매수신고의 보증은 그 차액을 한도로 매각대금에 산입한다. 이 경우 매수인은 매수신고의 보증금액 가운데 매각대금에 산입되는 금액에 상당하는 부분의 반환을 청구할 수 없다.
⑥ 매수신고의 보증이 제3항 후문에서 준용하는 제64조제3호의 문서를 제출하는 방법으로 제공된 경우에는 집행관은 은행등에 대하여 제5항 전문의 규정에 따라 매각대금에 산입되는 액의 금전을 지급하라는 취지를 최고하여야 한다.
⑦ 집행관은 대금지급일을 정하여 호가경매를 실시한 때에는 대금지급일에 대금이 지급되었는지 여부를 기록에 적어야 한다.

제150조(호가경매조서의 기재사항)
① 제6조제1항제2호의 규정에 따라 호가경매조서에 적을 "실시한 집행의 내용"

은 다음 각호의 사항으로 한다.
1. 매수인의 표시 · 매수신고가격 및 대금의 지급여부
2. 법 제206조제1항의 규정에 따른 배우자의 우선매수신고가 있는 경우에는 그 취지와 배우자의 표시
3. 적법한 매수신고가 없는 때에는 그 취지
4. 대금지급일을 정하여 호가경매를 실시한 때에는 대금지급일과 매수인의 매수신고보증의 제공방법
② 매수인 또는 그 대표자나 대리인은 호가경매조서에 서명날인하여야 한다. 그들이 서명날인할 수 없는 때에는 집행관이 그 사유를 적어야 한다.

제151조(입찰)
① 유체동산 매각을 위한 입찰은 입찰기일에 입찰을 시킨 후 개찰을 하는 방법으로 한다.
② 개찰이 끝난 때에는 집행관은 최고의 가액으로 매수신고를 한 입찰자의 이름 · 입찰가격 및 그에 대하여 매수를 허가한다는 취지를 고지하여야 한다.
③ 유체동산의 입찰절차에는 제57조제1항, 제62조, 제65조, 제66조, 제145조, 제146조, 제147조제1항 · 제2항 단서 · 제3항 및 제148조 내지 제150조의 규정을 준용한다.

제152조(압류조서의 열람청구)
법 제215조제1항에 규정된 조치를 취하기 위하여 필요한 때에는 집행관은 먼저 압류한 집행관에게 압류조서를 보여줄 것을 청구할 수 있다.

제153조(지급요구의 방식)
법 제221조제1항의 규정에 따른 지급요구는 매각기일에 출석하여 하는 경우가 아니면 서면으로 하여야 한다.

제154조(배우자의 공유주장에 대한 이의)
법 제221조제3항의 규정에 따라 채권자가 배우자의 공유주장에 대하여 이의하고 그 이의가 완결되지 아니한 때에는 집행관은 배우자가 주장하는 공유지분에 해당하는 매각대금에 관하여 법 제222조에 규정된 조치를 취하여야 한다.

제155조(집행관의 매각대금 처리)
① 채권자가 한 사람인 경우 또는 채권자가 두 사람 이상으로서 매각대금 또는 압류금전으로 각 채권자의 채권과 집행비용의 전부를 변제할 수 있는 경우에는 집행관은 채권자에게 채권액을 교부하고, 나머지가 있으면 채무자에게 교부하여야 한다.
② 압류금전이나 매각대금으로 각 채권자의 채권과 집행비용의 전부를 변제할 수 없는 경우에는 집행관은 법 제222조제1항에 규정된 기간 안의 날을 배당협의기일로 지정하고 각 채권자에게 그 일시와 장소를 서면으로 통지하여야 한다. 이 통지에는 매각대금 또는 압류금전, 집행비용, 각 채권자의 채권액 비율에 따라 배당될 것으로 예상되는 금액을 적은 배당계산서를 붙여야 한다.
③ 집행관은 배당협의기일까지 채권자 사이에 배당협의가 이루어진 때에는 그

협의에 따라 배당을 실시하여야 한다. 집행관은 제2항의 배당계산서와 다른 협의가 이루어진 때에는 그 협의에 따라 배당계산서를 다시 작성하여야 한다.
④ 집행관은 배당협의가 이루어지지 아니한 때에는 바로 법 제222조에 규정된 조치를 취하여야 한다.

제156조(집행관의 배당액 공탁)
① 제155조제1항 또는 제3항의 규정에 따라 집행관이 채권액의 배당등을 실시하는 경우 배당등을 받을 채권자의 채권에 관하여 다음 각호 가운데 어느 하나의 사유가 있는 때에는 집행관은 그 배당등의 액에 상당하는 금액을 공탁하고 그 사유를 법원에 신고하여야 한다.
1. 채권에 정지조건 또는 불확정기한이 붙어 있는 때
2. 가압류채권자의 채권인 때
3. 법 제49조제2호 또는 법 제272조에서 준용하는 법 제266조제1항제5호에 적은 문서가 제출되어 있는 때
② 집행관은 배당등을 수령하기 위하여 출석하지 아니한 채권자 또는 채무자에 대한 배당등의 액에 상당하는 금액을 공탁하여야 한다.

제157조(사유신고서의 방식)
① 법 제222조제3항의 규정에 따른 사유신고는 다음 각호의 사항을 적은 서면으로 하여야 한다.
1. 사건의 표시
2. 압류채권자와 채무자의 이름
3. 매각대금 또는 압류금전의 액수
4. 집행비용
5. 배당협의가 이루어지지 아니한 취지와 그 사정의 요지
② 제156조제1항의 규정에 따른 사유신고는 다음 각호의 사항을 적은 서면으로 하여야 한다.
1. 제1항제1호·제2호에 적은 사항
2. 공탁의 사유와 공탁금액
③ 제1항 또는 제2항의 서면에는 공탁서와 사건기록을 붙여야 한다.

제158조(부동산강제집행규정의 준용)
유체동산 집행에는 제48조, 제59조제1호, 제60조 및 제82조제2항의 규정을 준용한다.
[전문개정 2010.10.4.]

제2관 채권과 그 밖의 재산권에 대한 강제집행

제159조(압류명령신청의 방식)
① 채권에 대한 압류명령신청서에는 법 제225조에 규정된 사항 외에 다음 각호의 사항을 적고 집행력 있는 정본을 붙여야 한다.
1. 채권자·채무자·제3채무자와 그 대리인의 표시
2. 집행권원의 표시

3. 집행권원에 표시된 청구권의 일부에 관하여만 압류명령을 신청하거나 목
   적채권의 일부에 대하여만 압류명령을 신청하는 때에는 그 범위
② 법 제224조제3항의 규정에 따라 가압류를 명한 법원이 있는 곳을 관할하는
   지방법원에 채권압류를 신청하는 때에는 가압류결정서 사본과 가압류 송달
   증명을 붙여야 한다.

제160조(신청취하 등의 통지)
① 압류명령의 신청이 취하되거나 압류명령을 취소하는 결정이 확정된 때에는 법
   원사무관등은 압류명령을 송달받은 제3채무자에게 그 사실을 통지하여야 한다.
② 추심명령·전부명령 또는 법 제241조제1항의 규정에 따른 명령의 신청이 취
   하되거나 이를 취소하는 결정이 확정된 때에도 제1항과 같다.

제161조(집행정지의 통지)
① 추심명령이 있은 후 법 제49조제2호 또는 제4호의 서류가 제출된 때에는 법
   원사무관등은 압류채권자와 제3채무자에 대하여 그 서류가 제출되었다는 사
   실과 서류의 요지 및 위 서류의 제출에 따른 집행정지가 효력을 잃기 전에
   는 압류채권자는 채권의 추심을 하여서는 아니되고 제3채무자는 채권의 지
   급을 하여서는 아니된다는 취지를 통지하여야 한다.
② 법 제242조에 규정된 유체물의 인도청구권이나 권리이전청구권에 대하여 법
   제243조제1항 또는 법 제244조제1항·제2항(제171조제1항·제2항의 규정에
   따라 이 조항들이 준용되는 경우를 포함한다)의 명령이 있은 후 법 제49조제
   2호 또는 제4호의 서류가 제출된 경우에는 제1항의 규정을 준용한다.

제162조(추심신고의 방식)
① 법 제236조제1항의 규정에 따른 신고는 다음 각호의 사항을 적은 서면으로
   하여야 한다.
   1. 사건의 표시
   2. 채권자·채무자 및 제3채무자의 표시
   3. 제3채무자로부터 지급받은 금액과 날짜
② 법 제236조제2항의 규정에 따른 신고는 제1항에 규정된 사항과 공탁사유 및
   공탁한 금액을 적은 서면에 공탁서를 붙여서 하여야 한다.

제163조(채권의 평가)
① 법원은 법 제241조제1항의 규정에 따른 명령을 하는 경우에 필요가 있다고
   인정하는 때에는 감정인에게 채권의 가액을 평가하게 할 수 있다.
② 제1항의 감정인이 채권의 가액을 평가한 때에는 정하여진 날까지 그 평가결
   과를 서면으로 법원에 보고하여야 한다.

제164조(양도명령에 관한 금전의 납부와 교부)
① 법 제241조제1항제1호의 규정에 따른 양도명령(다음부터 "양도명령"이라 한
   다)을 하는 경우에 법원이 정한 양도가액이 채권자의 채권과 집행비용의 액
   을 넘는 때에는 법원은 양도명령을 하기 전에 채권자에게 그 차액을 납부시
   켜야 한다.

② 법원은 양도명령이 확정된 때에는 제1항의 규정에 따라 납부된 금액을 채무자에게 교부하여야 한다. 채무자에 대한 교부절차에 관하여는 제82조의 규정을 준용한다.

제165조(매각명령에 따른 매각)
① 법원은 압류된 채권의 매각대금으로 압류채권자의 채권에 우선하는 채권과 절차비용을 변제하면 남을 것이 없겠다고 인정하는 때에는 법 제241조제1항제2호의 규정에 따른 매각명령(다음부터 "매각명령"이라 한다)을 하여서는 아니된다.
② 집행관은 압류채권자의 채권에 우선하는 채권과 절차비용을 변제하고 남을 것이 있는 가격이 아니면 압류된 채권을 매각하여서는 아니된다.
③ 집행관은 대금을 지급받은 후가 아니면 매수인에게 채권증서를 인도하거나 법 제241조제5항의 통지를 하여서는 아니된다.
④ 집행관은 매각절차를 마친 때에는 바로 매각대금과 매각에 관한 조서를 법원에 제출하여야 한다.

제166조(그 밖의 방법에 따른 현금화명령)
법 제241조제1항제4호의 규정에 따라 법원이 그 밖에 적당한 방법으로 현금화를 명하는 경우와 그 명령에 따른 현금화절차에는 제164조·제165조의 규정을 준용한다.

제167조(저당권이전등기 등의 촉탁)
① 저당권이 있는 채권에 관하여 전부명령이나 양도명령이 확정된 때 또는 매각명령에 따른 매각을 마친 때에는 법원사무관등은 신청에 따라 등기관에게 다음 각호의 사항을 촉탁하여야 한다.
  1. 채권을 취득한 채권자 또는 매수인 앞으로 저당권을 이전하는 등기
  2. 법 제228조의 규정에 따른 등기의 말소
② 제1항의 규정에 따른 촉탁은 전부명령이나 양도명령의 정본 또는 매각조서의 등본을 붙인 서면으로 하여야 한다.
③ 제1항의 촉탁에 관한 비용은 채권을 취득한 채권자 또는 매수인이 부담한다.
④ 법 제228조의 규정에 따른 등기가 된 경우 압류된 채권이 변제 또는 공탁에 따라 소멸되었음을 증명하는 문서가 제출된 때에는 법원사무관등은 신청에 따라 그 등기의 말소를 촉탁하여야 한다. 압류명령신청이 취하되거나 압류명령의 취소결정이 확정된 때에도 같다.
⑤ 제4항의 규정에 따른 촉탁비용은 그 전문의 경우에는 채무자가, 그 후문의 경우에는 압류채권자가 각기 부담한다.

제168조(저당권이전등기 등의 촉탁을 신청할 때 제출할 문서 등)
① 전부명령 또는 양도명령이 확정된 경우에 제167조제1항의 신청을 하는 때에는, 기록상 분명한 경우가 아니면, 압류된 채권에 관하여 위 명령이 제3채무자에게 송달될 때까지 다른 압류 또는 가압류의 집행이 없다는 사실을 증명하는 문서를 제출하여야 한다.
② 채권을 취득한 채권자는 제1항의 문서를 제출하기 어려운 사정이 있는 때에

는 제3채무자로 하여금 전부명령 또는 양도명령이 제3채무자에게 송달될 때
까지 다른 압류 또는 가압류의 집행이 있었는지 여부에 관하여 진술하게 하
도록 법원에 신청할 수 있다.
③ 제3채무자가 제2항에 규정된 진술을 게을리하는 때에는 법원은 제3채무자를
심문할 수 있다.

제169조(유체동산 매각대금의 처리 등)
집행관이 법 제243조제3항의 규정에 따라 유체동산을 현금화한 경우에는 제165
조제4항의 규정을 준용한다.

제170조(인도 또는 권리이전된 부동산의 집행)
법 제244조의 규정에 따라 인도 또는 권리이전된 부동산의 강제집행에 대하여는
부동산 강제집행에 관한 규정을 적용한다.

제171조(선박 등 청구권에 대한 집행)
① 선박 또는 항공기의 인도청구권에 대한 압류에 관하여는 법 제244조제1항·
제4항의 규정을, 선박·항공기·자동차 또는 건설기계의 권리이전청구권에
대한 압류에 관하여는 법 제244조제2항 내지 제4항의 규정을 준용한다.
② 자동차 또는 건설기계의 인도청구권에 대한 압류에 관하여는 법 제243조제1
항·제2항의 규정을 준용한다.
③ 제1항 또는 제2항의 규정에 따라 인도 또는 권리이전된 선박·항공기·자동
차 또는 건설기계의 강제집행에 대하여는 선박·항공기·자동차 또는 건설
기계 강제집행에 관한 규정을 각기 적용한다.

제172조(제3채무자 등의 공탁신고의 방식)
① 법 제248조제4항의 규정에 따른 신고는 다음 각호의 사항을 적은 서면으로
하여야 한다.
1. 사건의 표시
2. 채권자·채무자 및 제3채무자의 이름
3. 공탁사유와 공탁한 금액
② 제1항의 서면에는 공탁서를 붙여야 한다. 다만, 법 제248조제4항 단서에 규정
된 사람이 신고하는 때에는 그러하지 아니하다.
③ 압류된 채권에 관하여 다시 압류명령 또는 가압류명령이 송달된 경우에 제1
항의 신고는 먼저 송달된 압류명령을 발령한 법원에 하여야 한다.

제173조(부동산강제집행규정의 준용)
채권에 대한 강제집행의 배당요구에 관하여는 제48조의 규정을, 매각명령에 따
른 집행관의 매각에는 제59조의 규정을, 관리명령에는 그 성질에 어긋나지 아니
하는 범위 안에서 제2절 제3관의 규정을 준용한다.

제174조(그 밖의 재산권에 대한 집행)
법 제251조제1항에 규정된 재산권(다음부터 "그 밖의 재산권"이라 한다)에 대한
강제집행에는 그 성질에 어긋나지 아니하는 범위 안에서 제159조 내지 제173조
의 규정을 준용한다.

제175조(등기 또는 등록이 필요한 그 밖의 재산권에 대한 집행)

① 권리이전에 등기 또는 등록(다음부터 이 조문 안에서 "등기등"이라 한다)이 필요한 그 밖의 재산권에 대한 압류명령신청서에는 집행력 있는 정본 외에 권리에 관한 등기사항증명서 또는 등록원부의 등본이나 초본을 붙여야 한다. <개정 2011.9.28.>

② 제1항의 그 밖의 재산권에 대한 강제집행에 관하여는 그 등기등을 하는 곳을 관할하는 지방법원을 법 제251조제1항에서 준용하는 법 제224조제2항의 집행법원으로 한다.

③ 제1항의 그 밖의 재산권에 관하여 압류의 등기등이 압류명령의 송달 전에 이루어진 경우에는 압류의 효력은 압류의 등기등이 된 때에 발생한다. 다만, 그 밖의 재산권으로 권리 처분의 제한에 관하여 등기등을 하지 아니하면 효력이 생기지 아니하는 것에 대한 압류의 효력은 압류의 등기등이 압류명령의 송달 뒤에 된 때에도 압류의 등기등이 된 때에 발생한다.

④ 제1항의 그 밖의 재산권에 관하여 압류의 효력 발생 전에 등기등이 된 담보권으로서 매각으로 소멸하는 것이 설정되어 있는 때에는, 법원사무관등은 담보권자에게 압류사실을 통지하고 그 담보권의 피담보채권의 현존액을 신고할 것을 최고하여야 한다.

⑤ 제1항의 그 밖의 재산권에 대한 강제집행에는 법 제94조 내지 법 제96조, 법 제141조 및 법 제144조의 규정을 준용한다.

제3관 예탁유가증권에 대한 강제집행

제176조(예탁유가증권집행의 개시)

「자본시장과 금융투자업에 관한 법률」 제309조제2항의 규정에 따라 한국예탁결제원(다음부터 "예탁결제원"이라 한다)에 예탁된 유가증권(같은 법 제310조제4항의 규정에 따라 예탁결제원에 예탁된 것으로 보는 경우를 포함한다. 다음부터 "예탁유가증권"이라 한다)에 대한 강제집행(다음부터 "예탁유가증권집행"이라 한다)은 예탁유가증권에 관한 공유지분(다음부터 "예탁유가증권지분"이라 한다)에 대한 법원의 압류명령에 따라 개시한다. <개정 2005.7.28., 2013.11.27.>

제177조(압류명령)

법원이 예탁유가증권지분을 압류하는 때에는 채무자에 대하여는 계좌대체청구ㆍ「자본시장과 금융투자업에 관한 법률」 제312조제2항에 따른 증권반환청구, 그 밖의 처분을 금지하고, 채무자가 같은 법 제309조제2항에 따른 예탁자(다음부터 "예탁자"라 한다)인 경우에는 예탁결제원에 대하여, 채무자가 고객인 경우에는 예탁자에 대하여 계좌대체와 증권의 반환을 금지하여야 한다. <개정 2005.7.28., 2013.11.27.>

제178조(예탁원 또는 예탁자의 진술의무)

압류채권자는 예탁결제원 또는 예탁자로 하여금 압류명령의 송달을 받은 날부터 1주 안에 서면으로 다음 각호의 사항을 진술하게 할 것을 법원에 신청할 수 있다. <개정 2013.11.27.>

1. 압류명령에 표시된 계좌가 있는지 여부
2. 제1호의 계좌에 압류명령에 목적물로 표시된 예탁유가증권지분이 있는지 여

부 및 있다면 그 수량
3. 위 예탁유가증권지분에 관하여 압류채권자에 우선하는 권리를 가지는 사람
이 있는 때에는 그 사람의 표시 및 그 권리의 종류와 우선하는 범위
4. 위 예탁유가증권지분에 관하여 다른 채권자로부터 압류·가압류 또는 가처
분의 집행이 되어 있는지 여부 및 있다면 그 명령에 관한 사건의 표시·채
권자의 표시·송달일과 그 집행의 범위
5. 위 예탁유가증권지분에 관하여 신탁재산인 뜻의 기재가 있는 때에는 그 사실

제179조(예탁유가증권지분의 현금화)
① 법원은 압류채권자의 신청에 따라 압류된 예탁유가증권지분에 관하여 법원이
정한 값으로 지급함에 갈음하여 압류채권자에게 양도하는 명령(다음부터 "예
탁유가증권지분양도명령"이라 한다) 또는 추심에 갈음하여 법원이 정한 방법
으로 매각하도록 집행관에게 명하는 명령(다음부터 "예탁유가증권지분매각명
령"이라 한다)을 하거나 그 밖에 적당한 방법으로 현금화하도록 명할 수 있다.
② 제1항의 신청에 관한 재판에 대하여는 즉시항고를 할 수 있다.
③ 제1항의 규정에 따른 재판은 확정되어야 효력이 있다.

제180조(예탁유가증권지분양도명령)
① 예탁유가증권지분양도명령의 신청서에는 채무자의 계좌를 관리하는 예탁결제원
또는 예탁자에 개설된 압류채권자의 계좌번호를 적어야 한다. <개정 2013.11.27.>
② 예탁유가증권지분양도명령이 확정된 때에는 법원사무관등은 제1항의 예탁결
제원 또는 예탁자에 대하여 양도명령의 대상인 예탁유가증권지분에 관하여
압류채권자의 계좌로 계좌대체의 청구를 하여야 한다. <개정 2013.11.27.>
③ 제2항의 규정에 따른 계좌대체청구를 받은 예탁결제원 또는 예탁자는 그 취
지에 따라 계좌대체를 하여야 한다. 다만, 제182조제2항에서 준용하는 법 제
229조제5항의 규정에 따라 예탁유가증권지분양도명령의 효력이 발생하지 아
니한 사실을 안 때에는 그러하지 아니하다. <개정 2013.11.27.>

제181조(예탁유가증권지분매각명령)
① 법원이 집행관에 대하여 예탁유가증권지분매각명령을 하는 경우에 채무자가
고객인 때에는 채무자의 계좌를 관리하는 투자매매업자나 투자중개업자(다음
부터 "투자매매업자 등"이라 한다)에게, 채무자가 예탁자인 때에는 그 채무
자를 제외한 다른 투자매매업자 등에게 매각일의 시장가격이나 그 밖의 적
정한 가액으로 매각을 위탁할 것을 명하여야 한다. <개정 2013.11.27.>
② 채무자가 예탁자인 경우에 집행관은 제1항의 예탁유가증권지분매각명령을 받
은 때에는 투자매매업자 등(채무자가 투자매매업자 등인 경우에는 그 채무자
를 제외한 다른 투자매매업자 등)에 그 명의의 계좌를 개설하고, 예탁결제원
에 대하여 압류된 예탁유가증권지분에 관하여 그 계좌로 계좌대체의 청구를
하여야 한다. <개정 2013.11.27.>
③ 제2항의 규정에 따라 집행관으로부터 계좌대체청구를 받은 예탁결제원은 그
청구에 따라 집행관에게 계좌대체를 하여야 한다. <개정 2013.11.27.>
④ 제1항의 규정에 따른 매각위탁을 받은 투자매매업자 등는 위탁의 취지에 따
라 그 예탁유가증권지분을 매각한 뒤, 매각한 예탁유가증권지분에 관하여는

매수인의 계좌로 계좌대체 또는 계좌대체의 청구를 하고 매각대금에서 조세, 그 밖의 공과금과 위탁수수료를 뺀 나머지를 집행관에게 교부하여야 한다. <개정 2013.11.27.>
⑤ 집행관이 제1항의 규정에 따른 매각위탁과 제2항의 규정에 따른 계좌대체청구를 하는 경우에는 예탁유가증권지분매각명령등본과 그 확정증명을, 제2항의 규정에 따른 계좌대체청구를 하는 경우에는 그 명의의 계좌가 개설되어 있음을 증명하는 서면을 각기 붙여야 한다.

제182조(채권집행규정 등의 준용)
① 예탁유가증권집행에 관하여는 제48조, 제159조, 제160조제1항, 제161조제1항, 법 제188조제2항, 법 제224조, 법 제225조, 법 제226조, 법 제227조제2항 내지 제4항, 법 제234조, 법 제235조, 법 제237조제2항·제3항, 법 제239조 및 법 제247조의 규정을, 예탁유가증권집행에 관하여 법원이 실시하는 배당등의 절차에 관하여는 법 제2편 제2장 제4절 제4관, 법 제149조, 법 제150조 및 법 제219조의 규정을 각 준용한다. 이 경우 제159조제1항제1호, 제160조제1항, 제161조제1항, 법 제224조제2항, 법 제226조, 법 제227조제2항·제3항, 법 제237조제2항·제3항 및 법 제247조에 "제3채무자"라고 규정된 것은 "예탁원 또는 예탁자"로 본다.
② 예탁유가증권지분양도명령과 예탁유가증권지분매각명령에 관하여는 제163조의 규정을, 예탁유가증권지분양도명령에 관하여는 제164조, 법 제229조제5항 및 법 제231조의 규정을, 예탁유가증권지분양도명령에 대한 즉시항고에 관하여는 법 제229조제8항의 규정을, 예탁유가증권지분매각명령에 관하여는 제59조와 제165조제1항·제4항의 규정을 각 준용한다. 이 경우 제163조제1항에 "법 제241조제1항"이라고 규정된 것은 "제179조제1항"으로, 법 제229조제5항과 법 제231조에 "제3채무자"라고 규정된 것은 "예탁원 또는 예탁자"로 본다.

제4관 배당절차

제183조(배당절차의 개시)
법원은 법 제252조의 경우 외에도 제169조의 규정에 따라 집행관이 현금화된 금전을 제출한 때에는 배당절차를 개시한다.

제184조(배당에 참가할 채권자의 조사)
① 제183조와 법 제252조의 규정에 따라 배당절차를 개시하는 경우에 집행법원은 제3채무자, 등기·등록관서, 그 밖에 적당하다고 인정되는 사람에게 조회하는 등의 방법으로 그 채권이나 그 밖의 재산권에 대하여 다른 압류명령이나 가압류명령이 있는지 여부를 조사할 수 있다.
② 제1항의 조사결과 다른 법원에서 압류명령이나 가압류명령을 한 사실이 밝혀진 때에는 집행법원은 그 법원에 대하여 사건기록을 보내도록 촉탁하여야 한다.

제185조(부동산강제집행규정의 준용 등)
① 제183조와 법 제252조의 규정에 따른 배당절차에는 제82조와 법 제145조제2항의 규정을 준용한다.
② 법 제253조의 규정에 따른 최고는 법원사무관등으로 하여금 그 이름으로 하게 할 수 있다.

제3장 금전채권 외의 채권에 기초한 강제집행

제186조(동산인도청구의 집행)
① 집행관은 법 제257조에 규정된 강제집행의 장소에 채권자 또는 그 대리인이 출석하지 아니한 경우에 목적물의 종류·수량 등을 고려하여 부득이하다고 인정하는 때에는 강제집행의 실시를 유보할 수 있다.
② 집행관은 제1항의 강제집행의 장소에 채권자 또는 그 대리인이 출석하지 아니한 경우에 채무자로부터 목적물을 빼앗은 때에는 이를 보관하여야 한다.
③ 법 제257조에 규정된 강제집행에 관하여는 제133조와 법 제258조제3항 내지 제6항의 규정을 준용한다.

제187조(인도집행 종료의 통지)
법 제257조 또는 법 제258조의 규정에 따른 인도집행을 마친 때에는 집행관은 채무자에게 그 취지를 통지하여야 한다.

제188조(부동산 등 인도청구의 집행시 취한 조치의 통지)
집행관은 법 제258조의 규정에 따라 강제집행을 한 경우에 그 목적물 안에 압류·가압류 또는 가처분의 집행이 된 동산이 있었던 때에는 그 집행을 한 집행관에게 그 취지와 그 동산에 대하여 취한 조치를 통지하여야 한다.

제189조(부동산 등 인도청구의 집행조서)
법 제258조의 규정에 따라 강제집행을 한 때에 작성하는 조서에는 제6조와 법 제10조제2항·제3항에 규정된 사항 외에 다음 각호의 사항을 적어야 한다.
1. 강제집행의 목적물이 아닌 동산을 법 제258조제3항·제4항에 규정된 사람에게 인도한 때에는 그 취지
2. 집행관이 위의 동산을 보관한 때에는 그 취지와 보관한 동산의 표시

제190조(목적물을 제3자가 점유하는 경우)
법 제259조에 규정된 강제집행절차에 관하여는 제159조, 제160조제1항, 제161조, 법 제224조, 법 제226조, 법 제227조, 법 제234조 및 법 제237조 내지 제239조의 규정을 준용한다.

제191조(간접강제)
① 법 제261조제1항의 규정에 따른 결정을 한 제1심 법원은 사정의 변경이 있는 때에는 채권자 또는 채무자의 신청에 따라 그 결정의 내용을 변경할 수 있다.
② 제1항의 규정에 따라 결정을 하는 경우에는 신청의 상대방을 심문하여야 한다.
③ 제1항의 규정에 따른 결정에 대하여는 즉시항고를 할 수 있다.

제3편 담보권 실행 등을 위한 경매

제192조(신청서의 기재사항)
담보권 실행을 위한 경매, 법 제273조의 규정에 따른 담보권 실행이나 권리행사 또는 제201조에 규정된 예탁유가증권에 대한 담보권 실행(다음부터 "경매등"이라 한다)을 위한 신청서에는 다음 각호의 사항을 적어야 한다.
1. 채권자·채무자·소유자(광업권·어업권, 그 밖에 부동산에 관한 규정이 준용되는 권리를 목적으로 하는 경매의 신청, 법 제273조의 규정에 따른 담보권 실행 또는 권리행사의 신청 및 제201조에 규정된 예탁유가증권에 대한 담보권 실행 신청의 경우에는 그 목적인 권리의 권리자를 말한다. 다음부터 이 편 안에서 같다)와 그 대리인의 표시
2. 담보권과 피담보채권의 표시
3. 담보권 실행 또는 권리행사의 대상인 재산의 표시
4. 피담보채권의 일부에 대하여 담보권 실행 또는 권리행사를 하는 때에는 그 취지와 범위

제193조(압류채권자 승계의 통지)
경매등이 개시된 후 압류채권자가 승계되었음을 증명하는 문서가 제출된 때에는 법원사무관등 또는 집행관은 채무자와 소유자에게 그 사실을 통지하여야 한다.

제194조(부동산에 대한 경매)
부동산을 목적으로 하는 담보권 실행을 위한 경매에는 제40조 내지 제82조의 규정을 준용한다. 다만, 매수인이 매각대금을 낸 뒤에 화해조서의 정본 또는 공정증서의 정본인 법 제266조제1항제4호의 서류가 제출된 때에는 그 채권자를 배당에서 제외한다.

제195조(선박에 대한 경매)
① 선박을 목적으로 하는 담보권 실행을 위한 경매 신청서에는 제192조에 규정된 사항 외에 선박의 정박항 및 선장의 이름과 현재지를 적어야 한다.
② 법원은 경매신청인의 신청에 따라 신청인에게 대항할 수 있는 권원을 가지지 아니한 선박의 점유자에 대하여 선박국적증서등을 집행관에게 인도할 것을 명할 수 있다.
③ 제2항의 신청에 관한 재판에 대하여는 즉시항고를 할 수 있다.
④ 제2항의 규정에 따른 결정은 상대방에게 송달되기 전에도 집행할 수 있다.
⑤ 선박을 목적으로 하는 담보권 실행을 위한 경매에는 제95조제2항 내지 제104조 및 제194조의 규정을 준용한다.

제196조(항공기에 대한 경매)
항공기를 목적으로 하는 담보권 실행을 위한 경매에는 제106조, 제107조, 제195조(다만, 제5항을 제외한다) 및 법 제264조 내지 법 제267조의 규정을 준용한다. 이 경우 제195조제1항 중 "정박항 및 선장의 이름과 현재지를 적어야 한다"는 "정류 또는 정박하는 장소를 적어야 한다"로 고쳐 적용하며, 제195조제2항에 "선박국적증서"라고 규정된 것은 "항공기등록증명서"로 본다.

제197조(자동차에 대한 경매)

① 자동차를 목적으로 하는 담보권 실행을 위한 경매(「자동차저당법」 제6조의2 규정에 따른 양도명령을 포함한다)를 신청하는 때에는 제192조에 규정된 사항 외에 자동차등록원부에 기재된 사용본거지를 적고, 자동차등록원부등본을 붙여야 한다. <개정 2005.7.28.>

② 제1항의 규정에 따른 경매에는 제108조, 제109조, 제111조 내지 제129조, 제195조제2항 내지 제4항 및 법 제264조 내지 법 제267조의 규정을 준용한다. 이 경우 제111조 내지 제113조, 제115조, 제123조, 제126조 및 제127조에 "채무자"라고 규정된 것은 "소유자"로 보며, 제195조제2항에 "선박의"라고 규정된 것은 "자동차의"로, 같은 항에 "선박국적증서등"이라고 규정된 것은 "자동차"로 본다.

제198조(건설기계·소형선박에 대한 경매)

건설기계·소형선박을 목적으로 하는 담보권 실행을 위한 경매(「자동차 등 특정동산 저당법」 제8조의 규정에 따른 양도명령을 포함한다)에는 제197조의 규정을 준용한다. 이 경우 "자동차등록원부"는 각 "건설기계등록원부", "선박원부·어선원부·수상레저기구등록원부"로 보며, "사용본거지"는 소형선박에 대하여는 "선적항" 또는 "보관장소"로 본다. <개정 2010.10.4.>
[전문개정 2008.2.18.]

제199조(유체동산에 대한 경매)

① 유체동산을 목적으로 하는 담보권 실행을 위한 경매신청서에는 제192조에 규정된 사항 외에 경매의 목적물인 유체동산이 있는 장소를 적어야 한다.

② 유체동산에 대한 경매에는 이 규칙 제2편제2장제7절제1관(다만, 제131조, 제132조 및 제140조제1항을 제외한다)의 규정과 법 제188조제3항 및 제2편제2장제4절제4관의 규정을 준용한다. <개정 2005.7.28., 2013.11.27.>

제200조(채권, 그 밖의 재산권에 대한 담보권의 실행)

① 법 제273조제1항·제2항의 규정에 따른 담보권 실행 또는 권리행사를 위한 신청서에는 제192조에 규정된 사항 외에 제3채무자가 있는 경우에는 이를 표시하여야 한다.

② 제1항의 규정에 따른 절차에는 제160조 내지 제175조, 법 제264조 내지 법 제267조 및 법 제2편 제2장 제4절 제4관의 규정을 준용한다.

제201조(예탁유가증권에 대한 담보권의 실행)

① 예탁원 또는 예탁자는 예탁유가증권지분에 관한 질권자의 청구가 있는 때에는 그 이해관계 있는 부분에 관한 예탁자계좌부 또는 고객계좌부의 사본을 교부하여야 한다.

② 예탁유가증권에 대한 질권의 실행을 위한 신청서에는 그 질권에 관한 기재가 있는 예탁자계좌부 또는 고객계좌부의 사본을 붙여야 한다.

③ 예탁유가증권에 대한 담보권의 실행절차에 관하여는 제2편 제2장 제7절 제3관(다만, 제182조에서 준용하는 제159조와 법 제188조제2항을 제외한다), 제200조제1항, 법 제265조 내지 법 제267조, 법 제273조제1항 및 법 제275조의

규정을 준용한다. 이 경우 제200조제1항에 "제3채무자"라고 규정된 것은 "예탁원 또는 예탁자"로 본다.

제202조(강제집행규정의 준용)

이 편에 규정된 경매등 절차에는 그 성질에 어긋나지 아니하는 범위 안에서 제2편 제1장의 규정을 준용한다.

제4편 보전처분

제203조(신청의 방식)

① 다음 각호의 신청은 서면으로 하여야 한다. <개정 2005.7.8., 2014.7.1.>
　1. 보전처분의 신청
　2. 보전처분의 신청을 기각 또는 각하한 결정에 대한 즉시항고
　3. 보전처분에 대한 이의신청
　4. 본안의 제소명령신청
　5. 보전처분의 취소신청
　6. 보전처분의 집행신청. (다만, 등기나 등록의 방법 또는 제3채무자나 이에 준하는 사람에게 송달하는 방법으로 집행하는 경우는 제외한다).
　7. 제3호·제5호의 신청에 관한 결정에 대한 즉시항고
② 제1항의 신청서에는 신청의 취지와 이유 및 사실상의 주장을 소명하기 위한 증거 방법을 적어야 한다. <개정 2005.7.28.>

제203조의2(신청취하)

① 제203조제1항제1호·제2호·제6호·제7호 신청의 취하는 서면으로 하여야 한다. 다만, 변론기일 또는 심문기일에서는 말로 할 수 있다.
② 제1항의 취하가 있는 때에는 법원사무관등은 변론기일 또는 심문기일의 통지를 받은 채권자 또는 채무자에게 그 취지를 통지하여야 한다.
[본조신설 2005.7.28.]

제203조의3(결정서를 적는 방법)

① 제203조제1항제2호·제7호의 신청에 대한 결정의 이유를 적을 때에는 제1심 결정을 인용할 수 있다.
② 제203조제1항제3호·제5호의 신청에 대한 결정의 이유를 적을 때에는 보전처분의 신청에 대한 결정을 인용할 수 있다.
[본조신설 2005.7.28.]

제203조의4(결정의 송달)

제203조제1항제1호·제2호·제3호·제5호·제7호의 신청에 대한 결정은 당사자에게 송달하여야 한다.
[본조신설 2005.7.28.]

제204조(담보제공방식에 관한 특례)

채권자가 부동산·자동차 또는 채권에 대한 가압류신청을 하는 때에는 미리 은

행등과 지급보증위탁계약을 맺은 문서를 제출하고 이에 대하여 법원의 허가를
받는 방법으로 민사소송규칙 제22조의 규정에 따른 담보제공을 할 수 있다.

제205조
삭제 <2005.7.28.>

제206조(이의신청서 등의 송달)
① 법 제287조제1항(법 제301조의 규정에 따라 준용되는 경우를 포함한다)의 규
정에 따른 명령은 채권자에게 송달하여야 한다.
② 법 제283조제1항, 제288조제1항(법 제301조의 규정에 따라 준용되는 경우를
포함한다)의 규정에 따른 신청이 있는 때에는 그 신청서 부본을 채권자에게
송달하여야 한다. <개정 2005.7.28.>
[제목개정 2005.7.28.]

제207조(가압류를 위한 강제관리)
강제관리의 방법으로 하는 부동산에 대한 가압류에는 제46조, 제83조 내지 제87
조 및 제90조의 규정을 준용한다.

제208조(선박에 대한 가압류)
선박에 대한 가압류에는 제95조, 제96조 및 제100조 내지 제103조의 규정을 준
용한다.

제209조(항공기에 대한 가압류)
항공기에 대한 가압류는 선박에 대한 가압류의 예에 따라 실시한다. 이 경우에
는 제106조 후문의 규정을 준용한다.

제210조(자동차에 대한 가압류)
① 자동차에 대한 가압류는 아래 제2항 내지 제4항에서 정하는 사항 외에는 부
동산에 대한 가압류(강제관리의 방법은 제외한다)의 예에 따라 실시한다. 이
경우에는 제108조 후문의 규정을 준용한다.
② 가압류법원은 채권자의 신청에 따라 채무자에 대하여 자동차를 집행관에게
인도할 것을 명할 수 있다.
③ 제2항의 규정에 따라 집행관이 자동차를 인도받은 경우에는 제111조제3항,
제112조, 제114조, 제115조, 제117조, 제118조제1항 및 법 제296조제5항의 규
정을 준용한다.
④ 자동차의 공유지분에 대한 가압류에는 제129조의 규정을 준용한다.

제211조(건설기계·소형선박에 대한 가압류)
건설기계·소형선박에 대한 가압류에는 제210조의 규정을 준용한다. 이 경우 제
210조 제1항에서 준용하는 제108조 후문의 규정 중 "자동차등록원부"는 각 "건
설기계등록원부", "선박원부·어선원부·수상레저기구등록원부"로 보며, "특별시
장·광역시장 또는 도지사"는 소형선박에 대하여는 "지방해양항만청장"이나 "시
장·군수 또는 구청장"으로 본다. <개정 2013.11.27.>
[전문개정 2008.2.18.]

제212조(유체동산에 대한 가압류)

① 유체동산에 대한 가압류의 집행위임은 다음 각호의 사항을 적은 서면에 가압류명령정본을 붙여서 하여야 한다.
  1. 채권자·채무자와 그 대리인의 표시
  2. 가압류명령의 표시
  3. 가압류 목적물인 유체동산이 있는 장소
  4. 가압류채권의 일부에 관하여 집행을 구하는 때에는 그 범위
② 유체동산에 대한 가압류의 집행에는 제132조 내지 제142조의 규정을 준용한다. <개정 2005.7.28.>

제213조(채권과 그 밖의 재산권에 대한 가압류)

① 권리이전에 등기 또는 등록이 필요한 그 밖의 재산권에 대한 가압류는 등기 또는 등록을 하는 곳을 관할하는 지방법원이나 본안의 관할법원이 관할한다.
② 채권과 그 밖의 재산권에 대한 가압류에는 제159조, 제160조제1항, 제167조제4항, 제172조, 제174조, 제175조제1항·제3항, 법 제94조 내지 법 제96조 및 법 제141조의 규정을 준용한다.

제214조(예탁유가증권에 대한 가압류)

① 예탁유가증권을 가압류하는 때에는 예탁원 또는 예탁자에 대하여 예탁유가증권지분에 관한 계좌대체와 증권의 반환을 금지하는 명령을 하여야 한다.
② 예탁유가증권에 대한 가압류에는 제159조, 제160조제1항, 제178조, 법 제188조제2항, 법 제226조, 법 제227조제2항·제3항, 법 제234조, 법 제235조, 법 제237조제2항·제3항 및 법 제296조제2항의 규정을 준용한다. 이 경우 제159조제1항제1호, 제160조제1항, 법 제226조, 법 제227조제2항·제3항 및 법 제237조제2항·제3항에 "제3채무자"라고 규정된 것은 "예탁원 또는 예탁자"로, 법 제296조제2항에 "채권가압류"라고 규정된 것은 "「민사집행규칙」제214조제1항의 가압류"로 본다. <개정 2005.7.28.>

제215조(처분금지가처분의 집행)

물건 또는 권리의 양도, 담보권 설정, 그 밖의 처분을 금지하는 가처분의 집행은 그 성질에 어긋나지 아니하는 범위 안에서 가압류의 집행의 예에 따라 실시한다.

제216조(그 밖의 재산권에 대한 가처분)

권리이전에 등기 또는 등록이 필요한 그 밖의 재산권에 대한 가처분에는 제213조제1항의 규정을 준용한다.

제217조(예탁유가증권에 대한 가처분)

예탁유가증권의 처분을 금지하는 가처분에는 제214조의 규정을 준용한다.

제218조(보전처분집행에 대한 본집행의 준용)

보전처분의 집행에 관하여는 특별한 규정이 없으면 강제집행에 관한 규정을 준용한다.

부칙
<대법원규칙 제2819호, 2018.12.31.>

제1조(시행일)
이 규칙은 2019년 1월 1일부터 시행한다.

제2조(적용례)
이 규칙은 이 규칙 시행 후 최초로 접수되는 사건부터 적용한다.

집행관법

[시행 2010.3.31]
[법률 제10205호, 2010.3.31, 일부개정]

제1조(목적)
이 법은 「법원조직법」 제55조에 따른 집행관에 관한 사항을 규정함을 목적으로
한다.
[전문개정 2010.3.31.]

제2조(직무)
집행관은 지방법원에 소속되어 법률에서 정하는 바에 따라 재판의 집행, 서류의
송달, 그 밖에 법령에 따른 사무에 종사한다.
[전문개정 2010.3.31.]

제3조(임명)
집행관은 10년 이상 법원주사보, 등기주사보, 검찰주사보 또는 마약수사주사보
이상의 직급으로 근무하였던 사람 중에서 지방법원장이 임명한다.
[전문개정 2010.3.31.]

제4조(정원 등)
① 집행관의 정원은 대법원규칙으로 정한다.
② 집행관의 임기는 4년으로 하며, 연임할 수 없다.
③ 집행관의 정년은 61세로 하되, 그 정년이 되는 날이 1월에서 6월 사이에 있으
면 6월 30일에 퇴직하고, 7월에서 12월 사이에 있으면 12월 31일에 퇴직한다.
[전문개정 2010.3.31.]

제5조(위임 사무)
집행관은 당사자의 위임을 받아 다음 각 호의 사무를 처리한다.
1. 고지 및 최고(催告)
2. 동산(動産)의 경매
3. 거절증서의 작성
[전문개정 2010.3.31.]

제6조(의무적 사무)
집행관은 법령에 따른 직무 외에 법원 및 검사의 명령에 따라 다음 각 호의 사
무를 처리할 의무를 진다.
1. 서류와 물품의 송달
2. 벌금, 과료, 과태료, 추징 또는 공소에 관한 소송비용의 재판의 집행 및 몰수
물의 매각
3. 영장의 집행
4. 그 밖에 직무상 하여야 할 사무
[전문개정 2010.3.31.]

제7조(감독기관)
① 집행관은 소속 지방법원장이 감독한다.
② 지방법원 지원(支院)의 관할구역에 있는 집행관에 대하여는 지원장이 지방법
원장의 명을 받아 감독한다.
③ 지방법원장은 소속 판사 중에서 집행관의 감독에 관한 사무를 직접 담당할 1
명 또는 여러 명의 감독관을 지정하여야 하고, 소속 직원 중에서 감독관을
보좌할 사람을 지정할 수 있다.
④ 감독관은 수시로 집행관의 직무 집행을 감사하여야 하며, 그 감사를 위하여
다음 각 호의 행위를 할 수 있다.
  1. 집행관의 기록·장부 또는 그가 보관하는 금품에 대하여 조사하거나 그
  조사를 위하여 이를 제출하게 하는 행위
  2. 집행관이 직무를 집행하는 현장에 가서 그 직무 집행을 감찰하는 행위
  3. 일정한 사항을 지정하여 집행관으로 하여금 보고하게 하는 행위
[전문개정 2010.3.31.]

제8조(사무소)
① 집행관은 소속 지방법원의 관할구역에서 지방법원장 또는 지원장이 지정한
곳에 사무소를 설치하여야 한다.
② 집행관 사무소에는 대표집행관을 두어야 한다.
③ 제2항의 대표집행관은 집행관 사무소에 소속된 집행관을 대표하며 집행관 사
무소의 운영에 관한 업무를 총괄한다.
④ 집행관 사무소에는 사무원을 둘 수 있다.
⑤ 제4항에 따른 사무원의 수, 자격기준 및 수행업무 등에 관한 사항은 대법원
규칙으로 정한다.
[전문개정 2010.3.31.]

■판례-가처분 이의■
[대법원 2011.2.24., 자, 2008마1753, 결정]
【판시사항】
[1] 공무원 아닌 사람이 실제로 공무를 수행하는 경우 공무원에 준하여 노동3권이 제
한되는지 여부
[2] 집행관 사무소 소속 사무원의 노동3권이 제한되는지 여부(소극)

【판결이유】
재항고이유를 판단한다.
1. 집행관법 제8조는 집행관의 업무보조를 위하여 집행관 사무소에 사무원을 둘 수 있
도록 규정하면서, 그 사무원의 수, 자격기준 및 수행업무 등에 관한 사항은 대법원
규칙에 위임하고 있고, 이에 따라 집행관규칙은 제3조, 제20조, 제21조, 제22조, 제
25조 등에서 사무원의 자격기준과 채용절차, 보수, 채용기간 등에 관하여 규정하는
한편 사무원의 근무시간, 휴가 등 복무에 관한 사항은 성질에 반하지 아니하는 한
법원공무원에 준하도록 규정하고 있다.
위 규정들에 의하면, 집행관 사무소 소속 사무원은 일반 근로자로서 공무원 신분이
아니나, 그 수행하는 업무의 공공성으로 인해 집행관규칙에 의하여 그 자격기준과
채용절차, 근로조건 등이 정해지고, 복무에 있어서 법원공무원에 준하는 처우를 받
는다고 할 것이다.

2. 한편 헌법 제33조는 근로자에 대하여 노동3권을 보장하면서 제2항에서 "공무원인 근로자는 법률이 정하는 자에 한하여 단결권·단체교섭권 및 단체행동권을 가진다."고 규정하여 노동3권이 보장되는 공무원의 범위를 법률에 의하여 정하도록 유보하고 있다. 이에 따라 국가공무원법 제66조 제1항은 "공무원은 노동운동이나 그 밖에 공무 외의 일을 위한 집단 행위를 하여서는 아니 된다. 다만 사실상 노무에 종사하는 공무원은 예외로 한다."고 규정하여 사실상 노무에 종사하는 공무원을 제외한 나머지 공무원에 대하여 노동3권을 제한하고 있으나, 2006. 1. 28.부터 시행된 공무원의 노동조합 설립 및 운영 등에 관한 법률에 의하여 일정한 직급과 직능에 속하는 공무원에 대해서는 위 법이 허용하는 범위 내에서의 단결권 및 단체교섭권이 인정된다.
여기서 노동3권이 제한되는 공무원은 국가공무원법 및 지방공무원법에 따라 법령 및 조례의 근거에 의하여 임명되어 공무에 종사하는 사람을 의미한다고 할 것이므로, 이와 같은 공무원의 신분을 갖지 아니한 사람은 실제로 공무를 수행한다고 하더라도 곧바로 국가공무원법 제66조 제1항에 의하여 노동3권이 제한되는 것은 아니고, 법률로써 기본권을 제한하도록 한 헌법 제37조 제2항에 따라 개별 법률에서 공무원의 복무에 관한 규정을 준용하도록 하는 등 노동3권의 제한 근거 규정을 두고 있는 경우에 한하여 공무원에 준하여 노동3권이 제한된다고 할 것이다.
그런데 집행관 사무소 소속 사무원의 경우, 대법원규칙인 집행관규칙이 사무원의 복무에 관한 사항은 법원공무원에 준하도록 한다고 규정하고 있을 뿐, 집행관법 및 그 밖의 다른 법률에서 사무원에 대하여 공무원의 복무에 관한 규정을 준용한다거나 노동3권을 제한한다는 취지의 규정을 찾아 볼 수 없다. 집행관법 제8조가 사무원의 수, 자격기준, 수행업무 등에 관한 사항을 대법원규칙에 위임하고 있으나, 이는 사무원의 채용과 관련된 실무적인 사항을 위임한 것에 불과하고 사무원의 기본권 제한에 대한 사항까지 위임한 것으로 볼 것은 아니다.
이와 같이 집행관 사무소 소속 사무원의 노동3권을 제한하는 법률의 근거 규정이 없는 이상, 이들 사무원에 대하여 국가공무원법 제66조 제1항이 적용 내지 준용되어 노동3권이 제한된다고 할 수 없다.

3. 원심은 이와 달리 집행관 사무소 소속 사무원에 대하여 국가공무원법 제66조 제1항에 의한 노동3권 제한이 가능함을 전제로 이 사건 가처분결정을 인가한 제1심결정을 그대로 유지하였다. 이러한 원심의 판단에는 집행관 사무소 소속 사무원의 노동3권의 제한에 관한 법리를 오해하여 재판에 영향을 미친 위법이 있다. 이 점을 지적하는 재항고이유의 주장은 이유 있다.
한편 파기환송 후 원심으로서는 채권자 소속 사무원 중 채무자 전국공공서비스노동조합에 가입되어 있는 사람이 있어 이 사건 가처분 신청을 유지할 이익이 있는지에 관하여 심리·판단할 필요가 있음을 지적하여 둔다.

4. 그러므로 원심결정을 파기하고, 사건을 다시 심리·판단하게 하기 위하여 원심법원에 환송하기로 하여 관여 대법관의 일치된 의견으로 주문과 같이 결정한다.

제9조(장부의 비치)

① 집행관 사무소에는 다음 각 호의 장부를 갖추어 두어야 한다.
  1. 압류직무부(押留職務簿)
  2. 가압류직무부
  3. 징수명령부
  4. 부동산 임대차 조사부
  5. 송달부
  6. 집행관 수수료 등 수납부
  7. 회계에 관한 장부
② 제1항의 장부는 연도별로 구분하여야 한다.
[전문개정 2010.3.31.]

제10조(수수료 등의 게시)
집행관 사무소에는 집행관의 수수료·여비·숙박료의 금액표를 누구든지 잘 볼
수 있도록 게시하여야 한다.
[전문개정 2010.3.31.]

제11조(출장소의 설치와 직무 대행)
① 지방법원장은 지방법원의 지원 소재지에 집행관이 없는 경우에는 관할구역의
집행관에게 지원 소재지에 출장소를 설치하도록 명하거나 지방법원 및 지원
의 법원서기관, 법원사무관, 등기사무관, 법원주사, 등기주사, 법원주사보 또
는 등기주사보로 하여금 집행관의 직무를 대행하게 할 수 있다.
② 지방법원장은 제1항의 법원서기관, 법원사무관, 등기사무관, 법원주사, 등기주
사, 법원주사보 또는 등기주사보로 하여금 집행관의 직무를 대행하게 하는
경우에는 대행할 사람을 미리 지정하여야 한다.
[전문개정 2010.3.31.]

제12조(주거)
집행관은 소속 지방법원 관할구역에 주거(住居)를 정하여야 한다.
[전문개정 2010.3.31.]

제13조(제척)
집행관은 다음 각 호에 해당하는 경우에는 그 직무를 수행할 수 없다.
1. 자기 또는 배우자나 자기 또는 배우자의 4촌 이내 혈족 또는 인척이 당사자
또는 피해자이거나 당사자 또는 피해자와 공동권리자·공동의무자 또는 상
환의무자의 관계가 있는 경우
2. 자기 또는 배우자나 자기 또는 배우자의 4촌 이내 혈족 또는 인척이 당사
자, 피해자 또는 그 배우자의 친족인 경우. 인척의 경우에는 혼인이 해소되
었을 때에도 또한 같다.
3. 자기가 동일한 사건에 관하여 증인 또는 감정인이 되어 신문(訊問)을 받았
던 경우 또는 법률상 대리인이 될 권리가 있거나 있었던 경우
[전문개정 2010.3.31.]

제14조(직무 거절 금지)
집행관은 그 직무에 관한 명령 또는 위임을 정당한 이유 없이 거절할 수 없다.
[전문개정 2010.3.31.]

제15조(경매물건 등의 매수 금지)
① 집행관이나 그 친족은 그 집행관 또는 다른 집행관이 경매하거나 매각(賣却)
하는 물건을 매수(買受)하지 못한다.
② 「민사집행법」 제200조에 따른 감정인이나 그 친족의 경우에도 제1항과 같다.
[전문개정 2010.3.31.]

제16조(직무 수행 불가능 통지)
① 집행관이 정당한 이유로 그 직무를 수행할 수 없을 때에는 명령을 한 법원 및

검사나 위임을 한 본인에게 지체 없이 그 뜻을 알려야 한다.
② 집행관은 위임을 한 본인에게 알릴 수 없을 때 또는 긴급한 처분이 필요할 때에는 그 뜻을 지방법원장 또는 지원장에게 신고하여야 한다.
③ 제2항의 신고를 받은 지방법원장 또는 지원장은 그 직무의 집행을 다른 집행관이나 제11조제2항의 법원서기관, 법원사무관, 등기사무관, 법원주사, 등기주사, 법원주사보 또는 등기주사보에게 명하여야 한다.
[전문개정 2010.3.31.]

제17조(신분증 휴대)
① 집행관이 그 직무를 집행할 때에는 지방법원장이 발급한 신분증을 지녀야 한다.
② 경찰이 「민사집행법」 제5조제2항에 따른 원조의 요청을 받으면 이에 응하여야 한다.
[전문개정 2010.3.31.]

제18조(집행관의 교육)
집행관은 대법원규칙으로 정하는 바에 따라 직무 수행에 필요한 교육을 받아야 한다.
[전문개정 2010.3.31.]

제19조(수수료 또는 체당금)
① 집행관이 위임을 받은 직무를 수행하는 경우에는 체당금을 변제(辨濟)받고 대법원규칙으로 정하는 바에 따라 수수료를 받는다.
② 집행관은 정하여진 수수료를 초과하여 징수하거나 특별한 보수를 받지 못한다.
③ 법원서기관, 법원사무관, 등기사무관, 법원주사, 등기주사, 법원주사보 또는 등기주사보가 집행관의 직무를 수행한 경우의 수수료는 국고수입으로 한다.
[전문개정 2010.3.31.]

제20조(수수료를 받지 아니하는 사무)
집행관이 제6조 각 호에 따른 직무를 수행할 때에는 체당금 외에 수수료를 받지 못한다. 다만, 제6조제2호에 따른 직무에 관하여는 제19조에 따른다.
[전문개정 2010.3.31.]

제21조(정직명령)
지방법원장은 집행관이 형사사건으로 공소가 제기되거나 신체상·정신상 장애 등의 사유로 직무를 감당하지 못할 때에는 정직(停職)을 명할 수 있다.
[전문개정 2010.3.31.]

제22조(사망 등의 경우의 처분)
지방법원장 또는 지원장은 집행관이 사망·정직·면직 또는 구금(拘禁)되었을 때에는 다음 각 호의 처분을 하여야 한다.
 1. 직인, 장부, 그 밖에 직무에 관한 서류의 제출명령
 2. 집행관이 직무상 보관한 물품 및 서류의 보전(保全)에 필요한 명령
[전문개정 2010.3.31.]

제23조(징계처분)

① 집행관이 다음 각 호의 어느 하나에 해당할 때에는 소속 지방법원장은 제24조에 따른 집행관징계위원회에 징계 의결을 요구하고 집행관징계위원회의 의결에 따라 징계처분을 하여야 한다.
1. 이 법과 이 법에 따른 명령이나 규칙을 위반하였을 때
2. 직무상의 의무를 위반하거나 직무를 게을리하였을 때
3. 직무 관련 여부와 상관없이 공직상의 체면 또는 위신을 손상시키는 행위를 하였을 때
4. 업무 집행과 관련하여 사무원에 대한 감독상의 과실이 있을 때
5. 정당한 이유 없이 제18조에 따른 교육을 받지 아니하였을 때
② 징계는 견책(譴責), 200만원 이하의 과태료, 1개월 이상 1년 이하의 정직 및 면직으로 구분한다.
[전문개정 2010.3.31.]

제24조(징계위원회의 설치)

집행관의 징계처분을 의결하기 위하여 소속 지방법원에 집행관징계위원회를 둔다.
[전문개정 2010.3.31.]

제25조(징계 사유의 시효)

제23조제1항에 따른 징계 의결의 요구는 징계 사유가 발생한 날부터 2년이 지나면 하지 못한다.
[전문개정 2010.3.31.]

제26조(벌칙)

① 제15조를 위반한 사람은 5년 이하의 징역 또는 2천만원 이하의 벌금에 처한다.
② 제19조제2항을 위반한 사람은 3년 이하의 징역 또는 1천만원 이하의 벌금에 처한다.
[전문개정 2010.3.31.]

제27조(시행규칙)

이 법 시행에 필요한 사항은 대법원규칙으로 정한다.
[전문개정 2010.3.31.]

부칙
<제10205호, 2010.3.31.>

이 법은 공포한 날부터 시행한다.

민사집행 법률용어

총   칙 / 185
강제집행 / 202
보전처분 / 210

민사소송법상 강제집행절차에 관한 규정은 1960
년에 민사소송법이 제정된 후 1990년에 경매법을 흡수하기
위하여 동법을 개정한 것을 제외하고는 약 40년간 개정이
이루어지지 아니하여 사회·경제적 발전에 따른 신속한 권
리구제의 필요성에 부응하지 못하고 있다는 지적에 따라,
채무자 등의 제도남용에 의한 민사집행절차의 지연을 방지
하고 불량채무자에 대한 철저한 책임추궁을 통하여 효율적
이고 신속한 권리구제방안을 마련함으로써 정의로운 신용사
회를 이룩하는 한편, 법률용어를 국민의 법감정에 맞도록
순화하고, 통일적이며 일관된 법집행을 위하여 민사집행부
분을 민사소송법에서 분리하여 별도의 법률로 제정하였다.

색인

(ㄱ)

가압류법원(假押留法院) 246
가압류의 집행(假押留의 執行) 246
가압류의 취소(假押留의 取消) 247
가압류해방금액(假押留解放金額) 247
가처분(假處分) 247
가처분명령(假處分命令) 248
가처분법원(假處分法院) 249
가처분의 집행(假處分의 執行) 249
가처분의 취소(假處分의 取消) 249
강제경매(强制競賣) 236
강제관리(强制管理) 239
강제이행(强制履行) 245
강제집행비용(强制執行費用) 232
강제집행의 보전
(强制執行의 保全) 232
강제집행의 정지
(强制執行의 停止) 231
강제집행의 제한
(强制執行의 制限) 231
강제집행의 취소
(强制執行의 取消) 231
경락(競落) 241
경매개시결정(競賣開始決定) 237
경매신청(競賣申請) 237
경매실시(競賣實施) 238
경매절차의 중지
(競賣節次의 中止) 239
경매취소권(競賣取消權) 239
계쟁물에 관한 가처분
(係爭物에 관한 假處分) 248
공동압류(共同押留) 244

공적 경매(公的 競賣) 237
국고에 대한 강제집행
(國庫에 대한 强制執行) 232

(ㄷ)

대체집행(代替執行) 244

(ㅁ)

매각(경락)불허가결정
(競落不許可決定) 241
매각(경락)허가결정 241
매각(경락)허가에 대한 이의
(競落許可에 대한 異議) 242
매각기일(賣却期日) 241
매각기일(경매기일)(競賣期日) 238
매각조건(경매조건)(賣却條件) 238

(ㅂ)

배당기일(配當期日) 243
배당법원(配當法院) 243
배당요구(配當要求) 242
배당이의의 소(配當異義의 訴) 240
보전처분(保全處分) 246
보조적 압류(補助的 押留) 244
비금전집행(非金錢執行) 245

(ㅅ)

선박경매(船舶競賣) 243
승계집행문(承繼執行文) 234

(ㅇ)

압류금지(押留禁止) 243
압류명령(押留命令) 244
압류채권자(押留債權者) 244

(ㅈ)

제3자 이의의 소
(第3者 異議의 訴) 236

집행계약(執行契約)   232
집행기간(執行期間)   233
집행력(執行力)   233
집행력있는 정본
(執行力있는 正本)   233
집행문 부여에 대한 이의
(執行文 付與에 대한 異議)   234
집행문 부여의 소
(執行文 付與의 訴)   235
집행문(執行文)   233
집행방법에 관한 이의
(執行方法에 관한 異議)   235
집행법원(執行法院)   235
집행보전절차(執行保全節次)   246
집행위임(執行委任)   235

총 칙

강제집행의 정지
(强制執行의 停止)

법률상의 이유로 인하여 강제집행절차를 개시할 수 없거나 또는 속행하지 못하는 것을 말한다. 가집행선고 있는 판결은 선고에 의하여 즉시 집행력이 발생하므로, 이를 정지시키려면 별도로 신청에 의한 강제집행정지의 결정을 받아야 한다. 집행의 일부에 대하여 생긴 정지를 강제집행의 제한이라 한다. 강제집행은 집행할 판결 또는 그 가집행을 취소하는 취지나, 강제집행을 허가하지 아니하거나 그 정지를 명하는 취지 또는 집행처분의 취소를 명한 취지를 기재한 재판의 정본, 강제집행의 일부정지를 명한 취지를 기재한 집행력 있는 재판의 정본, 집행을 면하기 위해서 담보를 제공한 증명서류, 집행할 판결의 기타의 재판이 소의 취하 기타 사유에 의하여 실효되었음을 설명하는 조서등본과 기타 법원사무관 등이 작성한 서증, 강제집행을 하지 않는다는 취지 또는 강제집행의 신청이나 위임을 취하한다는 취지를 기재한 화해조서의 정본 또는 공정증서의 원본 등의 서류를 제출한 경우에는 강제집행을 정지하거나 제한하여야 한다(민사집행법 49조). 일시의 정지를 명한 재판을 취소하고 집행의 속행을 허가하는 재판(속행명령)이 있을 때(민사집행법 47조, 48조3항), 채권자가 속행에 필요한 담보를 제공한 때 및 판결이 확정되었을 때에는 채권자는 정지된 집행의 속행을 구할 수 있다. 강제집행정지결정이 있으면 결정 즉시로 당연히 집행정지의 효력이 있는 것이 아니고, 그 결정정본을 집행기관에 제출함으로써 정지의 효력이 발생한다.

강제집행의 제한
(强制執行의 制限)

강제집행의 일부에 관하여 생긴 정지, 즉 강제집행의 범위를 감축하는 것을 말한다. 예를 들어, 집행권원(채무명의)에 기재된 청구금액의 변제와 집행비용의 변제에 필요한 범위를 초과하여 압류한 경우에, 일부변제·일부면제를 이유로 청구이의의 소를 제기하여(민사집행법 제44조), 그 확정판결의 정본을 집행기관에 제출한 경우, 또는 변제나 의무유예의 승낙이 청구권의 일부에 대하여서만 있어서 그 승낙서를 집행기관에 제출한 경우(민사집행법 제188조2항)에 집행범위를 감축하게 된다. 강제집행이 이미 완료된 때에는 이를 정지 또는 제한하는 것은 사실상 불가능하므로 법원은 집행행위 완료 후에는 집행의 정지 및 제한을 명할 수 없을 것이고, 가령 이를 명하였다고 할지라도 집행기관은 이를 정지 및 제한할 수 없다.

강제집행의 취소
(强制執行의 取消)

이미 실시된 집행절차에 있어 그 중의 어느 부분이나 또는 전부에 대한 집행처분을 종국적으로 배제하는 집행기관의 행위를 말한다. 집행의 취소는 집행 중 집행처분을 배제하는 것이므로 집행이 개시된 뒤 아직 종료되기 전에도 할 수 있다. 취소의 원인에는 취소를 명하는 재판(민사집행법 49조1항·민사집행법 27조1항·46조2항·47조·48조3항), 집행의 종국적 정지의 사유로 되는 재판(민사집행법 49조1항), 일정한 서류의 존재(민사집행법 49조3항·50조)등이 있다. 강제집행절차를 취소하는 결정, 집행절차를 취소한 집행관의 처분에 대한 이의신청을 기각·매각하는 결정 또는 집행관에게 강제집행절차의 취소를 명하는 결정에 대하여는 즉시항고를 할 수 있고, 이 결정은 확정되어야 효력이 있다(민사집행법 17조)

강제집행비용(強制執行費用)

강제집행을 하기 위하여 필요로 하는 비용으로, 그 비용은 채무자의 부담으로 하고, 그 집행에 의하여 우선적으로 변상을 받는다. 강제집행의 기본판결이 파기된 때에는 채권자는 그 집행비용을 채무자에게 변상하여야 한다(민사집행법 53조). 채무자가 부담할 강제집행비용으로서 그 집행에 의하여 변상 받지 못한 비용에 관하여는 채권자의 신청에 의하여 집행법원이 결정으로 그 금액을 정한다(민사집행규칙 24조 1항). 강제집행을 신청하는 때에 채권자는 강제집행에 필요한 비용으로 법원이 정하는 금액을 예납하여야 한다. 채권자가 이 비용을 예납하지 아니한 때에는 법원은 신청을 각하하거나 집행절차를 취소할 수 있으며, 이 결정에 대하여 즉시 항고를 할 수 있다(민사집행법 18조).

강제집행의 보전 (强制執行의 保全)

의무자의 자력감소 기타 현상의 변경에 의하여 당사자의 권리를 실행하지 못하거나 이를 실행함에 현저히 곤란한 염려가 있는 경우에 강제집행을 보전하는 것을 말한다. 이것은 채권자의 일반담보를 이루는 재산이나 채권의 목적물을 채무자의 은닉·손과·소비로부터 예방하려는 데에 의의가 있다. 이를 위하여 금전채권이나 금전으로 현금화(환가)할 수 있는 채권에 대하여 동산 또는 부동산에 대한 강제집행을 보전하기 위한 가압류와 계쟁물에 대한 가처분이 있다. 이를 위하여 가압류할 물건의 소재지의 지방법원이나 본안의 관할법원이 필요한 처분을 명할 수 있다(민사집행법 305조). 집행권원(채무명의)의 획득에 상당한 시간을 요하는 강제집행제도 아래에서는 집행보전제도는 매우 중요한 의의를 가진다.

국고에 대한 강제집행 (國庫에 대한 强制執行)

민사집행법 제192조는 '국가에 대한 강제집행은 국고금을 압류함으로써 한다'하여, 국가도 집행권원(채무명의)상 집행채무자가 되며, 이 때 집행권자는 국고금을 압류할 수 있다. 이 규정은 주의규정으로 보이는 바, 이는 국가가 집행권원(채무명의)을 존중하지 않는다는 전제하에서의 규정이기 때문이다.

집행계약(執行契約)

집행확장계약이나 집행제한계약과 같이 현재나 장래에 있어서 특정한 강제집행을 법이 정하는 일반적 형태나 경과와는 조금 다르게 할 것을 목적으로 하는 집행관계자 사이의 합의를 말한다.
(1) 집행확장계약이란 예컨대 집행권원(채무명의)송달의 불요를 약정하던가 또는 집행력 있는 정본의 불요를 약정하는 것과 같이 집행채권자에 유리하게 법정의 집행요건을 감경하는 것 등을 말한다.
(2) 집행제한계약이란 예컨대 집행가능성을 제한하며 집행의 목적물이나 순서를 한정하고, 집행의 정도나 방법을 지정하는 등 채무자에게 유리한 법정의 집행개시요건을 가중하는 것을 말한다. 이 중 집행제한계약은 널리 허용되지만 집행확장계약은 집행기관의 법정권한과 저촉되며, 또 법이 채무자에게 부여하는 보장을 박탈하므로 원칙적으로 허용되지 않는다. 집행계약 중에는 민사집행법 203조 제1항의 경매장소의 변경합의처럼 집행법상의 합의로 보아야 할 명문규정이 있는 경우도 있으나, 일반적인 집행제한계약은 실체상 청구의 속성을 변경하거나 채권자의 작위·부작위를 약정하는 순수한 민법상의

계약으로 보아야 할 것이 많으며, 그 위반은 (1)민사집행법 제44조의 청구에 관한 이의의 소에 준하여 구제를 받으며, (2)또 손해배상 청구의 구제수단을 이용할 수 있다.

집행기간(執行期間)

민사집행법상 가압류 또는 가처분에 대한 재판의 집행은 채권자에게 재판을 고지한 날부터 2주를 넘긴 때에는 하지 못한다.(민사집행법 292조2항, 301조), 채권자는 이 기간 내에 집행을 하여야 하므로 이 기간을 말한다.

집행력(執行力)
독 : Vollstreckbarkeit

확정판결이 가지는 주요한 효력으로서 (1)협의로는 이행판결(또는 조서)의 내용인 이행의무를 강제집행에 의하여 실시할 수 있는 효력을 말하며, (2)광의로는 강제집행 이외의 방법으로 판결의 내용에 적합한 상태를 실현할 수 있는 효력(예 : 확인판결에 기하여 등기소에 등기신청을 하는 경우)을 말한다. 협의의 집행력을 가지는 판결은 이행판결 뿐이며, 확인판결이나 형성판결에는 소송비용의 재판부분에 집행력이 있을 뿐이다. 그러나 이행판결 중에서도 성질상 강제적 실현을 할 수 없는 것(예 : 부부동거의무를 명하는 판결)에 관해서는 집행력이 인정되지 않는다.

집행력있는 정본
(執行力있는 正本)
독 : vollstreckbare Ausfertigung

판결 기타 집행권원(채무명의)의 정본의 말미에 집행문을 부기한 것으로서 집행권원(채무명의)에 집행력의 존재를 공증한 것을 말한다. 강제집행의 개시에는 집행권원(채무명

의)만으로는 부족하고 집행력 있는 정본을 필요로 한다. 집행력이 있는 정본이 있는 한, 그것이 판결정본과 상위하거나 소의 취하로 실효된 판결에 기인된 집행이라도 그 집행은 적법하지만, 집행기관은 정본 자체의 기재상 그 집행권원(채무명의)의 부존재가 분명한 때에는 그 집행신청을 거부하여야 한다. 집행력 있는 정본은 모든 집행권원(채무명의)에 대하여 필요하며 당사자의 합의에 의하여 이 요건을 배제할 수 없다. 다만 가압류명령(민사집행법 292조)·가처분명령(민사집행법 301조)에 대하여는 당사자의 승계가 있는 경우 외에는 집행문의 부여가 필요하지 않으며, 민사집행법 60조의 검사의 과태료 집행명령과 같이 법률이 특히 집행력 있는 집행권원(채무명의)과 동일한 효력을 부여한 것, 민사집행법 234조의 재판의 부수적 집행으로 채권압류명령에 의하여 채권증서를 빼앗는 집행, 민사집행법 146조6항의 부동산인도명령 등을 집행하는 데에는 집행문이 필요하지 않다.

집행문(執行文)
독 : Vollstreckungsklausel

집행권원(채무명의)의 집행력의 현존 또는 집행력의 내용을 공증하기 위하여 법원사무관 등(민사집행법 28조)이 집행권원(채무명의)의 정본 말미에 부기하는 공증문서를 말한다. 공증인이 작성한 증서의 집행문은 그 증서를 보존하는 공증인이 부여한다(민사집행법 59조1항). 집행문의 방식은 '정기 정본은 피고 모 또는 원고 모에 대한 강제집행을 실시하기 위하여 원고 모 또는 피고 모에게 부여한다'라고 기재하고, 법원사무관 등이 기명날인한 후 법원의 인을 압인하여야 한다(민사집행법 29조). 집행문은 판결이 확정되거나 가집행선고 있는 때에 한하여 부여하며, 판결의 집행에 조건을 붙이는 경우에 그 조건의 성취를 채권자가 증명하여야 하는 때에

는 이를 증명하는 서류를 제출한 때에 한하여 집행문을 부여한다. 다만 판결의 집행이 담보의 제공을 조건으로 하는 때에는 그러하지 않다(민사집행법 30조). 집행문은 판결에 표시된 채권자의 승계인을 위하여 부여하거나 판결에 표시된 채권자의 승계인을 위하여 부여하거나 판결에 표시된 채무의 승계인에 대한 집행을 위하여 부여할 수 있다. 다만 그 승계가 법원에 명백한 사실이거나 증명서로 이를 증명한 때에 한한다. 이 경우 승계가 법원에 명백한 사실인 때에는 이를 집행문에 기재하여야 한다(민사집행법 31조).

승계집행문(承繼執行文)

이 판결에 표시된 채권자의 승계인을 위하여 또는 채무자의 승계인에 대하여 집행하는 경우에 부여되는 집행문을 말한다. 승계집행문은 그 승계가 법원에 명백한 사실이거나 증명서로 이를 증명한 때에 한하여 부여할 수 있다(민사집행법 31조1항). 이 승계가 법원에 명백한 사실인 때에는 이를 승계집행문에 기재하여야 한다(민사집행법 31조2항). 승계집행문은 제1심법원의 법원사무관 등이 부여하고, 소송기록이 상급심에 있는 때에는 그 법원의 법원사무관 등이 부여할 수 있지만(민사집행법 28조2항), 재판장의 명령있는 때에 한하여 부여한다(민사집행법 32조1항). 승계집행문의 의의에서 집행력의 주관적 범위는 기판력의 주관적 범위와 일치한다(민소법 218조1항).

강제집행절차에 있어서는 권리관계의 공권적인 확정 및 그 신속·확실한 실현을 도모하기 위하여 절차의 명확·안정을 중시하여야 하므로, 집행권원을 가진 채권자의 지위를 승계한 자라고 하더라도 기존 집행권원에 기하여 강제집행을 신청하려면 민사집행법 제31조 제1항(같은 법 제57조의 규정에 따라준용되는 경우를 포함한다)에 의하여 승계집행문을 부여받아야 하고, 집행권원에 의한 강제집행이 개시된 후 신청. 채권자의 지위를 승계한 경우라도 승계인이 자기를 위하여 강제집행 속행을 신청하기 위하여는 민사집행규칙 제23조가 정한 바와 같이 승계집행문이 붙은 집행권원의 정본을 제출하여야 하며 그 경우 법원사무관등 또는 집행관은 그 취지를 채무자에게 통지하도록 하고 있다(대법원 2008. 8. 11. 선고 2008다32310).

집행문 부여에 대한 이의
(執行文 付與에 대한 異議)

집행문 부여의 처분에 대하여 채무자로부터 그 집행문을 부여한 법원사무관 등의 소속 법원에 그 시정을 구하는 신청(민사집행법 34조1항)을 말한다. 이의의 원인은 집행문의 부여를 위법으로 하는 모든 사유가 이에 해당하며, 이의의 시기에 제한은 없지만 집행문이 부여된 후면 집행이 실제로 개시되기 전이라도 할 수 있으나, 그 집행정본에 의하여 집행이 완료된 후면 이의할 이익이 없다. 집행문이 법원사무관 등의 주관하에 부여되었든, 재판장의 명령을 받아 부여되었든, 집행문부여 거절에 대하여 채권자가 보통항고를 한 결과 항고법원의 명령에 의하여 부여된 경우이든 상관없다. 채권자가 집행문부여의 소에 의하여 집행문을 받았다던지 또는 채무자가 집행문부여에 대한 이의의 소에서 부여가 적법하다고 확정되었을 때에는, 그 판결의 기판력에 의하여 이 방법에 의한 구제는 인정되지 않는다. 그러나 이의가 배척된 후라도 집행

문 부여에 대한 이의의 소를 제기하는 것
은 무방하다(민사집행법 45조단서).

집행문 부여의 소
(執行文 付與의 訴)
독 : Klage auf Erteilung der
Vollstreckungsklausel)

　채권자가 집행문의 부여를 받기 위해 조
건의 성취나 집행문의 부여를 받기 위하여
조건의 성취나 집행문의 부여를 받기 위해
조건의 성취나 승계의 사실을 증명해야 하
는 데, 이를 할 수 없거나 또는 부여를 거
절당한 경우에 채권자가 소로써 이들 사실
을 증명해야 하는 데, 이를 할 수 없거나
또는 부여를 거절당한 경우에 채권자가 소
로써 이들 사실을 주장하여 집행문부여를
구하는 것을 말한다(민사집행법 31조1항,
32조, 33조). 청구를 인용하는 판결이 확정
되면 법원사무관 등은 재판장 또는 법원의
명령을 기다리지 않고 집행문을 부여하는
데, 이때에는 '집행문을 부여하라는 판결이
있었다'는 뜻을 집행문 중에 기재한다.

집행방법에 관한 이의
(執行方法에 관한 異議)
독 : Erinnerung gegen die Art und Weise der
Zwangsvollstreckung

　강제집행의 절차에 관한 집행법원의 재판
으로서 즉시항고를 할 수 없는 것과, 집달
관의 집행행위의 처분 기타 집행관이 준수
할 집행절차에 대하여 채권자채무자 또는
이해관계를 가지는 제3자가 하는 이의신청
(민사집행법 16조1항) 또는 집행관의 집행
위임의 거부나 집행행위의 지체 또는 집행
관이 계산한 수수료에 대한 이의신청(민사
집행법 16조3항)을 말한 자. 집행방법에 관
한 이의는 집행관의 위법한 집행행위가 있
으면 언제든지 구술 또는 서면으로 할 수
있다(민사소송법 161조). 그러나 이의의 신

청에 의하여 집행이 당연히 정지되는 것은
아니며, 다만 이의자를 위하여 재판장은 집
행정지의 가처분을 할 수 있다(민사집행법
16조2항, 34조2항).

집행법원(執行法院)
독 : Vollstreckungsgericht

　당해 사건에 관해 강제집행을 실시할 수
있는 권한을 가진 법원을 말한다. 민사집행
법에서 규정한 집행행위에 관한 법원의 처
분이나 그 행위에 관한 법원의 협력사항을
관할하는 집행법원은 법률에 특별히 지정
되어 있지 아니하면 집행절차를 실시할 곳
이나 실시한 곳을 관할하는 지방법원이 된
다(민사집행법 3조). 일반적으로 강제집행
을 실시함에 있어 채무자나 채무자 이외의
자가 점유하는 물건이나 유가증권의 압류,
경매의 실시 등 사실행위에 속하는 행위는
집행관이 집행기관이 되나, 채권이나 재산
권에 대한 집행, 동산집행에 있어서 배당절
차, 부동산과 등기선박에 대한 집행 등과
같이 법률상의 판단이 필요한 경우 또는
집행관의 집행행위에 협력할 필요가 있는
경우나 감독할 필요가 있는 경우에는 집행
법원이 집행기관으로서의 직분을 행한다.

집행위임(執行委任)
독 : Auftrag an den Gerichtsvollzieher

　채권자의 집행관에 대한 강제집행의 신청
을 말한다. 집행위임이 있으면 집행관은 민
사집행법 제16조 제3항에 의해 정당한 이
유 없이 이를 거절할 수 없다. 채권자가 집
행관에게 집행력 있는 정본을 교부함으로
써 집행위임이 이루어지며, 이로써 집행관
은 집행권원(채무명의)에 표시된 청구권의
강제집행을 행할 권한이 있다(민사집행법
43조). 이 경우 민사집행법에서는 위임이
라는 용어를 사용하나, 집행관은 국가의 집

행기관으로 위에서 본 것처럼 이를 거절할 수 있는 것도 아니므로 이는 민법상의 위임이 아니라 공법상의 신청이다.

제3자 이의의 소
(第3者 異議의 訴)
독 : Exekutionsinterventionsklage

강제집행시 집행관은 그 목적물이 채무자에게 실제로 속하는지를 심사할 의무가 없으므로 채무자의 점유에 있는 제3자 소유의 물건에 대해서도 강제집행 할 수 있는데, 이 때 그 제3자가 채권자에 대해 그 목적물에 대한 강제집행이 부적합함을 선고해 달라고 제기하는 소를 말한다(민사집행법 48조). 소제기는 일반적인 방식에 의하며, 강제집행에 의해 목적물이 경매된 때에도 그 권리는 매수인(경락인)에게 이전되지 않는 것이 원칙이다. 토지관할은 집행절차가 실시된 토지를 관할하는 법원이다. 통설은 이를 형성의 소로 보며, 이 소의 제기에 의하여 집행은 당연히 정지되지 않고, 집행정지명령이 제출된 경우에 한하여 정지된다(민사집행법 46조2항, 47조1항, 48조3항, 49조).

> 민사집행법 제48조의 강제집행에 대한 제3자이의의 소는 이미 개시된 집행의 목적물에 대하여 소유권 기타 목적물의 양도나 인도를 막을 수 있는 권리가 있다고 주장함으로써 그에 대한 집행의 배제를 구하는 것이니만큼 그 소의 원인이 되는 권리는 집행채권자에 대항할 수 있는 것이어야 한다(대법원 2007. 5. 10. 선고 2007다7409).

■ 강제집행

강제경매(强制競賣)
독 : Zwangversteigeruy)

민사집행법상의 강제집행으로 법원에서 채무자의 부동산을 압류 · 매각하여 그 대금으로 채권자의 금전채권의 만족을 충당시키는 절차를 말한다. 수익집행인 강제관리에 대하여 집행대상의 경매에 의한 현금화(환가)를 수반하는 점에 강제경매의 특징이 있다. 부동산에 대한 강제경매를 기본으로 하고, 여기서 부동산이라 함은 부동산 이외에 특별법에 의해 부동산으로 간주되거나 또는 준용되는 것을 포함한다. 부동산에 대한 강제집행은 그 부동산 소재지의 지방법원이다. 부동산이 여러 지방법원의 관할구역에 있는 때에는 각 지방법원에 관할권이 있다. 그리고 이 경우 법원이 필요하다고 인정한 때에는 사건을 다른 지방법원에 이송할 수 있다(민사집행법 79조). 유체재산에 대한 집행기관인 집행관과 다르게 한 것은 부동산이 중요재산일 뿐만 아니라, 부동산에 각종의 담보물권·용익물권이 설정된 경우에 압류·현금화(환가)·배당 등에 관하여 고도의 법률지식이 필요하기 때문이다. 부동산에 대한 강제경매는 채권자의 신청에 의하여 개시한다(민사집행법 78조). 집행법원의 채권자의 신청에 의하여 경매시기를 결정하고, 이에 따라 부동산의 압류를 명하여야 하며, 경매절차의 개시결정 후에는 법원은 직권 또는 이해관계인의 신청에 의하여 부동산에 대한 침해행위를 방지하기 위하여 필요한 조치를 할 수 있다(민사집행법 83조1항 내지 3항).압류는 채무자에게 그 결정이 송달된 때 또는 경매신청의 등기(민사집행법 94조)가 된 때에 효력이 생긴다. 강제경매신청을 각하하는 재판에 대하여는 즉시 항고를 할 수 있다(민사집행법 83조 4, 5항). 법원은 경매개시결정을 한 후 지체없이 집행관에게 부동산의 현황·점유관계 차임 또는 보증금의 액수 기타 현황에 관하여 조사할 것을 명하여야 한다(민사집행법 85조1항). 이해관계인은 매각대금(경락대금)의 완납시까지 법원에 경매개시결정에 대한 이의를 할 수 있다. 압류부동산의 현금화(환가)방법에는 경매와 입찰의 두 가지가 있다. 매각 기일에 최저매각가격 이상의 경매신청이 있을때에는 매각기일(경매기일)로부터 일주일 이내에 매각결정기일(경락기일)을 정하고, 다시 그 매각(경락)을 허가할 것인지 안할 것인지를 결정한다(민사집행법 104조 내지 120조 이내에 매각결정기일(경락기일)을 정하고 다시 매각결정기일(경락기일)에 관계인의 진술을 들은 후에 그 매각(경락)을 허가할 것인지 안할 것인지를 결정한다(민사집행법 104조 내지 120). 이해관계인은 매각(경락)허부의 결정에 대하여 즉시 항고를 할 수 있다.

공적 경매(公的 競賣)
독 : ffentliche Versteigerung

강제집행에 있어서 압류의 목적물을 현금화하는 경우, 경매신청의 기회를 모든 사람에게 부여하여 행하는 경매의 절차를 말한다. 공적 경매는 유체동산을 압류한 경우의 원칙적 현금화방법으로서 압류를 집행한 집달관이 하고, 채권자 또는 채무자의 신청에 의하여 다른 방법이나 다른 장소에서 압류물을 매각(경락)하게 할 수 있고, 집행관에게 위임하지 아니하고 다른자로 하여금 경매하게 할 수 있다(민사집행법 214조).

경매신청(競賣申請)
독 : Abgabe von Geboten

경매에서 매수신청을 하는 것을 말한다.

저당권의 실행은 저당권자가 목적부동산 소재지의 지방법원에 경매를 신청함으로써 시작된다. 이 경매신청은 일정한 사항을 기재한 서면을 법원에 제출함으로써 이루어진다(민사집행법 80조). 경매신청은 이를 취하할 수 있다(민사집행법 93조1항). 그러나 매수의 신고가 있는 후에 경매신청을 취하하고자 할 경우에는 최고가 매수신고인과 차순위 매수신고인의 동의가 있어야 한다.

경매개시결정(競賣開始決定)
독 : Beschluss über die Anordnung der Versteigerung

경매신청이 적법하다고 인정하여 경매절차의 개시를 선고하는 법원의 결정을 말한다. 법원은 경매신청이 적법하다고 인정할 때에는 경매개시결정을 한다. 또한 법원은 경매개시결정과 동시에 그 저당부동산의 압류를 명하여야 한다(민사집행법 83조1항). 경매개시결정을 하면 법원은 채무자에게 그 결정을 송달하고, 관할 등기소에 경매등기를 촉탁하여야 한다. 그리고 압류의 효력은 경매개시결정이 채무자에게 송달된 경우 또는 법원의 촉탁에 의해 경매등기가 이루어진 경우에 생긴다(민사집행법 83조4항·94조). 법원은 경매개시결정을 한 후에는 지체없이 집행관에게 경매부동산의 현상, 점유관계, 차임 또는 보증금액, 기타 현황에 관해 조사할 것을 명하여야 한다(민사집행법 85조). 그리고 이해관계인은 매각대금(경락대금)의 완납이 있을 때까지 법원에 경매개시결정에 대한 이의신청을 할 수 있다(민사집행법 86조). 또한, 경매개시결정을 한 법원은 내부적으로 감정인에게 부동산을 평가게 하고 그 평가액을 참작하여 최저매각가격을 정해야 한다(민사집행법 97조1항). 그리고 법원은 수개의 부동산에 대해 경매개시결정을 한 후에는 부동산의 위치, 형태, 이용관계 등을 고려하여 이를 동일인에게 일괄매수시킴이 상당하다고 인정한 경우에는 일괄매각할 것을 정할 수 있다(민사집행법 98조 1항).

매각조건(경매조건)(賣却條件)

매수인(경락인)에게 압류목적물의 소유권을 취득시키는 조건을 말한다. 경매는 보통의 매매와 다르므로, 그 효력과 요건을 미리 정형화할 필요가 있는데, 여기에는 법정매각조건과 특별매각조건이 있다. 법원은 감정인에게 부동산을 평가하게 하고, 그 평가액을 참작하여 최저매각가격을 정하여야 한다(민사집행법 97조1항). 또한 매수인(경락인)은 매각대금(경락대금)을 완납한 때에 경매의 목적인 권리를 취득한다(민사집행법 135조). 최저매각가격 이외의 매각조건은 이해관계인의 합의에 의하여 변경할 수 있다. 이 합의는 매각기일(경매기일)까지 할 수 있다(민사집행법 110조). 또한 법원은 필요하다고 인정한 경우에 직권으로 민소법상의 강제경매에 게기한 매각조건을 변경할 수 있다. 그리고 여기에 대한 재판에 관해서는 불복을 신청하지 못한다. 다만, 최저매각가격의 변경에 관해서는 즉시항고할 수 있다. 집행관은 매각 기일 또는 호가경매의 방법에 의한 매각기일에는 매각물건명세서, 현황조사보고서 및 평가서 사본을 볼 수 있게 하고, 특별한 매각 조건이 있는 경우에는 이를 고지하고 매수가격신고를 최고하여야 한다(민사집행법 112조).

매각기일(경매기일)(競賣期日)

경매실시에 관한 절차를 행하기 위한 기일로써 법원의 의견으로서 법원 내 기타의 장소에서 집행관으로 하여금 실시하게 하는 기일을 말한다. 법원이 경매개시결정을 한 때에는 매각기일(경매기일)을 지정하여 이를 공고한다(민사집행법 104조2항). 또한 법원은 매각기일(경매기일)을 이해관계인에게 통지하여야 한다(민사집행법 104조 2항). 매각기일(경매기일)의 공고내용에는 부동산의 표시, 강제집행으로 매각한다는 취지와 그 매각 방법, 부동산의 점유자, 점유의 권원, 점유사용할 수 있는 기간, 차임 또는 보증금 약정 및 그 액수, 매각기일의 일시·장소, 최저매각가격, 매각결정기일의 일시 및 장소, 매각물건명세서, 현황조사보고서 및 평가서의 사본을 매각기일 전에 법원에 비치하여 누구든지 볼 수 있도록 제공한다는 취지, 등기부에 기입을 요하지 아니하는 부동산 위에 권리 있는 자의 채권을 신고할 취지, 이해관계인이 매각기일(경매기일)에 출석할 취지를 기재하여야 한다. 경매인으로서의 의무를 지고자 하는 자의 매수가격에 대한 단독의사표시를 말한다. 매각기일(경매기일)과 매각결정기일(경락기일)을 공고하면 집행관은 매각기일 또는 호가경매의 방법에 의한 매각기일에는 매각물건명세서, 현황조사보고서 및 평가서 사본을 볼수 있게 하고, 특별한 매각조건이 있는 때에는 고지하고 매수가격신고를 최고하여야 한다(민사집행법 112조). 이 때 매수신청인은 대법원규칙이 정하는 바에 따라 집행법원이 정하는 금액과 방법에 맞는 보증을 집행관에게 제공하여야 한다(민사집행법 113조). 이 때 저당물의 소유권을 취득한 제3자도 매수신청을 하여 경매인이 될 수 있다(민법363조2항).

경매실시(競賣實施)

집행관은 기일입찰 또는 호가경매의 방법에 의한 매각기일에는 매각물건명세서·현황조사보고서 및 평가서의 사본을 볼 수 있게 하고, 특별한 매각조건이 있는 때에는 이를 고지하며, 법원이 정한 매각방법에 따라 매수가격을 신고하도록 최고하여야 한다(민사집행법 112조). 매수신청인은 대법원규칙이 정하는 바에 따라 집행법원이 정하는 금액과 방법에 맞는 보증을 집행관에게 제공하여야 한다(민사집행법 113조). 최고가매수신고인 외의 매수신고인은 매각기일을 마칠 때까지 집행관에게 최고가매수신고인이 대금 지급기한까지 그 의무를 이행하지 아니하면 자기의 매수신고에 대하여 매각을 허가하여 달라는 취지의 신고(이하 "차순위매수신고"라 한다)를 할 수 있다. 차순위매수신고는 그 신고액이 최고가매수신고액에서 그 보증액을 뺀 금액을 넘는 때에만 할 수 있다(민사집행법 114조). 집행관은 최고가매수신고인의 성명과 그 가격을 부르고 차순위매수신고를 최고한 뒤, 적법한 차순위매수신고가 있으면 차순위매수신고인을 정하여 그 성명과 가격을 부른 다음 매각기일을 종결한다고 고지하여야 한다. 차순위매수신고를 한 사람이 둘 이상인 때에는 신고한 매수가격이 높은 사람을 차순위매수신고인으로 정한다. 신고한 매수가격이 같은 때에는 추첨으로 차순위매수신고인을 정한다. 최고가매수신고인과 차순위매수신고인을 제외한 다른 매수신고인은 제1항의 고지에 따라 매수의 책임을 벗게 되고, 즉시 매수신청의 보증을 돌려 줄 것을 신청할 수 있다. 기일입찰 또는 호가경매의 방법에 의한 매각기일에서 매각기일을 마감할 때까지 허가할 매수가격의 신고가 없는 때에는 집행관은 즉시 매각기일의 마감을 취소하고 같은 방법으로 매수가격을 신고하도록 최고할 수 있다. 제4항의 최고에 대하여 매수가격의 신고가 없어 매각기일을 마감하는 때에는 매각기일의 마감을 다시 취소하지 못한다(민사집행법 116조). 매각허가결정에는 매각한 부동산, 매수인(경락인)과 매각가격을 적고 특별한 매각조건으로 매각한 때에는 그 조건을 적어야 한다(민사집행법 128조1항).

경매절차의 중지 (競賣節次의 中止)

민사집행법 제207조의 경매의 한도에 관한 규정에 의하면, 유채동산의 경매에서 목적물이 여러개 있어서 순차로 매각하는 때에 매각대금(매득금)으로 채권자에게 변제하고 강제집행비용에 충분하게 되면 경매절차를 즉시 중지해야하는 것을 말한다.

경매취소권(競賣取消權)

민사집행법 127조1항에서 인정하고 있는 것으로 매수가격의 신고 후에 천재지변 기타 자기의 책임을 질 수 없는 사유로 인하여 부동산이 현저히 훼손된 경우에, 매수인(경락인)이 대금을 납부할 때까지 매각(경락)허가결정의 취소신청을 할 수 있는 권리를 말한다. 매각(경락)허가결정의 취소신청에 대한 결정에 관해서는 즉시항고를 행할 수 있다(민사집행법 127조2항).

강제관리(强制管理)
독 : Zwangverwaltung

민사집행법상의 강제집행의 한 방법으로, 채무자의 부동산을 법원에서 압류하여 관리인을 선임, 그 부동산을 관리수익하게 하여 그 수익으로써 채권에 충당시키는 집행절차(민사집행법 163조171조)를 말한다. 채무자가 압류부동산의 소유권을 상실하지 않는다는 점에서 강제경매와 다르다. 채권자는 강제경매와 강제관리의 어느 하나를 선택할 수 있고, 양자를 병용하여도 무방하다(민사집행법 78조2항). 수익이 가능한 부동산이나 지상권임차권과 같은 부동산을 목적으로 하는 권리에 대하여도 할 수 있고, 강제경매에 적합하지 않은 부동산이라도 수익을 압류할 수 있는 경우, 즉 양도가 금지된 부동산이나 또는 매각대금으로 저당권자에게 변제하고 나면 남는 것이 없는 부동산에 대해서도 가능하며, 시가가 싸기 때문에 강제관리를 하면서 강제경매의 시기를 기다리는 경우 등에 효용이 있으나, 실제는 관리수익이 쉽지 않아 별로 이용되고 있지 않다. 강제관리는 채권자의 신청으로 법원에서 강제관리개시결정을 함에 따라 개시된다(민사집행법163조). 강제관리개시결정에는 채무자에 대하여 관리사무에 대한 간섭과 부동산 수익의 처분을 금하고, 부동산 수익을 채무자에게 지급한 제3자에게는 그 후 관리인에게 지급할 것을 명하여야 한다. 개시결정은 제3자에 대하여 송달에 의하여 효력이 생긴다. 강제관리신청을 각하하는 재판에 대하여는 즉시항고를 할 수 있다(민사집행법 164조). 개시결정이 있은 후 법원은 관리인을 임명하고, 관리인은 관리와 수익을 위하여 부동산을 점유할 수 있고, 제3자의 채무자에게 지급할 수익을 추심할 권한이 있다(민사집행법 166조). 관리인은 그 부동산을 점유관리하여 그 부동산으로부터 얻은 수익에서 조세 등 공과금관리비용 등을 공제하고 잔액을 채권자에게 배당하여야 한다(민사집행법 169조). 관리인은 법원의 압류에 의하여 징수한 수익권능을 수권위탁받은 자이며, 집행기관은 아니다. 강제관리의 취소는 각 채권자가 부동산 수익으로 전부변제를 받은 때에 하고, 강제관리의 취소결정에 대하여는 즉시항고를 할 수 있다(민사집행법 171조).

배당이의의 소(配當異義의 訴)

강제집행의 배당절차에 있어서 이의가 완결되지 아니한 때, 이의를 신청한 채권자가 이의에 관하여 이해관계를 가지고 또 이의를 정당하다고 인정하지 않는 다른 채권자를 상대로 이의를 주장하기 위해 제기하는 소(민사집행법 154조)를 말한다. 배당이의의 소의 성질에 관하여 통설은 본소송에 의해 비로소 그 배당액이 형성되기 때문에 형성의 소라고 보나, 배당액의 확정을 구하는 확인의 소라는 유력한 견해도 있다. 제154조 1항의 배당이의의 소는 배당을 실시한 집행법원이 속한 지방법원의 관할로 한다. 다만, 소송물이 단독판사의 관할에 속하지 아니할 경우에는 지방법원의 합의부가 이를 관할한다. 여러 개의 배당이의의 소가 제기된 경우 한 개의 소를 합의부가 관할하는 때에는 그 밖의 소도 함께 관할한다. 이의한 사람과 상대방이 이의에 관하여 단독판사의 재판을 받을 것을 합의한 경우에는 156조 제1항 단서와 156조 제2항의 규정을 적용하지 아니한다(민사집행법 156조). 이의를 신청한 채권자가 154조 3항의 기간을 지키지 아니한 경우에도 배당표에 따른 배당을 받은 채권자에 대하여 소로 우선권 및 그 밖의 권리를 행사하는 데 영향을 미치지 아니한다(민사집행법 155조). 배당이의의 소에 대한 판결에서는 배당액에 대한 다툼이 있는 부분에 관하여 배당을 받을 채권자와 그 액수를 정하여야 한다. 이를 정하는 것이 적당하지 아니하다고 인정한 때에는 판결에서 배당표를 다시 만들고 다른 배당절차를 밟도록 명하여야 한다(민사집행법 157조). 이의한 사람이 배당이의소송의 첫 변론기일에 출석하지 아니한 때에는 소를 취하한 것으로 본다(민사집행법 158조).

> 배당이의 소의 원고적격이 있는 자는 배당기일에 출석하여 배당표에 대한 실체상의 이의를 신청한 채권자 또는 채무자에 한하고, 제3자 소유의 물건이 채무자의 소유로 오인되어 강제집행목적물로서 경락된 경우에도 그 제3자는 경매절차의 이해관계인에 해당하지 아니하므로 배당기일에 출석하여 배당표에 대한 실체상의 이의를 신청할 권한이 없으며, 따라서 제3자가 배당기일에 출석하여 배당표에 대한 이의를 신청하였다고 하더라도 이는 부적법한 이의신청에 불과하고, 그 제3자에게 배당이의 소를 제기할 원고적격이 없다(대법원 2002. 9. 4. 선고 2001다63155).

경락(競落)
독 : Zuschlag

민사집행법 제정으로 '매각'이라는 용어로 명칭이 변경되었다. 경매에 의하여 그 목적물인 동산 또는 부동산의 소유권을 취득하는 것을 말한다. 경매란 광의로 매도인이 다수인을 집합시켜 구술로 매수신청을 최고하고, 매수신청인 가운데 최고가 신청인에게 승낙을 하여 매매하는 것을 의미하는데, 여기서의 승낙이 바로 매각(경락)이다. 민사집행법상의 경매의 경우에 동산의 매각(경락)의 고지는 집행관이 최고가매수신고일의 성명과 가격을 말한 뒤 매각을 허가한다(민사집행법 205조1항). 또한 부동산의 경우에는 법원이 매각(경락)허부의 재판을 하기 위하여 매각결정기일(경락기일)을 연다. 이때 매각결정기일(경락기일)은 매각기일(경매기일)로부터 일주일 이내로 정해야 하며, 매각(경락)절차는 법원 내에서 하여야 한다(민사집행법 109조). 매각결정기일(경락기일)은 매각기일(경매기일)의 공고중에 기재하여야 한다. 법원은 매각결정기일(경락기일)에 출석한 이해관계인에게 매각(경락)에 관한 의견을 진술하게 해야 하며(민사집행법 120조), 그 진술을 들어 이의사유가 없다고 인정할 때에만 매각(경락)허가 결정을 한다. 또한 과잉매각(과잉경매)의 경우(민사집행법 124조)는 매각(경락)불허의 결정을 해야 하지만 경매 자체를 불허하는 경우가 아닌 한 매각(경락)불허의 결정이 있어도 신경매를 행한다(민사집행법 125조). 매각(경락)허가결정이 확정된 경우에는 법원은 대금 지급기일을 정하고 매수인(경락인)과 차순위 매수신고인을 소환하여야 하며, 매수인(경락인)은 법원이 정하는 기일에 매각대금(경락대금)을 그 법원에 완납하여야 한다(민사집행법 142조). 매수인(경락인)이 대금을 지급함으로써 차순위 매수신고인은 매수인(경락인)의 책임을 면하고 즉시 보증금의 반환을 청구할 수 있다. 이와 같이 매수인(경락인)은 매각대금(경락대금)을 완납한 때에 경매목적물의 소유권을 취득하며, 법원은 경매허가결정의 등본을 첨부하여 소유권이전의 등기를 촉탁하여야 한다(민사집행법 144조1항).

매각기일(賣却期日)

경매에 있어서 매각(경락)을 허가할 것인가의 여부를 이해관계인의 진술을 들어 재판하기 위한 기일을 말한다. 매각결정기일(경락기일)은 매각기일(경매기일)로부터 일주일 이내에 정하여야 한다(민사집행법 109조). 다만 이는 훈시규정이므로 이를 어겼다고 하여 경매절차가 무효가 되는 것은 아니다.

매각(경락)허가결정
(競落許可決定)
독 : Zuschlagsbeschluss

부동산의 경매절차에 있어서, 법원이 최고가 경매인에 대해 경매부동산의 소유권을 취득시키는 집행처분을 말한다. 매각기일(경매기일)에서 최고가매수신고인이 정하여지면 법원은 매각결정기일(경락기일)을 열어 매각(경락)허가 결정을 한다(민사집행법 128조1항). 매각(경락)허가결정이 확정된 때에는 법원은 대금지급기일을 정하고 매수인(경락인)과 차순위 매수신고인을 신고하여야 하며, 매수인(경락인)은 법원이 정하는 기일에 매수대금(경락대금)을 법원에 완납하여야 한다(민사집행법 142조).

매각(경락)불허가결정
(競落不許可決定)

매각(경락)을 허가하지 않는다는 뜻의 결정을 말한다. 매각(경락)불허가결정을 하는 사유는 법정되어 있는데, 민사집행법 123조·124조·127조의 규정이 그것이다. 다만 법원이 직권으로 매각(경락)불허가결정을 하는 경우에는 민사집행법 123조2항 단서의 제한이 있다.

매각(경락)허가에 대한 이의
(競落許可에 대한 異議)

매각(경락)을 허가할 수 없다는 소송상의 진술을 말한다. 매각(경락)허가에 대한 이의 사유는 다음의 이유에 의해야 한다. ①강제집행을 허가할 수 없거나 집행을 속행할 수 없는 경우, ②최고가 매수신고인이 부동산을 매수할 능력이나 자격이 없는 경우, ③최고가 매수신고인이나 그 대리인이 민사집행법 108조 각호의1에 해당하는 경우, ④법률상의 매각조건에 위반하여 매수하거나 모든 이해관계인의 합의 없이 법률사의 매각조건을 변경한 경우, ⑤매각기일(경매기일) 공고가 법률의 규정에 위반한 경우, ⑥최저경매가격의 결정, 일괄경매의 결정 또는 물건 명세서의 작성에 중대한 하자가 있는 경우, ⑦민사집행법 115조의 규정에 위반한 경우, ⑧법원은 이의 신청을 정당하다고 인정한 경우에는 매각(경락)을 허가하지 아니한다(민사집행법 123조1항). 매각(경락)에 관한 이의는 매각(경락)허가가 있기까지 신청하여야 한다. 이미 신청한 이의에 대한 진술도 같다(민사집행법 120조1항). 또한 이의는 다른 이해관계인의 권리에 관한 이유에 의해서는 하지 못한다(민사집행법 122조).

배당요구(配當要求)

강제집행에 있어서 압류채권자 이외의 채권자 집행에 참가하여 변제를 받기 위해 집행관의 압류금액·매각대금(매득금) 등의 배당을 요구하는 것을 말한다. 우리 민사소송법은 압류로 인해 우선권을 취득하는 우선배당주의(독일)를 취하지 않고 평등배당주의를 취하므로 압류채권자 이외의 채권자도 배당요구에 의하여 평등한 배당을 받을 수 있다. 배당요구의 절차는 압류의 목적물의 종류에 따라 다르니, (1)유체동산에 대한 집행에 있어서의 배당요구는 집행관이 금전을 압류한 때 또는 매각대금을 영수하거나, 집행관이 어음수표 기타 금전의 지급을 목적으로 한 유가증권에 대하여 그 금전을 지급을 받은 때(민사집행법 220조 1항 1·2호)에 민사집행법 제217조 내지 219조의 규정에 따라 배당을 요구할 수 있다. 민법·상법 기타 법률에 의하여 우선변제청구권이 있는 채권자는 매각대금의 배당을 요구할 수 있고(민사집행법 217조), 이 배당요구는 이유를 밝혀 집행관에게 하여야 한다(민사집행법 218조). (2)채권과 다른 재산권에 대한 집행에 있어서의 배당요구는 집행법원에 신고하여야 하는 것이 원칙이며, 집행력 있는 정본의 유무와 무관하다. 민법·상법 그 밖의 법률에 의하여 우선변제청구권이 있는 채권자와 집행력 있는 정본을 가진 채권자는, 제3채무자가 제248조 제4항에 의한 공탁의 신고를 한 때, 채권자가 제236조에 의한 추심의 신고를 한 때, 집행관이 현금화한 금전을 법원에 제출한 때에 법원에 배당을 요구할 수 있다(민사집행법 247조 1항). 전부명령이 제3채무자에게 송달된 후에는 배당요구를 하지 못한다. 이 배당요구에는 유체동산에 있어서의 배당절차를 준용한다(민사집행법 247조 3항). 그리고 배당요구는 제3채무자에게 통지하여야 한다(민사집행법 247조 4항). 그리고 법원은 배당기일 경과 후 배당표에 의하여 배당을 실시한다. (3)부동산의 강제경매 및 강제관리 있어서는 매수인(매각(경락)인)이 매수대금(매각(경락)대금)을 지급하면 법원은 배당기일을 정하고 이해관계인과 배당을 요구한 채권자를 소환하여서(민사집행법

146조), 대금·재매각(재경매)의 경우에는 대금지급기일부터 대금지급까지의 지연이자, 제130조 제6항과 제138조 제4항의 보증금을 배당하여야 한다. 집행력 있는 정본을 가진 채권자, 경매개시결정이 등기된 뒤에 가압류를 한 채권자, 민법상법, 그 밖의 법률에 의하여 우선변제청구권이 있는 채권자는 배당요구를 할 수 있다(민사집행법 88조 1항). 그리고 그 배당요구는 그 원인을 명시하고 법원 소재지에 주소나 사무소가 없는 자는 가주소를 선정하여 법원에 신고하여야 한다.

배당법원(配當法院)
독 : Verteilungsgericht

강제집행에 있어서 배당절차가 행해지는 경우, 그 절차를 행하는 법원을 말한다. 채권과 다른 재산권에 대한 강제집행에 있어서는 최초에 압류명령을 내린 집행법원이고(민사집행법 248조 4항), 유체재산의 집행에 있어서는 금전의 압류지 또는 압류물의 경매지의 집행법원이다. 민사소송법은 법률에 특별히 법원을 지정하지 아니한 경우에는 집행절차를 실시할 곳이나 실시한 곳을 관할하는 지방법원을 집행법원으로 본다(민사집행법 3조).

배당기일(配當期日)
독 : Verteilungstermin

강제집행절차에 배당절차를 실행하는 경우에 배당표에 관한 진술과 배당실시를 위하여 법원이 지정한 기일(민사집행법 146조)을 말한다. 배당기일에 출석하지 아니한 채권자는 배당표의 실시에 동의한 것으로 본다(민사집행법 153조). 부동산 또는 선박의 강제경매에 있어서는 배당기일은 동시에 매각대금(경락대금)의 지급기일이다(민사집행법 142조, 172조).

선박경매(船舶競賣)

등기선의 경매는 등기선이 부동산유사성을 가지므로 부동산의 강제경매에 관한 규정에 의하여야 한다. 다만 물건의 성질에 의한 차이나 특별한 규정이 있는 경우에는 그러하지 아니하다(민사집행법 172조). 선박에 대한 강제집행은 압류 당시의 정박항을 관할하는 압류 당시의 정박항을 관할하는 지방법원을 집행법원으로 한다(민사집행법 173조). 그밖에 등기선에 관한 경매에 관하여 민사집행법 제173조 이하에서 규정하고 있다. 비등기선은 부동산유사성이 없으므로 동산의 경매에 준하여 행한다.

압류금지(押留禁止)
독 : Unpfändbarkeit 불, insaisissabilit

채무자를 보호하기 위하여 법률이 일정한 물건 또는 채권에 대하여 압류를 금지하는 것을 말한다(민사집행법 195·246조). 민사집행법 제195조는 일정한 유체동산을, 동법 246조는 일정한 채권을 압류하지 못하는 것으로 열거하고 있으나, 기타 법률에서 개별적으로 압류의 금지를 규정하는 경우도 많다. 또 법원은 일정한 요건 하에서는 재량적으로 압류금지의 범위를 확장할 수 있다(민사집행법 196조). 민사집행법 제195조는 사회정책적인 견지에서 채무자의 최저생업의 유지를 위해 다음에 열거하는 물건에 대하여 압류를 금지하고 있다. (1)채무자와 그 동거친족을 위하여 없어서는 안될 의복·가구·부엌가구 기타 생활필수품, (2)채무자와 그 동거친족에 필요한 2개월간의 식료품·연료 및 조명재료, (3)채무자등의 생활에 필요한 1월간의 생계비로서 대통령령이 정하는 액수의 금전 등이 그것이다. 압류금지인정의 근거는 채무자의 최저한도의 생활이나 생업의 유지를 보장하려는 사회정책적 목적과, 국가적·공익적 업무에 종사하는 자를 보호하려는 목적에서 유래

된 것이다. 압류금지물은 채무자가 파산하더라도 파산재단에 들어가지 않는다(채무자 회생 및 파산에 관한 법률 제383조1항).

압류명령(押留命令)
독 : pfändungsbeschluss

제3채무자에 대하여 채무자에게 지급하는 것을 금하고, 채무자에 대하여 채권의 처분, 특히 그 추심을 해서는 안 된다고 명령하는 집행법원의 결정을 말한다(민사집행법 227조). 제3채무자에게 송달함으로써 채권의 압류의 효력이 생긴다(민사집행법 227조 3항). 채권과 다른 재산권에 대한 강제집행은 집행법원의 압류명령에 의하여 하고, 이 명령에 위반하는 처분, 즉 채무자의 채무양도나 제3채무자의 변제는 이로써 압류채권자에 대항하지 못한다. 압류명령은 채권자의 신청에 의하여 행하여지며(민사집행법 225조), 압류명령을 내림에 있어서는 미리 제3채무자 및 채무자를 신문할 필요가 없다(민사집행법 226조). 유체동산 또는 부동사의 인도청구권에 대한 압류명령 중에는 인도명령을 포함하지만, 이 인도명령이 압류명령의 요소는 아니다.

압류채권자(押留債權者)
독 : Vollstreckungsläubiger

금전채권을 추심하기 위해 강제집행이 개시된 경우에, 집행위임압류명령의 신청이나 강제경매 또는 강제관리의 신청을 한 채권자를 말한다. 우리나라 법은 평등배당주의를 취하고 있으므로 압류채권자는 배당요구채권자에 대하여 우선적 지위가 인정되지 않는다.

보조적 압류(補助的 押留)
독 : Hifspfändung

채권이 압류되었을 때 그 압류된 채권에 고소한 증서를 채무자가 소지하고 있을 경우에, 압류채권자가 법원의 압류명령에 의하여 그 증서를 채무자로부터 강제집행의 방법으로 인도시키는 것을 말한다.

공동압류(共同押留)
독 : mehrfache pfändung

동시압류라고도 하며, 금전집행에 있어 채무자의 동일재산을 동시에 다수의 채권자를 위하여 행하는 압류를 말한다(민사집행법 222조2항 · 162조 · 172조). 다수채권자가 공동으로 동시에 집행을 신청하거나, 집행기관이 별개의 신청을 병합하여 채무자의 동일재산에 대하여 동시에 압류할 경우에 생긴다. 압류절차현금화(환가)방법은 단독집행에 준하며, 그 만족의 정도는 채권자경합의 다른 경우에 준한다.

대체집행(代替執行)

채무자가 채무를 이행하지 않을 때에 채권자가 법원에 청구하여 그 재판에 따라서 채무자로부터 비용을 추심해서 그 비용으로 채권자 또는 제3자로 하여금 채무자에게 갈음하여 채권의 내용을 실행케 하는 강제집행의 하나의 방법이다(민법 389조 2항, 민사집행법 260조). 직접강제가 '주는 채무'의 경우에 허용됨에 반하여 대체집행은 '하는 채무' 즉 작위채무의 경우에 허용된다. 그러나 모든 작위채무에 대체집행이 인정되는 것은 아니며, 그 가운데에서도 채무자의 일신에 전속하지 아니한 작위를 목적으로 하는 채무에 허용되는 점이 간접강제와도 다르다. 즉 대체집행은 채무의 내용이 본인 스스로의 이행이 아니라 제3자로 하여금 대신시켜도 이행의 목적을 달성시킬 수 있는 경우에 해당되는 것이다. 대체집행에는 작위채무의 대체집행과 부작위채무의 대체집행이 있다. 전자는 제3자로 하여금 채무를 이행케하고 그 비용은 채무자에게 부담시키는 것이고, 후자는 채무자가 부작위의무를 위반하여 생긴 결과를 제3자가 제거하게 하고 그 비용은 채무자에게 부담시키는 것이다. 대체집행의 절차와 방법은 민사집행법 규정에 따라 채권자의 신청에 의하여 제1심 수소법원이 이를 결정하고 채권자는 동시에 제3자로 하여금 이행시키는 비용을 미리 채무자에게 지급할 것을 명하는 취지의 신청을 할 수 있다. 다만 이 경우 후일 그 초과비용을 청구할 권리는 해당되지 않으며, 채권자의 대체집행의 신청에 대하여 즉시항고를 할 수 있는 길을 열어 놓고 있다(민사집행법 260조). 법원의 대체집행에 대한 결정은 변론 없이 할 수 있으나 결정전에 채무자를 신문하여야 한다(민사집행법 262조).

강제이행(强制履行)

채무자가 채무의 이행이 가능함에도 불구하고 자발적으로 이를 행하지 않을 때에 채권자가 법원에 의하여 강제적으로 급부를 실현하는 것을 말한다. 강제이행의 방법으로서는 직접강제·대체집행·간접강제 등이 있는데, 인격존중의 측면에서 사용의 순서는 직접강재·대체집행·간접강제라고 해석하고 있다. 강제이행을 실현하기 위해서는 우선 이행판결이나 기타의 집행권원(채무명의)을 얻고, 이를 근거로 민사소송법의 규정에 따라 강제집행을 신청한다. 직접강제는 민법 제389조 제1항의 해석에 따라 [주는 채무]에만 허용되며, 또 이때는 다른 강제방법이 허용되지 않는다. 대체집행은 채무자로부터 비용을 추심하여, 이 비용으로 채권자 또는 제3자로 하여금 채무자에 대하여 채권의 내용을 실현하게 하는 방법으로서 [하는 채무]중 채

무자의 일신에 전속하지 않는 대체적 작위채무에 한하여 허용된다. 그 절차와 방법은 민사집행법상의 규정에 따른다(민사집행법 260조·262조). 간접강제는 손해배상·벌금·구금의 수단으로써 채무자에게 심리적 압박을 가해 채권내용을 실현시키는 방법인데, [하는 채무]중 대체집행이 허용되지 않는 부대체적 작위채무에 한하여 허용된다. 그러나 이 중에서도 제3자의 협력을 요해 채무자 본인의 의사만으로 실현될 수 없는 채무나, 예술가의 작품제작 채무와 같이 채무자의 의사에 반하여 강제된다면 채무의 내용에 적합한 급부를 할 수 없는 경우 또는 부부 간의 동거의무와 같이 강제됨으로써 인격존중에 반하는 채무에서는 간접강제가 적용되지 않는다.

비금전집행(非金錢執行)

금전의 지급을 목적으로 하지 않는 비금전채권에 대한 강제집행을 말한다. 결국 비금전채권의 만족을 위하여 하는 강제집행이다. 우리의 강제집행법은 금전집행과 비금전집행으로 크게 구분하고 있다. 비금전집행에 대해서는 7개조의 규정(민사집행법 257조 내지 263조)을 두고 있다. 비금전집행의 구조는 집행력있는 청구권의 물건의 인도채권인가, 작위·부작위 채권인가에 따라 다르며, 이것을 일괄하여 비금전집행이라는 개념으로 부르는 것은 대체로 적극적인 의미를 갖지 않는다. 다만 금전집행에서 한결같이 압류→현금화(환가)→만족이라는 단계를 거치므로 대체집행도 간접강제도 적용될 여지가 없다. 이에 반하여 비금전집행에서는 직접강제를 허용하지 않는 것을 원칙으로 하고, 대체집행과 간접강제외에 특수한 집행방법만이 인정된다. 예외적으로 직접강제에 의한 물건인도채권의 집행에 있어서도 압류와 만족의 단계만이 존재하고 현금화(환가)의 단계는 성질상 존재하지 않는다는 점에서 금전집행과의 비교에 있어서 분류상의 의미를 가질 뿐이다.

보전처분

집행보전절차(執行保全節次)

민사집행법 제4편 보전처분을 말한다. 강제집행의 보전을 목적으로 하는 특별 민사소송절차로서 보전소송이라고도 한다.

보전처분(保全處分)

좁은 의미로는 채무자 회생 및 파산에 관한 법률에 의한 파산, 화의, 회사정리 등의 목적을 달성하기 위해 인정된 각종의 처분을 말하나, 넓은 의미로는 권리를 보전하기 위해 그 확정이나 실현까지의 사이에 법원이 명하는 잠정적인 처분을 총칭한다. 즉 채권자가 집행권원(채무명의)을 얻기까지는 많은 시간을 요하는데, 그 사이에 채무자가 그 재산을 은닉하거나 처분해 버리면 채권자의 권리실현은 실효를 거둘 수 없게 되므로, 이러한 장래의 강제집행의 불가능 또는 곤란을 예방하고, 책임재산·급부목적물을 보전할 필요가 있다. 또한 소송제기에 의한 권리관계의 확정이 있기까지 생기는 권리자의 손해를 방지할 필요가 있어, 그 위험을 즉시 제거해야만 하는 경우도 있다. 이와 같은 경우에 장래의 강제집행을 보전하거나 권리확정시까지 현재의 위험을 제거하기 위해 잠정적으로 임시의 조치를 취하는 것이 보전처분이다. 보전처분의 종류에는 가압류·계쟁물에 관한 가처분·임시지위를 정하는 가처분이 있다. 가압류·계쟁물에 관한 가처분은 장래의 강제집행을 보전하는 데 그 목적이 있으나, 임시지위를 정하는 가처분은 권리관계에 관한 현재의 위험을 제거하기 위한 것이라는 점에서 다르다. 또 가압류는 금전채권의 집행보전을 위한 것임에 비해, 계쟁물에 관한 가처분은 금전채권 이외에 계쟁물에 대한 급부청구권의 집행보전을 위한 것인 점에서 다르다. 보전처분절차는 보전명령절차와 보전집행절차로 구분된다. 보전명령절차는 판결절차에 대응하는 것으로서 채권자의 신청에 의해 보전명령을 발하는 절차인데, 판결절차의 규정이 준용된다. 보전집행절차는 강제집행절차에 대응하는 것으로 보전명령을 집행하는 절차인데 강제집행절차의 규정이 준용된다.

가압류법원(假押留法院)

가압류는 가압류할 물건이 있는 곳을 관할하는 지방법원이나 본안의 관할법원의 관할(민사집행법 278조)로 하는 바, 가압류명령을 발하는 법원을 가압류법원이라 한다. 가압류법원은 채무자의 신청에 따라 변론 없이 채권자에게 상당한 기간 내에 본안의 소를 제기하여 이를 증명하는 서류를 제출하거나 이미 소를 제기하였으면 소송관계사실을 증명하는 서류를 제출하도록 명하며(민사집행법 287조1항), 위 기간은 2주일 이상으로 정하여야 하며(민사집행법 287조2항), 채권자가 위 기간내에 증명서류를 제출하지 아니한 때에는 법원은 채무자의 신청에 따라 결정으로 가압류를 취소하여야 한다(민사집행법 287조3항). 또 가압류 결정에 대한 이의의 재판(민사집행법 286조), 승계집행문 부여의 소(민사집행법 292조), 채권에 대한 가압류의 집행(민사집행법 292조2항)등을 관할한다. 급박한 경우에는 변론을 요하지 아니하는 것에 한하여 재판장이 이를 할 수 있다(민사집행법 312조).

가압류의 집행(假押留의 執行)

가압류의 집행에 관하여는 강제집행에 관한 규정을 준용하고, 다만 예외적인 경우에는 가압류의 신속·간이성을 고려하여 그러하지 않다(민사집행법 291조). 가압류에 대한 재판이 있은 후 채권자나 채무자의 승계 있는 경우에는 그 명령에 집행문을 부기하여야 한다. 가압류에 대한 재판의 집행은 채권자에게 재판을 고지한 날부터 2주를 넘긴 때에는 하지 못한다. 그러나 이 집행은 채무자에게 재판을 송달하기 전에도 할 수 있다(민사집행법 292조). 민사소송법은 가압류와 가처분의 편에 따로이 동산가압류의 집행(민사집행법 296조), 부동산가압류의 집행(민사집행법 293조), 선박가압류의 집행(민사집행법 295조)을 규정하고 있고, 가압류의 집행으로 강제관리하는 경우에는 보전할 채권에 상당한 금액을 추심하여 공탁하여야 한다(민사집행법 294조). 가압류명령에서 정한 금액을 공탁한 때에는 법원은 집행한 가압류를 취소하여야 하고, 이 재판은 변론없이도 할 수 있다. 가압류집행의 취소결정에 대하여 즉시항고를 할 수 있다(민사집행법 299조).

가압류의 취소(假押留의 取消)

일반적으로 가압류명령의 취소를 말하나, 가압류집행의 취소를 의미하는 때도 있다. 가압류명령의 취소는 가압류결정에 대하여 이의가 있는 경우에 취소되는 경우 이외에(민사집행법 283조), 이와는 관계없이 채무자의 신청에 의해 별개의 소송절차에서 제소명령 소정기간의 불준수(민사집행법 287조), 사정변경이나 담보의 제공이 있는 경우의 취소 등이 있다. 즉 채무자는 가압류이유의 소멸 기타 사정변경이 있거나 법원이 정한 담보를 제공한 때, 가압류가 집행된 뒤에 3년간 본안의 소를 제기하지 아니한 때에는 가압류인가 후에도 그 취소를 신청할 수 있다(민사집행법 제288조). 이들 신청에 대하여는 종국판결로 재판하여야 한다. 이 재판은 가압류를 명한 법원이 하는데, 본안이 이미 계속 중인 때에는 본안법원이 이를 한다(민사집행법 288조). 가압류명령을 취소하는 판결은 당연

히 집행력이 생기는 것이 아니므로 가집행선고가 붙은 경우에 한하여 즉시 효력을 발생한다(민소법 213조). 이에 대하여 항소 또는 상고를 할 수 있다. 가압류집행의 취소의 경우는 가압류 명령에서 정한 금액을 공탁한 경우에 변론없이 가압류의 집행을 취소할 수 있다. 이 취소결정에 대하여는 즉시항고할 수 있다(민사집행법 299조).

가압류해방금액(假押留解放金額)
독 : LÖsunssumme

가압류의 집행정지나 집행한 가압류를 취소하기 위하여 채무자가 공탁하여야 할 금액으로서 가압류명령 중에 기재되는 금액(민사집행법 282조)을 말한다. 이 금액은 보전되어야 할 채권의 원본·과실·집행비용을 표준으로 정한다. 판례는 금전만을 공탁의 대상으로 보고있으나, 금전에 한하지 않고 일정한 수량의 유가증권이나 당사자의 합의한 내용도 유효하다 하겠다. 가압류해방금액은 가압류목적물을 대신하는 것이므로 그 금액은, 현금 또는 그 금액 이상의 실질적 통용가치 있는 유가증권을 공탁하여야 한다. 이 금액이 인정되는 것은 가압류가 금전적 가치의 확보를 목적으로 하므로, 그 성격을 달리하는 가처분의 경우에도 준용되느냐에 관하여 학설상 다툼이 있다.

가처분(假處分)
독 : einstweilige Verfügung

금전채권 이외의 청구권에 대한 집행을 보전하기 위하여 또는 다투어지고 있는 권리관계에 대해 임시의 지위를 정하기 위해 법원이 행하는 일시적인 명령을 말한다. 가처분절차는 민사집행법상 인정되고 있는 약식절차의 하나로서, 일반소송절차에서와 같이 가처분 명령을 발하는 가처분 소송절차와 이를 통해 얻어진 집행권원(채무명

의)으로써 집행을 행하는 가처분 집행절차로 나뉘어지고 있다. 가처분 명령이 행해지기 위해서는 피보전채권이 존재해야 하고 또한 현상의 변경으로 당사자의 권리를 실행하지 못하거나 이를 실행함에 현저히 곤란할 염려가 우려된다는 가처분의 이유가 있어야 한다. 가처분 재판은 본안법원은 제1심 법원으로 한다. 다만, 본안이 제2심에 계속된 때에는 그 계속된 법원으로 한다(민사집행법311조). 그 밖에도 재판장이 급박한 경우에 가처분 신청에 대한 재판을 할 수 있다(민사집행법312조).

계쟁물에 관한 가처분
(係爭物에 관한 假處分)
독 : enistweilige Verfügung in Beziehung auf den Streitgegenstand

금전채권 이외의 특정물의 인도 따위를 특정적 급부를 목적으로 하는 청구권의 가처분을 말한다. 계쟁물에 관한 가처분은 현상의 변경으로 당사자의 권리를 실행하지 못하거나 이를 실행함에 현저히 곤란할 염려가 있는 때에 발하게 된다(민사집행법300조). 가처분에 의하여 보전될 청구권은 가압류에 의하여 보전될 금전지급 이외의 물건을 대상으로 하는 급여를 목적으로 하는 청구권이어야 한다. 채권적 청구권·물권적 청구권 또는 친족법상의 청구권의 어느 것이라도 상관없다 하겠다. 물건을 대상으로 하는 급여란 물건의 사실상태 또는 이에 대한 권리관계의 변경 또는 불변경을 의무의 내용으로 하는 경우를 말하며, 이 물건을 계쟁물이라 칭한다. 동산의 인도·제시, 토지가옥의 명도, 공작물의 수거, 물건에 대한 권리에 관한 등기·등록을 할 작위의무, 물건의 소유 또는 이용에 관한 부작위의무 또는 수인의무 등이 여기에 대한 예라 하겠다. 이에 반하여 물건을 대상으로 하지 않는 작위청구권이나 부작위청구권과 같은 것은 현재의 물적상태의 유지에 의해 보전될 수 없기 때문에 가처분의 적용을 받지 않는다. 그러나 계쟁물이라 함은 반드시 유체물에 한정되지는 않는다고 하겠다. 계쟁물은 가처분에 의해 보전될 강제집행의 대상이 될 수 있는 물건임을 요하므로 제3자의 소유물은 가처분의 대상이 되지 않는다.

가처분명령(假處分命令)
독 : Anordnung einstweiliger verfügung

가처분의 신청을 인용하는 재판을 말한다. 가처분집행의 집행권원(채무명의)이 된다. 가처분명령을 발하는 요건은 계쟁물에 대한 가처분과 쟁이 있는 권리관계에 대한 임시의 지위를 정하는 가처분으로 나눌 수 있다. 계쟁물에 관한 가처분은 금전채권이외의 청구권으로서 특정한 계쟁물의 인도 또는 명도를 목적으로 하는 권리, 즉 보전할 권리에 대해 현상의 변경으로 인하여 권리의 실행을 불능케 하거나 현저한 곤란을 생기게 하는 경우, 예컨대 계쟁물인 특정물이 양도·훼손상태변경·부담증가가 될 경우 등에 허용되는 것으로, 그 신청에는 이 요건을 구체적으로 주장하여야 한다(민사집행법 300조1항). 임시의 지위를 정하는 가처분은 쟁의있는 권리관계에 대하여 임시의 순위를 정하기 위한 것으로, 이 처분은 특히 계속하는 권리관계에 현저한 손해를 피하거나 급박한 위험을 방지하기 위하여 또는 기타의 필요한 이유에 할 수 있다(민사집행법 300조2항). 가처분절차에는 가압류절차에 관한 규정을 준용한다(민사집행법 301조). 가처분에 의한 집행정지의 효력은 당해 가처분결정의 주문에 소정된 시기까지 존속하는 것이고, 그 시기의 도래와 동시에 그 효력이 당연히 소멸하는 것이다. 사정변경으로 인한 가처분명령의 취소에 관한 재판은 판결로서 하여야 하고 결정으로 할 것이 아니다.

가처분법원(假處分法院)

가처분명령을 발하는 법원을 말한다. 가처분의 재판은 본안의 관할법원 또는 다툼의 대상이 있는 곳을 관할하는 지방법원이 관할한다(민사집행법 303조). 본안의 관할법원도 그 재판장도 아닌 법관이 한 가처분명령 일지라도 당연무효라고는 할 수 없고, 이의에 의하여 취소될 때까지는 유효하다. 계쟁물의 소재지를 관할하는 지방법원은 급박한 경우에 재판장이 가처분명령을 발할 수 있다(민사집행법 312조).

가처분에 관하여 가압류에 관한 규정을 준용하므로 그 권한도 가압류법원의 권한에 준한다. 다만 계쟁물의 소재지를 관할하는 법원은 가처분명령을 한 때라도 집행에 관한 것 이외에는 그 권한을 가지지 않는다. 그리고 그 사안이 급박한 경우인가의 판단은 법원의 직권에 속한다.

가처분의 집행(假處分의 執行)

가처분절차는 가압류절차를 준용하도록 되어 있기 때문에(민사집행법 301조), 집행문이 불필요하다. 가압류의 집행에 관하여는 특칙의 경우를 제외하고는 강제집행의 규정에 의한다(민사집행법 291조). 가처분집행의 집행방법에 관한 이의에 있어서는 피신청인은 집행관이 그 집행을 실시하는데 형식상 절차의 하자를 이유로 하는 때에 한하고, 실체상의 이유를 들어 그 이의사유로 할 수 없다. 가처분명령의 내용은 단일한 것이 아니므로 그 집행방법도 다양하다. 법원은 직권으로 필요한 처분을 명할 수 있고, 보관인을 결하거나 상대방에게 행위를 명하거나 금지할 수 있고, 급여를 명할 수도 있다(민사집행법 305조1·2항). 부동산의 양도나 저당을 금한때에는 법원은 그 금지를 등기부에 기입하여야 한다(민사집행법305조3항). 그리고 본안판결 확정 전에 청구권을 실행하는 결과를 초래하는 집행은 허용되지 않는다.

가처분의 취소(假處分의 取消)

일반적으로 가처분의 취소란 가처분명령의 취소를 의미하나, 가처분집행의 취소를 의미하는 경우도 있다. 가처분에 있어서는 가압류의 규정을 준용하고 있으므로 여기에도 가압류에 관한 규정들이 준용되고, 법원은 특별한 사정이 있는 때에는 담보를 제공케 하고 가처분을 취소할 수 있다. 가처분의 취소에 있어서 특별한 사정이 있을 때라 함은 피보전권리가 금전적 보상으로 목적을 달성할 수 있거나, 또는 가처분채무자가 가처분으로 과다한 손해를 받고 있는 사정들이 있음을 말한다.

▣ 대한법률편찬연구회 ▣

•저서 : 소법전
　　　 계약서작성 처음부터 끝까지(공저)
　　　 이것도 모르면 대부업체 이용하지마세요
　　　 민법지식법전
　　　 불법행위와 손해배상
　　　 산업재해 이렇게 해결하라
　　　 근로자인 당신 이것만이라도 꼭 알아 둡시다.
　　　 계약서 작성방법, 여기 다 있습니다.
　　　 생활법률백과

지식 정보 법전 08	법률·판례·상담사례를 같이보는 **민사집행 지식정보법전**	정가 16,000원

2019年 8月 10日　인쇄
2019年 8月 15日　발행
　편　저 : 대한법률편찬연구회
　발행인 : 김 현 호
　발행처 : 법문 북스
　공급처 : 법률미디어

　　　　　　　　　저자와 협의
　　　　　　　　　하에 인지 생략

서울 구로구 경인로 54길4 (우편번호 : 08278)
TEL : 2636-2911-2,　FAX : 2636-3012
등록 : 1979년 8월 27일 제5-22호
Home : www.lawb.co.kr

▌ISBN 978-89-7535-764-0 (13360)
▌이 도서의 국립중앙도서관 출판예정도서목록(CIP)은 서지정보유통지원시스템 홈페이지
　(http://seoji.nl.go.kr)와 국가자료종합목록 구축시스템(http://kolis-net.nl.go.kr)에
　서 이용하실 수 있습니다. (CIP제어번호 : CIP2019030778)

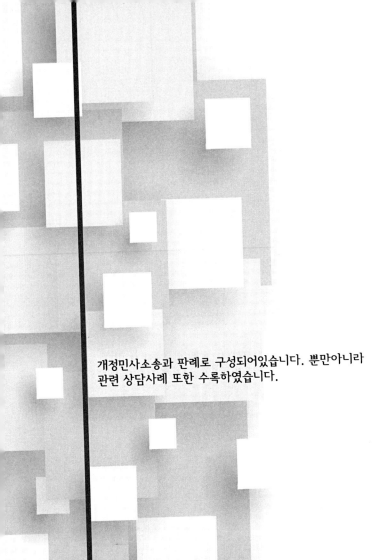

개정민사소송과 판례로 구성되어있습니다. 뿐만아니라
관련 상담사례 또한 수록하였습니다.

13360

9 788975 357640
ISBN 978-89-7535-764-0

16,000원